Internationale Bibliothek
Band 121

Albrecht Kaden

Einheit oder Freiheit

Die Wiedergründung der SPD
1945/46

Mit einem Vorwort von Fritz Sänger

Verlag J. H. W. Dietz Nachf. GmbH
Berlin · Bonn

CIP– Kurztitelaufnahme der Deutschen Bibliothek

Kaden, Albrecht:
Einheit oder Freiheit: d. Wiedergründung d. SPD 1945/46 / Albrecht Kaden. – Nachdr. d. 1964 erschienenen 1. Aufl. / mit e. Vorwort von Fritz Sänger. – Berlin, Bonn: Dietz, 1980.
(Internationale Bibliothek; Bd. 121)
ISBN 3-8012-1121-5

Dr. phil. Albrecht Kaden: Geb. 1924. Studium der Mittleren und Neuen Geschichte, Soziologie und Psychologie. Von 1960 an in der Erwachsenenbildung tätig. Seit 1962 Stellvertretender Direktor der Niedersächsischen Landeszentrale für politische Bildung; 1968 Mitglied des Rates, seit 1976 1. Bürgermeister der Landeshauptstadt Hannover.

Nachdruck der 1964 erschienenen 1. Auflage

Berlin · Bonn
Godesberger Allee 143, D-5300 Bonn 2
Plakat auf dem Schutzumschlag:
Archiv der sozialen Demokratie, Bonn

Druck: Vorwärts-Druck, Bonn
Printed in Germany 1980

Vorwort zur 2. Auflage

Zum Erscheinen des Buches von Albrecht Kaden im Jahre 1964 habe ich damals geschrieben, sein politischer Inhalt und seine Gegenwartsnähe seien so dringend, daß man das Buch kaum aus der Hand legen könne, wenn man es zu lesen begonnen habe. An dieser Aktualität hat die umsichtige und im eigentlichen Sinne politisch-objektive Arbeit des Autors auch heute, 16 Jahre später, nichts verloren. Sie ist für das gegenwärtig in der Bundesrepublik Deutschland geführte politische Gespräch eher noch gewichtiger und hilfreicher geworden.

Das Buch befaßt sich mit dem Geschehen in Deutschland im ersten Jahre nach dem Ende des Zweiten Weltkrieges. Aber gerade dieses Jahr war für die deutsche Zukunft von entscheidender Bedeutung. Es gab kein Reich mehr. Aber Deutschland war und blieb ein Begriff, der auch dem verstörten und verwirrten Menschen verbindlich und gegenwärtig war. Würde Deutschland erhalten bleiben?

Deutsche haben offenbar wenig politisches Geschick, sich eine nationale Wirklichkeit zu schaffen und zu erhalten. Otto von Bismarck hat 1871 im Spiegelsaal des Schlosses von Versailles das Klein-Deutschland bewirkt. Es war nicht gewachsen, hatte sich nicht entwickelt. Dem Ministerpräsidenten des Königreiches Preußen war nicht mehr als eine kühne Demonstration seines starken Willens gelungen, obwohl er doch mehr als Preußens Gloria im Auge gehabt hatte. In seinem Deutschen Reich gab es keinen Kaiser von Deutschland oder der Deutschen, nur einen Deutschen Kaiser. Diese erzwungene, distanzierende Bezeichnung stand für einen kaum greifbaren Inhalt. Mit dem verlorenen Ersten Weltkrieg war dann auch diese „preußische Kaiserkrone“ nicht mehr vorhanden.

Das Deutsche Reich lag 1918 zwar nicht in Trümmern, aber es war in akuter Gefahr. Im Westen und im Süden wurden Zerfallerscheinungen und Hoffnungen auf Abspaltung von Preußen und Reich deutlich sicht- und hörbar. Noch unter dem Kaiser wurden damals Sozialdemokraten in die Reichsregierung berufen. Der Kern des Raumes in Europa, in dem Deutsche geballt wohnten, wurde gerettet: das Deutsche Reich behielt seinen Namen. Es waren vor allem Sozialdemokraten, die den drohenden Zerfall nach außen und nach innen, die auch revolutionäre und blutige Aktionen von links und rechts abwehrten.

Sozialdemokraten haben in der Weimarer Republik niemals allein regiert. In den 171 Monaten, in denen parlamentarische Regierungen tätig waren, haben sie nur in 36 Monaten, von anderen Regierungsmehrheiten mehrfach unterbrochen, die Regierung des Reiches mit unterschiedlich zusammengesetzten Koalitionen geführt. In mehr als drei Vierteln der Zeitspanne der ersten deutschen Republik waren sie, obwohl stets stärkste Partei und größte Parlamentsfraktion, in die Opposition gedrängt. Es gelang ihnen nicht, jene Kräfte im Lande zu überwinden und auszuschalten, deren Mangel an Augenmaß und an nüchternem Sinn für Tatsachen, Möglichkeiten und Chancen Deutschland schließlich in eine zweite und weit gefährlichere Katastrophe führte. Die Radikalen von beiden Seiten des politischen Kräftefeldes setzten die Existenz Deutschlands, nicht nur des Reiches, aufs Spiel. Sie haben es verloren.

Was von Deutschland, dem der Fluch der Verantwortung für einen Weltbrand auf den Schultern lastete, nach 1945 noch zu retten war, mußte im ersten Jahr nach der Kapitulation gesichert werden, so gering die Möglichkeiten auch sein mochten. Ein freiheitliches, glaubwürdiges Deutschland mußte in die Gemeinschaft wieder zurückgeführt werden. Das war die wichtigste, die entscheidende Aufgabe des ersten Jahres. Wie schon 1918 und 1919 waren es 1945 und 1946 Sozialdemokraten, die in den „innenpolitischen" Auseinandersetzungen bestehen mußten: „Wir widerstehen jeder Diktatur, jeder Art totalitärer und autoritärer Herrschaft; denn sie mißachten die Würde des Menschen, vernichten seine Freiheit und zerstören das Recht."

Dieser Satz, in jener Zeit formuliert, wurde 1959 in das Grundsatzprogramm der Sozialdemokratischen Partei Deutschlands geschrieben. Er gilt.

Die SPD wurde 1945/46 unter ihrem alten Namen mit den

Zielen und Pflichten wiedergegründet, denen sie im neunten Jahrzehnt ihres Bestehens folgte. Sie bekannte sich zu ihrer Geschichte, zu ihrer Identität und begann in diesem Geiste ihre praktische Arbeit in Gemeinden und Ländern der später entstehenden Bundesrepublik Deutschland.

Politik ist das ständige Bemühen, Positionen der Macht durch die Macht der Vernunft, des Rechtes und der Gerechtigkeit aufzuheben und auszugleichen. Politik respektiert Rechtstitel, aber sie praktiziert den Willen zum Ausgleich, damit sie Erfolg hat. Je nüchterner auch die fremden Interessen erkannt und in die eigene Erwägung einbezogen werden, desto größer ist der Erfolg. Politik ist „die sachgerechte Besorgung der Angelegenheiten des Staates . . ., ein gezielter Umgang mit der Macht, nicht ein l'art pour l'art der Machtausübung", wie Carlo Schmid es einmal zusammenfaßte.

Die Sozialdemokratische Partei Deutschlands hat auf dem langen Weg durch ein Jahrhundert voller politischer Kämpfe gelernt, wie notwendig es ist, im ständigen Wandel der Wirklichkeit die programmatischen Formulierungen ihrer Ziele wieder und wieder neu zu überdenken. Nur so konnte sie den Tatsachen, aber vor allem den Menschen, für die sie wirkte, so nahe wie möglich bleiben und gerecht werden. In dem einen Jahr zwischen Mai 1945 und Mai 1946 legten Sozialdemokraten die Grundlagen für jenes Godesberger Programm, an dem sich seit 1959 die Arbeit dieser Partei orientiert. Es ist ein Programm zur Verwirklichung des demokratischen, also freiheitlichen Sozialismus. Es kann nur von souveränen Bürgern in freier Entfaltung ihrer Kräfte und ihres Wollens erfüllt werden. In jenem ersten Jahr nach dem Kriege mußte begonnen werden, die Position eines Staates freier Deutscher in Europa und in der Welt zu sichern. Es gab noch keine deutsche Regierung, aber politische Vernunft und Einsicht verlangten, daß nicht einmal der Verdacht erweckt wurde, als werde sich das neue, das kommende Deutschland zum Werkzeug oder gar zum Bundesgenossen eines fremden Machtanspruchs hergeben. Dieses Deutschland mußte seine Position in Europa, der es nicht ausweichen konnte, erkennen. Es mußte den gefährlichen und abenteuerlichen Verlockungen widerstehen, denen deutsche Politik unter der Herrschaft extremer Nationalisten gerade eben erlegen war.

Für die praktische Politik der Sozialdemokratie in allen Teilen des zerstückelten Deutschlands besagte dies, daß eine starke, geschlossene und in Einheit wirksame Partei vor allem den Frieden zu erhalten hatte, und zwar nach innen und nach außen. Die Kraft der Partei mußte stark genug sein, radikale politische Kräfte zu überwinden. In dieser Verpflichtung wahrten die Sozialdemokraten die Grundsätze, die sie seit Gründung der Partei verfolgt hatten: als eine eigenständige politische Kraft in freier Entscheidung für eine neue Gesellschaft der sozialen Gerechtigkeit zu wirken.

Diesen Grundsatz hat Kurt Schumacher, der erste Vorsitzende der SPD nach dem Kriege, seit der ersten Zusammenkunft sozialdemokratischer Funktionäre im Mai 1945 vertreten. Auch gegenüber den von der Besatzungsmacht bedrängten Sozialdemokraten in der sowjetisch besetzten Zone entschied er sich gegen eine Verschmelzung von Sozialdemokraten und Kommunisten. Im Mai 1946 bestätigte der erste Parteitag der wiedergegründeten SPD diesen Grundsatz.

Ohne Vorbehalte oder Einschränkungen entschied sich die Sozialdemokratische Partei für Unabhängigkeit und Freiheit. Das geschah zu einer Zeit, als viele Städte und Betriebe Trümmerfelder waren, als Flüchtlingsströme durch unser Land zogen. Andere politische Parteien waren erst im Entstehen, eine deutsche Regierung gab es nicht. Selbst die Aussicht, daß Deutschland wieder von Deutschen regiert und in Freiheit werde leben können, war noch gering.

In dieser Zeit entschieden sich Sozialdemokraten aus ihrem Selbstverständnis, mit dem sie in die Geschichte eingetreten waren, gegen eine vermeintliche Einheit und für die Freiheit ihres Handelns.

Für uns Deutsche, besonders für die jüngere Generation, ist es wichtig, sich dieses historischen Abschnitts, der wenig mehr als zwölf Monate dauerte, zu erinnern.

Wedel, im Februar 1980 Fritz Sänger

Inhalt

Einleitung

I.

Die Wiedergründung der Sozialdemokratischen Partei Deutschlands in den Jahren 1945 und 1946 ist ein Ausschnitt aus der Geschichte einer Partei, die nach zwölfjähriger Unterdrückung wieder ins Licht der Öffentlichkeit trat. Die SPD war 1875 aus dem Zusammenschluß von zwei Gruppen der deutschen sozialistischen Bewegung entstanden. Im Jahre 1945 hatte sie siebzig Jahre deutscher Geschichte erfahren.

Auch der hier behandelte Zeitraum — von Mai 1945 bis Mai 1946 — schließt ein Stück deutscher Geschichte ein. Ihre Darstellung wird ebensowenig Raum finden können wie die der weltpolitischen Entwicklung, die Deutschlands Nachkriegsgeschichte prägte. Aber es ist daran zu erinnern, daß die Wiedergründung der SPD vom Frühjahr 1945 an, wie auch die Rolle, die die Partei sogleich zu übernehmen hatte, im Zusammenhang mit umfassenderen Geschichtsabläufen zu sehen ist. Sie sind mit dem militärischen und politischen Zerfall des Deutschen Reiches und seiner Besetzung durch die Alliierten in getrennten Besatzungszonen, mit dem Beginn der verwaltenden Tätigkeit deutscher Organe unter der Aufsicht der jeweiligen Militärbehörden und mit dem Sichtbarwerden der politischen Spannungen in der rasch zerfallenden Kriegskoalition bezeichnet.

Neben diesen beiden Ebenen geschichtlicher Abläufe — der deutschen und der weltpolitischen — seien noch eine dritte und eine vierte Ebene erwähnt.

Die Geschichte der SPD-Wiedergründung ist auch ein Stück der Geschichte des demokratischen Sozialismus. Er wurde vor allem von den Parteien der Sozialistischen Arbeiter-Internationale vertreten, nachdem sich die sozialistische Bewegung Europas im ersten Weltkrieg und im Gefolge der russischen Oktoberrevolution von 1917 gespalten hatte. Im Gegensatz zu anderen demokratisch-sozialistischen Parteien vermochte die deutsche Sozialdemokratie vor 1933 nicht, das ideologische Erbe ihrer Frühzeit zu überwinden[1]. Obwohl die SPD tragende politische Kraft eines demokratischen Staates war, tauchten immer wieder Zweifel in ihren Parteitagsdiskussionen auf, ob der Sozialismus im evolutionären Prozeß demokratisch durchgesetzter Reformen zu verwirklichen sei. Wie weit die SPD 1945/46 diese Zweifel überwunden hatte und auf dem Wege einer Neuorientierung über die Ziele und Wege des demokratischen Sozialismus fortgeschritten war, wird zu zeigen sein.

Die Geschichte der SPD-Wiedergründung ist schließlich ein Stück Geschichte der Auseinandersetzung mit dem internationalen Kommunismus. Damit ist die vierte Ebene der Betrachtung bezeichnet.

Seit dem zweiten Weltkrieg durchzieht Europa eine große Demarkationslinie zwischen Ost und West. 1945/46 lief in den Ländern westlich dieser Linie die Periode der „Befreiungskrise" ab[2]. Sie bildete den Übergang von der deutschen Besetzung zu eigenen nationalen Regierungen. In dieser Zeit versuchten die Kommunisten durch ihre Beteiligung an den Regierungen, durch Verschmelzungsangebote an die demokratischen Sozialisten, durch Infiltration der Gewerkschaften und durch

---

1 Vgl. Susanne Miller: Das Problem der Freiheit im Sozialismus; Freiheit, Staat und Revolution in der Programmatik der Sozialdemokratie von Lassalle bis zum Revisionismusstreit, Frankfurt/M. 1964 — bes. S. 297 f.
Im Interesse einer schnelleren Orientierung wird einer mehrfach zitierten Quellenangabe in Klammern die Anmerkung mit dem ersten und vollständigen Zitat beigefügt.
Die Abkürzung „a. a. O." wird nur verwandt, wenn sich die Angaben auf die gleiche Quelle wie in der unmittelbar vorhergehenden Anmerkung beziehen. Den Dokumenten aus dem Archiv des Parteivorstandes der Sozialdemokratischen Partei Deutschlands, Bonn, wird die Abkürzung „PVA" bei der Quellenangabe vorangestellt.

2 Vgl. Franz Borkenau: Der europäische Kommunismus, Seine Geschichte von 1917 bis zur Gegenwart, Bern 1952, S. 413 ff. — Die folgenden Ausführungen stützen sich auf Borkenaus Darstellung.

lautstarke Propaganda nachzuweisen, daß sie ebenso patriotisch wie demokratisch gesinnt seien. Dennoch scheiterten nacheinander in den westlichen Ländern Europas die Versuche, den kommunistischen Einfluß, wie er in der Zeit des Widerstandes gegen die deutsche Besatzung oder nach der Befreiung errungen worden war, zu bewahren oder auszubauen.

Dagegen gewährleistete die Anwesenheit der Roten Armee in den Ländern ostwärts der Demarkationslinie, daß die Kommunisten nach der Befreiung von den Deutschen die Macht tatsächlicher Kontrolle erhielten. Allerdings sorgten die Sowjets häufig dafür, daß zunächst der Anschein relativer politischer Freiheit gewahrt blieb. Gleichzeitig gelang es den Kommunisten, viele ihrer Gegner über die tatsächlichen Ziele der kommunistischen Politik zu täuschen. Auch die westlichen Alliierten der Sowjetunion glaubten damals, es wäre möglich, in den sowjetisch besetzten Ländern Europas die politischen Freiheiten aufrechtzuhalten. Erst im Frühjahr 1946, besonders unter dem Eindruck der sowjetischen Politik im Nahen und Fernen Osten, wurden sich die westlichen Alliierten ihrer Fehleinschätzung so bewußt, daß sie damit begannen, ihre Haltung zu revidieren [3].

Das geschah, als auch in Deutschland die Auseinandersetzung zwischen Kommunisten und Sozialdemokraten ihren Höhepunkt erreichte. Die erfolgreiche sozialdemokratische Abwehr der kommunistischen Verschmelzungskampagne in den westlichen Besatzungszonen und in den Westsektoren von Berlin trug dazu bei, die politischen Freiheiten für den Teil Deutschlands zu erringen, der von der sowjetischen Besetzung frei geblieben war.

Damit leistete die SPD einen Beitrag auf allen vier Ebenen geschichtlicher Abläufe, die erwähnt worden sind: zur Bewahrung der politischen Freiheiten gegen den internationalen Kommunismus, zur Neuorientierung des demokratischen Sozialismus, zur weltpolitischen Entwicklung und zur deutschen Geschichte.

II.

Die vorliegende Untersuchung stützt sich auf wenige Publikationen des ersten Nachkriegsjahrs, auf eine große Zahl bisher unveröffentlichter

---

3 Vgl. Boris Meißner: Rußland, die Westmächte und Deutschland, Die Sowjetische Deutschlandpolitik 1943—1953, Band 5 der Abhandlungen der Forschungsstelle für Völkerrecht und Ausländisches Öffentliches Recht der Universität Hamburg, Hamburg 1953, S. 77ff.

Dokumente und auf einige Interviews mit Augenzeugen der damaligen Vorgänge. Die Benutzung von Publikationen war besonders beschränkt. Die schnell einsetzende Papierknappheit der Nachkriegsjahre und die strenge Kontrolle aller Druckerzeugnisse durch die Besatzungsbehörden begrenzten die Publikationen deutscher politischer Schriften und Artikel außergewöhnlich. Deshalb mußten langwierige Forschungen angestellt werden, um die überlieferten Briefe, Protokolle und Berichte zu finden, zu ordnen und zu analysieren. Die etwa achtzig durchgeführten Interviews haben dagegen nur dazu dienen können, den Hintergrund des Geschehens zu erhellen und die Stimmungsgehalte der damaligen Zeit zu erfassen.

Die Grenzen der Materialbeschaffung wurden bei den Interviews am schnellsten spürbar. Der behandelte Fragenkomplex brachte es mit sich, daß nicht nur die üblichen Schwierigkeiten der Interviewtechnik auftraten, die ohne Verschulden des Interviewers oder des Befragten die Ergebnisse der Interviews zu verfälschen drohen. Bei den Befragten handelte es sich fast ausnahmslos um Menschen, die seit mehr als zehn Jahren im politischen Alltag stehen. Ihr Erinnerungsvermögen ist durch die andauernde politische Anspannung merklich beeinträchtigt, auch wo sie nicht versuchen, aus den verschiedensten Gründen ihre Antworten einseitig zu färben. Das gilt auch für die Befragten, die aus der politischen Arbeit bereits ausgeschieden sind. Bei ihnen spielt der „Rechtfertigungskomplex" wie in der Memoirenliteratur seine verfälschende Rolle. Das Interview darf deshalb als Quelle historischer Forschung nicht überbewertet werden.

So wird nicht darauf verzichtet werden können, eine Fülle dokumentarischen Materials aus schriftlichen Quellen vorzulegen. Im wesentlichen handelt es sich dabei um den Briefwechsel zwischen dem Büro Dr. Schumachers, dem späteren Ersten Vorsitzenden der SPD, und den Organisationsteilen der Partei. Dieser umfangreiche, noch nicht veröffentlichte Briefwechsel ist zwar nicht vollständig, aber doch in wesentlichen Teilen erhalten geblieben [4]. Die Auswertung wird ergeben,

---

[4] Der Briefwechsel des „Büro der Westzonen", wie Schumachers Büro vom 6. Oktober 1945 an genannt wurde, liegt im Archiv des SPD-Parteivorstandes, Bonn. Seine Unvollständigkeit erklärt sich aus der unzureichenden Büroorganisation, die von den Verhältnissen des ersten Nachkriegswinters erzwungen wurde, aus der bedauerlichen Vernachlässigung des Archivmaterials, wie es für politische Parteien typisch zu sein scheint, und aus dem zweimaligen Umzug des Büros 1946 in Hannover und 1951 von Hannover nach Bonn.

daß der Wiedergründungsprozeß der SPD ein im ganzen einheitlicher Vorgang war. Die Darstellung lokaler Einzelzüge wird deshalb vernachlässigt werden können. Nur das ausführlicher behandelte Beispiel Hamburgs wird zeigen, welche Sonderentwicklungen unter günstigen Verhältnissen hätten eintreten können. Dennoch bliebe es eine reizvolle Aufgabe, die örtlichen Prozesse der SPD-Wiedergründung zu durchleuchten. Sie würden allerdings nur Beiträge zur jeweiligen Landes- oder Stadtgeschichte liefern können.
Drei Begrenzungen der Arbeit, die im Gegenstand der Untersuchung liegen, konnten nicht überwunden werden. Die Sowjetzone, wo die SPD früher als in den Westzonen zugelassen wurde, konnte zum Quellenstudium und zu Interviews nicht besucht werden. Die Befragung von SPD-Funktionären, die dort 1945/46 politisch tätig waren und heute in der Bundesrepublik leben, hat zwar ergeben, daß sich der örtliche Wiederaufbau der Parteiorganisation in der Sowjetzone nicht wesentlich anders vollzog als in den Westzonen. Aber es war nicht möglich, dafür schriftliche Belege heranzuziehen. So mußte sich die Arbeit hinsichtlich der Sowjetzone auf die Auswertung des ebenfalls unveröffentlichten Materials beschränken, das sich in den Archiven von ehemaligen Mitgliedern des Zentralausschusses, der Führungsspitze der SPD in der Sowjetzone, befindet. Eine gewisse Hilfe stellten dabei die Archive der SPD-Kreisorganisationen in West-Berlin dar, die bis zum April 1946 organisatorisch zur SPD der Sowjetzone gehörten. Dennoch wird die Untersuchung bei der Darstellung der SPD-Wiedergründung in der Sowjetzone besonders unvollständig bleiben.
Der Darstellung blieb auch das bedeutsame Beziehungsgeflecht zwischen den lokal führenden Funktionären der SPD entzogen. Ihre Verbindungen in die Untersuchung einzubeziehen, hätte eine gründliche Analyse der örtlichen Bedingungen und Vorgänge erfordert. Das hätte unverhältnismäßig viel Raum eingenommen und für das Gesamtresultat kaum neue Gesichtspunkte beibringen können. Dennoch spielten diese Beziehungen in den ersten Monaten für die lokalen Ausdrucksformen der SPD-Wiedergründung eine Rolle.
Schließlich ist daran zu erinnern, daß die politischen Parteien im ersten Nachkriegsjahr in einem für heutige Betrachter unvorstellbaren Ausmaße von der Gunst ihrer jeweiligen Militärregierungen und deren örtlichen Repräsentanten abhängig waren. Diese Abhängigkeitsverhältnisse zu rekonstruieren wäre selbst dann unmöglich, wenn die beteiligten deutschen Politiker sich noch vollständig erinnerten. Schriftliche Belege für ihre damalige Haltung existieren nicht, da sich die Betei-

ligten auf der deutschen Seite mit Recht vor den Mißverständnissen zu schützen suchten, die ihnen heute aus Kontakten erwachsen würden, die in normalen Zeiten als zumindest ungewöhnlich bezeichnet werden. Diese Kontakte können deshalb auch hier nicht dargestellt werden.

Mithin stellt die vorliegende Untersuchung nur eine erste Zusammenfassung des heute zugänglichen Materials dar, soweit es für die spätere Entwicklung der SPD von Bedeutung erscheint. Nur im Sinne einer „beschreibenden Materialsammlung“ [5] kann sie als ein Beitrag zur Parteigeschichte der SPD gelten. Obgleich diese Arbeit verschiedene soziologische Fragestellungen einzubeziehen sucht, wird sie auch den Anforderungen der Politischen Soziologie nur bedingt gerecht, müßte doch neben die Darstellung der Parteigeschichte auch die der politischen Ideenlehre treten.

Der Versuch einer ideengeschichtlichen Untersuchung hätte aber aus räumlichen Gründen dazu gezwungen, die Bedeutung der organisatorischen Aspekte im Prozeß der SPD-Wiedergründung zu vernachlässigen. Deshalb werden die geistig-ideologischen Voraussetzungen nur dort dargestellt werden, wo sie zum Verständnis der sozialdemokratischen Haltung 1945 unmittelbar nötig sind. Eine weiter ausholende ideengeschichtliche Untersuchung wäre zudem in unzureichenden Ansätzen steckengeblieben. Noch gibt es keine durchgehend erarbeitete Darstellung der Parteigeschichte der SPD, viel weniger eine ausreichende ideengeschichtliche Untersuchung der sozialdemokratischen Programmatik vor 1933, an die hätte angeknüpft werden können. Auch wegen der zeitlichen Nähe des dargestellten Prozesses, der aber dennoch der „Zeitgeschichte“ schon zuzurechnen ist, mußten die Bemühungen darauf gerichtet bleiben, die sachlichen Belege vorzuführen, auf die eine spätere Darstellung der ideengeschichtlichen Entwicklung gegründet werden kann. Deshalb wäre es auch wünschenswert, dieser Arbeit später einen Dokumentenband anzufügen.

Auch die „Erhellung der ‚Außenbeziehungen‘“ [6] der SPD in der Wie-

---

[5] Vgl. Sigmund Neumann in seiner Einleitung zu „Parteien in der Bundesrepublik“, Studien zur Entwicklung der deutschen Parteien bis zur Bundestagswahl 1953, in: Band 6 der Schriften des Instituts für Politische Wissenschaft, Stuttgart-Düsseldorf 1955, S. XXI.

[6] Vgl. Otto Stammer: „Politische Soziologie“, in: „Soziologie“, Ein Lehr- und Handbuch zur modernen Gesellschaftskunde, hg. v. Arnold Gehlen und Helmut Schelsky, 2. Auflage, Köln o. J. (1. Auflage 1955), S. 256—312, besonders S. 286.

dergründungsphase wird fragmentarisch bleiben müssen. Dabei ist allerdings zu beachten, daß während des hier behandelten Zeitabschnitts in Deutschland weder Wahlen überörtlichen Charakters stattfanden, noch Parlamente existierten. So fehlte allen Parteien zu dieser Zeit noch die eigentliche Bühne ihres Agierens. Selbst Presse und Rundfunk boten den Parteien damals kein Feld systematischer Beeinflussung der öffentlichen Meinung. Von der für die späteren Verhältnisse typischen „Verschränkung zwischen Parteien und Interessenverbänden“ [7] konnte 1945/46 nur sehr bedingt die Rede sein. Über die Verbindungen der SPD zu den Gewerkschaften, die sich ebenfalls erst wieder formierten, wird nur wenig, über Kontakte und Beziehungen, wie sie zu Organisationen, beispielsweise der Verfolgten des Nationalsozialismus, bestanden, wird gar nicht gehandelt werden. Für die SPD der Sowjetzone ließ sich das entsprechende Material nicht beibringen, in den Westzonen hatten solche Kontakte für den Wiederaufbau der SPD allenfalls lokale Bedeutung.

Nach Stammers zutreffender Beschreibung „sind die Parteien . . . dynamische Gebilde; die Herstellung des Konsensus innerhalb der Organisation ist ein niemals abreißender Prozeß . . .“ [8]. Die folgende Untersuchung wird sich darauf konzentrieren, diesen Prozeß in der Phase der Wiedergründung einer Partei darzustellen. Dabei wird sich erweisen, welche Bedeutung der Auseinandersetzung zwischen SPD und KPD im ersten Nachkriegsjahr für die SPD-Wiedergründung beizumessen ist. Auch unter dem Aspekt der Politischen Soziologie ist es deshalb gerechtfertigt, den dafür entscheidenden Vorgängen der Wintermonate 1945/46 breiten Raum in der folgenden Untersuchung zu widmen. Es wird darauf verzichtet werden, durch systematisierende Betrachtungen zur theoretischen Erörterung des Wesens politischer Parteien und ihrer Erscheinungsformen beizutragen. Die Untersuchung wird sich damit begnügen, darzustellen, in welcher Weise die SPD ihre Wiedergründung vollzog und unter welchen Bedingungen das geschah.

III.

Diese Arbeit wurde durch den Forschungsausschuß der Vereinigung für die Wissenschaft von der Politik angeregt und durch ein Stipendium zur Finanzierung mehrmonatiger Forschungsaufenthalte in Bonn, Berlin, Hamburg, Hannover und Frankfurt/M. gefördert. Auch die Fried-

---

7 Vgl. Stammer, a. a. O., S. 289.

8 Vgl. Stammer, a. a. O., S. 282.

rich-Ebert-Stiftung hat durch ein Stipendium eine bedeutende finanzielle Hilfe geleistet.
Ohne die großzügige Bereitschaft des Parteivorstandes der SPD, sein Archiv uneingeschränkt zugänglich zu machen, hätte diese Untersuchung nicht vorgelegt werden können. Das gilt auch von den Landes-, Bezirks- und Kreisorganisationen der SPD und allen denjenigen, die dokumentarisches Material zur Verfügung stellten und Auskünfte erteilten. Besonders die Herren Eichler, Heine und Rothe, alle in Bonn, haben durch ihre Ratschläge die Arbeit erleichtert. Die wissenschaftliche Betreuung lag in den Händen von Prof. Dr. Fritz Fischer und Dr. Werner Jochmann, beide in Hamburg. Ihnen allen gilt mein herzlicher Dank.

Kapitel 1
Schumachers Referat vom 6. Mai 1945 in Hannover und der Aufruf des Zentralausschusses der SPD in Berlin vom 15. Juni 1945

Am 10. April 1945 wurde Hannover von amerikanischen Truppen besetzt. Während die Panzer der westlichen Alliierten nach Braunschweig und Goslar, nach Celle und Uelzen weiterrollten, bereiteten sich ostwärts der Oder die sowjetischen Truppen auf den letzten Schlag gegen Berlin, gegen die Wehrmacht des untergehenden Reiches, vor. In Hannover aber war der Krieg schon zu Ende.

Vor einem Monat in Köln, vor zehn Tagen in Frankfurt am Main, vorgestern in Göttingen und Pforzheim, gestern in Hildesheim: für jeden Ort begann die „Stunde Null“ an einem anderen Tag. Sie begann für Magdeburg zehn, für Leipzig zwölf, für München vierzehn Tage später. Für Berlin schlug sie zwischen dem 24. April und dem 2. Mai. Aber mit wenigen Ausnahmen begann sie, bevor die Waffenruhe vom 8. Mai 1945, 23.01 Uhr, eintrat [9].

In den drei Monaten — zwischen Ende Januar und Anfang Mai — als das Deutsche Reich militärisch und politisch zusammenbrach, begann die „Nachkriegszeit“. Für jeden Ort in Deutschland müßte ein besonderes Datum genannt, für jeden Ort eine besondere Schilderung der Umstände gegeben werden, unter denen sich die Besetzung vollzog. Denn davon hing das „Wann“ und das „Wie“ des ersten Zusammen-

---

[9] Vgl. Keesings Archiv der Gegenwart, 15. Jg., 1945, Essen 1949, S. 130—217.

treffens derjenigen deutschen Kräfte ab, die politisch für die Zukunft bedeutungsvoll wurden. Welche Gruppen waren das?

In der Hauptsache waren es zwei Gruppen, die sich sofort nach der Besetzung als „Wiederaufbau-Ausschüsse", als „Antifaschistische Komitees" oder unter ähnlichen Bezeichnungen fanden. Die Vertreter der „Christlichen" und die der „Linken". Kirchenmänner und Laien der großen Konfessionen, Gewerkschafter, Sozialdemokraten und Kommunisten. Was sie gemeinsam besaßen, war die unbedingte Ablehnung des Nationalsozialismus, der Wille zum politischen Neubau und — mehr oder weniger — das Vertrauen der alliierten Militärbehörden.

So genehmigte die Besatzungsmacht in Hannover einen Wiederaufbauausschuß, dem Kommunisten, Sozialdemokraten, christliche und jüdische Vertreter angehörten. Sein Vorsitzender war ein sozialdemokratischer Gewerkschafter. Der Ausschuß residierte im Rathaus, und eine seiner ersten Aufgaben war es, die „Displaced Persons" unterzubringen, die sich hier eingerichtet hatten [10].

Die alliierten Truppen brachten oft Organe mit, die darauf vorbereitet waren, Deutsche auszusuchen, die nach den Maßstäben der Besatzungsmacht vertrauenswürdig erschienen. Mit ihnen hoffte man, in der ersten Zeit nach den Kampfhandlungen die Verwaltung zu ergänzen oder dort zu ersetzen, wo sie zusammengebrochen war.

Die historische Darstellung dieses Vorgangs stößt auf viele Hindernisse und ist kaum für einen Ort vollständig herzustellen. Auf den ersten Blick scheint der blinde Zufall geherrscht zu haben; nämlich sowohl bei der Auswahl der Personen, als auch bei dem Maß an Aufgaben, das man ihnen überließ. Wer zufällig zum Rathaus kam, wer zufällig mit dem Mann bekannt war, den die Militärorgane zuerst aufgesucht hatten, wer zufällig für eine Aufgabe die erforderlichen Erfahrungen mitzubringen schien, der setzte sich in dieser quasi-revolutionären Periode durch.

Aber es besteht kein Zweifel, daß sich in diesen Tagen und Wochen erste Anfänge einer politischen Konstellation bildeten, die in vielen Fällen die zukünftige Entwicklung bestimmten. Beispielsweise erinnert ein Mitglied des Wiederaufbau-Ausschusses in Hannover, daß kurz nach seiner Errichtung die Frage auftauchte: „Und wo ist unser Fraktionszimmer?" Es waren die kommunistischen Vertreter, die diese Frage

---

10 Mündliche Mitteilung von Hermann Beermann, Düsseldorf, seinerzeit Hannover, am 9. 11. 1955.

stellten [11]. Für die Mitglieder des Ausschusses, die weniger an politische Parteien, dafür aber an die praktische Arbeit dachten, mag damals eine Illusion verlorengegangen sein. Für den heutigen Beobachter jedoch bietet diese Frage — Mitte April 1945 gestellt — ein Indiz für die Bedeutung der Ausschüsse, wie sie damals ins Leben traten.

Fast alle Fragen in der Stadtverwaltung gingen den Wiederaufbau-Ausschuß an. Die Versorgungsbetriebe und die Verkehrsmittel mußten wieder in Gang gebracht werden. Die Verpflegung der Bevölkerung und die Befehle der Besatzungstruppen gaben immer neue Probleme auf. Es mußten Befürwortungen für alle Anträge ausgestellt werden, über die Offiziere der Militärbehörden zu entscheiden hatten; und worüber mußten damals militärische Stellen nicht entscheiden?

Wer in diesen Wochen in der Stadtverwaltung verantwortlich arbeitete, kam bald in die Mühle des Täglichen. Da wurden bald hundert Wolldecken für Flüchtlinge wichtiger als Parteiprogramme [12]. Und es mag verständlich sein, daß der Wiederaufbau-Ausschuß in Hannover für einen Mann keine Zeit zu haben schien, der sich an ihn wandte: für Dr. Kurt Schumacher [13].

Er brauchte eine Schreibkraft und eine Schreibmaschine und suchte dafür die Hilfe der Ausschuß-Mitglieder. Beides konnte er von ihnen nicht bekommen. Und die Wiedergründung der Sozialdemokratischen Partei?

---

11 Mündliche Mitteilung von H. Beermann, a a. O.

12 Mündliche Mitteilung von Bürgermeister Dr. Paul Nevermann, Hamburg, am 16. 3. 1955. Nevermann wurde am 1. Juni 1945 als Senatsdirektor der Sozialbehörde eingesetzt und schilderte hier seine eigene Erfahrung. Daß sie aber häufig gemacht wurde, haben die Interviews ergeben.

13 Dr. Kurt Schumacher, geb. 13. Oktober 1895 in Kulm/Westpreußen, gehörte seit 1918 der SPD an. Nachdem er als Kriegsfreiwilliger 1914 in Polen schwer verwundet worden war, studierte Schumacher in Halle, Leipzig und Berlin Jura und Nationalökonomie. 1920 promovierte er zum Dr. rer pol. an der Universität Münster über „Der Kampf um den Staatsgedanken in der deutschen Sozialdemokratie". Seit 1920 war Schumacher in Stuttgart politischer Redakteur am württembergischen SPD-Organ „Schwäbische Tagwacht". Seit 1927 war er Vorsitzender des SPD-Kreises Stuttgart und Mitglied des Landesvorstandes in Württemberg. Schumacher wurde 1924 Mitglied des Landtages von Württemberg (bis 1931), 1930 auch des Reichstages, dem er bis 1933 angehörte. Seit 1928 war Schumacher Mitglied des Fraktionsvorstandes im Landtag von Württemberg, seit 1932 Mitglied des Fraktionsvorstandes im Reichstag. Am 6. Juli 1933 wurde Schumacher verhaftet. Nach zehnjähriger Haft in verschiedenen Gefängnissen und Konzentrationslagern, darunter acht Jahre in Dachau, wurde

Das erschien als ein Gedanke, der verfrüht war. Zunächst hatten die Militärbehörden jede parteipolitische Tätigkeit verboten ...
Schumacher aber traf Mitglieder und Funktionäre der alten sozialdemokratischen Partei, die zu helfen bereit waren. Hier und da hatten sich schon einzelne kleine Gruppen gefunden, die den Zusammenhalt während der Jahre 1933 bis 1945 nicht ganz verloren hatten. An Hand von Listen, die aus den Verstecken auftauchten, wurden Adressen ausfindig gemacht und in den wenigen Stunden, die man sich auf der Straße aufhalten durfte, wurde mit dem Fahrrad oder zu Fuß versucht, Kontakte herzustellen.
Während die britischen Besatzungstruppen, die die amerikanischen und kanadischen Einheiten in Hannover ablösten, in kurzer Zeit die Verwaltung der Stadt normalisierten und ein durchgehendes Kontrollsystem aufbauten, das alle Zweige der Kommunalpolitik umfaßte, verlor der Wiederaufbau-Ausschuß schnell an Bedeutung. Schließlich verbot die Alliierte Militärregierung Anfang Juni alle bisher gebildeten Komitees, Ausschüsse und sonstigen Organisationen [14].
Damit endete eine Periode, die unter günstigeren Umständen bis zur Gründung oder Wiedergründung politischer Parteien geführt hätte. Aber nur in der sowjetisch besetzten Zone schloß sich die zweite Periode des politischen Wiederaufbaus durch die Zulassung politischer Parteien am 10. Juni 1945 sofort an.
In den drei westlichen Zonen herrschte eine andere Vorstellung, auf welche Weise sich die Deutschen ihr politisches Leben einrichten sollten. Zunächst, das machte jeder Offizier der Besatzungsmacht allen Antragstellern klar, gab es keine Erlaubnis für eine politische Partei und sollte es keine geben.
Für Schumacher und seine Freunde äußerte sich darin die Besatzungspolitik, die man hinnehmen mußte. An dem Willen zur politischen

---

Schumacher im März 1943 nach Hannover entlassen, aber von September 1943 bis Februar 1944 und im August/September 1944 in Neuengamme wieder inhaftiert. Beim Zusammenbruch des Reiches lebte Schumacher versteckt in der Gegend von Hannover. Von der Wiedergründung der SPD bis zu seinem Tode am 20. August 1952 war Schumacher erster Vorsitzender der Partei. — Vgl. Fried Wesemann: „Kurt Schumacher, Ein Leben für Deutschland", Frankfurt/Main 1952, und: „Turmwächter der Demokratie, Ein Lebensbild von Kurt Schumacher, Bd. I, Sein Weg durch die Zeit", hg. von Arno Scholz und Walther G. Oschilewski, Berlin 1954.

14 Bekanntmachung der Alliierten Militärregierung, veröffentlicht u. a. im Hannoverschen Nachrichtenblatt Nr. 2 vom 6. 6. 1945.

Arbeit konnte sie nichts ändern. Schon am 19. April faßte eine Gruppe ehemaliger sozialdemokratischer Funktionäre den Entschluß, die Organisation der sozialdemokratischen Partei neu aufzubauen[15]. Und am 6. Mai hielt Schumacher in der Gründungsversammlung des Ortsvereins Hannover sein Referat, das in den Wochen seit der Besetzung entstanden war. Es ist das erste Nachkriegsdokument der deutschen Sozialdemokratie und verdient deshalb eine eingehende Darstellung[16].

Schumacher leitete mit der Feststellung ein, daß der Marxismus „kein starres, zeitgelöstes Dogma" sei, „sondern eine Methode, mit der wir die Gegebenheiten zu untersuchen haben", und zitierte ein Wort von Lassalle: „Aussprechen, was ist!" Dann begann er mit einer Analyse des deutschen Imperialismus, den er verstand „als eine Politik, die mit den Mitteln der Macht, auch der militärischen, wirtschaftliche Expansionsbestrebungen durchzusetzen bereit ist". Aus dem Verschmelzungsprozeß des Finanzkapitals mit dem preußisch-deutschen Militarismus seien die vereinten reaktionären Kräfte erwachsen, die die Gewalt im Innern wollten, um freie Hand für die Gewalt nach außen zu haben. Ihr Grundsatz sei unverrückbar gewesen, „daß die Demokratie in Deutschland zum Arbeiterstaate führen müsse, das heißt zum Sozialismus, zur Enteignung und Vergesellschaftung der Produktionsmittel". Daraus resultiere die gegenüber anderen Ländern unterschiedliche klassenpolitische Bedeutung der Demokratie in Deutschland.

Die Gefahr für „die Sache der Vernunft, der Freiheit und des Friedens" sei akut geworden, „als die Gegenrevolution im revolutionären Gewande auftrat. Sie begann, den kleinen Mann und den Arbeiter, vor allem eine sozial aufgeschlossene, aber urteilslose Jugend durch die Nationalsozialistische Arbeiterpartei zu ködern".

Schumacher schilderte die Nationalsozialisten als die „Knechte des Großkapitals", deren Herrschaft eine „moralische Zersetzung und Deklassierung unseres Volkes" mit ich bringen mußte. Vor der Zwangsläufigkeit dieser Entwicklung hätten die demokratischen Sozialisten gewarnt, aber

---

15 Vgl. Fried Wesemann (Anm. 13), S. 59.

16 Unveröffentlichter vollständiger Text im PVA. — Vgl. auch Fried Wesemann (Anm. 13), S. 61—75. Die von Wesemann mitgeteilten Auszüge ergeben nicht immer den vollen Eindruck von den Frontstellungen, die Schumacher schon hier bezog. — Bedauerlicherweise fehlt dieses Referat Schumachers in dem Sammelband „Turmwächter der Demokratie, Ein Lebensbild von Kurt Schumacher, Bd. II, Reden und Schriften", hg. von Arno Scholz und Walther G. Oschilewski, Berlin 1953.

das Volk habe das „aus Kurzsichtigkeit und Mangel an politischer Vorstellungskraft“ nicht ernst genommen.
„Die Mitschuld großer Volksteile an der Blutherrschaft der Nazi liegt in ihrem Diktatur- und Gewaltglauben! ... Weil die Deutschen sich die Kontrolle über ihre Regierung haben entziehen lassen, deswegen werden sie heute von anderen kontrolliert.“
In dieser Einsicht liege die Voraussetzung zur geistigen und moralischen Umkehr. Auch wenn es 1945 nur viel schlechter werden könne, als es 1918 hinsichtlich der politischen und der ökonomischen Ausgangsposition gewesen sei, setzten die Sozialdemokraten „alle Kräfte ein für ein neues Leben mit einem neuen Inhalt“, wozu sie keine ‚Patentlösung’, wohl aber die „Waffen der Einsicht, der Ehrlichkeit und Ausdauer“ besäßen.
Als das politische und gesellschaftliche Prinzip des Wiederaufbaus sei vom Ausland wie von der inneren Entwicklung die Demokratie als fester Rahmen bestimmt. Sie werde von den demokratischen Sozialisten als „die tragende Idee unserer Vergangenheit und Zukunft“ bejaht. Habe die deutsche Republik nicht an zu viel, sondern an zu wenig Demokratie gelitten — weil sie nicht das gesellschaftliche und kulturelle Leben Deutschlands durchdrungen habe —, so sei festzustellen, „daß es von vornherein keine bloß ‚formale‘ Demokratie oder ‚kapitalistische‘ oder ‚proletarische‘ oder mit einem sonstigen Beiwort geschmückte Demokratie im Ursprung gibt ... Es gibt nur eine Demokratie und das, was die Einsicht und die Kraft einer Klasse aus ihr machen, wie und in welchem Umfang sie die Demokratie zum Funktionieren bringt“.
Von dorther bejahte Schumacher die Sammlung der politischen Kräfte:

„Auch in einem Deutschland, das kein eindeutiges staatsrechtliches Ganzes mehr ist und der Souveränitäten mangelt, gruppieren sich Tatsachen und Handlungen um die großen politischen Ideen. Diese Ideen und ihre Träger sind da! Man muß den Siegern immer wieder sagen, daß es zwecklos ist, sie aus der klaren Atmosphäre demokratischer Parteiöffentlichkeit in das Dunkel der Konspiration zu drängen ... Vor allem brauchen aber die Grundsätze politisch-moralischer Natur, nach denen Deutschland neugestaltet werden soll, große innerdeutsche Instrumente, um sie im Volk lebendig werden zu lassen.“
Nach einem Blick auf die positiven Impulse, die hierzu von den Kirchen ausgehen können, wandte sich Schumacher den bevorstehenden Versuchen zu, die das ‚Besitzbürgertum‘ anstellen werde, seinen politischen Führungsanspruch zu erneuern und durchzusetzen.

In diesem Zusammenhang forderte er eine strenge Bestrafung der

Nationalsozialisten, weil sie spüren müßten, „daß es eine Macht gibt, die sich aus dem Recht herleitet“.

Dann sprach Schumacher von der Frage, die „uns Sozialisten am meisten in der Zusammenarbeit mit anderen Parteien am Herzen liegt“, dem Verhältnis zu den Kommunisten. Jeder habe den Wunsch, „daß die starken Spannungen aus der Zeit vor 1933 nicht wiederkehren mögen“. Auch schwebe vielen deutschen Arbeitern eine einheitliche Arbeiterpartei als ideale Lösung vor. Aber die innere Logik der Entwicklung sei gegen eine Einheitspartei.

„Sie ist nicht möglich kraft der machtpolitischen Gegebenheiten und der außenpolitischen Bindungen. Die Trennungslinie ist dadurch gezogen, daß die Kommunisten fest an eine e i n z i g e der großen Siegermächte und damit an Rußland als Staat und an seine außenpolitischen Ziele gebunden sind. Wir demokratischen Sozialisten dagegen gehen nicht von der Auffassung ab, daß wir uns nach den politischen und sozialen Notwendigkeiten der deutschen arbeitenden Klassen zu richten und von diesem Standpunkt aus die internationale Zusammenarbeit mit allen Arbeiterparteien der Welt zu betreiben haben, die dazu bereit sind. Wir können nicht und wollen nicht das autokratisch gehandhabte Instrument eines fremden imperialen Interesses sein.“

Nach dieser entschiedenen Absage an den Gedanken einer Einheitspartei mit den Kommunisten reduzierte sich für Schumacher die Frage der einheitlichen Arbeiterpartei auf die „Allianz mit den Absplitterungen“ der Jahre vor 1933 und der Emigrationszeit. Er erwähnte das „Aktionsprogramm“ der „Union deutscher sozialistischer Organisationen in Großbritannien“ aus dem Jahre 1943 [17], wollte aber „mit Rücksicht auf die notwendige Verschmelzung“ kein festumrissenes Parteiprogramm ent-

---

[17] Vermutlich bezog sich Schumacher hier auf das 1943 in London in einer Zusammenfassung veröffentlichte Referat Erich Ollenhauers: „Möglichkeiten und Aufgaben einer geeinten sozialistischen Partei in Deutschland“. Unter diesem Titel erschienen die „Grundgedanken eines Referates von Erich Ollenhauer in der Mitgliederversammlung der ‚Union‘ am 6. Dezember 1492 in London“, hg. v. der Union deutscher sozialistischer Organisationen in Großbritannien, London, o. J. (1943) hektograph. Broschüre, 19 Seiten. — Vgl. auch unten Kapitel 5, S. 89 ff. — Als „Aktionsprogramm“, wie Schumacher sich ausdrückte, sind weder die Kundgebungen und Beschlüsse der „Union“, noch die in den Jahren 1943 bis 1945 erarbeiteten „Richtlinien“ (vgl. unten S. 91 und Anm. 182) bezeichnet worden, wenngleich sie Teile eines Aktionsprogramms hätten darstellen können.

werfen, sondern die organisatorischen Voraussetzungen schaffen und eine „grundsätzliche geistige Ausrichtung" vornehmen. Was Schumacher darunter verstand, zeigen die Sätze:

„Unsere Aufgabe ist es, als weitaus größte Gruppe ... als Magnet auf alle Splitter zu wirken. Wer diesen Weg nicht mit uns gehen zu können vermeint, stirbt den Tod der politischen Vereinsamung und Ohnmacht aus Mangel an Lebensraum. Die Zukunft hat nur für e i n e Partei demokratischer Sozialisten Platz."

Auch über den Inhalt der „grundsätzlichen Ausrichtung" ließ Schumacher keinen Zweifel offen. Er knüpfte an die Befürchtungen an, die manche Sozialdemokraten aus der Tatsache herleiteten, daß „die großen angelsächsischen Reiche eine so stark kapitalistische Struktur aufweisen". Aber mit der „schematischen Abstempelung durch die Worte ‚Kapitalismus' und ‚Sozialismus'" werde man den Tatsachen nicht gerecht. Daß „bei der großen Auseinandersetzung der Klassen der Zusammenprall eherner Klassenfronten den Inhalt der Politik" bilde, hielt Schumacher für eine Fiktion, die „zwar agitatorisch leicht verständlich" sei, „sich aber um die Auseinandersetzung mit den wichtigsten Tatsachen" herumdrücke. Während der nationale Staatskapitalismus der Russen sich gegen den deutschen Arbeiter auswirken könne, meinte Schumacher in den hochentwickelten Ländern, wie den USA, dem britischen Empire und in Westeuropa Verständnis für die deutsche Sozialdemokratie zu finden, die mit den Mitteln der Demokratie für den Sozialismus kämpfe. Roosevelts „New Deal" als neue Regelung des Verhältnisses zwischen Kapital und Arbeit, die Labour Party in England und die französische Linke — sie bedeuteten für Schumacher Hoffnung und tröstende Beispiele. Denn es gebe „unter den besonderen deutschen Verhältnissen ein Funktionieren der Demokratie und damit die Erhaltung des Friedens nur ..., wenn gewisse sozialistische Voraussetzungen erfüllt sind".

Deshalb müsse — so fuhr er fort—, wenn Deutschland ein Hort des Friedens werden solle, die Lahmlegung des Rüstungsapparates von einer Verstaatlichung derjenigen Produktionszweige, die für eine Rüstung in Frage kämen, begleitet sein. Das schließe nicht nur eine Anzahl von Industrien ein, sondern auch den ganzen Apparat des Geld- und Kreditwesens und jene Zweige der Wirtschaft, „deren Kartellierung und Vertrustung eine private einigermaßen schöpferische Unternehmertätigkeit unmöglich" mache. Das gelte schließlich auch für das Agrarkapital des Großgrundbesitzes.

Schumacher schloß sein Referat:

„... wenn die Welt ihr Ziel einer grundlegenden und dauernden Ver-

änderung des deutschen Reiches erreichen will, kann sie auf die deutsche Mitarbeit nicht verzichten. Gewiß sind wir schwach, aber wir werden stärker! Je größer unser Erfolg bei der Bekehrung unserer durch die Tyrannei verwilderten und richtungslos gewordenen Mitbürger ist, desto mehr Vertrauen werden wir in der Welt erringen. Wir sagen das ohne Aufgeblasenheit, aber auch ohne Winselei.

Für unsere Ziele, für die unteilbare Dreiheit von Friede, Freiheit und Sozialismus, erstreben wir die Zusammenarbeit mit den vorwärtsdrängenden Kräften in der ganzen Welt, mit der großen Internationale, — der Internationale der Arbeiterklasse und der Internationale aller Menschen des Friedens und der Freiheit.

Wir verzagen vor dieser Aufgabe nicht, und wenn wir in diesem Geiste unserem Volke helfen können, dann nützen wir der ganzen Menschheit!«

Mit seinem Referat stellte sich Schumacher unwidersprochen an die Spitze des Ortsvereins in Hannover. Die Gedanken, die hier vorgetragen wurden, kehrten während des Sommers 1945 mehrfach in seinen Äußerungen wieder. Sie sind als die geistige Basis anzusehen, auf der Schumacher die Wiedergründung der Sozialdemokratischen Partei begann. Der Aufbau der Bezirksorganisation Hannover folgte rasch auf die Gründung des Ortsvereins. Gleichzeitig streckte Schumacher Fühler nach Braunschweig und Bielefeld, nach Hamburg und nach Schleswig-Holstein aus. Schon am 2. Mai hatte er versucht, nach Stuttgart zu kommen, seiner politischen Heimat in den Jahren der Weimarer Republik [18]. Aber noch war von der Besatzungsmacht dafür keine Genehmigung zu erreichen. Die Welt endete im Süden Hannovers kurz vor Kassel, das schon zur amerikanischen Besatzungszone gehörte. Sie zu erreichen, war legal zunächst ebensowenig möglich wie eine Reise in eine der anderen Besatzungszonen.

Die alliierten Truppen achteten in den Mai- und Juniwochen besonders streng darauf, daß die deutsche Bevölkerung auf die unmittelbare Umgebung ihres Wohnortes beschränkt blieb. Nicht nur das Deutsche Reich war durch die Besatzungszonen in mehrere fast hermetisch voneinander getrennte Teile zerbrochen — die einzelnen Landkreise und Städte bildeten in sich abgeschlossene Inseln. Sie wurden allenfalls vom Rundfunk erreicht, den aber allein die Alliierten betrieben. Für Deutsche ruhte

---

18 Antrag Schumachers an die Militärregierung vom 2. Mai 1945, ihm eine Fahrt nach Stuttgart zu genehmigen (Archiv Frau A. Renger, M.d.B., Bad Godesberg).

der Auto- und Bahnverkehr, ruhten Briefpost und Telegraph, meist auch das Telefon.

Die Abschnürung der Verbindungswege hat wesentlich dazu beigetragen, daß sich die parteipolitische Sammlung selbst dort nur langsam vollzog, wo Mitglieder einer schon vor 1933 existierenden Partei ihre Organisation wieder aufbauen wollten. Zudem wirkte sich auch bei ihnen die örtliche Begrenzung nachhaltig auf die personelle Gestaltung aus. Abgesehen davon, daß noch ein beträchtlicher Teil der männlichen Bevölkerung in Kriegsgefangenschaft oder mit ihren Betrieben verlagert und noch nicht wieder in die Heimatstädte zurückgekehrt war, konnte sich in den ersten Monaten der „Apparat" der örtlichen Funktionäre installieren und stabilisieren, lange bevor die Öffentlichkeit über den Aufbau politischer Parteien mehr als nur Gerüchte vernahm [19]. Das ging um so schneller, als kaum Gelegenheit zu politischer Arbeit im weiteren Sinne des Wortes bestand. Die Organisation — sie war in diesen Wochen und Monaten der Kernpunkt allen Denkens, sie war das Ziel aller Tätigkeit.

Aufzeichnungen und Berichte über diese Phase wurden so gut wie nie gemacht. Die Tatsache, daß in den drei Westzonen Parteigründungen noch verboten waren, ließ es nicht geraten erscheinen, allzu früh die Methoden halb-illegaler Arbeit zu verlassen. Als aber im August die Militärregierungen begannen, die Parteien auf der örtlichen Ebene in der amerikanischen und britischen Zone zuzulassen, standen für die SPD die technisch-organisatorischen Gerüste, standen die „Kader" dennoch bereit.

Inzwischen hatte die Entwicklung in der sowjetisch besetzten Zone einen anderen Weg genommen. Auch hier bestand zunächst jene örtliche Abschnürung, die in den ersten Wochen der Besetzung für ganz Deutschland so charakteristisch war. Aber zwei Umstände veränderten den Ablauf des Geschehens.

Die sowjetische Besatzungsmacht brachte nach Deutschland eine poli-

---

[19] Für die geschilderte Situation ist die Frage bezeichnend, die der spätere SPD-Landesvorsitzende in Groß-Hessen, W. Knothe, an den Verleger K. Drott richtete, der erst im Juli 1945 nach Offenbach und Frankfurt/M. hatte zurückkehren können: „Karl, wo kommst Du bloß her? — Jetzt ist's zu spät!" Knothe meinte damit, daß alle wesentlichen Positionen in der Parteiorganisation schon besetzt seien. — Mündliche Mitteilung von Karl Drott, Offenbach, am 12. 10. 1955.

tische Konzeption mit, wie sie die Westmächte nicht besitzen konnten [20]. Es war die Auffassung der Sowjets, daß ein „antifaschistisch-demokratisches Deutschland" [21] nur durch eine Veränderung seiner gesellschaftlich-ökonomischen Grundlagen zu erreichen sei. Dazu bedurfte es von Anfang an der Mitarbeit deutscher politischer Kräfte [22]. So erließ der Oberste Chef der Sowjetischen Militäradministration, Marschall Shukow, schon am 10. Juni 1945 seinen Befehl Nr. 2 [23]:

„... *Auf dem Territorium der Sowjetischen Okkupationszone ist die Bildung und Tätigkeit aller antifaschistischen Parteien zu erlauben, ...*". Der Befehl gab für die Sozialdemokraten der Zone und Berlins das Signal zum Beginn der öffentlichen Wiedergründung der SPD.

Daß das Signal so viel früher gegeben wurde als in den Westzonen, war ebenso bedeutsam für die weitere Entwicklung wie die Tatsache, daß der Befehl in der Hauptstadt des ehemaligen Reiches galt. Hier in Berlin, am Sitz des Reichstages, der Reichsbehörden und des Parteivorstandes vor 1933, — hier, in der größten Stadt Deutschlands, mußten sich nach der Vorstellung der sozialdemokratischen Funktionäre die entscheidenden Vorgänge abspielen.

Anfänglich hatten viele Sozialdemokraten auch in den Westzonen nicht

---

20 Vgl. Boris Meißner (Anm. 3), S. 49 f. — Meißner weist auf das „gegensätzliche politische Denken" hin.

21 Der Ausdruck „antifaschistisch-demokratisch" diente zur Umschreibung der gesellschaftspolitischen Voraussetzungen, die in Deutschland geschaffen werden sollten, um seine friedliche Entwicklung nach außen, seine politische Neugestaltung im Innern zu gewährleisten. Der Ausdruck wurde sowohl in den Verlautbarungen der sowjetischen Besatzungsmacht, als auch in den Reden und Artikeln der kommunistischen Funktionäre gebraucht. So sprach z. B. Walter Ulbricht am 25. Juni 1945 auf der ersten Funktionärkonferenz der KPD Groß-Berlins vom „Programm der antifaschistisch-demokratischen Ordnung"; in: Walter Ulbricht: Zur Geschichte der deutschen Arbeiterbewegung, Aus Reden und Aufsätzen. Bd. II, 1933 bis 1946, 4. Auflage, Berlin 1955, S. 425—448.

22 Vgl. Boris Meißner (Anm. 3), S. 59 f. — Die Frage, welche Intentionen die Sowjets darüberhinaus mit der frühen Zulassung politischer Parteien verbanden, insbesondere, ob sie damit einen Einfluß auf die Situation in Berlin ausüben wollten, wo wenige Wochen später die westlichen Besatzungstruppen erwartet wurden, und ob sie eine Modellkonstellation für die Parteigründungen in allen Besatzungszonen Deutschlands schaffen wollten, kann hier nicht erörtert werden. Zur letzten Frage vgl. auch unten Anm. 25.

23 Tägliche Rundschau, Nr. 24 vom 10. 6. 1945.

daran gezweifelt, daß die zentralen Instanzen der Partei von Berlin aus eines Tages wieder ins Licht der Öffentlichkeit treten würden [24]. Ebensowenig konnten sich die Berliner Funktionäre, die sich in den letzten Kriegstagen zusammengefunden hatten, vorstellen, daß es etwa nicht ihre Aufgabe sei, zentral für die deutsche Sozialdemokratie zu sprechen.

Es ist dabei zu erinnern, wie wenige Deutsche sich im Juni 1945 klargemacht hatten, daß fast alle Vorstellungen aus der Zeit der Reichseinheit ungültig geworden waren. Daß man nicht nach München und Frankfurt, nach Köln und Hamburg telefonieren, schreiben oder reisen konnte, schob man auf die militärische Niederlage und ihre gewissermaßen momentanen Folgen. Die Begriffe wie „Zonengrenze" entstanden eben erst; den des „Eisernen Vorhangs" gab es noch nicht. Die Spaltung Deutschlands war praktisch eingetreten, ohne daß es die Deutschen recht zur Kenntnis genommen hatten. Auch sah man damals nicht, daß Berlin inzwischen seine Hauptstadtfunktion verloren hatte [25].

---

24 So teilte der sozialdemokratische Arbeitsminister in Bayerns erstem Nachkriegskabinett, Albert Roßhaupter, in einer „Plattformverhandlung zwischen Funktionären der SPD, KPD und ehemaligen BVP im Arbeitsministerium am 22. Juli 1945 in München" den Verhandlungspartnern mit, daß die Münchener Sozialdemokraten ihre Stellungnahme zum Aufruf des Zentralkomitees der KPD vom 11. Juni 1945 nach Berlin gesandt hätten, „da sie nicht wollten, daß ein entscheidender Schritt ohne Verständigung ihrer Berliner Parteiinstanzen geschähe." — Aus: Protokolle der Aktionsgemeinschaft SPD—KPD, München, hg. von der Kommunistischen Partei, Landesbezirk Bayern, o. O. (München), o. J. (1946), S. 9 (SPD-Archiv, Landesverband Bayern).

25 Vgl. Georg Kotowski: Der Kampf um die Selbstverwaltung in Berlin. Ein Beitrag zur Vorgeschichte der Spaltung der Stadt, in: Jahrbuch für Geschichte des deutschen Ostens, Bd. I: Das Hauptstadtproblem in der Geschichte — Festgabe zum 90. Geburtstag Friedrich Meineckes, Tübingen 1952, S. 171—202. Kotowski schreibt (S. 173): „Mit den Parteigründungen bewies Berlin noch einmal seine repräsentative Bedeutung und seine prägende Kraft für ganz Deutschland; von regionalen Sonderentwicklungen abgesehen, ist die hier entwickelte Parteienstruktur überall nachgebildet worden und hat damit der ersten Phase der deutschen Nachkriegspolitik ihr Gesicht gegeben".

Von einer Nachbildung kann hinsichtlich der SPD nicht gesprochen werden. Die Vorstellung, daß in Deutschland Parteien so gegründet wurden, weil Berlin das Muster abgegeben habe, verkennt den Charakter der SPD als

So erklärt sich zum Teil, daß sich in Berlin ein „Zentralausschuß" konstituierte, der sich am 15. Juni mit einem Aufruf an die früheren Mitglieder der SPD und an die Öffentlichkeit wandte [26]. Der Charakter dieses Dokumentes ist schon äußerlich grundverschieden von jener Rede, die Schumacher in Hannover am 6. Mai vor ehemaligen Funktionären der Partei hielt. Aber Gemeinsamkeiten und Unterschiede in der Ausgangsposition lassen sich doch aus den Zitaten der wichtigsten Stellen des Aufrufs vom 15. Juni ablesen. Es heißt dort:

„Der Nazifaschismus ist in einem grausigen Abgrund der Vernichtung versunken! Er hat das deutsche Volk in tiefster seelischer Qual, in einer unvorstellbaren Not zurückgelassen! Das Gefühl für Rechtlichkeit ist gelähmt! Die nackte Not grinst dem Volke aus den Ruinen vernichteter Wohnungen und geborstener Fabriken entgegen. Hitlers Cäsarenwahnsinn ist durch die siegreichen verbündeten Armeen ausgemerzt und damit die militaristische Raubgier des deutschen Imperialismus für alle Zeiten vernichtet ..."

„Die Geschichte erteilt dem deutschen Volk die eherne Lehre, sich auf seinem dornenvollen Opfergang, trotz Hunger und Elend, durch unermüdliche Arbeit und eisernen Willen die Achtung aller friedlichen, freiheitsliebenden Völker zu erwerben.

Gesinnungsverband, dessen Abgrenzung gegenüber anderen politischen Parteien und dessen Name tiefere Wurzeln haben, als sie das Vorbild der Hauptstadt darstellten. — Übrigens weist auch Hans Georg Wieck: Die Entstehung der CDU und die Wiedergründung des Zentrums im Jahre 1945, in: Beiträge zur Geschichte des Parlamentarismus und der politischen Parteien, Heft 2, hg. in Zusammenarbeit mit dem Forschungsausschuß der Vereinigung für die Wissenschaft von der Politik von der Kommission für Geschichte des Parlamentarismus und der politischen Parteien in Bonn, Düsseldorf 1953, S. 8, darauf hin, daß zwischen den westdeutschen CDU-Gründungen und derjenigen in Berlin kein Zusammenhang bestanden hat. — Ähnlich war die Situation für die heutige FDP, die 1945 unter verschiedenen Namen sich zu gründen begann. Vgl. u. a. Rudolf Wildenmann: Partei und Fraktion, Ein Beitrag zur Analyse der politischen Willensbildung und des Parteiensystems in der Bundesrepublik, in: Parteien, Fraktionen, Regierungen, Eine Schriftenreihe der Vereinigung für die Wissenschaft von der Politik, hg. v. Dolf Sternberger, Bd. II, 2. Auflage, Meisenheim am Glan, 1955 (1. Auflage 1953), S. 77.

26 Flugblatt vom 15. Juli 1945, abgedruckt — und irrtümlicherweise als Parteiprogramm bezeichnet — in: Dr. Wolfgang Treue: Deutsche Parteiprogramme 1861—1954, Göttingen-Frankfurt-Berlin 1954, S. 162 ff.

Niemals und von niemandem soll das deutsche Volk je wieder als vertrauensseliges Opfer gewissenloser politischer Abenteurer mißbraucht werden. Der politische Weg des deutschen Volkes in eine bessere Zukunft ist damit klar vorgezeichnet:
Demokratie in Staat und Gemeinde,
Sozialismus in Wirtschaft und Gesellschaft!
Wir sind bereit und entschlossen, hierbei mit allen gleichgesinnten Menschen und Parteien zusammenzuarbeiten. Wir begrüßen daher auf das wärmste den Aufruf des Zentralkomitees der Kommunistischen Partei Deutschlands vom 11. Juni 1945, der zutreffend davon ausgeht, daß der Weg für den Neubau Deutschlands von den gegenwärtigen Entwicklungsbedingungen Deutschlands abhängig ist, und daß die entscheidenden Interessen des deutschen Volkes in der gegenwärtigen Lage die Aufrichtung eines antifaschistischen demokratischen Regimes und einer parlamentarisch-demokratischen Republik mit allen demokratischen Rechten und Freiheiten für das Volk erfordern. In dieser entscheidenden Stunde ist es wiederum die geschichtliche Aufgabe der deutschen Arbeiterklasse, Trägerin des Staatsgedankens zu sein: einer neuen antifaschistisch-demokratischen Republik! ...“
„Das elementarste Lebensgesetz des neuen Staates verlangt die völlige Beseitigung aller Reste der faschistischen Gewaltherrschaft. Ebenso muß der Militarismus aus den Köpfen und Herzen getilgt werden. Die durch den Faschismus geistig entwurzelte Jugend muß wieder zu freien und kritisch denkenden Menschen erzogen werden.
Der neue Staat muß wieder gutmachen, was an den Opfern des Faschismus gesündigt wurde, er muß wieder gutmachen, was faschistische Raubgier an den Völkern Europas verbrochen hat. Dieser Staat muß zuerst und vor allem dem deutschen Volk die wirtschaftliche und moralische Kraft geben, diese übermenschliche Aufgabe zu erfüllen.“
An diese Betrachtungen schlossen sich neun Punkte an, in denen die „Forderungen“ der Sozialdemokratischen Partei Deutschlands zusammengefaßt waren. Ihr Inhalt und besonders ihre Reihenfolge erscheinen heute merkwürdig; man muß sich jedoch in die Wochen zurückversetzen, als in Berlin noch die schlimmsten Folgen der Kampfhandlungen beseitigt werden mußten und die Bevölkerung unter dem Eindruck größter materieller Not stand [27].

---

27 Es kommt hinzu, daß die Formulierung dieses Aufrufes in ungewöhnlicher Eile geschehen mußte, was auch auf Inhalt und Gestaltung einwirkte. Dean Krasomil: The German Social Democratic Party after 1945, A con-

Nachdem der erste Punkt die Vernichtung aller Spuren des Hitlerregimes in Rechtsprechung und Verwaltung und die Wiedergutmachung der Schäden forderte, die das Naziregime verursacht hatte, beschäftigten sich die Punkte zwei bis vier mit der Sicherung von Ernährung, Kleidung, Wohnung und Heizung und dem Wiederaufbau der Wirtschaft. Betont wurde dabei die Rolle der kommunalen Selbstverwaltung und der Gewerkschaften. In den nächsten drei Punkten wurden kulturelle und sozialrechtliche Maßnahmen genannt. Erst im Punkt 8 hießen die Forderungen:

„Verstaatlichung der Banken, Versicherungsunternehmungen und der Bodenschätze. Verstaatlichung der Bergwerke und der Energiewirtschaft. Erfassung des Großgrundbesitzes und der lebensfähigen Großindustrie und aller Kriegsgewinne für die Zwecke des Wiederaufbaus. Beseitigung des arbeitslosen Einkommens aus Grund und Boden und Miethäusern. Scharfe Begrenzung der Verzinsung aus mobilem Kapital. Verpflichtung der Unternehmer zur treuhänderischen Leitung der ihnen von der deutschen Volkswirtschaft anvertrauten Betriebe. Beschränkung des Erbrechtes auf die unmittelbaren Verwandten."

Im Punkt 9 wurde schließlich gefordert:

„Anpassung des Rechtes an die antifaschistisch-demokratische Staatsauffassung. Staatlicher Schutz der Person. Freiheit der Meinungsäußerung in Wort, Bild und Schrift unter Wahrung der Interessen des Staates und der Achtung des einzelnen Staatsbürgers. Gesinnungsfreiheit und Religionsfreiheit. Strafrechtlicher Schutz gegen Rassenverhetzung."

Und der Schluß des Aufrufs hieß:

„Unser armes und gequältes Volk muß durch die Schuld Hitlers durch unsägliches Elend und ein tiefes Tal des Leidens gehen!
Wir wollen mithelfen, es wieder emporzuführen zu den Höhen einer menschenwürdigen Kultur, zu der Freundschaft mit allen Völkern der Welt. Wir wollen vor allem den Kampf um die Neugestaltung auf dem Boden der organisatorischen Einheit der deutschen Arbeiterklasse führen! Wir sehen darin eine moralische Wiedergutmachung politischer Fehler der Vergangenheit, um der jungen Generation eine einheitliche politische Kampforganisation in die Hand zu geben. Die Fahne der Einheit muß als leuchtendes Symbol in der politischen Aktion des werktätigen Volkes

---

tribution to the study of the SPD in the period 1945—1952, Phil. Diss., Frankfurt/Main 1953, weist mit Recht darauf hin (S. 28): „It shows a certain lack of preparation not usually seen in SPD programs, . . . as the wording is not too well chosen and the meaning is rather vague in parts".

vorangetragen werden! Wir bieten die Bruderhand allen, deren Losung ist: Kampf gegen den Faschismus, für die Freiheit des Volkes, für Demokratie, für Sozialismus!
Darum rufen wir alle unsere Freunde, Genossinnen und Genossen, in Stadt und Land auf, mit der alten Hingabe und neuem Mut mit dem Aufbau der Organisation zu beginnen. Vorwärts! An die Arbeit!"
Unterschrieben wurde der Aufruf vom „Zentralausschuß der SPD" — vierzehn früheren Funktionären der alten Sozialdemokratie und der freien Gewerkschaften, an ihrer Spitze Max Fechner [28], Erich W. Gniffke [29] und Otto Grotewohl [30]. Keiner von ihnen konnte sich auf einen Auftrag der alten Partei berufen, einen neuen Gesamtvorstand zu errichten [31]. Auch ein Mandat des letzten, 1933 gewählten Parteivorstandes, auf das sich später Fechner berief, existierte in Wirklichkeit nicht [32].

---

28 Max Fechner, geb. am 27. Juli 1892 in Rixdorf bei Berlin, trat 1911 der SPD bei. Von Beruf Werkzeugmacher, war Fechner seit 1918 Bezirksverordneter in Berlin-Neukölln, seit 1928 Mitglied des Preußischen Landtags. Seit 1924 leitete Fechner die Kommunalpolitische Zentralstelle beim Parteivorstand der SPD. 1933/34 und 1944 war Fechner in Haft.

29 Erich W. Gniffke, geb. am 14. Februar 1895 in Elbing in Ostpreußen, war Mitglied der SPD seit 1913. Nach kaufmännischer Lehre und Tätigkeit als Bankangestellter war er Bezirksleiter im Zentralverband der Angestellten und (ehrenamtlicher) Gauvorsitzender des Reichsbanners Schwarz-Rot-Gold in Braunschweig. Vor 1933 gehörte Gniffke dem Landtag in Braunschweig an.

30 Otto Grotewohl, geb. am 11. März 1894 in Braunschweig, trat 1912 der SPD bei. Grotewohl, von Beruf Buchdrucker, besuchte später die Hochschule für Politik in Berlin. Seit 1920 gehörte er dem Landtag von Braunschweig an. Von 1921 bis 1924 war Grotewohl Landesminister in Braunschweig. Seit 1925 gehörte er dem Reichstag an. Nach 1933 war Grotewohl kaufmännisch tätig, 1938 und 1939 in Haft. Vom 15. Juni 1945 bis zur Fusion von KPD und SPD im April 1946 war Grotewohl Vorsitzender des Zentralausschusses der SPD in der sowjetischen Zone. — Vgl. Carola Stern: Die SED, Ein Handbuch über Aufbau, Organisation und Funktion des Parteiapparates, Rote Weißbücher 14, Köln 1954, S. 66 f.

31 Erst am 17. Juni 1945 billigte eine Versammlung sozialdemokratischer Funktionäre Berlins die Zusammensetzung des Zentralausschusses. Ein ordnungsmäßiger Wahlakt ist nicht vollzogen worden; es wurde nur festgestellt, daß sich gegen die Zusammensetzung des Zentralausschusses kein Widerspruch erhob. — Vgl. auch unten S. 38 ff.

32 Max Fechner: „Hannover, Ein Beitrag zur Klarheit" in: „Das Volk" Nr. 89, vom 16. Oktober 1945 und ders. Offener Brief an Dr. Schumacher

Wie war es zur Konstituierung des Zentralausschusses und seinem Aufruf gekommen?

(Broschüre und Flugblatt, Berlin o. J.), vgl. „Das Volk" Nr. 67 vom 21. März 1946. — Die Behauptung Fechners, daß er und Richard Weimann, Mitglieder des Zentralausschusses der SPD bis zur Verschmelzung mit der KPD im April 1946, ein Mandat des alten, 1933 gewählten Parteivorstandes besessen hätten, wurde mir gegenüber von Weimann selbst und von Friedrich Stampfer als unrichtig bezeichnet. (Mündliche Mitteilung von R. Weimann, Berlin, am 29. 4. 1955, von Friedrich Stampfer, Kronberg/Taunus, am 11. 10. 1955).

Nach Ansicht Weimanns ist der Kreis, auf dessen „Mandat" sich Fechner bezog, einer jener Widerstandszirkel gewesen, wie sie sich nach dem Verbot der SPD am 23. 6. 1933 gebildet hatten. Der Kreis, dem Weimann angehörte, sei bereits im Herbst 1933 „aufgeflogen". Stampfer hat mir gegenüber bestritten, daß der Parteivorstand überhaupt Mandate vor seiner Emigration erteilt habe.

Kapitel 2
Die Bildung des SPD-Zentralausschusses in Berlin, das „Buchenwalder Manifest" vom 13. April 1945 und die Genesis der sozialdemokratischen Haltung in der „Einheitsfrage"

In den letzten Apriltagen 1945 soll Max Fechner in Berlin-Neukölln einen Brief an Walter Ulbricht geschrieben haben [33]. Während Fechner, ehemals sozialdemokratischer Abgeordneter im Preußischen Landtag,

[33] Der angebliche Wortlaut des Briefes findet sich nur in dem unveröffentlichten Protokoll der sogenannten „Sechziger-Konferenz" vom 20./21. 12. 1945: Stenografische Niederschrift über die gemeinsame Konferenz des Zentralkomitees der KPD und des Zentralausschusses der SPD mit den Vertretern der Bezirke am 20./21. 12. 1945 in Berlin, SPD-Haus, Behrensstraße, masch.-schriftlich, 111 Seiten (Archiv Gustav Klingelhöfer, Berlin). Dort heißt es, daß Fechner am 28. April 1945 an Ulbricht geschrieben habe. So berichtet auch Gustav Dahrendorf in seiner, im März 1946 geschriebenen Darstellung: „Zwangsvereinigung der Kommunistischen und der Sozialdemokratischen Partei in der russischen Besatzungszone", abgedruckt in: Gustav Dahrendorf: Der Mensch, das Maß aller Dinge, Reden und Schriften zur deutschen Politik 1945—1954, hg. von Ralf Dahrendorf, Hamburg 1955, S. 89—124.
Vgl. dagegen Wolfgang Leonhard: Die Revolution entläßt ihre Kinder, Köln und Berlin 1955, S. 331 ff. Danach ist Ulbricht mit seiner Gruppe erst am 30. 4. 1945 aus der Sowjetunion abgeflogen und erst am 2. 5. 1945 nach Berlin gekommen. Erst zu diesem Zeitpunkt kann Fechner von der Anwesenheit Ulbrichts erfahren haben. Immerhin geht aus Leonhards Schilderung hervor, daß Ulbricht seine ersten Begegnungen mit Partei-

nach 1933 ein Milchgeschäft in Tempelhof betrieb [34], war Ulbricht, der ehemalige kommunistische Reichstagsabgeordnete, nach seiner Emigration 1933 über Prag und Paris nach Moskau gegangen [35]. Von dort kehrte er mit der sogenannten „Gruppe Ulbricht" am 1. Mai 1945 nach Deutschland zurück und begann am nächsten Tag in Berlin-Neukölln, dem Wohnort Fechners, mit dem Aufbau der kommunalen Verwaltung [36]. Max Fechner — so zitierte Grotewohl am 20. Dezember 1945 — schrieb an Ulbricht:

„... Ich hätte gern mit Dir darüber gesprochen, wie es möglich wäre, die so ersehnte Einheitsorganisation der deutschen Arbeiterklasse zu schaffen. Meine politischen Freunde und ich stehen auf dem Standpunkt, daß bei der ersten Möglichkeit, sich wieder politisch betätigen zu können, über alle Vergangenheit hinweg der neu zu beschreitende Weg ein gemeinsamer sein muß zwischen KPD und SPD. Ich möchte sagen, daß es bei Beginn der politischen Tätigkeit leichter sein wird, die Einheit zu schaffen, als wenn wir erst bei den Nachwirkungen der Kriegshandlungen angelangt sind ..." [37]

Wenn auch dieser Brief nie in die Hände Ulbrichts gekommen sein soll [38], so könnte er doch zeigen, daß sozialdemokratische Funktionäre schon die Verbindung zu dem Kommunisten suchten, bevor ihre eigene oder eine andere Partei wieder ins Leben gerufen war. Das ist bedeutungsvoll, weil wenige Tage später die Verbindung Fechners mit Otto Grotewohl, Erich W. Gniffke und Gustav Dahrendorf [39] zustande kam, einer Gruppe, die ebenfalls versuchte, die Sozialdemokratische Partei

---

freunden in Berlin-Neukölln hatte, so daß Fechner dort von Ulbrichts Rückkehr gehört haben kann.

34 Vgl. oben Anm. 28.

35 Vgl. Carola Stern (Anm. 30), S. 67 f.

36 Vgl. Wolfgang Leonhard (Anm. 33), S. 349 ff.

37 Protokoll der Sechziger-Konferenz (Anm. 33), S. 7.

38 Vgl. Zwischenruf Ulbrichts im Protokoll der Sechziger-Konferenz (Anm. 33), S. 8.

39 Gustav Dahrendorf, geb. am 8. Februar 1901 in Hamburg, trat 1918 der SPD bei. Nach kaufmännischer Lehre war er von 1924 bis 1933 Redakteur am „Hamburger Echo", gehörte seit 1927 der Hamburger Bürgerschaft (d. h. dem Landesparlament) und seit 1932 dem Reichstag an. Im Zusammenhang mit dem 20. Juli 1944 wurde Dahrendorf zu sieben Jahren Zuchthaus verurteilt. Nach seiner Befreiung lebte er zunächst in Berlin. — Im Februar 1946 siedelte Dahrendorf nach Hamburg über und leitete dort später die Großeinkaufsgesellschaft Deutscher Konsumgenossenschaften.

wieder aufzurichten [40]. Zu dieser Gruppe brachte Fechner ehemals führende Gewerkschafter mit, deren Namen dann auch unter dem Gründungsaufruf des Zentralausschusses stehen, der am 15. Juni 1945 erschien [41].

Auch dieser Vorgang, das Zusammenfinden verschiedener Gruppen ehemaliger Funktionäre der SPD und der freien (sozialistischen) Gewerkschaften, war dadurch behindert, daß fast alle Verbindungen, die zwischen Sozialdemokraten in den Jahren nach 1933 fortbestanden hatten, 1945 zerrissen waren. Die aktiven Widerstandszentren hatten zumeist schon in den Jahren 1934/35 aufgehört zu existieren. Die letzten wurden etwa 1936/37 durch die nationalsozialistischen Staatsorgane zerschlagen. Vollends bei Kriegsausbruch 1939, als die Jüngeren zur Wehrmacht einberufen, als ganze Betriebe mit ihren Belegschaften verlagert wurden, und die Flüchtlingsströme — erst die Bombenopfer nach Osten, dann die Vertriebenen nach Westen — zu fließen begannen, wurden die illegalen Verbindungen fast unmöglich gemacht. Allein die Großstädte mit ihren konzentrierten Industriegebieten, darunter Berlin, boten bis fast zur Kapitulation 1945 die Möglichkeit eines Zusammenhalts. In der Zeit der Wiedergründung verstärkte sich auf diese Weise die Bedeutung der Großstädte, in denen die SPD schon traditionell ihre besten Kräfte besaß [42].

---

40 Vgl. Carola Stern (Anm. 30), S. 162.

41 Fechner hatte Verbindung mit Bernhard Göring, Sekretär des Allgemeinen Freien Angestellten-Bundes, und Hermann Schlimme, Vorstandsmitglied des Allgemeinen Deutschen Gewerkschaftsbundes vor 1933. Das geht aus der Anwesenheitsliste der Zusammenkunft vom 16. Mai 1945 in der Wohnung von Karl Germer, Berlin-Charlottenburg, Kantstraße 125 (Archiv Karl J. Germer, Berlin), wie aus dem „Protokoll der ersten Tagung des Organisationskomitees der SPD, der freien Gewerkschaften und des Afa-Bundes . . .“ (Archiv Fritz Neubecker, Berlin), hervor, das als Datum der Zusammenkunft den 15. Mai 1945 nennt. An welchem der beiden Tage die Zusammenkunft wirklich stattgefunden hat, läßt sich nicht mehr aufklären.

42 Vgl. hierzu auch S. K. Padover: Experiment in Germany, The Story of an American Intelligence Officer, New York 1946, bes. S. 127 ff., und die Besprechung dieses Buches von Ludwig Bergsträsser: Sozialdemokraten im Dritten Reich, in: „Vorwärts“ Nr. 2 vom 9. Januar 1959. Beide Darstellungen bestätigen den angegebenen Sachverhalt. Darüberhinaus gibt Padover ein anschauliches Beispiel für die mangelhaften Kenntnisse über die innerdeutsche Situation bei den westlichen Alliierten 1945 und ihre Vorurteile

Nach der Kapitulation stellten die 20 Verwaltungsbezirke Berlins zunächst ähnlich isolierte Inseln wie die Städte und Landkreise im übrigen Deutschland dar. Denn die Verkehrsmittel der ehemaligen Vier-Millionen-Stadt waren durch die Kämpfe der letzten Kriegsphase gänzlich zerstört. Kraftwagen fuhren nur für die Besatzungsmacht. Das Fahrrad blieb die einzige Hilfe, um Boten von einem Bezirk zum anderen schicken zu können. So war es in der ersten Besatzungszeit oft eine Frage des Zufalls, welche Gruppen sich fanden und welche ihre Initiative entfalten und damit andere Entwicklungen erschweren oder ganz abschneiden konnten. Auch vergingen nur knapp sechs Wochen zwischen der Kapitulation und der Zulassung von Parteien und Gewerkschaften nach dem Befehl Nr. 2 des Marschalls Shukow [43]. Das war ein besonders kurzer Zeitraum angesichts der geschilderten Umstände. In nur wenigen Wochen mußten sich die Vorstellungen konkretisieren, die die Berliner Sozialdemokraten von der Partei hatten, die sie nun wieder aufbauen wollten [44].
Welche Vorstellungen waren das?
Im späteren Zentralausschuß haben offenbar zwei Überlegungen eine Rolle gespielt. Die letzte Äußerung des Exil-Vorstands der SPD, die den Stimmungen der Gegenwart von 1945 nahezukommen schien, war das Manifest des Parteivorstandes vom 28. Januar 1934, das damals von Prag aus nach Deutschland gebracht worden war [45]. Dort heißt es im VII. Abschnitt, der überschrieben ist „Die Einheit des revolutionären Sozialismus“:

---

gegenüber den Trägern des nationalsozialistischen Staates wie auch den oppositionellen demokratischen Kräften.

43 Tägliche Rundschau (Anm. 23).

44 Für den heutigen Betrachter scheint dieses „So früh wie möglich wollen wir mit dem Wiederaufbau unserer Partei beginnen!“ eine tragische Entwicklung eingeleitet zu haben. Es gab aber 1945 für Menschen, die sich politisch durchsetzen wollten, keinen Aufschub. Wie die spätere Darstellung zeigen wird, wäre die Wiedergründung der SPD auch in Berlin von anderen Gruppen betrieben worden, wenn die Gruppe um Grotewohl nicht sofort gehandelt hätte, nachdem die Besatzungsmacht die politischen Parteien zugelassen hatte.

45 „Kampf und Ziel des revolutionären Sozialismus, Die Politik der Sozialdemokratischen Partei Deutschlands“, in: Neuer Vorwärts, 28. 1. 1934 — Vgl. auch Erich Matthias: Sozialdemokratie und Nation, Ein Beitrag zur Ideengeschichte der sozialdemokratischen Emigration in der Prager Zeit des Parteivorstandes 1933—1938, Stuttgart 1952, S. 26 f. und 34 f.

„Mit dem Sieg des totalitären Staates ist die Frage seiner Überwindung mit grausamer Eindeutigkeit gestellt. Die Antwort lautet: Totale Revolution, moralische, geistige, politische und soziale Revolution!
In diesem Kampf wird die Sozialdemokratie eine Front aller antifaschistischen Schichten anstreben. Sie wird die Bauern, die Kleingewerbetreibenden, die Kaufleute, die durch die Versprechungen der Nationalsozialisten betrogen sind, sie wird die Intellektuellen, die unter dem gegenwärtigen Regime ein bisher unvorstellbares Maß der Unterdrückung und Entwürdigung erleiden, zum gemeinsamen Kampf mit der Arbeiterklasse aufrufen.
Wir haben den Weg, wir haben das Ziel des Kampfes gezeigt. Die Differenzen in der Arbeiterbewegung werden vom Gegner selbst ausgelöscht. Die Gründe der Spaltung werden nichtig. Der Kampf zum Sturz der Diktatur kann nicht anders als revolutionär geführt werden. Ob Sozialdemokrat, ob Kommunist, ob Anhänger der zahlreichen Splittergruppen, der Feind der Diktatur wird im Kampf durch die Bedingungen des Kampfes selbst der gleiche sozialistische Revolutionär. Die Einigung der Arbeiterklasse wird zum Zwang, den die Geschichte selbst auferlegt."

Durch das Manifest von 1934 schien die politische Konzeption des Zentralausschusses von der „organisatorischen Einheit der Arbeiterklasse"[46] gerechtfertigt zu sein, und offenbar focht es dabei wenig an, daß inzwischen elf Jahre mit neuen Erfahrungen und neuen Erkenntnissen vergangen waren. Ob überhaupt jüngere Äußerungen des Exilvorstan-

---

46 Die moderne Soziologie verwendet den Begriff „Arbeiterklasse" nur noch sehr eingeschränkt. Jedoch bleibt es ein historisches und psychologisches Phänomen, daß sich die Angehörigen der Arbeiterbewegung als der organisierte Kern der Arbeiterklasse fühlten. Dazu lieferte die marxistische Anschauung vom Klassenantagonismus (Kapitalisten — Proletarier) die scheinbar wissenschaftliche Begründung. Diese geglaubten Inhalte in der Terminologie der Arbeiterbewegung unterscheiden sich wesentlich von den Klassifizierungen, die nach den heutigen Erkenntnissen über die gesellschaftliche Schichtung vorgenommen werden. Vgl. Theodor Geiger: Die soziale Schichtung des deutschen Volkes, Stuttgart 1932, und ders.: Die Klassengesellschaft im Schmelztiegel, Köln und Hagen 1949. Vgl. auch: Ralf Dahrendorf: Soziale Klassen und Klassenkonflikt in der industriellen Gesellschaft, Stuttgart 1957, auf dessen Literaturangaben besonders verwiesen sei. — In der vorliegenden Arbeit wird daher der Begriff „Arbeiterklasse" nur dort verwendet, wo Zitate wiedergegeben werden oder wo über Ansichten, wie sie geäußert worden sind, referiert werden wird.

des der SPD, der sich seit 1938 in Paris, seit 1941 in London aufhielt, in Berlin bekannt geworden waren, läßt sich nicht mehr feststellen [47]. Die zweite Überlegung, die im Kreis des Zentralausschusses angestellt wurde, knüpfte an die Tatsache an, daß im Mai 1943 die „Komintern" aufgelöst worden war [48]. Damit schien ein wesentliches Hindernis, das bisher der Zusammenarbeit mit der Kommunistischen Partei entgegengestanden hatte, weggefallen zu sein. Wenn die KPD eine „nationale Arbeiterpartei" — wie es im Auflösungsbeschluß hieß — sein konnte, gab es noch einen Grund weniger, zwei deutsche Arbeiterparteien zu haben: die Unabhängigkeit der KPD von der Moskauer Zentrale schien hergestellt, die Kommunistische Partei zu einem gleichwertigen Partner der SPD geworden zu sein [49].

Beide Überlegungen hatten bekanntlich keine genügenden sachlichen Grundlagen. Allein hätten sie auch nicht ausgereicht, den Kurs der SPD in der Sowjetzone festzulegen. Aber sie trafen bei vielen Funktionären und Mitgliedern der SPD auf eine gefühlsmäßige Disposition, die in Deutschland — und nicht nur in der Sowjetzone! — weitverbreitet war. Diese Disposition nahm allerdings den Überlegungen des Zentralausschusses nicht den Charakter des Wunschdenkens, aber sie bildete die Basis jener breiten Zustimmung zur organisatorischen Einheit der Arbeiterbewegung, die letztlich für den Kurs verantwortlich zu machen ist, der später zur Spaltung der Partei führen sollte.

Das so viel mehr von Gefühlen als von Überlegungen gesteuerte Bewußtsein der Zusammengehörigkeit aller Sozialisten erhielt zum letzten Male Nahrung und Auftrieb, als die Besatzung der Alliierten kam, die für Tausende politisch Verfolgter, besonders in den Lagern und Zuchthäusern, die Befreiung brachte. In dieser Stimmung erschien es unwichtig, welche Parteien auch immer sich auf der „Rechten" bilden mochten, die „Linke", die Arbeiterklasse — sie mußte nun die große Partei der sozialistischen Einheit schaffen.

---

47 Es ist bezeichnend, daß auch Mitglieder des alten Parteivorstandes, die als Emigranten in den USA lebten, im Mai 1945 dem SPD-Vorsitzenden Hans Vogel in London empfahlen, das Manifest von 1934 einem Aufruf an die deutschen Arbeiter wieder zugrundezulegen. Dabei wurde ausdrücklich auf die aktuelle Bedeutung der „Einheit der Arbeiterbewegung" hingewiesen. — S. Aufhäuser, G. Dietrich, P. Hertz und Marie Juchacz, New York, an Hans Vogel, London, am 25. Mai 1945 (PVA).

48 Vgl. Wolfgang Leonhard (Anm. 33), S. 247 f.

49 Vgl. hierzu die Rede Schumachers vom 6. Mai 1945 oben S. 19 f.

Für solche Gedanken gab es in den ersten Wochen nach der Kapitulation in Berlin und in anderen Städten eine reale Basis: die „antifaschistischen Volkskomitees". Hier schien sich zu erproben, was als gemeinsames Ziel von Sozialdemokraten und Kommunisten empfunden wurde [50]. Aber viel schneller, als diese Empfindungen ihren festen organisatorischen Niederschlag finden konnten, löste die sowjetische Besatzungsmacht die Komitees, die sich als Selbstverwaltungsorgane spontan gebildet hatten, auf. Zudem erlaubte Marschall Shukows Befehl Nr. 2 die Gründung von politischen Parteien und Gewerkschaften. An jenem 10. Juni 1945, als der Befehl des sowjetischen Marschalls bekannt wurde, glaubten viele Sozialdemokraten, kurz vor dem Tag zu stehen, an dem die „organisatorische Einheit der Arbeiterbewegung" geschaffen werde. Aber voller Enttäuschung erlebten sie, daß sich am 12. Juni die KPD im Berliner Stadthaus als selbständige Partei der Öffentlichkeit vorstellte [51]. Fast einen Monat vorher hatten drei Sozialdemokraten (Gniffke, Graf [52] und Grotewohl) Arthur Pieck [53] aufgesucht, um mit ihm zu

---

50 Vgl. die teilweise veröffentlichte Darstellung von Klaus-Peter Schulz, einem Augenzeugen der Berliner Vorgänge 1945/46 und Hauptbeteiligten des Widerstandes gegen die Verschmelzung von SPD und KPD im Frühjahr 1946, in der Zeitschrift EUROPA BRÜCKE, hg. v. Wilhelm Kaisen (Bremen), Hermann L. Brill (Wiesbaden), Otto Bach (Berlin) und John van Nes Ziegler (Köln), 3. bis 5. Jg., Hamburg 1957—1959. Unter dem Titel „Das Präludium des Kalten Krieges" schildert Schulz die Entwicklung der SPD in Berlin und der Sowjetzone 1945/46. Die anfangs anonym erscheinende Artikelserie wurde erst in der XVIII. Fortsetzung (EUROPA BRÜCKE, 4. Jg., Dezember 1958) mit dem Namen des Verfassers, Klaus-Peter Schulz, gezeichnet, nachdem er aus der Redaktion der Zeitschrift ausgeschieden war. Mit der XIX. Fortsetzung (EUROPA BRÜCK6, 5. Jg., Januar 1959) wurde die Veröffentlichung der Artikelserie abgebrochen. Für die vorliegende Untersuchung stellte Klaus-Peter Schulz freundlicherweise die unveröffentlichten Teile seines Manuskriptes zur Verfügung.

51 Vgl. Gründungsaufruf der Kommunistischen Partei Deutschlands, Deutsche Volkszeitung Nr. 1 vom 13. 6. 1945 und Tägliche Rundschau Nr. 27 vom 14. 6. 1945; abgedruckt in: Wolfgang Treue: Deutsche Parteiprogramme 1861—1954, Göttingen-Frankfurt-Berlin 1954, S. 155 ff. Vgl. auch Wolfgang Leonhard (Anm. 33), S. 399.

52 Engelbert Graf, geb. 1881, war Mitglied der SPD von 1903—1933 und Mitglied des Deutschen Metallarbeiter-Verbandes vor 1933. 1945 gab er auf seinem Aufnahmeantrag im SPD-Kreis Wilmersdorf als Beruf „Schriftsteller" an.

53 Arthur Pieck, der Sohn des ehemaligen kommunistischen Reichstags-

besprechen, ob es möglich sei, eine einheitliche sozialistische Partei zu schaffen. Das war am 14. Mai gewesen, und man wollte sich mit anderen Funktionären am 17. Mai wieder treffen. Aber zu dieser Besprechung erschien kein Kommunist; auch am 24. Mai folgten die Kommunisten der sozialdemokratischen Einladung nicht. Als Gniffke und Graf am 25. und 29. Mai noch einmal versuchten, mit Arthur Pieck zu sprechen, wurden sie wegen „Arbeitsüberlastung" nicht empfangen [54]. Schließlich konstituierte sich, als der kommunistische Gründungsaufruf bekannt wurde, die Gruppe um Grotewohl und Fechner mit den Unterzeichnern des Aufrufs vom 15. Juni zum „Zentralausschuß der SPD". Trotz der enttäuschenden Ergebnisse, die der Versuch gezeigt hatte, mit den Kommunisten ins Gespräch zu kommen, schickte vorher der Zentralausschuß Gustav Dahrendorf auf seinen Wunsch zur Gründungsversammlung der KPD am 12. Juni 1945. Dort sagte er:
„Ich spreche im Namen der neuen, wiedererstandenen Sozialdemokratischen Partei ... Die neue SPD will die politische und, wenn es sein kann, auch die organisatorische Einheit der Werktätigen, aller Antifaschisten in Stadt und Land. Wir sind bereit, über alle Fragen der Einheit mit unseren kommunistischen Freunden zu sprechen, und fragen, wann ein solches entscheidendes Wort zu sprechen möglich ist [55]*."*
Zum folgenden Sonntag, dem 17. Juni 1945, riefen öffentlich angeschlagene Aufforderungen zum ersten Male wieder sozialdemokratische Funktionäre zur Versammlung [56].

---

abgeordneten und (seit 1945) Vorsitzenden der KPD bzw. SED, Wilhelm Pieck, war in der Emigration als Major der Roten Armee im „Nationalkomitee Freies Deutschland" tätig. Im Mai 1945 wurde er Personalchef der Berliner Stadtverwaltung. Vgl. Wolfgang Leonhard (Anm. 33), S. 282 ff. und S. 379.

54 Protokoll der Sechziger-Konferenz (Anm. 33), S. 8.

55 Protokoll der Sechziger-Konferenz (Anm. 33), S. 8 f. — Der vermutlich vollständige Text der Rede Dahrendorfs vom 12. Juni 1945 ist in einer Abschrift „Die Rede des Gen[ossen] Dahrendorf", masch.schr., 2 Seiten, im PVA, Personenarchiv, Ordner: Dahrendorf, Gustav, enthalten.

56 Die Aufforderung trug folgenden Text quer gedruckt auf einem DIN-A-5-Blatt: „Sozialdemokratische Partei, Zentralbüro: Berlin W 35, Bülowstraße 7 — Einladung —. Nach Aufhebung des Parteiverbots treffen sich sämtliche Funktionäre der SPD am Sonntag, dem 17. Juni 1945, vormittags 9.30 Uhr im „Deutschen Hof", Luckauer Straße, Nähe Moritzplatz. — Die Funktionäre haben sich zu legitimieren. — Die Einberufer: Max Fechner, Richard Weimann, E. W. Gniffke, Otto Grotewohl, Hermann Harnisch, Otto Meier" (Archiv Karl J. Germer, Berlin).

Nach zwölf Jahren politischer Unterdrückung fand im „Deutschen Hof“ in der Luckauer Straße die Gründungsversammlung der Berliner SPD statt. Die Zahl der versammelten Funktionäre wurde später mit 1700 angegeben [57]. Mag auch diese Zahl zu hoch erscheinen, so ist sie doch fast bedeutungslos gegenüber einer anderen Frage: woher kamen diese Funktionäre und wer hatte sie delegiert?

Von ganz wenigen Ausnahmen abgesehen, kamen sie alle aus Berlins zwanzig Verwaltungsbezirken. Schon der Zustand der Verkehrsmittel und die Form der Benachrichtigung — Handzettel und kleine Plakate — lassen es als äußerst unwahrscheinlich erscheinen, daß weiter entfernt wohnende Funktionäre zur Gründungsversammlung kommen konnten [58]. Die Teilnehmer konnten auch kein Mandat besitzen, das sie zur ordnungsmäßigen Wahl einer Organisationsspitze berechtigt hätte. Ihre einzige Berechtigung zur Teilnahme war die Tatsache, daß sie schon vor 1933 der SPD angehört hatten und bestenfalls schon damals Funktionäre gewesen waren. Doch eben das genügte für die quasi-revolutionäre Situation vom Juni 1945, um eine Führungsgruppe, wie sie sich mit einigen bekannten Namen in den Mitgliedern des Zentralausschusses anbot, für die ersten Schritte der wiederentstehenden Partei zu legitimieren.

So wurde von der Versammlung am 17. Juni 1945 der Aufruf und die Zusammensetzung des Zentralausschusses gebilligt. Das Organ, das nun — zu Recht oder nicht — die Führung der SPD für Berlin und für die sowjetische Zone darstellte, war geschaffen [59]. Der Zentralausschuß aller-

---

57 Vgl. Otto Grotewohl in: „40. Parteitag der Sozialdemokratischen Partei Deutschlands am 19. und 20. April 1946“, S. 20. — Noch in seinem Eröffnungsartikel für die sozialdemokratische Zeitung in Berlin „Das Volk“ hatte Grotewohl von „weit über tausend“ Funktionären gesprochen, die sich am 17. Juni 1945 versammelt hatten. Vgl. Otto Grotewohl: Wille und Weg, in: „Das Volk“, Nr. 1 vom 7. Juli 1945.

58 Otto Grotewohl, a. a. O., S. 20, sprach am 19. April 1946 von „300 Genossinnen und Genossen aus dem Reich ...“, die aus den umliegenden Konzentrationslagern entlassen worden waren. Auch diese Zahl ist vermutlich zu hoch angesetzt. Aber wieder wäre wesentlicher, wer denn die ehemaligen Konzentrationäre delegiert hatte, sofern — was Grotewohl doch wollte — ihre Zustimmung zur Zusammensetzung des Zentralausschusses die Rechtmäßigkeit des am 17. Juni 1945 erteilten Mandats beweisen sollte.

59 Der Sonderstatus von Berlin als „Vier-Sektoren-Stadt“ kam erst Anfang

dings glaubte damals, er sei berechtigt, auch für die Sozialdemokraten in den westlichen Zonen zu sprechen, denen zu jener Zeit von den Besatzungsmächten die öffentliche Wiedergründung der SPD noch nicht erlaubt worden war. Daß dieser Anspruch auf die Führung „im Reichsmaßstab“ in wenigen Monaten zu Auseinandersetzungen führen mußte, wird später zu erörtern sein.

Die Berliner Ereignisse im Juni 1945 — die Gründung einer selbständigen KPD, der sozialdemokratische Versuch, trotzdem sofort mit den Kommunisten ins Gespräch über die „Einheitspartei“ zu kommen, und schließlich die Wiedergründung der SPD — sie erscheinen wie eine Wiederholung des gleichen Schauspiels, das in der ersten Aprilhälfte im Konzentrationslager Buchenwald stattfand, — nur mit veränderten Kulissen.

Professor Hermann Brill [60], der im Dezember 1943 nach über vierjähriger Zuchthaushaft in Buchenwald eingeliefert worden war, stellte damals sehr schnell fest, „daß Buchenwald von der KPD beherrscht wurde“ [61]. Er berichtete darüber: *„Ich nahm mit einigen ihrer führenden Mitglieder Fühlung und bildete schon im Februar 1944 ein Volksfront-Komitee, dem von der SPD Ernst Thape* [62]*, von der spä-*

Juli 1945 mit dem Einrücken der westalliierten Truppen zur Geltung. Auch deshalb ist es begreiflich, daß sich keiner der versammelten Funktionäre daran stieß, den „Zentralausschuß“ für die gesamte sowjetische Besatzungszone zu errichten. Vielmehr werden die meisten der Anwesenden es als rechtens empfunden haben, daß dieser nun eingesetzte Zentralausschuß für die deutsche Sozialdemokratie in allen Besatzungszonen die Spitze der Partei darstellte. Weder lagen aus den Westzonen Nachrichten vor, daß trotz des dort herrschenden Parteiverbots der Wiederaufbau der SPD betrieben wurde, noch war bekannt, welche Schritte der nach London emigrierte Parteivorstand von 1933 würde unternehmen können. Vermutlich haben viele Berliner Funktionäre von seiner Existenz nichts gewußt.

60 Hermann L. Brill war 1933 als Ministerialdirektor aus dem Thüringischen Innenministerium entlassen worden und 1939 vom Volksgerichtshof zu 12 Jahren Zuchthaus verurteilt worden. 1945 setzten die Amerikaner ihn als Regierungspräsidenten der Provinz Thüringen ein, von 1946 an war er Staatssekretär im Hessischen Staatsministerium.

61 Hermann Brill: Gegen den Strom, in: Wege zum Sozialismus, Heft 1, Offenbach 1946, S. 88.

62 Ernst Thape, geb. 1892, war vor 1933 politischer Redakteur der „Magdeburger Volksstimme“ und wurde im Juli 1945 Zweiter Vizepräsident der Provinz Sachsen.

teren CDU Werner Hilpert[63], *von der KPD Walter Wolf*[64] *angehörten*" [65].

Aus diesem Volksfront-Komitee hofften Brill und seine sozialdemokratischen Freunde, eine einheitliche sozialistische und demokratische Organisation schaffen zu können. Darüber schrieb Brill 1946:

„Deshalb lehnten wir es nach der Befreiung auch ab, uns als Sozialdemokratische Partei zu konstituieren. Aber schon am zweiten Tage nach der Befreiung mußten wir erkennen, daß die KPD die alte geblieben war. Man wollte die Volksfront nur als eine Brücke zu nichtkommunistischen Kreisen benutzen. So sahen wir uns gezwungen, die Auffassung der demokratischen Sozialisten klar auszusprechen. Das geschah durch das Buchenwalder Manifest[66]."

Dieses letzte Dokument der im Lager Buchenwald die Haft überlebenden Sozialdemokraten, das unter Mitwirkung von Benedikt Kautsky[67] zustande kam, und von 33 Deutschen und Österreichern — daneben einer Holländerin und einem Belgier — am 13. April 1945 unterschrieben wurde, enthält sieben Abschnitte. Es wollte „dem deutschen Volke ... sagen, welche Maßnahmen notwendig sind, um Deutschland aus diesem geschichtlich beispiellosen Zusammenbruch zu retten und ihm wieder Achtung und Vertrauen im Rate der Nationen zu verschaffen[68]."

Das Manifest, das von der „Vernichtung des Faschismus" ausgeht und sich dann dem „Aufbau der Volksrepublik"[69], der „Befreiung der Ar-

---

[63] Werner Hilpert, geb. 1897, war vor 1933 führend in der sächsischen Zentrumspartei. Ab Oktober 1945 wurde er Staatsminister in Hessen.

[64] Walter Wolf, geb. 1913, war Lehrer und wurde im Mai 1945 Volksbildungsminister in der Landesregierung bzw. Landesdirektor in der Landesverwaltung Thüringen.

[65] Hermann Brill (Anm. 61), S. 88.

[66] Hermann Brill (Anm. 61), S. 96. — Das Lager Buchenwald wurde am 11. April 1945 von amerikanischen Truppen befreit.

[67] Benedikt Kautsky, geb. am 1. November 1894 in Stuttgart, Sohn des sozialistischen Theoretikers Karl Kautsky. Nach unterbrochenem Philosophiestudium an der Universität Berlin und Dienst in der österreichischen Armee, Privatsekretär bei Otto Bauer und Karl Renner. 1920 in Berlin zum Dr. phil. promoviert, war Kautsky von 1921 bis 1938 Sekretär der Wiener Arbeiterkammer. Von 1938 bis 1945 wurde Kautsky in verschiedenen Konzentrationslagern festgehalten. Nach seiner Befreiung lebte er zunächst in der Schweiz.

[68] Hermann Brill (Anm. 61), S. 97.

[69] Hermann Brill (Anm. 61), S. 98. Hier heißt es, die Entwicklung in vielen

beit“ und der „Sozialisierung der Wirtschaft“ zuwendet, schließt nach zwei Abschnitten über „Friede und Recht“ und „Humanität“ mit der Erwartung, daß die „sozialistische Einheit“ hergestellt werden möge

„Begründet auf die Gedanken des Klassenkampfes und der Internationalität und auf das Bewußtsein, daß die Verwirklichung des Sozialismus nicht eine Frage des Zukunftsstaates, sondern die unmittelbare Gegenwartsaufgabe ist, wollen wir die Einheit der sozialistischen Bewegung als eine Einheit des praktischen Handelns, der proletarischen Aktion herstellen. Freiheit in der Diskussion und Disziplin in der Durchführung der Beschlüsse werden es uns ermöglichen, alle ehrlichen sozialistischen Kräfte zusammenzufassen.

Wir erwarten, daß die auf dem Boden des Klassenkampfes stehenden Parteien und Gewerkschaften nach den unerläßlichen Vorbesprechungen alsbald einen Organisationsausschuß einsetzen und dieser einen Gründungskongreß beruft, der Statuten und Aktionsprogramm festzustellen und die neuen Parteiorgane zu wählen hat ...“ [70]

Wie in Berlin, so auch zwei Monate vorher im Lager Buchenwald: trotz des kommunistischen Widerstandes gegen eine einheitliche Organisation, wie er sich letztlich in der selbständigen Konstituierung der KPD zeigte, strebten die Sozialdemokraten nach der Einheit aller Sozialisten. Hält man sich vor Augen, welches moralische Gewicht die ehemaligen Konzentrationäre begreiflicherweise bei ihren politischen Freunden besaßen, die dem Schicksal der Verhaftung entgangen waren, dann wird verständlich, wie sehr diese Gedanken — die aus anderen Konzentrationslagern nicht schriftlich überliefert sind, sich aber sicher in den gleichen Bahnen bewegten — die Organisationskerne der Sozialdemokratischen Partei in ihren ersten Entwicklungsphasen beeinflussen mußten [71].

---

deutschen Städten vorwegnehmend: „Zuerst sind in allen Orten antifaschistische Volksausschüsse zu bilden, die sobald als möglich durch Heranziehung antifaschistischer Organisationen auf eine urdemokratische Grundlage zu stellen sind.“ — Die Militärregierungen stoppten diese Entwicklung, deren Ansätze in allen Besatzungszonen zu finden waren. Eine der wenigen Möglichkeiten, die Befreiung vom Nationalsozialismus wenigstens in ihrer letzten Phase von den Deutschen selbst vollziehen zu lassen, wurde damit verhindert.

70 Hermann Brill (Anm. 61), S. 101.

71 So berichtete beispielsweise ein SPD-Mitglied in der ersten Funktionärsitzung des Kreises Berlin-Charlottenburg am 16. Juni 1945 über das Lager Sachsenhausen: „Außerdem war im allgemeinen der Wunsch der dort weilenden Genossen, in Zukunft eine Einheitspartei der arbeitenden Schich-

Dabei ist besonders bemerkenswert, daß auch der Name der Sozialdemokratischen Partei von den Verfassern des Buchenwalder Manifestes aufgegeben wurde. Sie bezeichneten sich als „Bund demokratischer Sozialisten", nicht etwa als Angehörige der verschiedenen sozialdemokratischen Parteien. Anders als Schumacher in Hannover, der die einheitliche Arbeiterpartei als eine Allianz der alten SPD und der sozialdemokratischen Absplitterungen von vor 1933 und der Emigrationszeit begriff, wollten die Buchenwalder, daß die sich jetzt konstituierenden Parteien und Gewerkschaften (!) zu einem Gründungskongreß für jene neue Partei zusammentreten, die alle „ehrlichen sozialistischen Kräfte" umfassen sollte [72].

Wie ist zu verstehen, daß gerade die Sozialdemokraten — und nicht nur in der sowjetischen Zone, wie das folgende Hamburger Beispiel lehren wird! — den Gedanken von der „Einheitspartei aller Sozialisten" so forcierten [73]? Um diese Frage zu beantworten, muß man versuchen, sich die Schockwirkung zu verdeutlichen, die bei ihnen im Jahre 1933 ausgelöst wurde, als Hitler die kampferprobten und scheinbar so festgefügten Organisationen der Linken mit der Dynamik der nationalsozialistischen Bewegung zermalmte.

Obwohl die Partei sich keine Zustimmung zu Hitlers Ermächtigungsgesetz hatte abtrotzen lassen, so war sie doch — das dachten sehr viele Sozialdemokraten — mit der Niederlage bankrott geworden. Und wie ein Trauma beherrschte die Mitglieder der Sozialdemokratie, beherrschte die Gewerkschafter und auch viele Kommunisten der Gedanke, daß das nur möglich geworden war, weil alle Organisationen der sozialistischen Arbeiterbewegung versagt hatten. Sie hatten sich — wie sie dachten — in den Kämpfen der Weimarer Republik nur selbst zerfleischt; sie glaubten, daß die einheitliche Kraft der Arbeiterbewegung — zusammen-

---

ten zu bilden". — (Archiv des SPD-Kreises Berlin-Charlottenburg, Mappe: Protokolle).

72 Zu dem Begriff der „ehrlichen" sozialistischen Kräfte siehe unten S. 282 f.

73 Aus Stuttgart, wo die Sozialdemokraten später zur gleichen Einstellung wie Kurt Schumacher gelangten, schrieb Otto Steinmayer an Schumacher, Hannover, am 16. Juni 1945: „Hier in Stuttgart verständigen wir uns mit allen Bekannten von Links bis zu den früheren Demokraten, und wir alle, besonders nach Links, halten ständige Fühlung, um später als Einheit allen kommenden Dingen gegenüberzustehen" (Archiv Frau Annemarie Renger, MdB, Bad Godesberg). — Diese Haltung läßt sich in fast allen Orten nachweisen, wo vor 1933 starke sozialdemokratische Organisationen bestanden hatten.

gefaßt und energisch geführt — damals ausgereicht hätte, Deutschland das Schicksal der nationalsozialistischen Diktatur mit den Folgen von Krieg und Niederlage zu ersparen, vor denen die politische Linke gewarnt hatte.

Hoffnungslosigkeit und tiefste Enttäuschung hatte sich des ehemals organisierten Teiles der Arbeiterschaft und der mit ihr Sympathisierenden bemächtigt, da — entgegen den Versicherungen der Führer — die Parole zum aktiven Widerstand ausblieb, als Hitler vor der Machtergreifung stand. Selbst kurz danach wären wohl die 400 000 Mitglieder der „Schutzformationen" des Reichsbanners noch zum Losschlagen bereit gewesen; aber das Signal blieb aus. Kampflos mußten sie zusehen, wie ihre Partei, die Gewerkschaften und die Arbeiterorganisationen „atomisiert" wurden [74].

Während ein Teil der Funktionäre, durch Hitlers Regime lebensgefährlich bedroht, in die Emigration ging, versuchten andere aktive Teile der Arbeiterbewegung, illegale Verbindungen im Lande aufrechtzuerhalten. Mit einem Male war im Sommer 1933 eingetreten, was nur unzureichend bedacht worden war: die legale, fast perfektionistisch arbeitende Organisation, der Apparat, war zerschlagen. Sollten nicht alle Versuche des Widerstandes — auch des „hinhaltenden" — aussichtslos sein, mußten jetzt die improvisierten Formen einer bis dahin unbekannten, unerprobten Arbeits- und Kampfesweise geübt werden [75].

---

74 Vgl. Erich Matthias: Der Untergang der alten Sozialdemokratie, in: Vierteljahreshefte für Zeitgeschichte, 3. Heft, 4. Jg., Juli 1956, S. 250—286 und die vorhergehende Dokumentation im 2. Heft, 4. Jg., April 1956, S. 179 bis 226.

Ich verdanke vor allem dem dort veröffentlichten Dokument 5 „Erfahrungen in der illegalen Arbeit" wesentliche Hinweise für diesen Abschnitt. Mit Recht sagt Matthias: „Wir sind sehr arm an Zeugnissen, die die Reaktion auf die Niederlage innerhalb der Arbeiterbewegung, die Erfahrungen der Illegalität an der Basis einer großen Organisation und die noch ungebrochene Stimmung des Kampfes gegen die Diktatur so unmittelbar widerspiegeln." Dieses Dokument, 1936 niedergeschrieben, kann paradigmatisch für die Haltung eines großen Teils der Arbeiterbewegung in der Illegalität stehen und gilt auch noch am Beginn des Wiedergründungsprozesses der Arbeiterparteien und der Gewerkschaften im Jahre 1945. Das konnte bei vielen Interviews nachgeprüft werden.

75 Es ist typisch für das sozialistische Denken, das sich häufig in historischen Analogien vollzieht, wenn zu dieser Zeit die Erinnerungen an die Verfolgungen während des „Sozialistengesetzes" (1878—1890) lebendig wur-

Setzte schon das Phantasie und Anpassungsfähigkeit voraus, so trat auch das selbständige Denken, an dem es vor 1933 bei den Mitgliedern gefehlt zu haben schien, in neue lebenswichtige Funktionen. Nicht nur, daß es die Gestapo täglich zu überlisten galt, es mußten immer aufs neue Wege gefunden werden, die geistig-seelische Abwehrkraft der „Illegalen" zu erhalten. Mit den Jahren wurde die aktive Widerstandstätigkeit, auf die man so schlecht vorbereitet gewesen war, zu der immer gefährlicheren Tätigkeit ganz vereinzelter Gruppen, und die Masse der ehemaligen Mitglieder war mehr und mehr auf den eigenen, persönlich genährten Widerstandsgeist beschränkt.

Hier — neben der Schockwirkung und dem daraus folgenden Trauma aus dem Jahre 1933 — liegt der andere Schlüssel, um die Haltung vieler Sozialdemokraten 1945 zu verstehen. Damals — in der Illegalität, und das hieß in der Vereinzelung — begann ein geistiger Wandlungsprozeß, der vor alten Tabus nicht haltmachte, der neue Glaubensstärke gab. Denn der Sozialismus, den man vor 1933 in zahllose theoretische Betrachtungen aufgelöst hatte, wurde in der unmittelbaren Bedrohung wieder zum schlichten, aber alles umgreifenden Ziel: zur Befreiung vom Joch der Diktatur in jeder Form, als nationalsozialistisches Regime, als bürgerlicher Klassenstaat, als „nurpolitische" Demokratie.

Was spielte es da für eine Rolle, welchem Parteiapparat der „Illegale" vor 1933 angehört hatte! Kein Verständnis konnte der einzelne Sozialdemokrat oder der einzelne Kommunist mehr aufbringen, wenn einer der anderen „Richtung" noch Vorwürfe machte. Keiner dieser alten Parteiapparate sollte ja jemals wieder in seiner ehemaligen Form entstehen [76]. Aus dem Willen zum Sozialismus mußte eine neue, gemeinsame Organisation erwachsen, die frei sein sollte von den Schwächen der Weimarer Zeit. Sie sollte eine vollkommenere Verkörperung jener

---

den. Allerdings kannten die jüngeren Mitglieder der Arbeiterbewegung, die allein den Strapazen der illegalen Tätigkeit gewachsen waren, diese Zeit nur aus den meist schwärmerischen Schilderungen ihrer wesentlich älteren Genossen. Für die jungen war die Illegalität deshalb völlig neu. Zudem bestand zwischen der Intensität der Verfolgung zur Zeit Bismarcks und der zur Zeit Hitlers ein erheblicher Unterschied. Vgl. Erich Matthias a. a. O., S. 263.

76 So auch Hermann Brill (Anm. 61), S. 25: „Selbst, wenn manche von ihnen [d. h. den Parteien von Weimar] ihren Namen behalten, wird nicht eine einzige in der alten Art in das politische Deutschland zurückkehren können." Aus: Deutsche Ideologie 1937, niedergeschrieben im Oktober 1937.

großen Idee sein, die von der reformistisch-revisionistischen SPD von Weimar ebenso mangelhaft vertreten worden war wie von der pseudorevolutionären, parteiegoistischen KPD. Die Idee von der neuen Organisation — vielmehr Ahnung als Gedanke — umfaßte nicht nur allein die Parteien und ihre Mitgliedschaft, sie sollte der politische Ausdruck, sollte die Organisation der ganzen deutschen Arbeiterklasse werden.

Die Arbeiterklasse und ihre Organisationen — sie waren 1933 die ersten Opfer in Hitlers totalitärem Staat geworden. Und was während der Auseinandersetzungen im Staat von Weimar nie hatte erreicht werden können, das war nach 1933 Wirklichkeit geworden: Sozialdemokraten und Kommunisten sahen sich in einer Front, häufig gleichermaßen verfemt und verfolgt. Aus dem Gegeneinander vor der Zeit Hitlers wurde das Miteinander in der gemeinsam zu tragenden Gefahr, in der vom gleichen Gegner geschaffenen gemeinsamen Bedrohung. Das geschah in vielen KZ-Lagern, aber auch außerhalb von ihnen. Gab es keine Parteiapparate mehr, die ihren lenkenden Einfluß auszuüben vermochten, so entdeckten kommunistische und sozialdemokratische Widerständler leichter ihre Gemeinsamkeiten auf dem Wege über persönliches Vertrauen, wie es sich bei miteinander durchstandener Gefahr gebildet hatte.

„Demokratischer" Sozialismus oder „proletarische Diktatur"? Diese Frage zu stellen, schien wertlos, da im Kampf um die Staatsmacht auf das nationalsozialistische Terrorsystem keine parlamentarische Epoche würde folgen können, sondern nur der radikale Umbau der Gesellschaftsordnung, die Verwirklichung des Sozialismus.

Den Sozialismus zu wollen, ihn zu erkämpfen, — das war die Aufgabe der Arbeiter allein, da die Erfahrung zu lehren schien, daß niemand es sonst in Deutschland vermochte, Hitler als das furchtbare Werkzeug des Hochkapitalismus zu erkennen und zu bekämpfen. Jetzt zählte nicht mehr das marxistische Lippenbekenntnis, nicht das Motiv zum Kampf, nicht die theoretischen Überlegungen und Ansichten, sondern allein der Glaube an den Sozialismus. Er sollte den politischen Willen stählen, der zwar ohne die Einsicht in die Möglichkeiten und Ziele des Kampfes blind verpuffen mußte, aber mit ihr gepaart, die Einsicht wirksam machen mußte.

Glauben und Wille — bewahrt und bewiesen in den Jahren der Unterdrückung, gleich weit entfernt von tiefsinnigen Analysen wie von sachgerechter Beurteilung der Lage: das waren die beiden Pole, aus denen der Geist des sozialistischen Widerstandes sich speiste. Dem heutigen

Betrachter erscheint es schwierig, diesen geistig-seelischen Prozeß nachzuvollziehen. Aber man wird in das Gefüge dieser Denk- und Gefühlsweisen nicht eindringen, wenn man sich nicht vergegenwärtigt, auf welche einfachen Inhalte die „Glaubenssätze" zurückgeführt waren, die das geistige Überleben jenem Teil der sozialistischen Bewegung sicherten, der 1945 einen neuen Weg beschreiten wollte, als die Wiedergründung der sozialistischen Organisationen möglich wurde.

Um sich der jahrelang raffiniert geübten Propaganda des Nationalsozialismus erwehren zu können, mußte das Gebäude der sozialistischen Vorstellungen wie zu einem einfachen Bunker deformieren, an dessen glatten, aber starken Wänden das Trommelfeuer des verhaßten Gegners nichts mehr zerstören konnte. Waren die sichtbaren, Mut und Kampffreude anstachelnden Aktionen unmöglich geworden, gab es keine gemeinsame Beratung und Erarbeitung der theoretischen Grundlagen mehr, dann blieben nur noch der Glaube an den Sozialismus und der Wille zum Überleben die beiden Güter, die es zu verteidigen galt.

Im Bewußtsein ebneten sich deshalb die Unterschiede der „Richtungen" ein — die sozialistische Bewegung in ihrer Urform wurde gleichsam wiederentdeckt: wieder hatte man nichts als die Ketten zu verlieren, und der Name der Bewegung spielte keine große Rolle mehr. „Die Firma ist uns gleich" — wir „wollen nur Sozialisten sein" [77]. Das war die einfache Formel, auf die sich die Frage der illegalen und die der zukünftigen Organisation bringen ließ. Sozialdemokraten und Kommunisten konnten sie gleichermaßen akzeptieren: beide glaubten, jetzt den Blick freibekommen zu haben für die Gemeinsamkeiten, die größer schienen als die trennenden Doktrinen.

Und schließlich hatte die Zeit der Illegalität wieder deutlich werden lassen, wie arm, wie einsam, wie schwach der einzelne Arbeiter ohne die große gemeinsame Organisation war:

„Durch die Organisation wird die Arbeiterklasse aus einer gesellschaftlichen Tatsache zu einem politischen Faktor." [78]

Alle Kritik an den Organisationen der Weimarer Zeit in ihrer Unzulänglichkeit blieb irrelevant gegenüber dieser Erkenntnis, mit der an die Traditionen der Arbeiterbewegung angeknüpft wurde. Von dorther erklärt sich, warum es 1945 kein Fragen gab, was nun zu tun sei: es mußte d i e Organisation der Arbeiterklasse wieder aufgebaut werden; es mußte eine einheitliche Organisation sein, die keine Richtungskämpfe

77 Erich Matthias (Anm. 74), S. 201, Dokument 4.
78 Erich Matthias (Anm. 74), S. 215, Dokument 5.

mehr kannte, die über das Trennende der Vergangenheit die Gemeinsamkeit der zukünftigen Aufgabe stellte.

Es waren die Sozialdemokraten gewesen, die schneller und tiefer diese Entwicklung durchmachten. Graduell hatten sie es leichter als ihre kommunistischen Kampfgefährten in der Illegalität. Der sozialdemokratische Parteiapparat hatte seine Mitglieder nie so eng gefesselt wie der kommunistische; schneller als bei den Kommunisten zerfiel nach 1933 der Zusammenhalt der sozialdemokratischen Organisation, und geschmeidiger war die Anpassung an die Lage in der Illegalität; weniger hartnäckig als die Kommunisten, vermieden die Sozialdemokraten sinnlose Opfer in ungezielten Aktionen. So wuchs selbstbewußter als bei den Kommunisten das Vertrauen in die eigene Kraft, unabhängig von der ehemaligen Organisation und freier von Mißtrauen gegenüber den ehemaligen Richtungsgegnern.

Es muß genügen, mit diesen wenigen Strichen die Vorstellungen zu umreißen, die ein Teil der ehemaligen Sozialdemokraten am Anfang des Wiedergründungsprozesses mitbrachte, und die so schnell in Vergessenheit geraten sollten, als sich zeigte, wie wenig sich aus der Zeit der gemeinsam überstandenen Gefahr in die Gegenwart der Nachkriegswelt hinübernehmen ließ.

Vergessen schienen alle Erfahrungen aus der Zeit von vor und auch nach 1933: daß die Kommunisten ganz bewußt gegen den Staat von Weimar und gegen die Sozialdemokratie gekämpft hatten, daß sie deren Anhänger als „Sozialfaschisten" beschimpft hatten, denen der Hauptstoß der kommunistischen Taktik gelten müßte[79]; vergessen schien, daß die Kommunisten der eine Flügel jener Zange gewesen waren, die — von Nationalsozialisten und Kommunisten gemeinsam gebildet — die demokratische Mitte von Weimar zerdrückt hatte. Vergessen waren die Gegensätze, die die Kommunisten auch in den KZ-Lagern und Gefängnissen des Dritten Reiches aufrechterhielten. Sie führten oft zu verschärften Quälereien und zu abscheulichen Denunziationen der sozial-

---

79 „In der Frage des Hauptstoßes gegen die SPD steckt das Kernproblem der kommunistischen Politik in Deutschland." So Ernst Thälmann: Einige Fehler in unserer theoretischen und praktischen Arbeit, in: Die Internationale, Heft 11/12, 1931; zitiert nach: Ernst Thälmann: Kampfreden und Aufsätze, hg. von der Kommunistischen Partei Deutschlands, Berlin 1932, S. 83. — Nach Ansicht von Ossip K. Flechtheim: Die Kommunistische Partei Deutschlands in der Weimarer Republik, Offenbach/Main, 1948, S. 157, stammen diese Reden und Aufsätze nicht alle von Thälmanns Hand.

demokratischen Häftlinge. Vergessen waren die Schauprozesse in der Sowjet-Union 1936/37. Damals, als alle Prinzipien der angestrebten sozialistischen Gesellschaftsordnung offen mißachtet wurden, hatten sich die meisten Sozialdemokraten Westeuropas — darunter viele deutsche sozialdemokratische Emigranten — von der Illusion befreit, daß eine Einheitsfront erstrebenswert sei. Nicht aber jene deutschen Sozialdemokraten, die 1945 unter dem Eindruck des unmittelbar Erlebten ihre Kenntnisse und deren Konsequenzen zu verdrängen vermochten. Sie strebten nach der Einheit mit den Mitgliedern der ehemaligen Kommunistischen Partei, als hätte es bei ihr nie eine Abhängigkeit von eben dem Staat gegeben, der sich sogar mit Hitler verbündete, als das Interesse der Sowjet-Union den Pakt als zweckmäßig erscheinen ließ [80].
Vergessen waren schließlich die Unterschiede, die sich in Organisationsformen der kommunistischen und der sozialdemokratischen Partei ausprägten. Dort der zentralistische Befehlsapparat, hier die demokratisch gewählte Führung. Dort die „Betriebsgruppe" als wesentliche Einheit der Parteiorganisation zur Erfassung des Arbeiters in seiner „Werkwelt", hier die Gliederung hauptsächlich nach Wohnbezirken, in denen das Mitglied nach Feierabend seine politische Arbeit aufnimmt. Unbedacht blieb, wie sehr sich in diesen verschiedenen Strukturprinzipien Glaubensinhalte verbargen, die nicht Gegenstand von Diskussionen sein konnten, sondern nur — gegeneinandergestellt — die Entscheidung für das eine oder für das andere Prinzip erlaubten.
Das alles wurde überschattet von dem Willen, in dem sich Sozialdemokraten und Kommunisten einig zu sein schienen: der „Bruderkampf" der Weimarer Zeit sollte überwunden werden durch die Einheitspartei aller Sozialisten, durch die organisatorische Einheit der deutschen Arbeiterklasse [81].

---

80 Daß die Schauprozesse in der Sowjetunion 1936/37 und der Hitler-Stalin-Pakt vom 23. August 1939 einheitsfreundliche sozialdemokratische Emigranten umstimmten, beschreibt Erich Matthias (Anm. 45), S. 263 ff.

81 Vgl. auch Klaus-Peter Schulz (Anm. 50), besonders Fortsetzung II (Heft Mai 1957, S. 19 ff.) über die Volkskomitees in Berlin und die Diskussionen über die „sozialistische Einheit".

Kapitel 3
Das Scheitern der sozialdemokratischen Einheitsbestrebungen am Beispiel der SPD-Wiedergründung in Hamburg

An einem heißen Julitag jenes Sommers 1945 wurde auf dem weiten Friedhof in Hamburg-Ohlsdorf die sterbliche Hülle einer ehemaligen Konzentrationärin zu Grabe getragen. Trotz eines inneren Leidens war Magda Thürey — gleichermaßen bekannt in kommunistischen wie in sozialdemokratischen Widerstandskreisen — im Sommer 1944 in „Schutzhaft" genommen und in das Zuchthaus Fuhlsbüttel eingewiesen worden. Vom Tode gezeichnet, wurde sie beim Zusammenbruch aus der Haft befreit. Wenige Monate später starb sie in Hamburg.
Hunderte ihrer politischen Freunde gaben ihr das letzte Geleit. Wie so oft in den vorangegangenen zwölf Jahren wurde auch ihr Begräbnis zu einer der Demonstrationen, die häufig Sozialdemokraten und Kommunisten während der nationalsozialistischen Herrschaft zusammengeführt hatten. Damals durften die Anhänger der früheren Parteien nur als private Leidtragende den Sarg ihrer Genossen begleiten.
Jetzt, während der britischen Besetzung, sprachen auch zwei politische Repräsentanten am Grabe der Verstorbenen. Und als der Sarg der Erde übergeben war, reichten sich beide ihre Hände über der offenen Gruft und versprachen sich, „den Bruderkampf niemals wieder aufleben zu lassen" [82].

---

[82] Frau M. Thürey starb am 17. Juli und wurde am 23. Juli 1945 begraben.

Es waren Friedrich Dettmann, der spätere Vorsitzende des Bezirks „Wasserkante" der KPD, und Karl Meitmann, der Vorsitzende der Landesorganisation Hamburg der SPD. Ihr Händedruck war das Symbol für ein Versprechen zwischen Kommunisten und Sozialdemokraten, das in einer Vereinbarung niedergelegt wurde, die im Juni und Anfang Juli entworfen, am 24. Juli 1945 von je fünf Vertretern der KPD und der SPD unterzeichnet wurde [83].
Sie unterschrieben ein gemeinsames „Aktionsprogramm", das erst nach der Zulassung der Parteien durch die Besatzungsmächte veröffentlicht werden sollte.
Darin wurde beschlossen:

„*(A) Schaffung eines Aktionsausschusses, bestehend aus 10 Personen (je fünf der früheren Richtungen).*
(B) Der Aktionsausschuß übernimmt die Verpflichtung zur Förderung der Durchführung folgender Dringlichkeiten:"

Hier folgte eine Liste von 25 Forderungen, die vom Forträumen des Bombenschutts und verstärkter Fischzufuhr über die Enteignung der Kriegsverbrecher, Kriegsschuldigen und Kriegsverlängerer bis zur Wiedereröffnung der Theater, Konzertsäle und Lichtspielhäuser und der Aufgabe reichten, „auf allen Gebieten des gesellschaftlichen Lebens den verheerenden Geist des Preußentums auszuschalten".
Bedeutsamer als dieser Katalog von Forderungen, der zwar die erschreckende Not der Großstadtbevölkerung von 1945 widerspiegelte,

---

Mündliche Mitteilung von Curt Bär, Hamburg-Bergedorf, dem Bruder von Frau Thürey. — Vgl. auch Hamburger Nachrichten-Blatt der Militärregierung Nr. 58 vom 26. 7. 1945 und Berichte zur Bezirksdelegiertenkonferenz der KPD in Hamburg am 1. und 2. Dezember 1945, Bericht der bisherigen Arbeit und nächsten Aufgaben der Bezirksleitung — Abteilung Agitation und Propaganda, 11 Seiten hektographiert, S. 3 (Archiv Willi Elsner, Hamburg).

83 „Aktionsprogramm", unterzeichnet am 24. Juli 1945 von den „Vertretern der ehemaligen Kommunistischen Partei Hamburgs: Willi Grünert, Johann Westphal, Friedrich Dettmann, Friedrich Dethlefs, Paul Tastesen" und von den „Vertretern der ehemaligen Sozialdemokratischen Partei Hamburgs: Karl Meitmann, Ernst Teßloff, Willi Elsner, Lorenz Borchers, Walter Schmedemann". — Original: 6 Seiten maschinenschr.; Druck: Februar 1946 in 10 000 Exemplaren bei H. O. Persiehl, Hamburg 11. (Beide Dokumente: Archiv Willi Elsner, Hamburg).

aber auch von unterschiedlicher politischer Reife zeugte [84], war die Einleitung des Aktionsprogramms, in der es hieß:

„Die blutige Lehre der zwölfjährigen Hitler-Diktatur im Innern, des Hitler-Krieges nach außen und seiner großen sozialen Umwälzungen heißt für alle schaffenden Männer und Frauen eindeutig: ‚Einigkeit — Einheit! Und nie wieder Spaltung und Bruderkampf!'

„Von dem Willen beseelt, in kürzester Frist die Einheitspartei Wirklichkeit werden zu lassen", wurde das Aktionsprogramm beschlossen.

Es unterliegt keinem Zweifel, daß bei diesem Schritt die Motive der Hamburger Sozialdemokraten denen der Berliner ganz ähnlich waren. Nur gab es in Hamburg keine sowjetische Besatzungsmacht und zunächst keine kommunistischen Funktionäre, die unmittelbar aus dem sowjetischen Exil zurückkehrten. Deshalb waren auch in der zweiten Julihälfte in Hamburg Unterschriften kommunistischer Funktionäre unter einem gemeinsamen „Aktionsprogramm" möglich, bevor die KPD als selbständige Partei öffentlich wiedergegründet worden war. Die andere Reihenfolge — erst Wiedergründung der KPD, dann Aktionsgemeinschaft mit der SPD —, die in Berlin praktiziert wurde: sie war angesichts der Zurückhaltung der britischen Besatzungsmacht, politische Parteien zuzulassen, nicht gut durchführbar.

Daß nämlich die beiden Monate Mai und Juni 1945 vergingen, ohne daß es in Hamburg zu einer Einheitspartei der Sozialdemokraten und Kommunisten kam, ist in erster Linie darauf zurückzuführen, daß sich die Briten zu dieser Zeit noch weigerten, deutsche politische Kräfte in ihrer Zone offen hervortreten zu lassen.

Hamburg wurde am 3. Mai den britischen Truppen übergeben — die Besetzung begann 23 Tage später als in Hannover, sie war fünf Tage früher abgeschlossen als in Berlin. Schon am 6. Mai trafen sich verschiedene sozialdemokratische Funktionäre in Hamburg-Ochsenzoll und besprachen die Möglichkeiten der politischen Arbeit. Da alle Parteien von der Militärregierung verboten waren, lag der Gedanke nahe, mit dem Aufbau einer Gewerkschaftsorganisation zu beginnen [85]. Es gelang schon

---

84 So wird in Punkt 7 eine Kontrolle der Nahrungsmittelverteilung durch die Verbraucher gefordert, die mit ihren Organisationen zur „schärfsten Bekämpfung des Schleichhandels und der schwarzen Märkte" herangezogen werden sollten. Schon die Erfahrung aus der Zeit nach dem ersten Weltkrieg hätte lehren können, wie wenig Hilfe die Verbraucher und ihre Organisationen dabei in Notzeiten leisten können.

85 „Entwurf — Daten der SPD-Landesorganisation Hamburg 1945", 4 Seiten maschinenschr., S. 1 (Archiv Willi Elsner, Hamburg).

am nächsten Tag, mit einem Offizier der Militärregierung in Verbindung zu kommen, der diesem Gedanken wohlwollend gegenüberstand. Von ihm erfuhren die Sozialdemokraten, daß eine demokratische Gewerkschaft die einzige Organisation sei, die erlaubt werden würde [86]. Damit war die Richtung festgelegt, in die die Tätigkeit der Hamburger Sozialdemokraten für die nächsten Wochen gelenkt war.

Der Vorteil dieser Entwicklung schien darin zu liegen, „daß sich bisher alle darüber einig waren, nun wirklich zusammenzuarbeiten und keine Unstimmigkeiten wegen früherer verschiedener Parteizugehörigkeit aufkommen zu lassen". So wird von Hamburger Sozialdemokraten schon am 13. Mai über den Aufbau der Gewerkschaften an Freunde berichtet [87].

Am 10. oder 11. Mai trafen sich in dem bis zur Kapitulation als „Wehrmachts-Wartestelle" benutzten Restaurant des alten Hamburger Gewerkschaftshauses etwa 40 bis 50 Angehörige der ehemaligen Gewerkschaften, die zugleich entweder in der SPD oder in der KPD organisiert gewesen waren [88]. Franz Spliedt, Mitglied des ehemaligen Vorstandes des Allgemeinen Deutschen Gewerkschaftsbundes (ADGB), und Adolph Schönfelder, Vorstandsmitglied der Hamburger SPD und letzter Polizeisenator der Hamburger Regierung vor 1933, waren anwesend.

In Verhandlungen mit einem Vertreter der britischen Militärregierung, Captain Dwyer [89], wurde die Genehmigung zur Gründung der „Sozialistischen Freien Gewerkschaft — Einheitsorganisation" erreicht. Aus der Mitte der Anwesenden wurde ein Vollzugsausschuß von 36 Mitgliedern gebildet. Ihm gehörten auch sieben Kommunisten an [90]. Sein Vorstand bestand aus den drei Sozialdemokraten Walter Schmedemann,

---

86 Briefdurchschlag vom 13. Mai 1945 an „Lieber Fritz, liebe Freunde!" (Archiv Frau Käthe Hart-Plume, Wedel/Holstein).

87 a. a. O.

88 Daten der SPD-Landesorganisation (Anm. 85), S. 1; vgl. auch: Bericht über die Entwicklung der Sozialistischen Freien Gewerkschaft in Hamburg, 20 Seiten hektographiert, S. 1 (Archiv Hellmut Kalbitzer, MdB, Hamburg) und: Franz Spliedt: Die Gewerkschaften, Entwicklung und Erfolge, ihr Wiederaufbau nach 1945, Hamburg o. J. (1949), S. 88 ff. — Die Daten differieren in den verschiedenen Darstellungen geringfügig. Sie genau festzulegen, ist leider nicht mehr möglich.

89 Franz Spliedt (a. a. O.), S. 90 spricht von Major Dwyer.

90 Bericht über die Entwicklung der SFG (Anm. 88), S. 1, und Franz Spliedt (Anm. 88), S. 90.

Hellmut Kalbitzer und Lorenz Borchers sowie aus den beiden Kommunisten Friedrich Dethlefs und Hans Ek. Die „SFG" legte ihrer Arbeit die „Richtlinien zur Ausarbeitung unseres Programms" vom 8. Mai 1945 zugrunde [91]. Dort heißt es über:

„Unsere Ziele im öffentlichen Leben

A. Wirtschaft.

Sicherung einer menschenwürdigen Existenz für alle durch Vollbeschäftigung aller und ausreichende Unterstützung für alle Arbeitsbeschränkten.

Verstaatlichung der wirtschaftlichen Schlüsselstellungen, insbesondere Bergbau, Hüttenbetriebe, Konzerne der Metallverarbeitung und Chemie, Transport, öffentliche Dienste, Banken und Versicherungen.

Überführung des Großgrundbesitzes und Baulandes in öffentliches Eigentum.

Organisierung des Wohnungsbaues, Förderung der ländlichen Siedlungen, Leitung des Arbeitsamtes durch die Gewerkschaften.

Staatskontrolle des Außenhandels.

Förderung des Genossenschaftswesens in Industrie, Landwirtschaft und Handel.

B. Politik.

Ausrottung der Nazis, ihrer Ideologie und des Militarismus.

Absetzung und Bestrafung aller Richter und Staatsanwälte, die Terrorurteile gefällt haben.

Bestrafung aller Kriegsschuldigen und Kriegsverbrecher.

Bestrafung aller Generäle, die nach dem 20. 7. 1944, trotz besseren Wissens um die militärische Lage Deutschlands, den Krieg fortgesetzt haben.

Aufbau einer volksnahen Rechtspflege.

Kontrolle der Sportorganisationen durch die Gewerkschaft, um die Bildung von Keimzellen nationalsozialistischer und militaristischer Art zu verhindern.

Staatliche Anerkennung der SFG.

Friedenspolitik.

Erziehung der Jugend zu den Idealen der Völkerverständigung, Menschenwürde und persönlicher Freiheit."

Aus diesen „Richtlinien" — die nur die Skizze eines zukünftigen Programms darstellten — geht schon hervor, was auch Franz Spliedt später über ihre Verfasser schreibt:

Die „Gruppe bestand aus glühend begeisterten Genossen, die wohl fast

---

[91] Bericht über die Entwicklung der SFG (Anm. 88), S. 7f.

alle aus der früheren politischen Bewegung hervorgegangen waren, nicht so sehr aus der gewerkschaftlichen, [und] ihre neuen Aufgaben sehr viel mehr unter politischen als unter gewerkschaftlichen Gesichtspunkten sahen" [92].

Tatsächlich sind die drei sozialdemokratischen Mitglieder des SFG-Vorstandes später nicht mehr hauptsächlich gewerkschaftlich, sondern vor allem parteipolitisch tätig geworden [93]. Auch im Mai 1945 ging es ihnen nicht in erster Linie um den isolierten Aufbau von Gewerkschaften; was ihnen vorschwebte, zeigen die Forderungen, die sie am 15. Mai — zwölf Tage nach dem Beginn der Besatzungszeit — dem britischen Captain Dwyer vorlegten:

„*Die SFG fordert*

I. Die Anerkennung der SFG als rechtliche Körperschaft;

II. die Übernahme des Arbeitsamtes durch die SFG;

III. Die Entsendung von ständigen Vertretern in den Hamburger Verwaltungsausschuß, besonders die Übernahme der
Bauverwaltung,
Schulverwaltung,
Sozialfürsorge,
des 1. Stellvertreters der Hauptverwaltung;

IV. die Säuberung aller Behörden von aktiven Nazis und die sofortige Absetzung aller Betriebsobleute [94] *und die Anerkennung der von der Belegschaft gewählten Betriebsräte;*

V. eine Verordnung über die Wiedereinstellung der 1933 aus politischen Gründen entlassenen Arbeiter, Angestellten und Beamten." [95]

Der zögernde britische Offizier, dessen bedächtig-ärgerliches „Slowly, slowly!" noch lange von allen Beteiligten mit Schmunzeln zitiert wurde, ging nur auf die letzten beiden Forderungen ein. Eine solche politische

---

92 Franz Spliedt (Anm. 88), S. 89.

93 Walter Schmedemann wurde sozialdemokratischer Senator in Hamburg, Hellmut Kalbitzer gehört seit 1949 dem Deutschen Bundestag an, nachdem er seit Januar 1946, wie auch Schmedemann, Mitglied des gewählten Parteivorstandes der Hamburger Landesorganisation der SPD war. Lorenz Borchers zog sich ins Privatleben zurück.

94 Die Betriebsobleute waren eine Einrichtung der nationalsozialistischen Deutschen Arbeitsfront.

95 Bericht über die Entwicklung der SFG (Anm. 88), S. 2; vgl. auch Franz Spliedt (Anm. 88), S. 91.

Aktivität mußte den britischen Besatzungsoffizier natürlich beunruhigen; denn hier forderte eine offenbar parteipolitische Organisation unter dem Namen einer „Gewerkschaft" weit mehr, als eine Gewerkschaft etwa in Großbritannien je gefordert hatte [96].

Es ist deshalb begreiflich, daß sich die britische Militärregierung so früh wie möglich von dieser radikal-revolutionär anmutenden „SFG" abwandte und sich zukünftig auf Männer stützte, deren Intentionen keinen politischen Sprengstoff enthielten und besser den vagen Vorstellungen entsprachen, von denen die britische Besatzungspolitik im Frühsommer 1945 ausging. Männer dieser Art boten sich in der Gruppe jener älteren Gewerkschafter an, die — reich an langer Erfahrung — dem Gedanken der Einheitsorganisation mit Skepsis, dem der betont sozialistisch ausgerichteten Gewerkschaft mit Ablehnung gegenüberstanden. Die erfahrenen Gewerkschafter gewannen bei den Briten vollends Oberwasser, als sich der Vorstand der „SFG" Anfang Juni genötigt sah, einige „Außenstellen" aufzulösen, die sich ohne sein Wissen in den Vororten Hamburgs gebildet hatten und teilweise unter rein kommunistische Regie geraten waren. Die flammende Empörung eines alten Gewerkschafters spricht noch aus dem vier Jahre später verfaßten Bericht von Franz Spliedt [97], der seine Haltung gegenüber der „SFG" so begründete:

„Als aber die Mängel klar zutage traten, als sich zeigte, daß für viele Genossen die SFG Deckmantel sein sollte für eine von der Militärbehörde noch nicht zugelassene politische Betätigung, und als die Gewerkschaftsgründung selbst in Gefahr geriet, wäre es von Männern, die meist jahrzehntelang in der deutschen Gewerkschaftsbewegung gestanden hatten und mit ihr völlig verwachsen gewesen waren, verantwortungslos gewesen, den Dingen tatenlos zuzusehen." [98]

Indem sie „eigenen Erwägungen, gewonnen aus der Tradition der

---

[96] Franz Spliedt (Anm. 88), S. 91 behauptet, der englische Offizier habe die Forderungen der „SFG" als „ungebührliche Übergriffe" bezeichnet und mit scharfen Maßnahmen gedroht. — Hier tritt das tief im legalistischen Denken wurzelnde Urteil eines Gewerkschafters zutage, dem die politische Initiative unter gewerkschaftlicher „Tarnung" zuwider war; eine Haltung, die die Erinnerungen an den Untergang der Weimarer Republik wachruft.

[97] Franz Spliedt, geb. am 18. Januar 1877 in Hamburg, war von 1921—1933 Mitglied des Bundesvorstandes des Allgemeinen Deutschen Gewerkschaftsbundes (ADGB) und seit 1931 Mitglied des Reichstages.

[98] Franz Spliedt (Anm. 88), S. 93.

deutschen Gewerkschaftsbewegung" [99] folgten, trugen sie zu dem Beschluß der britischen Besatzungsbehörde bei, die „SFG" aufzulösen. Am 20. Juni 1945 mußten die Sozialdemokraten Schmedemann und Kalbitzer und der Kommunist Dethlefs mit drei „alten" Gewerkschaftern (Franz Spliedt, Paul Bresk und Ludwig Selpien) einen Auflösungsbeschluß unterzeichnen und dem Military Government einreichen. In dem Beschluß hieß es:

„Entscheidend für diesen Beschluß war, daß alle wahrhaften Gewerkschaftsführer der Meinung sind, daß die politische Betätigung der ‚Sozialistischen Freien Gewerkschaft' nicht den wahrhaften Interessen der Gewerkschaftsmitglieder entspricht. Politische Betätigung und politische Zielsetzung in den Gewerkschaften stehen nicht im Einklang mit den Anordnungen der Militärregierung. Sie würden im Falle ihrer Fortsetzung nur zu einem schweren Rückschlag für die Gewerkschaftsbewegung führen." [100]

So scheiterte in Hamburg der Versuch, über eine politisch ausgerichtete Gewerkschaftsbewegung die Einheit zwischen Kommunisten und Sozialdemokraten herzustellen [101]. Nicht nur die Ängstlichkeit der Besatzungsbehörde, sondern auch die alten Gewerkschafter waren dafür verantwortlich, die sich unfähig zeigten, in neuen Situationen neue Formen anzuwenden. Denn die „SFG", die in sechs Wochen etwa 50 000 Aufnahmeanträge und 100 000 Reichsmark an Aufbauspenden erreichte, war mehr als das Werk einiger politischer Heißsporne [102]. Ihr Appell hatte in der Hamburger Arbeiterschaft das Echo ausgelöst, das politische Aktionen finden, wenn sie auf emotional gefärbte Leitbilder stoßen — und im Sommer 1945 hießen sie: Einheit der Arbeiterschaft, Einheit der Arbeiterparteien! Zu ihrer Verwirklichung schien gerade die Gewerkschaft die richtige Organisation!

---

99 a. a. O. S. 93.

100 a. a. O. S. 93 ff.

101 Für die beteiligten Sozialdemokraten, die mit großer Wahrscheinlichkeit die Auffassungen der Mehrheit der Hamburger SPD vertraten, läßt sich völlig sicher sagen, daß sie zu einer g e m e i n s a m e n , demokratischen Partei aller Sozialisten kommen wollten. Daher läßt sich die Frage, ob zu jener Zeit „an eine oder an zwei Parteien gedacht war", die H. G. Wieck in seiner Untersuchung über die CDU noch nicht klären konnte, heute eindeutig beantworten. Vgl. Hans Georg Wieck (Anm. 25), S. 181.

102 Hellmut Kalbitzer: Die heutige parteipolitische Lage in Hamburg, Brief an Willi Eichler, London, vom 16. Juli 1945 (Archiv Hellmut Kalbitzer, MdB, Hamburg).

Aus ihr — so glaubten damals viele Sozialisten — würde sich nicht nur der Kern für die politische Einheit der Linksparteien und eine feste institutionelle Verankerung der Gewerkschaften im neu aufzubauenden parlamentarischen Leben des Staates entwickeln lassen. Aus dieser Symbiose der Arbeiterorganisation — Gewerkschaft und Parteien — hätte ein Faktor in die deutsche Nachkriegsgeschichte eintreten können, der innenpolitisch vergleichbar gewesen wäre mit der Entstehung der Labour Party aus den Gewerkschaften in England, der außerpolitisch jene Klammer hätte darstellen können, die damals unbewußt von manchen schon gesucht wurde; die Klammer zwischen dem auseinanderbrechenden Deutschland, dessen Teile einzeln nicht mehr die „Brückenfunktion" würden ausüben können, die Deutschland zwischen der Sowjetunion und dem Westen zufallen mußte.

Allerdings hätte es dazu auch einer Ausstrahlung über Hamburg hinaus bedurft. Soweit sich heute feststellen läßt, hat es in anderen Städten keine Ansätze ähnlicher Art gegeben. Auch haben die Führer der „SFG" nicht den Versuch gemacht, über Hamburg hinaus zu wirken. Das war angesichts der lokalen Isolierung in den ersten beiden Monaten, die schon beschrieben wurde, nicht verwunderlich. Aber es bleibt zu fragen, ob nicht doch von der Hamburger Gründung ein Funke auf andere Städte und Provinzen übergesprungen wäre, hätte die Besatzungsmacht diesen Versuch nicht schon in seinen Anfängen zunichte gemacht.

Die sozialdemokratischen „Aktivisten" — wie sie sich selbst noch in einem Flugblatt vom Oktober 1947 nannten [103] —, die eben mit ihrer „SFG"-Gründung gescheitert waren, versammelten sich wenige Tage später um den letzten Vorsitzenden der Hamburger SPD vor 1933, um Karl Meitmann. Mit ihm beschlossen sie am 26. Juni, die Organisation ihrer politischen Partei aufzubauen. Noch waren die Hoffnungen, eine gemeinsame sozialistische Partei zu gründen, nicht begraben:

„Ihrem eigenen Gefühl folgend und der Stimmung ihrer Anhänger Rechnung tragend, wandten sich ... einige maßgebende Sozialisten an die bekanntesten KPD-Funktionäre, um mit ihnen den Aufbau e i n e r so-

---

[103] Im Sommer 1947 hat die Abteilung „Presse und Propaganda" der SPD-Landesorganisation Hamburg eine Aufstellung „Daten der SPD, Landesorganisation Hamburg" vorbereitet. Vgl. maschinenschr. Entwurf (Anm. 85). Im Oktober 1947 druckte der Auer-Druck Hamburg ein zweiseitiges DIN-A-5-Blatt unter der gleichen Überschrift in 3000 Exemplaren. Der Inhalt ist eine unwesentlich veränderte Fassung des ursprünglichen Entwurfs (Archiv Hellmut Kalbitzer, MdB, Hamburg).

zialistischen Einheitspartei zu besprechen. Einige unserer Genossen waren bis 1933 leitende Funktionäre der SP und SAP[104]*, andere haben sich durch ihre illegale Arbeit das Vertrauen der Hamburger Sozialisten erworben.*
Diese Einheitspartei sollte, bei der über kurz oder lang zu erwartenden Aufhebung des ... Verbots politischer Betätigung mit einem Manifest an die Öffentlichkeit treten." [105]
Obgleich einzelnen Mitgliedern der „SFG" schon vor deren Auflösung bekannt geworden war, daß die kommunistischen Mitglieder neben der Mitarbeit in der Gewerkschaft den Wiederaufbau ihrer, der Kommunistischen Partei betrieben, war doch die Mehrheit der sozialdemokratischen Funktionäre noch von dem Willen beherrscht, nicht die alte SPD, sondern eine gemeinsame „Sozialistische Partei" zu schaffen.
Hellmut Kalbitzer beschreibt in einem Brief an Willi Eichler, der in England lebte, die Absichten der Hamburger Sozialdemokraten am 16. Juli 1945:

„1. *Die Sozialistische Partei will alle Sozialisten umfassen. Wenn die Kommunisten ablehnen, mit den Sozialisten zusammenzutreten, so sollen sie das Odium auf sich laden, die Einheit der Arbeiterschaft verhindert zu haben.*
2. *Auch wenn es neben der Sozialistischen Partei noch eine KPD gibt, sollen beide Parteien eng und brüderlich zusammenarbeiten und [soll] es nie wieder zu den Zuständen von vor 1933 kommen. Schlagwort: wenn keine Einheitspartei, dann wenigstens eine Einheitsfront.*" [106]

Das sind die Vorstellungen, die im sozialdemokratischen Lager herrschten, als am 24. Juli 1945 die kommunistischen und sozialdemokratischen Unterschriften unter das schon am Beginn dieses Kapitels erwähnte Aktionsprogramm gesetzt wurden. Am 1. August berichtet H. Kalbitzer darüber an Willi Eichler nach England:

---

104 Für die „Sozialdemokratische Partei" wurde nachmals die Abkürzung „SP" gebraucht. — Die Sozialistische Arbeiterpartei (SAP) war eine 1931 von der SPD abgesplitterte linke Gruppe, die aber bis zum Machtantritt Hitlers zu keinen wesentlichen Erfolgen mehr kam. Vgl. Ludwig Bergsträsser: Geschichte der politischen Parteien in Deutschland, 7. Aufl., München 1952, S. 241 f.

105 Hellmut Kalbitzer (Anm. 102), S. 1 ff. Unterstreichungen im Original sind durch Sperrung hervorgehoben.

106 a. a. O., S. 2. Unterstreichungen im Original sind durch Sperrung hervorgehoben.

Das Programm „ist in seinen einzelnen Punkten ein ziemliches Flickwerk, wie die daran beteiligten Sozialisten auch zugeben. Der Grund hierfür liegt in der Entstehung des Programms: Nach der Auflösung der „SFG“ in Hamburg, die einem öffentlichen Zusammenarbeiten der Kommunisten und Sozialisten die Grundlage nahm, traten einige Sozialisten an die Kommunisten heran, um mit ihnen die Vorbereitung einer einheitlichen sozialistischen Partei zu erörtern. Diese sog. „Einheitspartei“ lehnten die Kommunisten aber ab, und kamen kurz darauf mit einem ziemlich konfusen Programm an, welches sie zur Grundlage einer Einheitsfront (Zusammengehen verschiedener Parteien) machen wollten.
Dieses Programm wurde dann etwas in Form gebracht und so von etlichen Sozialisten gutgeheißen, nicht etwa, weil sie die 25 Punkte einzeln für gut hielten, sondern weil sich die Kommunisten hier verpflichteten, die Einheitspartei anzustreben.
Leider also ist die geforderte Einheitspartei bereits das Objekt eines taktischen Manövers, aber nur so können wir feststellen, ob es die Kommunisten mit ihren Parolen ehrlich meinen.“ [107]
Die Antwort auf diese Frage: „... ob es die Kommunisten ehrlich meinen“, bestimmte zu dieser Zeit das Handeln der sozialdemokratischen Kräfte in Hamburg. Dabei muß man drei Gruppen trennen, deren Einstellung sich hier ebenso unterschied, wie auch ihre gefühlsmäßige Disposition zur Zusammenarbeit mit den Kommunisten verschieden war.
Die an Zahl und Kräften kleinste Gruppe der Sozialdemokraten, besessen von dem Gedanken einer einheitlichen sozialistischen Partei, war neuen Erfahrungen nicht zugänglich. Ihr Einfluß auf die Entwicklung war jedoch gering. Die entscheidenden Gruppen teilten sich in diejenigen Sozialdemokraten, die beweisen wollten, daß es die Kommunisten ehrlich meinten; d. h. daß die Kommunisten die Einheit der Sozialisten so meinten, wie sie sie propagierten: als die gemeinsame und demokratische Organisation der „Arbeiterklasse“. Nur so konnte sie von Sozialdemokraten gedacht werden. Jede kommunistisch gelenkte Einheitspartei wäre ein übles Zerrbild dessen gewesen, was sich Sozialdemokraten unter einer Sozialistischen Partei, die sie anstrebten, vorstellen konnten.
Die zweite gewichtige Gruppe bildeten jene alten Funktionäre — häufig mit den alten Gewerkschaftern identisch —, die von vornherein jede ernsthafte Verhandlung mit den Kommunisten als einen Verrat an so-

---

107 Hellmut Kalbitzer an Willi Fichler, London, am 1. August 1945 (Archiv Hellmut Kalbitzer, MdB, Hamburg).

zialdemokratischen Auffassungen beargwöhnten, — die die schmerzlichen Erinnerungen aus der Zeit von Weimar nicht hatten vergessen können und 1945 wie vor 1933 an keine Änderung in der kommunistischen Grundeinstellung glauben wollten.

Zwischen diesen beiden Gruppen mußte sich die Haltung der Hamburger Sozialdemokraten entscheiden. Das geschah aber erst, nachdem Schumachers „Politische Richtlinien" in Hamburg bekannt geworden waren, die er am 28. August in Hannover herausgab, und die im nächsten Kapitel zu betrachten sind. Schon vorher hatte Paul Bugdahn den Hamburger Sozialdemokraten vorgeschlagen, Kurt Schumacher, den er aus Berlin vor 1933 kannte, zu einem Vortrag einzuladen [108]. Als Schumacher am 11. und 12. August in Hamburg war, hielt er — nach dem Urteil eines Anwesenden — ein Referat, „wie wir es noch nicht gehört hatten" [109]. Sein Wortlaut ist leider nicht erhalten, doch läßt sich der Gedankengang nach jenen „Politischen Richtlinien" rekonstruieren, die er zwei Wochen später veröffentlichte. Noch einmal, am 10. September, sprach Schumacher mit dem vorläufigen Hamburger Parteivorstand [110]. Von da an war auch in Hamburg entschieden, daß es mit den Kommunisten nur eine begrenzte Zusammenarbeit selbständiger Organisationen

---

108 Mündliche Mitteilung von Bürgermeister Dr. Paul Nevermann, Hamburg, am 16. 3. 1955. — Paul Bugdahn (1890—1948) war 1919—1933 SPD-Vorsitzender und 1924—1933 Stadtverordnetenvorsteher in Altona. Von 1928—1933 gehörte er dem Preußischen Landtag an. Vgl. Hamburger Echo vom 28. 12. 1948.

109 Mündliche Mitteilung von Hellmut Kalbitzer, MdB, Hamburg, am 7. 3. 1955. — Das Datum des Referates von Schumacher im ehemaligen „Republikanischen Hof" in Hamburg-Altona ist in der Aufstellung „Daten der SPD, Landesorganisation Hamburg" (Anm. 103) nur mit der Monatsangabe „August 1945" genannt. Es läßt sich aber durch einen Brief Schumachers aus Hannover an Max Denker, Stuttgart, vom 17. August 1945 ermitteln, als Schumacher schrieb, er habe sich „am Sonnabend und Sonntag in Hamburg herumraufen" müssen (PVA, Akte Amerikanische und französische Zone 1945). Vgl. auch Schumacher, Hannover, an Bürgermeister Schönfelder, Hamburg, am 16. 8. 1945: „Im Zusammenhang mit unserer Unterhaltung am letzten Sonnabend . . ." (PVA, Dok.-Nr. 046).

110 Dieses Datum geht aus dem Taschenkalender Schumachers hervor, der seit dem 15. August 1945 geführt worden ist (Archiv Frau Annemarie Renger, MdB, Bad Godesberg). Auch Erich Brost — damals bei German News Service, Hamburg — schrieb am 9. September 1945 handschriftlich an Erich Ollenhauer, London: „Morgen ist übrigens Schumacher für kurze Zeit hier" (PVA, Korrespondenz England 1945).

geben konnte, — daß der Gedanke einer beide ehemaligen Parteien umfassenden Einheitsorganisation nicht nur mehr am Widerstand der Kommunisten, sondern auch am innerparteilichen Widerstand der SPD in den Westzonen scheitern mußte.

Inzwischen hatten, unbehindert durch die Besatzungsmächte, aber immer noch illegal und unter Ausschluß der Öffentlichkeit, die beiden linken Gruppen ihre Parteiorganisationen weiter aufgebaut. Von der Hamburger SPD ist bekannt, daß sie bereits am 14. Juli ihre Organisation in 10 Stadtkreise mit zusammen 35 Distrikten (Ortsvereinen) gliederte. Die vorläufigen Kreisvorsitzenden arbeiteten bereits am Aufbau dieser Untergruppen, der vorläufige Landesvorstand wurde konstituiert und umfaßte neben den beiden Vorsitzenden (Karl Meitmann, der auch bis 1933 dieses Amt innehatte, und Walter Schmedemann, der an der Spitze der „SFG" gestanden hatte) zwanzig Beisitzer, zwei Vertreter für die zukünftige Presse und einen Verbindungsmann nach Schleswig-Holstein, den später dort amtierenden Landwirtschaftsminister Erich Arp. In seinen Geschäftsräumen, in Hamburgs Ferdinandstraße, wurde am 18. Juli ein vorläufiges Zentralbüro eingerichtet [111].

Es ist als sicher anzunehmen, daß die KPD-Leitung mit eben der gleichen Rührigkeit an den Aufbau ihres Apparates ging, der in technischer Hinsicht dem der SPD nicht nachstand. So wurde im Prozeß der Hamburger Wiedergründung jene Entwicklungsstufe erreicht, die sich von der Berliner nur dadurch unterschied, daß noch keine Arbeit in der Öffentlichkeit erlaubt war. Auch in Hamburg verhandelten seit dem Juli 1945 fest organisierte, wenn auch noch vorläufige Parteileitungen als Körperschaften miteinander. Sie taten das mit aller bindenden Wirkung und schon fast mit der Starrheit der „Apparate", die weit von dem entfernt war, was sich gutgläubige Sozialdemokraten unter dem Wiederbeginn der politischen Arbeit vorgestellt haben mochten.

Folgte in Berlin auf die öffentlichen Wiedergründungen von KPD (12. Juni) und SPD (17. Juni) die Vereinbarung über eine Aktionsgemeinschaft zwischen KPD und SPD (19. Juni) [112], so kam es in Hamburg mit der für die Westzonen typischen Phasenverschiebung am 24. Juli zur Unterzeichnung des gemeinsamen „Aktionsprogramms" und am 20. August 1945 zur Abfassung eines gemeinsamen Aufrufs an die Sozialdemokraten und Kommunisten Hamburgs [113].

---

111 „Daten der SPD, Landesorganisation Hamburg" (Anm. 103).

112 Vgl. auch Wolfgang Leonhard (Anm. 33), S. 402 und Protokoll der Sechziger-Konferenz (Anm. 33), S. 9.

113 „Sozialdemokraten, Kommunisten Hamburgs!" unterzeichnet am 20. August

In Berlin hatten die Kommunisten die Vereinigung mit den Sozialdemokraten abgelehnt, aber am 19. Juni als „Ausdruck einer antifaschistischen Aktionseinheit" einen gemeinsamen Arbeitsausschuß aus fünf Vertretern beider Parteien zugestimmt [114]. Dagegen ging die Initiative zur Gründung der Einheitsfront der antifaschistischen Parteien — dem sogenannten Antifaschistischen Block — am 14. Juli 1945 von den Kommunisten aus. Christlich-Demokratische Union und Liberal-Demokratische Partei waren inzwischen in Berlin gegründet worden [115]. Nun kam es den Sowjets und den deutschen Kommunisten darauf an, vor dem Beginn der Potsdamer Verhandlungen das Modell ihrer Parteienkonstellation zu vollenden [116].

Auch in Hamburg wollten die Kommunisten dieses Modell verwirklichen. Das geht aus einer Stelle des zitierten Briefes von Hellmut Kalbitzer an Willi Eichler vom 1. August hervor, wo Kalbitzer berichtet, daß die Kommunisten ein Programm für das Zusammengehen von mehreren Parteien vorbrachten [117]. Nur fehlten in Hamburg dafür alle

---

1945, von den Vertretern der Sozialdemokratischen Partei, Karl Meitmann, Ernst Teßloff, Walter Schmedemann, Willi Elsner und Lorenz Borchers, und von den Vertretern der Kommunistischen Partei, Friedrich Dettmann, Friedrich Dethlefs, Paul Tastesen, Willi Grünert und Jan Westphal. Original maschinenschr. 2 Seiten; Druck im Februar 1946 in 10 000 E. bei H. O. Persiehl, Hamburg 11 (Archiv Willi Elsner, Hamburg).

114 Vgl. auch: Berlin, Kampf um die Freiheit und Selbstverwaltung 1945 bis 1946, in: Schriftenreihe zur Berliner Zeitgeschichte, Bd. 1, hg. vom Senat von Berlin, Berlin 1957, S. 60, zitiert nach Berliner Zeitung vom 21. 6. 1945 und Tägliche Rundschau vom 21. 6. 1945.

115 a. a. O. S. 61, zitiert nach Berliner Zeitung vom 29. 6. 1945 für die CDU; S. 64, zitiert nach Berliner Zeitung vom 13. 7. 1945 für die LDP.

116 Vgl. Wolfgang Leonhard (Anm. 33), S. 401 ff.

117 Hellmut Kalbitzer (Anm. 107). — Offenbar haben die Kommunisten schon im Juli 1945 in allen Besatzungszonen eine „Plattform" für das Zusammengehen der „antifaschistischen Parteien" zu entwickeln versucht. Nach dem „Protokoll über Plattformverhandlungen zwischen Funktionären der SPD, KPD und ehemaligen BVP im Arbeitsministerium am 22. 7. 1945 in München" faßte ein Vertreter der KPD (Bruno Goldhammer) das Ergebnis der Aussprache zusammen: „... Übereinstimmung bestehe darüber, daß eine Verständigung gefunden werden müsse, um noch vor Erreichung der Legalität [d. h. vor der Zulassung durch die US-Besatzungsmacht], zu einer antifaschistischen Einheit zu gelangen." Protokolle der Aktionsgemeinschaft SPD—KPD, München (Anm. 24), S. 10.

Voraussetzungen. Weder im Juli noch im August gab es in Hamburg neben KPD und SPD andere Parteien von vergleichbarer organisatorischer Reife [118].

Daß im Hamburger Raum Tendenzen zu einer gleichartigen Entwicklung wie in Berlin vorhanden waren, beweist auch ein „Aktionsprogramm", das in Elmshorn von der Sozialdemokratischen und der Kommunistischen Partei im August 1945 gemeinsam unterzeichnet und verbreitet wurde. Darin heißt es:

„Wir Schleswig-Holsteiner Sozialdemokraten und Kommunisten sind bereit, mit allen aufrechten Einzelpersonen antifaschistischer Gesinnung und Vergangenheit aller Lager [!] und mit anderen demokratischen Organisationen und Parteien [!] zuammenzuarbeiten für die Überwindung der Not, der nationalsozialistischen Urheber dieser Not und für den Wiederaufbau des vor uns liegenden Trümmerfeldes der gesamten Existenz unseres Volkes". [119]

Weil im August 1945 die „bürgerlichen" Parteien noch fehlten, begnügten sich die Hamburger Kommunisten mit ihrer Zustimmung zu jenem von der sozialdemokratischen Seite nie veröffentlichten, erst im Februar 1946 von der KPD propagandistisch benutzten Aufruf, den am 20. August die gleichen fünf Sozialdemokraten und die gleichen fünf Kommunisten unterzeichneten, die auch schon das „Aktionsprogramm" vom 24. Juli unterschrieben hatten. „Als erste und dringlichste Aufgabe" wird am 20. August „der Zusammenschluß beider Richtungen in einer einzigen Sozialistischen Partei" bezeichnet.

Nachdem das Verbot der Neubildungen von Parteien aufgehoben sei, legen sich beide Leitungen „nachdrücklichst darauf fest, in ihren Organisationen für den baldigsten Zusammenschluß mit allen zu Gebote stehenden Mitteln und ihrem ganzen Einfluß einzutreten. Der Zusammen-

---

118 Bei der CDU fanden in Hamburg die Beratungen über die Gründung einer Partei erst zwischen dem 14. August und 1. Oktober 1945 statt. Vgl. Hans Georg Wieck (Anm. 25), S. 180 ff.
Die spätere Freie Demokratische Partei, die sich in Hamburg zunächst „Partei Freier Demokraten" nannte, konstituierte sich erst am 20. September 1945. Vgl. Max Gustav Lange: Die FDP — Versuch der Erneuerung des Liberalismus, in: Schriften des Instituts für Politische Wissenschaft, Band 6: Parteien in der Bundesrepublik, Studien zur Entwicklung der deutschen Parteien bis zur Bundestagswahl 1953, Stuttgart und Düsseldorf 1955, S. 275—403, bes. S. 289.

119 „Aktionsprogramm", Elmshorn, August 1945, 5 Seiten hektographiert (Archiv Willi Elsner, Hamburg).

schluß selbst soll erfolgen durch freie Abstimmung der beschlußfähigen Mitgliedschaften. Er erhält seine Massenbasis in der innerparteilichen Demokratie" [120].

Von der Veröffentlichung dieses Beschlusses hielt den zehnköpfigen Aktionsausschuß, der am 24. Juli gebildet worden war, der Umstand ab, daß die britische Militärregierung für jeden Stadt- und Landkreis die Genehmigung zu einer Parteigründung einzeln aussprach. Wohl hatte Feldmarschall Montgomery am 6. August allgemein für die britische Zone den Beginn „des zweiten Stadiums der alliierten Politik" bekanntgegeben, worin auch die Zustimmung der britischen Militärregierung zur Bildung „freier Gewerkschaften" und „demokratischer politischer Parteien" enthalten war [121].

In Hamburg aber wurde die SPD erst am 21. November zugelassen [122]. Da sie vorher nicht an die Öffentlichkeit treten durfte, unterblieb auch die Veröffentlichung des Aufrufs vom 20. August. Allerdings hatten die „Politischen Richtlinien" vom 28. August, die Besuche Schumachers in Hamburg am 11. und 12. August und am 10. September wie auch die Nachrichten aus anderen Orten der Westzonen dazu beigetragen, daß jene Gruppe von Sozialdemokraten inzwischen das Übergewicht erhielt, die auf Grund ihrer gefühlsmäßigen Disposition und ihrer Erfahrungen in der Vergangenheit nicht dazu bereit war, an eine ernsthafte Wandlung in den Auffassungen der kommunistischen Funktionäre zu glauben. Das kommt deutlich in einem Brief zum Ausdruck, den Karl Meitmann, ein Unterzeichner des Aufrufs vom 20. August, als vorläufiger SPD-Vorsitzender am 1. Oktober 1945 an die Leitung des KPD-Bezirks Wasserkante schrieb.

Die KPD-Bezirksleitung hatte am 19. September ihre Auffassungen, die sie im Aktionsausschuß vorgetragen hatte, präzisiert [123]. Dabei hatte sie ihren Verzicht auf „jede Fraktionsbildung in den Gewerkschaften, den Jugend-, Sport- und sonstigen Arbeiterorganisationen" erklärt, sie

---

120 „Sozialdemokraten, Kommunisten Hamburgs!" (Anm. 113).

121 Persönliche Botschaft Montgomerys an die Bevölkerung der britischen Zone, Bad Oeynhausen, 6. August 1945, abgedruckt u. a. in: Hannoversches Nachrichtenblatt der Alliierten Militärregierung Nr. 47 v. 8. August 1945.

122 „Daten der SPD, Landesorganisation Hamburg" (Anm. 103).

123 Duplikat des Briefes der Bezirkleitung der Kommunistischen Partei, Bezirk Wasserkante, an den Vorstand der Sozialdemokratischen Partei, Hamburg, vom 19. September 1945, mit der Unterschrift von Friedrich Dettmann (Archiv Willi Elsner, Hamburg).

hatte die „sozialistische Demokratie als Ziel nach der Befreiung von der Besatzung und der Aufsicht durch die Alliierte Militärregierung" bezeichnet, hatte aber hinzugefügt:

„Heute muß der Kampf aller Arbeiter für die Durchsetzung der verloren gegangenen demokratischen Forderungen der 1848 Revolution geführt werden".

Dennoch erblickten die Kommunisten „in der Anerkennung der Sowjet-Union ... die Gewähr für eine richtige politische Auffassung der kommenden einheitlichen Arbeiterpartei". Schließlich nannten die Kommunisten als „Voraussetzung für ein einheitliches Deutschland" die Bereitschaft der beiden sozialistischen Parteien, „mit allen antifaschistischen Parteien und Organisationen zusammenzuarbeiten in den Fragen der Wiedergutmachung und des Wiederaufbaus unseres deutschen Vaterlandes".

Auf die Einzelheiten in der kommunistischen Erklärung ging der Antwortbrief Meitmanns vom 1. Oktober schon nicht mehr ein.

Er schrieb nur:

„Unsere Vertreter haben in allen Besprechungen mit Euch unveränderlich und immer nachdrücklicher unsere Meinung dahin präzisiert, daß diese organisatorische Vereinigung in einer n e u e n E i n h e i t s p a r t e i aller schaffenden Männer und Frauen s o f o r t, d. h. m i t d e m T a g e d e r Z u l a s s u n g p o l i t i s c h e r P a r t e i e n erfolgen müsse, um so vom Anbeginn unseres neuen politischen Lebens nach den blutigen Hitlerjahren das Verlangen unserer Mitglieder und Anhänger, darüber hinaus aber auch weitester Kreise der von der Diktatur erlösten Bevölkerung zu v e r w i r k l i c h e n und nicht nur in Aussicht zu stellen.

Eure Vertreter haben dagegen unter stetem Hinweis auf das Beispiel der Parteien östlich der Elbe die Meinung vertreten und geradezu verlangt, daß beide Parteien sich zunächst s e l b s t ä n d i g konstituieren müßten ...

Wir erklären erneut unseren Willen zur kameradschaftlichen Zusammenarbeit mit jeder demokratischen Partei und allen demokratischen Organisationen und Bestrebungen, die bereit sind und durch gleiche kameradschaftliche Zusammenarbeit mit uns beweisen, daß sie die Demokratie und den Sozialismus verwirklichen wollen" [124].

---

124 Durchschlag des Briefes der SPD-Landesorganisation Hamburg an die Bezirksleitung der Kommunistischen Partei, Bezirk Wasserkante, vom 1. Oktober 1945 (Archiv Willi Elsner, Hamburg). Die Unterstreichungen im Original sind durch Sperrungen hervorgehoben.

Die Verärgerung über das Hinauszögern der Verhandlungen durch die kommunistischen Partner kommt schließlich im letzten Absatz zum Ausdruck:
„Wir halten es darum für richtiger, nicht lange Schriftsätze mit einander zu wechseln, sondern wie bisher, von Fall zu Fall die Zusammenarbeit an den aus unserer Zielsetzung sich ergebenden Aufgaben praktisch zu betätigen“ [125].
Damit war auch in Hamburg im Laufe des September der Versuch endgültig gescheitert, die „Stunde Null“ zu einem Neuanfang zu nutzen, der die Spaltung der deutschen Arbeiterbewegung überwunden hätte. Im Mai und Juni war das Zögern der Besatzungsmacht schuld gewesen und der Einspruch der alten Gewerkschafter; im Juli und August konnten sich die Kommunisten — schon in engster Fühlung mit Berlin [126] — nicht zu einem gemeinsamen, einheitlichen „Sofort“-Programm entschließen; im September endlich war mit dem Wachsen der sozialdemokratischen Organisation die Einsicht in die Unvereinbarkeit der Auffassungen wiederhergestellt. So stimmten Anfang Oktober die führenden Hamburger Sozialdemokraten in ihrer Politik mit jenen „Politischen Richtlinien“ überein, die Schumacher Ende August in Hannover veröffentlicht hatte, und die nun zu betrachten sind.

---

125 a. a. O.

126 Mündliche Mitteilung von Willy Böge, Hamburg, am 5. Januar 1957. Böge war seinerzeit Mitglied der Hamburger KPD und Sekretär der „Liga für demokratischen Aufbau“.

Kapitel 4
Die „Politischen Richtlinien" Schumachers vom August 1945 und das Referat Otto Grotewohls vom 14. September 1945

Im Gebiet der britischen und der amerikanischen Zone hatten sich nach dem Vorbild der Weimarer Zeit im Laufe der ersten Monate nach der Besetzung durch die Alliierten die sozialdemokratischen Bezirksorganisationen wieder gebildet [127]. Bereits am 20. August hatten 14 von 19 Bezirken für Schumacher ein Mandat ausgestellt, das ihn autorisierte, eine gemeinsame Konferenz und damit den Aufbau der SPD in den Westzonen leitend vorzubereiten [128]. Die Abschnürung Berlins und der Sowjetzone mag ihm dabei geholfen haben, die sozialdemokratischen Funktionäre davon zu überzeugen, daß der Aufbau in den Westzonen nicht von Berlin aus geleitet werden könnte — entscheidend war das nicht.

Wie Schumacher sich in den ersten Wochen in Hannover durchgesetzt

---

127 In der französischen Besatzungszone hatte diese Entwicklung an einzelnen Orten auch begonnen, doch waren dort die Beschränkungen, die die Besatzungsmacht jeder politischen Betätigung auferlegte, so groß, daß es erst wesentlich später als in der amerikanischen und britischen Zone zu ausgebauten Organisationsteilen kam.

128 Vgl. das Besprechungsprotokoll, das nach dem Besuch von vier Vertretern des Internationalen Sozialistischen Kampfbundes (ISK) bei Schumacher und drei anderen Vertretern der SPD am 20. August 1945 in Hannover angefertigt wurde (Archiv Willi Eichler, Bonn).

hatte, wie er im Juli mit seiner Reise nach Frankfurt, Mannheim und Stuttgart die Bezirke Südwestdeutschlands mit Hannover verklammert, durch seine Kuriere nach Dortmund, Köln und Düsseldorf, nach Bremen, Hamburg und Kiel die Kommunikationsstränge zwischen seinem Büro und den wiedererstandenen Bezirksorganisationen gelegt hatte, so war er allen Ansprüchen zuvorgekommen, die Geschicke der SPD von einem anderen Platz der Westzonen aus in die Hand zu nehmen. Allerdings ist ein derartiger Anspruch — außer in Berlin — nirgends erhoben worden: die Hamburger und Schleswig-Holsteiner dachten nicht daran, nach Süden auszugreifen. Die Frankfurter waren um ihr „Groß-Hessen" besorgt. Die Bayern stellten keine Ansprüche, solange man ihnen nicht in bayerische Belange hineinredete. Im Ruhrgebiet erinnerte man sich der Gefährdungen nach dem ersten Weltkrieg und suchte von sich aus Anschluß zur „Zentralgewalt". Die Schwaben schließlich: sie machten „ihrem" Kurt Schumacher keine Schwierigkeiten, sondern bedauerten nur, daß er nicht nach Stuttgart hatte kommen wollen [129].

Den lokal gebildeten und oft nur von wenigen Funktionären in halber Illegalität getragenen Bezirksorganisationen mußte nun eine politische Ausrichtung gegeben werden, die sie in den Stand setzte, wieder zu einer politischen Partei zusammenzuwachsen. Es bedurfte dazu einer Diskussionsgrundlage, wie sie Schumacher Ende August in den „Politischen Richtlinien für die SPD in ihrem Verhältnis gegenüber anderen politischen Faktoren" entwarf [130].

Als „Hinweis für eine einzuschlagende Taktik", nicht als den Ersatz für

---

129 So schrieb Otto Steinmayer, Stuttgart, am 16. 6. 1945 an Schumacher, Hannover (vgl. Anm. 73): „Im ganzen Lande — das ist nicht übertrieben — warten unsere Leute auf Ihr Kommen." Aber schon am 13. Juni hatte Schumacher an Richard Oechsle, Stuttgart, geschrieben: „Inzwischen ist die Situation hier in Hannover soweit entwickelt, daß ich hier ohne weiteres auch nicht mehr weglaufen kann, ohne unsere Bewegung und unseren Interessen schweren Schaden zuzufügen ... Verlangt also nicht mein Kommen, wenn Ihr damit einen immerhin erträglichen Zustand verbessern wollt. Verlangt es nur, wenn es anders gar nicht mehr gehen sollte" (beide Briefe im Archiv Frau Annemarie Renger, MdB, Bad Godesberg).

130 Politische Richtlinien, Beratungsentwurf, als Manuskrip vervielfältigt, Verfasser Dr. H. Schumacher, Hannover; Politische Richtlinien für die SPD in ihrem Verhältnis zu den anderen politischen Faktoren, Hannover 1945, broschiert, 28 Seiten. (Im Folgenden wird nach dieser ersten Ausgabe zitiert.) — Bemerkenswert ist, daß Schumacher noch so unbekannt war, daß als Verfasser nicht Dr. K., sondern Dr. H. Schumacher gedruckt

ein Programm wollte Schumacher sie verstanden wissen. Denn er sah die Notwendigkeit, auch „ein neues programmatisches Gebäude zu bauen, das in der Erkenntnis und auch in den Forderungen über das Heidelberger Programm [von 1925] hinausgreift". Das sei aber nur „in einer intensiven Kollektivarbeit auf der Grundlage alles bisher Geschaffenen möglich". Denn: *„Programmentwürfe von Einzelpersonen an verantwortlicher und unverantwortlicher Stelle sind schädlich, da sie mehr festlegend als erkenntnisfördernd wirken, und wir doch nicht nur in der Zusammenfassung der Ideen, sondern auch der Menschen zu einer Synthese kommen wollen"* [131].

Dieser in seiner Ausschließlichkeit typische Schumacher-Satz wies aber nicht nur viele örtlich verschiedene, für die Gesamtpartei oft unwesentliche, aber die Diskussion wachhaltende Programm- und Namensentwürfe zurück. Unbeabsichtigt unterstützte Schumacher bei vielen der ihm sehr schnell ergebenen Funktionäre die fatale Abneigung gegen neue Gedanken über moderne Formen, Ziele und Begriffe sozialdemokratischer Politik. Dabei war er persönlich weit davon entfernt, mit seinen Richtlinien, die trotz der zitierten Einschränkung ein „Programm" darstellten, hinter dem Berge zu halten. Die Richtlinien erschienen gedruckt und waren in den Westzonen das erste und bis dahin einzige nach dem Beginn des Wiederaufbaus der Partei verteilte Material, an dem sich die praktisch-politische Arbeit in der Parteiorganisation ausrichten konnte. So äußerte sich hier nachweisbar Schumachers unerbittlicher Drang, die „Linie" der SPD zu bestimmen.

---

wurde. — Der Entwurf dieser Ausarbeitung von dreißig Schreibmaschinenseiten mit den handschriftlichen Korrekturen Schumachers wurde in der zweiten Augusthälfte 1945 fertiggestellt. Schumacher teilte am 21. August den Parteibezirken in Hessen-Nassau, Hessen, Württemberg und Baden mit, daß die Richtlinien „gerade in Arbeit" seien. Am 28. August verschickte Schumacher die „Richtlinien" an die Bezirke. (PVA, Akte Büro Dr. Schumacher, Zentrale Rundschreiben, Blatt 115 — Brief vom 21. August —, Blatt 122—130 — Brief vom 28. August — und Blatt 131—145 — Entwurf der „Richtlinien"). — Die Politischen Richtlinien sind nur noch in wenigen gedruckten Exemplaren vorhanden; daß ich sie verwenden konnte, verdanke ich Fritz Heine, Bonn. — Ein gekürzter Abdruck findet sich in: Kurt Schumacher, Nach dem Zusammenbruch, Gedanken über Demokratie und Sozialismus, bearbeitet von Karl Strutz, Hamburg 1948, S. 48—76. — Wichtige Abschnitte der Politischen Richtlinien hat Fried Wesemann (Anm. 13), S. 80—88, zusammengefaßt.

131 Politische Richtlinien a. a. O., S. 25 f.

Schumacher leitete die „Politischen Richtlinien" mit einer Bestimmung des Begriffs Sozialismus ein. Er faßte ihn ganz weit als „Kampf um die geistige, politische und ökonomische Befreiung der arbeitenden Massen", als einen „Kampf um das Recht und die Freiheit gegen Vergewaltigung und Knechtung". Und Schumacher verankerte den Begriff des Sozialismus mit dem der Demokratie: „Die Demokratie ist untrennbar von Begriff und Ethik des Sozialismus". Beide — Sozialismus und Demokratie — waren für Schumacher die geistige und politische Grundlage für „die Änderung der ökonomischen und gesellschafts-psychologischen Voraussetzungen der deutschen Politik" [132].

Auf dem Hintergrund dieses sozialpsychologisch erweiterten und damit gegenüber der Weimarer Zeit modernisierten Begriffs von sozialistischer Demokratie identifizierte Schumacher sein Ziel mit dem Kriegsziel der Vereinten Nationen: „die völlige innere Wandlung der Deutschen zu einem Volk des Friedens". Das sei eine Aufgabe, die „nicht durch die Gewalt der Besatzungsmächte, sondern nur durch innerdeutsche Faktoren" nach dem Übergang vom Verwalten zum Regieren bewirkt werden könne. Als das Mittel zu allen Formen der Regierungstätigkeit bezeichnete Schumacher „die Partei in jeder Erscheinungsform". Er schloß die Einleitung mit dem angesichts der Verhältnisse vom August 1945 bemerkenswerten Satz:

„Die beste Leistung in der Parteiarbeit ist damit auch die beste staatspolitische Leistung und die im letzten Sinne höchste und wichtigste nationale Tat" [133].

Als die gegebenen Voraussetzungen sozialdemokratischer Politik faßte Schumacher in drei kurzen Absätzen die „politisch-ökonomischen Realitäten" zusammen, die Gegenstand sozialdemokratischer Kritik sein müßten:

„1. Die russische Besatzungszone ist zu weit nach Westen gerückt ... Gegenüber gewissen Umständen, die sich dort ergeben haben, verlangen wir zwar nicht ein politisches Eingreifen der angelsächsischen Staaten, wohl aber die moralische Intervention der Öffentlichkeit in den Ländern der europäisch-amerikanischen Kultur" [134].

---

132 a. a. O., S. 3.

133 a. a. O., S. 3 f.

134 Nach dem Gedächtnisprotokoll der „Zusammenkunft am 8. Februar 1946 ... in Braunschweig", bei der sich Schumacher und Kriedemann einerseits, Grotewohl und Dahrendorf anderseits über die Situation in der Sowjetzone aussprachen, soll Schumacher diese Bemerkung „auf die Sexualverbrechen in der Ostzone gegen Frauen und Mädchen" bezogen haben. —

„2. Die deutsche Ostgrenze ist zum Zwecke der Bildung eines neuen Polens sehr viel zu weit westlich gelegt ... Auf weite Sicht gesehen, werden hier Gefahrenquellen geschaffen, die eine Bedrohung des Friedens und der Vernunft in der Politik bedeuten".

„3. Die Wegnahme von fünfundzwanzig Prozent der intakt gebliebenen Maschinen in den drei westlichen Besatzungszonen und die entsprechende Wegnahme im russisch besetzten Gebiet ändert die wirtschaftliche Struktur Deutschlands und damit sein politisches Gesicht vollkommen in einer reaktionären, die geplante Neuordnung auf das schwerste hemmenden Weise ... Die Sieger müssen sich von vornherein darüber klar werden, daß die Wiederholung des Kardinalfehlers von 1918, nämlich die Behandlung der neuen Männer und Kräfte als schuldige Feinde, nach 1945 nicht wieder gutzumachen wäre" [135].

Man muß sich immer wieder vor Augen halten, daß diese Sätze — „... wir verlangen die moralische Intervention ..." — „... die Sieger müssen sich ... darüber klar werden" — im August 1945 veröffentlicht wurden: drei Wochen, nachdem in Potsdam die Großen Drei ein Abkommen über Deutschland getroffen hatten, das erst durch seine Fixierungen die Ausmaße der deutschen Katastrophe recht deutlich machte! Während sich der engbegrenzten Zahl politisch interessierter Deutscher die tiefste Hoffnungslosigkeit bemächtigte, formulierte Schumacher unter der Überschrift „Die Sozialdemokratie und das Reich":

„Für das deutsche Volk ist das Recht der nationalen Selbstbehauptung und ihr Ausdruck in einem eigenen Staat unverzichtbar ... Darum ist die Sozialdemokratische Partei die schärfste und unnachsichtlichste Feindin aller Separationsbestrebungen".

Seiner Partei stellte Schumacher die Aufgabe, „in allen ihren politischen Handlungen den Zusammenhalt des Reiches und die Schaffung einer zentralen Reichsgewalt für die Zukunft im Auge zu haben". Deshalb nannte er den „Vorschlag des Kölner Oberbürgermeisters Adenauer ..., wonach die drei großen Besatzungszonen je ein Land im Deutschen Reich darstellen sollen, ... im höchsten Maße reichsgefährdend", weil „diese Länder in sich so viel Staatsmacht entwickeln würden, daß zum Schluß für eine ausreichend starke zentrale Reichsgewalt nicht mehr

---

Maschinenschriftl. Gedächtnisprotokoll, 4 Seiten: „Zusammenkunft am 8. Februar 1946, 9.15 Uhr, in Braunschweig; Anwesend: Grotewohl — Dahrendorf; Schumacher — Kriedemann." (PVA-Personenarchiv, Ordner: Grotewohl, Otto). — Die Aufzeichnung besorgte Herbert Kriedemann. Mündliche Mitteilung von H. Kriedemann, MdB., Bonn, am 4. März 1959.

135 Politische Richtlinien (Anm. 130), S. 4 f.

genug übrig bliebe"[136]. Hier kündigte sich jener Widerspruch an, den Schumacher später, im April 1949, gegen die allzu föderative Gestaltung des Grundgesetzes aussprach[137].

Während die „Politischen Richtlinien" Schumachers in den letzten August- und ersten Septembertagen trotz der noch nicht wieder funktionierenden Briefpost in die SPD-Bezirke der Westzonen gelangten, wurde in Berlin das Referat vorbereitet, das Otto Grotewohl, Vorsitzender des Zentralausschusses, am 14. September im traditionellen Kundgebungssaal der SPD, in Berlin-Neuköllns „Neue Welt", hielt[138].

Was die „Politischen Richtlinien" an Zielvorstellungen und taktischen Überlegungen für die SPD der Westzonen ergaben, brachte — unter anderen äußeren Umständen — das Referat Grotewohls für die SPD der Sowjetzone. Auch dieses Referat erschien gedruckt und wurde von Grotewohl in den Städten der sowjetischen Zone bis in den November hinein mehrfach wiederholt[139]. Am 14. September bezeichnete Max

---

136 Politische Richtlinien (Anm. 130), S. 6 f.

137 Am 19. und 20. April 1949 widersprach Schumacher in einer Konferenz der Spitzengremien der SPD dem Veto der westlichen Besatzungsmächte gegen den Grundgesetzentwurf, der im Parlamentarischen Rat die Zustimmung auch der SPD gefunden hatte. Schumacher verhinderte mit dem „Nein" seiner Partei, daß die Länderregierungen ein Übergewicht über die Bundesregierung erhielten, wie es die westlichen Alliierten im Grundgesetz verankert wissen wollten. Vgl. Keesings Archiv der Gegenwart, XVIII. und XIX. Jg., 1948 und 1949, Essen o. J., S. 1900 C, und Fried Wesemann (Anm. 13), S. 156 ff.

138 „Wo stehen wir, wohin gehen wir?", Rede des Vorsitzenden der Sozialdemokratischen Partei Deutschlands, Otto Grotewohl, am 14. September 1945 vor den Funktionären der Partei in der „Neuen Welt", Berlin, Oktober 1945.

139 So beispielsweise in Dresden am 3. und 4. November 1945. Vgl. „Wo stehen wir, wohin gehen wir?" Otto Grotewohl, Vorsitzender des Zentralausschusses der Sozialdemokratischen Partei Deutschlands, gab am 3. und 4. November 1945 in Dresden Antwort, Ziel der deutschen Sozialdemokratie, Dresden 1945. — Gegenüber dem Text der Rede vom 14. September enthält die vom 3. und 4. November nur drei nennenswerte Änderungen. Davon betrifft die eine „die Theorie von der Naturnotwendigkeit der gesellschaftlichen Tatsachen", gegen die sich Grotewohl im November wendet. Diese Stelle ist in der Rede vom 14. September noch nicht enthalten. — Wichtiger ist aber, daß der Satz von der „Ost- und Westorientierung" im November weggefallen ist, und daß Grotewohl seine Ausführungen über die „unreinen Schläge im Herzen der Organisation",

Fechner im Schlußwort der Versammlung die Rede Grotewohls, die unter dem Thema stand: „Wo stehen wir, wohin gehen wir?“ als „Richtlinien für unsere Arbeit“ [140]. Trotz aller Unterschiede im politischen Temperament zwischen Grotewohl und Schumacher, trotz der wesentlich verschiedenen Bedingungen, die unter der sowjetischen Besatzungsmacht herrschten, ergeben sich eine Reihe von Gemeinsamkeiten in den beiden „Richtlinien“.

Hatte Schumacher von dem „Recht der nationalen Selbstbehauptung“ gesprochen, formulierte Grotewohl: „Die Erhaltung der Einheit des deutschen Volkes muß der Ausgangspunkt unserer Überlegungen sein. Wer in dieser Situation innerhalb Deutschlands separatistische Gedankengänge ... zu verwirklichen trachtet, ist ein politischer Totengräber“ [141]. Wie für Schumacher Sozialismus und Demokratie untrennbare Begriffe waren, sagte Grotewohl, daß „die Ideen der Freiheit, der Verantwortlichkeit des Staatsbürgers für seinen Staat und der Unterordnung aller Machtinstrumente unter den Willen ziviler Staatsgewalt in den Händen der deutschen Arbeiterklasse am besten aufgehoben“ seien [142]. Der organisierten Arbeiterschaft brachten — so sagte Grotewohl — die Befreiung Deutschlands und die Wiederaufrichtung der Demokratie „das Recht auf die Wiedererrichtung ihrer Organisationen und ihrer Presse unter eigener Verantwortung, das Recht auf freie Betätigung und auf Beteiligung an jeglicher Verwaltung, die wiederersteht, das Recht auf Einheit, Arbeit und Brot in den Grenzen, die die Sieger uns lassen“. Die organisierte Arbeiterschaft „hofft, daß ihr Entschlußfreiheit und Unabhängigkeit für ihre Willensbildung gewährt werden, weil die Durchführung ihrer Aufgabe ... nur in dem Maße möglich sein kann, in welchem die Siegerdemokratien die Voraussetzungen für die Einheit des verbleibenden Gebiets und für die Schaffung von Arbeit und

---

womit er am 14. September die Schwierigkeiten einer Vereinheitlichung der beiden Parteien KPD und SPD beschreibt, angeblich nicht wiederholte. Vgl. unten S. 81 f.

In einer Mitteilung von Gustav Klingelhöfer, seinerzeit Referent für Wirtschaftspolitik im Zentralausschuß der SPD, an Grotewohl am 18. Oktober 1945 heißt es: „Die in Halle gedruckte Broschüre Deiner Rede ist bis auf wenige durchaus nicht wichtige Stellen fast die wörtliche Wiedergabe. Die dortige Zensur ist also ganz anders verfahren als die in Berlin.“ (Archiv Gustav Klingelhöfer, Berlin).

140 „Wo stehen wir, wohin gehen wir?“ (Anm. 138), S. 44.

141 a. a. O., S. 28.

142 a. a. O., S. 43.

Brot für die verbleibende Bevölkerung zu schaffen fähig und bereit sind" [143].
Aus diesen Sätzen wird klar, daß — bildlich gesprochen — Grotewohl und der Zentralausschuß zwar mit dem Rücken zur Wand versuchten, Raum für die sozialdemokratischen Auffassungen gegenüber einer totalitären Besatzungsmacht zu schaffen. Aber wer wollte leugnen, daß die Grundauffassung, wonach die sozialdemokratische Zielvorstellung die Einheit des Reiches und die Entfaltung der Demokratie einschloß, bei Grotewohl und bei Schumacher die gleiche war? Beide — Grotewohl und Schumacher — wollten ein loyales Verhältnis zu den vier Besatzungsmächten hergestellt sehen:

Grotewohl: „Deutschland ist ein von vier Mächten militärisch besetztes Land ... Unsere Aufgabe besteht darin, ein gutes und reibungsloses Verhältnis zu allen Besatzungsmächten herbeizuführen und ihnen zu beweisen, daß das deutsche Volk gewillt und entschlossen ist, die ihm überlassenen Aufgaben loyal und tatkräftig zu erfüllen" [144].

Schumacher: „Unser Verhältnis zu den Siegermächten muß loyal und anständig und vor allem absolut ehrlich sein" [145].

Beide vermißten in der Weimarer Zeit die Erziehung des deutschen Volkes zur Demokratie:

Grotewohl: „Diese fünf Jahre von 1924 bis 1929 waren zu wenig, um das deutsche Volk zu dem Bewußtsein zu erziehen, daß es für sein Geschick allein verantwortlich geworden war, um einen demokratischen deutschen Bürger zu erziehen, der sich seiner Verantwortung für den Staat bewußt war" [146].

Schumacher: „Deutschland hatte vor 1933 zwar staatsrechtlich den am meisten ausgebildeten Apparat der politischen Demokratie, aber relativ die wenigsten Demokraten" [147].

Beide — Grotewohl und Schumacher — sahen im „Großbesitz" von Industrie und Landwirtschaft die eigentlich Schuldigen am Aufstieg Hitlers; beide bezeichneten den „Mittelstand" als eine entscheidende Gesellschaftsschicht für die Zukunft der Demokratie in Deutschland:

Grotewohl: „Die organisierte, aber in sich gespaltene Arbeiterschaft ... hatte es nicht vermocht, Großindustrie und Großgrundbesitz der Staatsgewalt ein- und unterzuordnen. Sie hat es auch nicht ver-

---

143 a. a. O., S. 14 f.
144 a. a. O., S. 28.
145 Politische Richtlinien (Anm. 130), S. 4.
146 „Wo stehen wir, wohin gehen wir?" (Anm. 138), S. 42.
147 Politische Richtlinien (Anm. 130), S. 7.

mocht, jene an sich nach der Klassenlage bereite Mittelklasse so einzugliedern, daß dem Staatsstreich der Hochbourgeoisie mit demokratischen Mitteln vorgebeugt werden konnte" [148].

Schumacher: „Der Großbesitz und seine Parteien waren antidemokratisch aus ökonomischer Interessenpolitik ... Der Kampf um den alten und den neuen Mittelstand ist heute ein zentrales Problem" [149].

Beide meldeten schließlich den Anspruch ihrer Partei an, das deutsche Volk aus dem Chaos des Zusammenbruchs zu führen:

Grotewohl: „Und wenn auch das deutsche Volk durch seine eigene Schuld nie wieder ein Reich mit dem früher so illusionären Glanz werden wird, es wird eine neue Freiheit und die Achtung im Kreise der Völker wiederfinden. Auf diesem Wege kann, will und wird die Sozialdemokratische Partei Deutschlands das deutsche Volk führen" [150].

Schumacher: „Wir sind heute in der Lage, sagen zu können, daß es ohne uns überhaupt nicht geht, daß man unsere Partei geradezu erfinden müßte, wenn sie noch nicht da wäre. Daraus ergibt sich die Konsequenz, daß wir uns auch dort mit Führungsansprüchen regen müssen, wo wir vor 1933 nicht der stärkste Faktor waren. Heute sind wir es — von ganz wenigen Reichsgebieten abgesehen — überall. Denn ein ganz großer Teil des Volkes wünscht ausgesprochen die Sozialdemokratische Partei, will in unsere Hände sein Schicksal legen" [151].

Die Unterschiede in der Diktion als Kriterien des geistigen Habitus der beiden Männer, Grotewohl und Schumacher, können uns hier nicht beschäftigen. Neben den sachlichen Gemeinsamkeiten, die die Zitate belegten, soll hier noch untersucht werden, wie das Verhältnis der Sozialdemokraten zu den Kommunisten in den beiden „Richtlinien" behandelt wird.

Schumacher knüpfte in den „Politischen Richtlinien" an die Sätze vom Mai 1945 an, wo er die Bindung der Kommunisten an eine einzige der Siegermächte als Trennungslinie zwischen den demokratischen Sozialisten und den Kommunisten bezeichnet hatte [152]. Die Wahlen in England und der Beschluß der Sozialistischen Partei Frankreichs seien für die Situation charakteristisch [153]; auch in diesen Ländern war eine Vereinigung zwi-

---

148 „Wo stehen wir, wohin gehen wir?" (Anm. 138), S. 11.

149 Politische Richtlinien (Anm. 130), S. 8.

150 „Wo stehen wir, wohin gehen wir?" (Anm. 138), S. 43.

151 Politische Richtlinien (Anm. 130), S. 27.

152 Vgl. oben S. 19.

153 Bei den Wahlen zum britischen Unterhaus am 5. Juli 1945 hatten die Labour-Party 11 935 733 Stimmen, die Kommunisten nur 102 780 Stim-

schen beiden Parteien von der Labour Party bzw. der SFIO abgelehnt worden. Deshalb die Feststellung Schumachers:

„Die Regelung der Frage kann nicht lokal, sondern nur zentral, möglichst international-zentral erfolgen." [154]

Indem Schumacher auch hier, wie in seiner Rede vom 6. Mai, das Problem des Verhältnisses zu den Kommunisten auf die internationale Ebene hob, hielt er sich und seiner Partei den Weg in die internationale Gemeinschaft der demokratischen Sozialisten offen, wie sie sich in der Sozialistischen Internationale wiedergründen sollte. Als ein Glied dieser Internationale wollte Schumacher seine Partei immer verstanden wissen [155]. Zugleich aber entzog er sich dem Vorwurf, aus nationalistischer Engstirnigkeit das anti-bolschewistische Ressentiment der deutschen Bevölkerung zu unterstützen, das nicht nur durch die nationalsozialistische Propaganda noch höchst virulent war, sondern durch Kriegs- und Nachkriegserfahrungen neue Argumente geliefert bekommen hatte. Wörtlich schrieb Schumacher:

„Wir wünschen keine antikommunistische und noch weniger eine antirussische Spitze unserer Politik!" [156]

Gleichzeitig machte er aber den deutschen Kommunisten zwei Vorwürfe. Sie hatten in ihrem Gründungsaufruf im Juni 1945 geschrieben:

„Wir sind der Auffassung, daß der Weg, Deutschland das Sowjetsystem aufzuzwingen, falsch wäre, denn dieser Weg entspricht nicht den gegenwärtigen Entwicklungsbedingungen in Deutschland" [157].

Dazu stellte Schumacher fest, daß hier das Prinzip der Demokratie als

---

men erhalten. Vgl. Keesings Archiv der Gegenwart (Anm. 9), S. 336 H. — Die französische sozialistische Partei (SFIO) hatte auf ihrem Kongreß im August 1945 ausdrücklich die Vereinigung mit der Kommunistischen Partei abgelehnt. Vgl. Keesings Archiv der Gegenwart (Anm. 9), S. 377 A.

154 Politische Richtlinien (Anm. 130), S. 21.

155 a. a. O., S. 26. — Die „Sozialistische Internationale" wurde erst 1951 in Frankfurt/M. wiedergegründet. Sie umfaßt die sozialdemokratischen Parteien der Welt, die auf dem Boden des „freiheitlichen Sozialismus" stehen. — Bereits Ende 1947 war die SPD Mitglied der „Internationalen Sozialistischen Konferenz" geworden, der Vorläuferin jener „Sozialistischen Internationale", deren erster Kongreß von Schumacher am 30. Juni 1951 eröffnet wurde. Vgl. „Turmwächter der Demokratie", Bd. II (Anm. 16), S. 317—320.

156 Politische Richtlinien (Anm. 130), S. 22.

157 a. a. O., S. 22. — Vgl. auch Gründungsaufruf der Kommunistischen Partei Deutschlands vom 11. Juni 1945 (Anm. 51).

eine Taktik betrachtet, „daß das Prinzip der Diktatur nicht negiert, sondern als das höhere Prinzip für eine zukünftige Eventualität zurückgestellt“ werde [158]. Aber, gerade wenn die Kommunisten seit dem „VII. Weltkongreß der Kommunistischen Internationale den Wert der Demokratie für die Arbeiter entdeckt“ hätten, sei es unmöglich, „einen ausreichenden theoretischen oder politischen Grund für die Weiterexistenz der Kommunistischen Partei zu finden“. So könne „die Auseinandersetzung mit der Kommunistischen Partei ... also nicht mehr auf dem Wege der Verhandlungen über eine gegenwärtige oder in naher Zukunft mögliche Einheitspartei liegen, sondern nur in der Gewinnung der kommunistischen Anhänger für die Sozialdemokratie“ [159].

Ferner warf Schumacher den Kommunisten vor, daß sie sich in ihrem Aufruf „zum freien Unternehmertum, zur freien Wirtschaft und zum Privateigentum“ bekannt hätten, was „von einem Sozialisten nicht unterschrieben werden“ könne. Denn „die tatsächliche Leistung des Wiederaufbaues ... kann nur durch planmäßige Lenkung der Wirtschaft vollbracht werden“ [160].

Kam aus diesen Gründen schon keine Verhandlung über eine Einheitspartei in Frage, — eine Einheitspartei, die nur „der Tummelplatz der schärfsten Kämpfe untereinander, des sich gegenseitigen Überlistens und Hereinlegens“ werden würde [161] —, so lehnte Schumacher auch alle überparteilichen Organisationen ab, wie etwa eine „Antifaschistische Front“, die „lediglich den kommunistischen Versuch darstellt, Nichtkommunisten für kommunistische Zwecke einzusetzen und für die Kommunistische Partei zu erziehen“ [162].

Endlich — und hier zeigt sich, wie genau Schumacher die deutsche traditionelle Haltung gegenüber den Kommunisten kannte und in sein Kalkül einbezog — würde „die Vereinheitlichung mit den Kommunisten sofort den Bürgerblock schaffen ... Außerdem würde nach der entscheidend wichtigen Seite des Mittelstandes und der kulturell und geistig

---

158 Politische Richtlinien (Anm. 130), S. 22.

159 a. a. O., S. 24. — Der VII. Weltkongreß der Kommunistischen Internationale hat im August 1935 in Moskau stattgefunden. Vgl. Walter Ulbricht (Anm. 21), S. 69—87, entnommen aus: „Bolschewik“, Nr. 18, Moskau, September 1935.

160 Politische Richtlinien (Anm. 130), S. 22 f.

161 a. a. O., S. 21.

162 a. a. O., S. 24.

bedeutsamen Schichten diese Einheitspartei nicht eine anziehende, sondern eine stark abstoßende Wirkung ausüben“ [163].

Aus dem fünfseitigen Abschnitt über „Sozialdemokraten und Kommunisten“ in Schumachers „Politischen Richtlinien“ müssen noch die drei folgenden Sätze zitiert werden:

„Aus der Erkenntnis des Umstandes, daß es jetzt nötig ist, großen Teilen des Volkes soziale Hilfe zu bringen, bejahen wir trotzdem und ohne Vorbehalt die praktische Zusammenarbeit mit der Kommunistischen Partei in allen sozialen Fragen und in allen Dingen der Austilgung des Faschismus. Wir gestalten aber die Zusammenarbeit so, daß die Sozialdemokratische Partei und die Kommunistische Partei ideologisch und organisatorisch ihre völlige Selbständigkeit behalten. Außer dieser praktischen Zusammenarbeit ohne den Versuch der gegenseitigen Überlistung entsteht eine Atmosphäre, die für die mögliche Einigung in der Zukunft bessere Bedingungen schafft, als die verkrampfte Forcierung der Einheitsidee mit unehrlichen und eigensüchtigen Absichten“ [164].

Hier scheint Schumacher widerrufen zu haben, was er vorher selbst behauptet hatte: nämlich, daß eine Einigung mit der Kommunistischen Partei unmöglich sei. In Wirklichkeit bedeuten die ersten beiden Sätze nur die notwendige Ergänzung zur Ablehnung der Einheitspartei, wie es die Situation vom August 1945 erforderte. Zusammenarbeit in sozialen Fragen und bei der Überwindung des Faschismus — das waren die genau begrenzten Felder, auf denen sich nach Schumachers Ansicht Sozialdemokraten und Kommunisten trafen. Hier und nur hier war Zusammenarbeit möglich. Das Gesetz des Handelns behielt Schumacher für seine Partei in der Hand, wenn er die völlige ideologische und organisatorische Selbständigkeit der beiden Parteien postulierte. Der dritte Satz schließlich, der sich mit den Bedingungen einer „möglichen Einigung in der Zukunft“ befaßt, sollte die Aufmerksamkeit der eigenen Anhänger, die noch mit dem Gedanken der bald zu schaffenden sozialistischen Einheit spielten, auf die Tatsache hinlenken, daß eine Einigung mit den Kommunisten eine Vertrauensbasis voraussetzte, wie sie entweder in den Sommermonaten 1945 durch die jeweils selbständige organisatorische Wiederaufbauarbeit in den beiden Parteiorganisationen zerstört worden oder noch gar nicht geschaffen worden war. Gleichviel, welche örtlichen Bedingungen hier oder da herrschten, Schumacher stimmte weder Anfang Mai noch Ende August 1945 dem Versuch zu,

163 a. a. O., S. 24 f.

164 a. a. O., S. 24.

die sozialdemokratische mit der kommunistischen Partei zu vereinigen. Begrenzte Schumacher die Zusammenarbeit mit den Kommunisten auf die beiden Felder — soziale Fragen und Überwindung des Faschismus — so leitete Grotewohl seine Stellungnahme „zur Frage der Einigung und zur Kommunistischen Partei" mit den Worten ein:

„Auf allen von mir besprochenen Arbeitsgebieten ist die Einheit der sozialistischen Aktion nicht nur notwendig, sondern sie ist auch möglich" [165].

Beide Parteien, die kommunistische und die sozialdemokratische, seien nicht mehr die Parteien von 1932; ohne ihre Mitarbeit im neuen antifaschistisch-demokratischen Volksstaat gehe es nicht; die gesellschaftliche Entwicklung lasse für eine gespaltene Arbeiterklasse keinen Raum.

„Der Ausdruck dieser Erkenntnis liegt in der Vereinbarung des Zentralkomitees der Kommunistischen Partei und des Zentralausschusses der Sozialdemokratischen Partei vom 19. Juni 1945".

Damals hätten die Vertreter der beiden Parteien ihren Willen ausgedrückt, „auf dem Wege guter Zusammenarbeit in allen Fragen des antifaschistischen Kampfes und des Wiederaufbaues die Voraussetzungen für die politische Einheit des werktätigen Volkes zu schaffen". Grotewohl fuhr fort:

„Wer diese Voraussetzungen einer gewissenhaften Prüfung unterzieht, wird mit mir zu dem Schluß kommen, daß sie für eine organisatorische Vereinigung noch nicht erfüllt sind" [166].

Gleichsam, als wollte Grotewohl die Argumente Schumachers aus den „Politischen Richtlinien" unterstreichen — was er in seiner Situation weder konnte, noch etwa beabsichtigte —, sagte er weiter, daß die Sozialdemokraten die Schwierigkeiten nicht verkennen, „die unsere Freunde aus dem Zentralkomitee der Kommunistischen Partei haben", um ihre Anhänger davon zu überzeugen, „daß die Erkenntnis von der Anwendung der Demokratie eine geschichtliche Notwendigkeit geworden ist". Dagegen hätten die Sozialdemokraten die Schwierigkeit, ihre „Anhänger von dem Zweifel in die ehrliche Überzeugung der kommunistischen neuen Orientierung befreien" zu müssen. So werde jeder, der „aufmerksam und mit Verantwortung sein Ohr auf das Herz der Organisation legt, ... hören, daß noch manche unreinen Schläge da sind". Grotewohl beschrieb sie: die kommunistischen Arbeiter müßten sich daran gewöhnen, „in ihrem sozialdemokratischen Kameraden nicht mehr den Ver-

---

165 „Wo stehen wir, wohin gehen wir?" (Anm. 138), S. 32.
166 a. a. O., S. 32.

räter zu sehen", dem sozialdemokratischen Arbeiter sei zu sagen, „daß er an jeder Stelle vorbehaltlos zusammenzustehen hat". Es dürfe nicht der Versuch gemacht werden, „in den letzten Ausläufern der Organisationen und in den kommunalen Selbstverwaltungskörperschaften ... sich gegenseitig den Rang abzulaufen". Von beiden Seiten müsse „gegen alle kleinliche Eigenbrötelei und Eifersüchtelei Stellung genommen" werden. „Denn ohne wirkliche beiderseitige Abstimmung auf eine echte Kameradschaft wäre eine einheitliche Organisation zur Aktionsunfähigkeit verurteilt"[167].

In dieser Erkenntnis berührten sich Grotewohls Gedankengänge mit denen Schumachers, der von der Einheitspartei fürchtete, sie werde „der Tummelplatz der schärfsten Kämpfe untereinander" sein[168]. Aber für Grotewohl bestand — wie er sagte — kein Grund zum Zweifel, daß das Zentralkomitee der Kommunistischen Partei den „festen Willen zur aufrichtigen Zusammenarbeit im Geiste gegenseitigen Vertrauens" besitzt, daß „Spaltungsmanövern und Sabotageversuchen an der Einheit kein Zoll Raum gewährt werden" darf. So schloß er diesen Abschnitt seiner Rede mit den Worten:

„Die organisatorische Vereinigung der deutschen Arbeiterbewegung und die Schaffung einer sozialdemokratischen Gesellschaft sind unser unverrückbares Ziel"[169].

Die Zitate lassen erkennen, daß Grotewohl und sein Zentralausschuß Mitte September 1945 noch das gleiche Ziel verfolgten, das sie zu erreichen sich im Mai und Juni vorgenommen hatten: die Überwindung der Spaltung der deutschen Arbeiterbewegung. Wie Grotewohl im ersten Abschnitt seiner Rede vom 14. September mehrfach betonte, sei sie die Hauptursache des Versagens in der Weimarer Republik gewesen, — sie zu überwinden, heiße den Neubau des Staates auf dem gesunden Fundament einer einheitlich organisierten Arbeiterbewegung zu errichten. Daß diese Konzeption nur gegen große Widerstände zu verwirklichen war, wußte Grotewohl. Soweit die Öffentlichkeit davon unterrichtet werden konnte, sprach es auch Grotewohl in seiner Rede aus, die wir ausführlich zitiert haben.

Es stellt sich daher die Frage, wie das Festhalten an dieser Konzeption begründet war, gegen die nicht nur die Kommunisten seit dem Juni 1945 Widerstand zeigten, sondern gegen die auch die Mitglieder der eigenen

---

167 a. a. O., S. 32 f.

168 Politische Richtlinien (Anm. 130), S. 21.

169 „Wo stehen wir, wohin gehen wir?" (Anm. 138), S. 34.

Partei nach den Erfahrungen der ersten Monate erhebliche Bedenken anmeldeten.

Eine der verhältnismäßig wenigen schriftlichen Quellen aus dem Wiedergründungsprozeß der SPD in der Sowjetzone, die uns zugänglich ist, gibt darauf eine teilweise Antwort. Es handelt sich um das stenografische Protokoll einer Funktionärskonferenz des SPD-Bezirks Leipzig am 26. August 1945. Otto Grotewohl hatte am Vormittag in einer öffentlichen Kundgebung gesprochen. Nun tagte man am Nachmittag unter Ausschluß der Öffentlichkeit — und das hieß: ohne die kommunistischen „Freunde" und ohne die Vertreter der Besatzungsmacht — im Leipziger Neuen Rathaus [170].

In seiner Ansprache vor den Funktionären erwähnte Grotewohl eine Äußerung des Marschalls Shukow gegenüber den Vertretern des Zentralausschusses anläßlich der Anmeldung der Partei im Juni 1945. Er soll gesagt haben:

„Meine Herren, ich bin hier mit dem Auftrag nach Berlin und in das Okkupationsgebiet geschickt, und habe den Auftrag aus Moskau, hier ein demokratisches Staatsleben zu entwickeln. Ich weiß genau, daß ich mich dabei in erster Linie nicht auf die kommunistische Partei stützen kann, sondern daß ich auf Sie angewiesen bin, denn ich weiß, daß Sie die Massen hinter sich haben" [171].

Grotewohl nennt das „eine Äußerung ..., die für die gesamte parteipolitische Entwicklung von erheblicher Bedeutung ist".

Mag auch der Wortlaut der Bemerkung Shukows nicht genau wiedergegeben sein, es spricht vieles dafür, daß die sowjetische Militäradministration schon zu dieser Zeit so gut informiert war. Tatsächlich nämlich zeigte sich in den ersten Monaten nach der Wiedergründung der SPD in der Sowjetzone — zu einer Zeit, als in den westlichen Zonen die SPD noch nicht zugelassen war —, daß sie gegenüber der KPD einen bedeutend größeren Zulauf an Mitgliedern und — soweit das an der Stim-

---

170 „Stenographisches Protokoll vom ersten Bezirkstag der Sozialdemokratischen Partei Deutschlands, Bezirk Leipzig, am Sonntag, dem 26. August 1945, im Rathaus. Masch.schriftl. (PVA).
Die Herstellung und Aufbewahrung dieses einzigartigen Dokumentes ist Rudolf Rothe, Bonn, zu verdanken, der vom Juni 1945 bis zum 14. Januar 1946 Organisationssekretär und zweiter Vorsitzender des SPD-Bezirks Leipzig war und im Oktober 1947 in die Westzonen übersiedelte. Rothe war später Bibliothekar des SPD-Parteivorstandes Bonn.

171 a. a. O., S. 13.

menzahl bei Betriebsratswahlen sichtbar wurde — an Wählerstimmen gewann.

Grotewohl selbst erwähnte vor den Leipziger Funktionären das Leuna-Werk, wo von 32 Betriebs-Vertrauensleuten 26 Sozialdemokraten gegenüber fünf Bürgerlichen und einem Kommunisten gewählt worden waren. Fand also die SPD in der Bevölkerung bedeutende Resonanz [172], so glaubte Grotewohl den Worten des sowjetischen Marschalls entnehmen zu können, daß auch die Besatzungsmacht ihr besonderes Vertrauen in die SPD setzte.

Obgleich Grotewohl bekannt war, welche Unterstützung die KPD von den Sowjets erfuhr [173], hat er offensichtlich angenommen, daß es der SPD gelingen könne, zum entscheidenden politischen Faktor in der Sowjetzone zu werden und der KPD selbst unter den ungünstigen Umständen, die er vor den Leipziger Funktionären schilderte [174], den Rang abzulaufen.

Liegt hierein ein Teil der Antwort auf die Frage, warum Grotewohl und der Zentralausschuß noch im September an der Konzeption der Einheitspartei festhielten, so enthüllt sich der gesamtdeutsche Aspekt dieser Konzeption in der Theorie von der „Sammellinse". Grotewohl schloß in seiner Rede vom 14. September den Abschnitt „Abgrenzungen — Der Weg der Partei" mit zwei Fragen:

---

[172] Grotewohl war sich darüber im klaren, daß angesichts der Situation unter der sowjetischen Besatzungsmacht viele Wähler die SPD unterstützten, weil sie von ihr allein Linderung der unerträglichen Lage erwarteten. Grotewohl: „Ich muß davor warnen, etwa zu glauben, damit sei uns ein riesiges politisches Vertrauensvotum erteilt worden. Das ist nichts als die nackte Verzweiflung." Stenographisches Protokoll a. a. O., S. 20.

[173] Vgl. auch Wolfgang Leonhard (Anm. 33), S. 423.

[174] Grotewohl schildert zum Beispiel, daß der Zentralausschuß versucht habe, in einer Entschließung der antifaschistischen Parteien auf den provisorischen Charakter der Oder-Neiße-Grenze hinzuweisen. Das sei nicht gelungen, weil die Unterstützung der Kommunisten in dieser Frage nicht zu erreichen gewesen sei und weil die Zensur die Stelle aus der Entschließung herausgestrichen hatte. Ähnliche Beispiele zählt ein anderer Vertreter des Zentralausschusses, der für Pressefragen zuständige Otto Meier, auf. Ihm wurde von der Zensur das Wort „sozialistisch" gestrichen, das er in einem Artikel zum Jahrestag des Kriegsbeginns zwischen Deutschland und der Sowjetunion ein einziges Mal gebraucht hatte. Es durfte nur vom „demokratischen Aufbau" geschrieben werden. Unter solchen Umständen war also an eine freie Entfaltung der SPD überhaupt nicht zu denken. Stenographisches Protokoll (Anm. 170), S. 16 f. und S. 28 f.

„1. Werden die gegenwärtigen bürgerlichen Parteien Deutschlands etwa allein von der Sowjetunion als die berufenen Vertreter des deutschen Volkes gewertet werden?

2. Wird die Kommunistische Partei Deutschlands etwa allein von den westlichen Mächten als die Gesamtvertretung der deutschen Arbeiterklasse und des deutschen Volkes gewertet werden?"

Grotewohl fuhr fort:

„Ich überlasse die Beantwortung dieser Fragen jedem einzelnen, um erkennbar werden zu lassen, welche Rolle der Sozialdemokratischen Partei Deutschlands als Gesprächspartner zufallen wird. Sie ist klar: Die Sozialdemokratische Partei Deutschlands hat die Aufgabe, für die politische Willensbildung als Sammellinse zu wirken, in der sich die Ausstrahlungen der übrigen Parteien und Anschauungen des politischen Lebens in Deutschland treffen" [175].

Hier erhielt der von Schumacher für die SPD erhobene Führungsanspruch sein sowjetzonales Pendant. Da die Sowjets nicht eigentlich die KPD als die große Massenpartei ihrer Zone betrachteten, sondern da die SPD die stärkste Partei der Sowjetzone zu werden versprach, — da die KPD ebensowenig Aussicht hatte, von den Westmächten als einzige Vertreterin des neuen Deutschland anerkannt zu werden, wie die bürgerlichen Parteien keine Aussicht hatten, gegenüber den Sowjets als einzige Vertreter des deutschen Volkes aufzutreten, — aus diesen Gründen, so glaubte Grotewohl, müßte der SPD die führende Rolle in Deutschland zufallen [176]. Wohl sind beide Führungsansprüche — der Schumachers und der Grotewohls — von der Geschichte nicht erfüllt worden, aber beide Ansprüche wurden aus ganz verschiedenen Gründen nicht verwirklicht. Bei Grotewohl, das sei hier vorweggenommen, fehlte nicht nur die sachgerechte Einschätzung der zukünftigen Entwicklung, es fehlte vor allem an hinreichender Erkenntnis der wirklichen Kräfte, die das Schicksal der SPD in der Sowjetzone bestimmten.

---

175 „Wo stehen wir, wohin gehen wir?" (Anm. 138), S. 34 f.

176 Verwandte Gedankengänge scheinen 1958 bei Hans Zehrer vorzuliegen: „Denkt man gesamtdeutsch, so taucht eine innenpolitische Wirklichkeit in Gesamtdeutschland auf, die anders ist als der provisorische Status diesseits und jenseits der Elbe. Diese gesamtdeutsche Wirklichkeit weist drei große Parteien auf: Die CDU, die SPD und die SED. Sie besitzt weder das Zweiparteiensystem, auf das die Entwicklung in Westdeutschland hinzusteuern scheint, noch das Einparteiensystem, das in Mitteldeutschland existiert ... Die SPD wird dann zur großen Partei der Mitte." Aus: Hans Zehrer: Es ist mehr geschehen, in: Die Welt, Nr. 73 vom 27. 3. 1958.

Kapitel 5
Der „alte" Parteivorstand der SPD in London und seine politischen Erklärungen im Jahre 1945

Mit den „Politischen Richtlinien" schickte Schumacher an die wiederaufgebauten Bezirksorganisationen der SPD die Einladung für die „kommende Reichskonferenz am 5., 6. und 7. Oktober", die in Hannover stattfinden sollte[177]. Gleichzeitig bat er den Zentralausschuß der SPD in Berlin und die Mitglieder des alten Parteivorstandes in London, nach Hannover zu kommen[178].

---

177 Politische Richtlinien (Anm. 130). — Das Einladungsschreiben wurde am 28. August 1945 verfaßt. Es ist seinerzeit offensichtlich nicht hektographiert worden, da acht maschinenschriftl. Exemplare — davon fünf mit Schumachers eigenhändiger Unterschrift — und der masch.schriftl. Entwurf mit Schumachers handschriftl. Korrekturen erhalten geblieben sind. (PVA — Akte: Büro Dr. Schumacher, Zentrale Rundschreiben, Blatt 122—130).

178 Aus einem maschinenschriftlichen Entwurf eines Einladungsschreibens an den Zentralausschuß vom 30. August 1945 ist mit großer Wahrscheinlichkeit zu entnehmen, was Schumacher an den Zentralausschuß geschrieben hat. Dieser Entwurf ist in dreifacher Ausfertigung auf Durchschlagpapier erhalten, wobei ein Exemplar die Aufschrift „Entwurf" trägt (PVA, Dok.-Nr. 550/551).
Die Einladung Schumachers an den alten Parteivorstand in London ist nicht aufzufinden. Nach einer hektographierten Abschrift von Hans Vogels

Bekanntlich hatte der letzte, im April 1933 gewählte Vorstand der SPD damals einige Mitglieder ins Ausland geschickt, um von dort aus den Kampf gegen das nationalsozialistische Regime fortzusetzen[179]. Die beiden Vorsitzenden, Otto Wels und Hans Vogel, waren daraufhin mit anderen Vorstandsmitgliedern — darunter Erich Ollenhauer — aus Deutschland emigriert. Nachdem Wels 1939 in Paris gestorben war, hatten Vogel und Ollenhauer den Anspruch, den Parteivorstand der SPD zu repräsentieren, selbst in den härtesten Jahren der Emigration aufrechterhalten[180]. Sie waren aus dem unbesetzten Teil Frankreichs über Spanien und Portugal nach London geflohen, das damals von der deutschen Luftwaffe heftig bombardiert wurde. Angebote amerikanischer und deutscher Freunde, in den Vereinigten Staaten Schutz zu suchen, hatten sie nicht angenommen, weil „die geknebelte deutsche Arbeiterklasse vor allem in Europa ein Sprachrohr brauche“[181].

Antwortbrief aus London vom 6. September 1945 — sie wurde dem Rundschreiben Schumachers an die „Bezirksvorstände der SPD in den drei Westlichen Besatzungszonen“ vom 15. September beigefügt — hat Schumacher am 20. August 1945 an den alten Parteivorstand geschrieben. — Auch Erich Ollenhauer schrieb am 13. September 1945 an Friedrich Stampfer nach New York: „... Seit zwei Wochen [das heißt: seit Ende August, also zur gleichen Zeit, da der Zentralausschuß in Berlin von Schumacher eingeladen worden war] haben wir einen direkten Kontakt mit Dr. Schumacher, der in Hannover lebt und von dort aus sehr aktiv die Vorbereitungen für den Aufbau der Partei leitet. Er war inzwischen in allen wichtigen Orten der britischen Zone und er bereitet mit seinen Freunden eine erste Konferenz von Parteivertretern für Anfang Oktober vor. Er hat uns dringend zur Teilnahme eingeladen, weil er Wert darauf legt, die ersten Schritte im Einvernehmen mit uns durchzuführen...“ (PVA, Akte Büro Dr. Schumacher, Zentrale Rundschreiben, Blatt 109—113, und Akte Korrespondenz England 1945).

179 Vgl. Erich Matthias (Anm. 45), S. 17 und S. 28.

180 a. a. O., S. 261.

181 Über Vogel informiert: Hans Vogel, Gedenkblätter von Wenzel Jaksch, in: Die Fackelträger, hg. als Sondernummer des „Sozialdemokrat“, Zeitschrift der Sudetendeutschen Sozialdemokratie, London, Februar 1946, S. 22. Erich Ollenhauer, geb. am 27. März 1901 in Magdeburg, begann 1915 eine kaufmännische Lehre und trat 1918 der SPD bei. Seit 1919 Volontär bei der sozialdemokratischen Zeitung „Die Volksstimme“ in Magdeburg, wurde Ollenhauer 1920 Verbandssekretär im Hauptvorstand der Sozialistischen Arbeiterjugend und im Januar 1921 Sekretär der damals gegründeten Arbeiterjugend-Internationale. Als sie 1923 zur Sozialistischen Jugend-

In London gelang es im März 1941, die wesentlichen sozialistischen Gruppen der deutschen Emigranten — sie mögen zusammen an die 400 Mitglieder gehabt haben — in der „Union deutscher sozialistischer Organisationen in Großbritannien" zusammenzufassen[182]. Damals wurde Hans Vogel Vorsitzender des Exekutiv-Komitees der „Union". Erich Ollenhauer, sein engster Mitarbeiter, sprach am 6. Dezember 1942 in einem Referat die Grundgedanken jener politischen Zielvorstellungen aus, über die in der „Union" Einigkeit hergestellt worden war[183].
Er sagte:

„Die entscheidenden Kräfte, die die neue sozialistische Partei in Deutschland nach dem Sturz der Hitlerdiktatur tragen, ihre Ziele und Formen bestimmen werden, leben in Deutschland. Der geschichtliche Prozeß, der zur Bildung der neuen Partei führen wird, wird sich in Deutschland vollziehen. Man kann daher über die Bildung der neuen sozialistischen Partei nicht durch einen organisatorischen Beschluß in der Emigration entscheiden".

Ollenhauer bezeichnete es als die gemeinsame Überzeugung der Mitglieder der „Union", von der Annahme auszugehen, daß die militärischen Sieger „die Tätigkeit einer freien sozialistischen Arbeiterbewegung in Deutschland als eine der wesentlichsten inneren Garantien für eine demokratische und friedliche Entwicklung des neuen Deutschland ermöglichen" würden. Als wesentliches Ziel der in einer neuen Partei organi-

---

Internationale erweitert wurde, wurde Ollenhauer ihr Erster Sekretär und der Redakteur des Verbandes. Er behielt dieses Amt bis zu seiner Rückkehr aus der Emigration nach Deutschland im Jahre 1946. — Am 26. April 1933 hatte die letzte, vor dem Verbot der SPD tagende reguläre Reichskonferenz der Partei Ollenhauer in den Parteivorstand gewählt. Ollenhauer ging im Mai 1933 in die Emigration, aus der er erst im Februar 1946 wieder nach Deutschland zurückkehren konnte. Vgl. Dieter Schröder: Erich Ollenhauer, Vorsitzender der Sozialdemokratischen Partei Deutschlands, in: Rheinische Porträts, brosch. München 1957.

182 Die Gründungserklärung vom 19. März 1941 ist beschlossen worden vom Vorstand der Sozialdemokratischen Partei Deutschlands (SPD), der Leitung der Sozialistischen Arbeiter-Partei in Großbritannien (SAP), dem Vorstand des Internationalen Sozialistischen Kampfbundes (ISK) und dem Auslandsbüro „Neubeginnen". Die Erklärung ist abgedruckt in: Zur Politik deutscher Sozialisten, Politische Kundgebungen und programmatische Richtlinien der Union deutscher sozialistischer Organisationen in Großbritannien, London, November 1945. — Vgl. auch Erich Matthias (Anm. 45), S. 261.

183 Erich Ollenhauer (Anm. 17), S. 3.

sierten Arbeiterbewegung nannte Ollenhauer die Notwendigkeit, „dem Großgrundbesitz, der Schwerindustrie und der Hochfinanz, der nazistisch-reaktionären Bürokratie und dem Militarismus die Verfügungsgewalt über Produktion und Staatsapparat für dauernd" zu entziehen. Dabei müsse die „neue Partei" an „unseren grundsätzlichen Vorstellungen über den freiheitlichen und demokratischen Charakter einer sozialistischen Partei" festhalten. Es liege in ihrem Wesen, „daß sie ständig danach streben muß, immer neue Schichten der Bevölkerung für ihre Ansichten und Aufgaben zu gewinnen und sie von der Richtigkeit ihrer Vorstellungen und Zielsetzungen zu überzeugen. Im Prinzip muß daher die neue Partei jedem offen stehen, der sich mit ihren Zielen und ihrer Politik verbunden fühlt und bereit ist, für ihre Erfüllung zu wirken ..."

Schließlich setzte sich Ollenhauer mit dem Verhältnis der „neuen Partei" zu den Kommunisten auseinander:

„Viele ... Kommunisten werden einem konstruktiven sozialistischen Programm der neuen sozialistischen Partei aus innerster Überzeugung zustimmen, und eine aktive Politik der neuen Partei kann viele Ursachen für die Existenz einer selbständigen Arbeiterpartei links von den Sozialisten aufheben. Eine solche Entwicklung zur Einheit soll die neue Partei bewußt und freudig fördern.

Dagegen darf man die Augen nicht vor der Tatsache verschließen, daß damit die Frage des Verhältnisses zu der KPD als Organisation nicht gelöst ist. Die Spaltung zwischen Sozialisten und Kommunisten nach dem letzten Krieg in allen Ländern der Welt hat tiefere Ursachen, die zum Teil noch heute fortbestehen und die auch die neue sozialistische Partei nicht auf dem Wege eines Kompromisses oder einer neuen eigenen Orientierung zu lösen vermag ...

Die kommunistischen Parteien sind ... auf organisatorischen Prinzipien begründet, die im unvereinbaren Gegensatz zu unseren Vorstellungen stehen. Die kommunistischen Parteien kennen keine Parteidemokratie. Die Entscheidung über die Politik der Partei fällt in der KPD nicht in der Meinungs- und Willensbildung durch die Mitgliedschaft der Partei. Sie fällt in der Parteiführung, die in den einzelnen Landessektionen wiederum abhängig ist von den Entscheidungen der Komintern, einem Instrument, das von der russischen Kommunistischen Partei dirigiert wird, deren Entscheidungen allein der Kontrolle der russischen Diktatur unterliegen.

Die KPD hat heute die rein kommunistische Propaganda zugunsten einer demokratischen und allgemein antifaschistischen zurückgestellt, aber

diese Änderung ist bis jetzt nur eine rein taktische, denn am inneren Aufbau der KPD und der Komintern hat sich nichts geändert ...
Die innere Organisation der KPD als eine Sektion der Komintern schließt eine Lösung des Problems auf nationaler Basis aus. Es sei dahingestellt, ob eine Lösung zur Zeit überhaupt möglich ist. Auf jeden Fall ist sie nur möglich auf internationaler Basis, auf dem Wege von Verhandlungen zwischen der Repräsentation der internationalen sozialistischen Arbeiterbewegung und der Komintern".

Die „Grundgedanken" schließen mit einem Blick auf die neue Sozialistische Arbeiter-Internationale, die sich in einer Zeit, da Europa übernationale Politik anstrebe, „zu einem Aktionszentrum praktischer internationaler Politik entwickeln" müsse.

Drei Jahre später, im Herbst 1945, lagen für sieben Einzelgebiete Richtlinien vor, die auf den dargestellten Grundgedanken aufbauten [184]. Hans Vogel umschrieb sie in seinem Brief vom 23. September 1945 an die sogenannte „Reichskonferenz" von Wennigsen:

„*Wir sehen für das deutsche Volk keinen anderen Weg in eine hellere und lebenswertere Zukunft, als eine klare und eindeutige Friedenspolitik nach außen und eine aktive demokratische und soziale Politik im Innern*" [185].

Um sie zu erreichen, sollten die Sozialdemokraten sich bemühen, „im sozialistischen Lager alle Kräfte in einer Partei zusammenzufassen, die auf dem Boden des freiheitlich-demokratischen Sozialismus stehen". Damit war auch die Grenze zu den Kommunisten abgesteckt:

„*Das zukünftige Verhältnis zu den Kommunisten kann nicht auf örtlicher oder bezirklicher Basis entschieden werden. Eine fruchtbare Lösung dieses Problems setzt die Klärung einer Reihe für uns lebenswichtiger Fragen voraus, die nur im Rahmen der Gesamtpartei zu einem späteren Zeitpunkt herbeigeführt werden kann. Sie muß außerdem im Zusammenhang mit der Entwicklung in der internationalen sozialistischen Arbeiterbewegung gesehen werden*".

Hans Vogels Brief schließt mit den Worten:

„*Unsere Mission geht mit der Rückkehr der Partei in die Legalität ihrem Ende entgegen. Wir hoffen, daß wir bald die Möglichkeit haben wer-*

---

184 Zur Politik deutscher Sozialisten (Anm. 182). — Die Richtlinien behandeln die Gebiete: Wirtschaftspolitik, Staatsverfassung, Verwaltung und Justiz, Kulturpolitik, Internationale Politik und [sozialdemokratische] Organisationspolitik.

185 Vgl. Hans Vogel, Gedenkblätter von Wenzel Jaksch (Anm. 181), S. 30—32.

den, unseren Genossen im Lande Rechenschaft abzulegen und ihnen unser Mandat zurückzugeben. Es ist unser dringlichster Wunsch, dann wieder in den Reihen der Parteigenossen in Deutschland mit euch allen gemeinsam für die gemeinsame Sache wirken zu können."

Dieser Brief wurde von Erich Ollenhauer, Fritz Heine[186] und Erwin Schoettle[187] nach Deutschland gebracht, während Hans Vogel krank in London lag und dort am 6. Oktober 1945 starb. Am Tage vorher war sein Brief in Wennigsen vor den Teilnehmern der Konferenz verlesen worden — das letzte politische Dokument des „alten" Parteivorstandes auf der ersten Konferenz der wiedergegründeten Partei, die nun über die Zonengrenzen hinweg für die deutsche Öffentlichkeit sichtbar wurde. Ollenhauers Londoner Rede vom 6. Dezember 1942 — in der er zusammenfaßte, worüber unter den emigrierten Sozialdemokraten Übereinstimmung herrschte — fügt sich mit Leichtigkeit in das Bild, das wir im vorhergehenden Kapitel entwickelt haben, als wir Schumachers Richtlinien vom 28. August mit der Rede Grotewohls vom 14. September verglichen haben.

Beide hatten — wie Ollenhauer drei Jahre zuvor — die sozialistische Arbeiterbewegung als Garantie für die demokratische und friedliche Entwicklung in Deutschland bezeichnet. Beide sahen — wie es Ollenhauer in London formulierte — daß, „dem Großgrundbesitz, der Schwerindustrie und der Hochfinanz ... die Verfügungsgewalt über Produktion und Staatsapparat" entzogen werden müsse. Beide wollten — wie Ollenhauer

186 Fritz Heine arbeitete seit 1924 als Angestellter im Parteivorstand der SPD, emigrierte 1933 und spielte bei dem Versuch, die deutschen Emigranten aus dem von der deutschen Wehrmacht noch nicht besetzten Teil Frankreichs 1940/41 zu evakuieren, eine hervorragende Rolle. Vgl. Varian Fry: Surrender on Demand, The dramatic story of the underground organization, set up by Americans in France to rescue Anti-Nazis from the Gestapo, Random House, New York 1945. — Seit Juni 1941 lebte Heine in London.

187 Erwin Schoettle war vor 1933 Sekretär des SPD-Kreises Stuttgart, dessen Vorsitzender zu jener Zeit Schumacher gewesen ist. Nach dem Bruch mit dem Vorstand der SPD im Prager Exil wurde Schoettle Sekretär von Carl Frank, dem Leiter der Gruppe „Neubeginnen". Mit der Auslandsvertretung dieser Gruppe gehörte Schoettle der „Union" seit deren Gründung im März 1941 an. Über die Entstehungsgeschichte und die Ziele der Gruppe „Neubeginnen" informiert kurz Erich Matthias (Anm. 45), S. 29 ff. und S. 264. — Vgl. auch „Neubeginnen, was es will, was es ist und wie es wurde", hg. v. Auslandsbüro „Neubeginnen", London o. J. (1940), brosch. 55 S.

schon 1942 sagte — „immer neue Schichten der Bevölkerung ... von der Richtigkeit ihrer Vorstellungen und Zielsetzungen ... überzeugen", wollten also weg von der klassenmäßig begrenzten Arbeiterpartei im alten Sinne.

Hier liegen die Bestände gemeinsamer sozialdemokratischer Auffassungen zutage, wie sie bei den Londoner Emigranten, den Berliner Sozialdemokraten und bei Schumacher in Hannover gleichermaßen vorhanden waren. Mochten auch die sozialdemokratischen Emigranten jahrelang diese Bestände in Frage gestellt und neu überprüft haben [188], die angelsächsischen und skandinavischen Ausprägungen moderner parlamentarischer Demokratie, denen sie seit 1941 begegnet waren, hatten sie nur noch bewußter auf die gegenseitige Abhängigkeit und unerläßliche Verschmelzung von Sozialismus und Demokratie, wie Sozialdemokraten sie verstanden wissen wollten, hingewiesen.

Sieht man jedoch näher hin, so erkennt man, daß die Übereinstimmungen zwischen den Vorstellungen der Londoner und denen Schumachers nicht nur zahlreicher, sondern auch tiefer begründet waren als die zwischen den Londoner und den Berliner Sozialdemokraten um Otto Grotewohl. Obgleich die Londoner sich in den Jahren der Emigration trotz aller Gefährdungen immer die Verbindung zu den Nachrichten und Auffassungen der freien Welt erhalten konnten, während Schumacher über ein Jahrzehnt in dem doppelten Gefängnis eines Konzentrationslagers im totalitären Staate saß, glichen sich 1945 ihre Ansichten ebenso darüber, aus welchen Gründen die Weimarer SPD und die Republik gescheitert waren, als auch bei der Beurteilung der gegenwärtigen Lage und der Zielvorstellungen, die nun durch die Sozialdemokratie verwirklicht werden sollten. Was aber Schumacher von den Berlinern trennte — die Einstellung zu den Kommunisten —, das war es, was es auch den Londonern unmöglich machte, nach Berlin zu gehen.

Lange bevor Schumacher an die Öffentlichkeit treten konnte, hatte sich der Zentralausschuß in Berlin öffentlich konstituiert, weil die sowjetische Besatzungsmacht Monate früher als die westlichen Mächte politische Parteien zuließ. Früher auch, als die ersten Nachrichten aus Hannover nach London gekommen waren, wußte der alte Parteivorstand von Otto Grotewohl und dem Zentralausschuß und stand mit ihm in Verbindung [189]. Was hätte also nähergelegen, als daß die Londoner versucht

---

188 Vgl. Erich Matthias (Anm. 45), der über diese ideengeschichtliche Entwicklung gründlich informiert.

189 Noch in Heft 75/76, Juni-Juli 1945, der „Sozialistischen Mitteilungen",

hätten, in die alte Reichshauptstadt zurückzukehren, wo sich ein Führungsorgan gebildet hatte, das die meisten Aussichten zu haben schien, für die Partei in ganz Deutschland sprechen zu können?

Die Frage hat sich so für die Londoner nie gestellt. Für sie war die Entscheidung, nicht nach Berlin zu gehen, schon vor dem Zusammenbruch des Reiches gefallen. Nicht die Tatsache, daß sie von ihrem britischen Gastland aus eher die Möglichkeit hatten, in die britische Zone zu reisen — ein Unternehmen, das im Herbst 1945 noch schwierig genug war [190] —, sondern ihre politische Haltung bestimmte ihre Entscheidung. Bereits am 20. Februar — also wenige Tage nach der Konferenz von

---

das in der zweiten Julihälfte von der „Union" herausgegeben wurde, heißt es: „Alle ... Angaben über die Entwicklung des Lebens der politischen Parteien in Berlin stützen sich ausschließlich auf die Informationen, die wir durch das Abhören des Berliner oder Moskauer Senders erhalten konnten. Direkte Verbindungen mit unseren Freunden in Berlin bestehen nicht". Erst am 12. August 1945 teilt Ollenhauer in einem Brief an Erich Brost — der zu dieser Zeit bei der britischen Nr. 2 Information Control Unit, Press Section in Köln arbeitete — mit: „... Mit Dahrendorf haben wir einen ersten direkten Kontakt aufnehmen können". Im gleichen Brief vom 12. August 1945 schreibt Ollenhauer an Brost, daß Hans Vogel in der vorhergehenden Woche einen Brief von Carl Severing aus Bielefeld erhalten habe. (PVA, Akte Korrespondenz England 1945). Es ist mit Sicherheit anzunehmen, daß Severing von seinem Kontakt mit Schumacher berichtet hat. Am 25. Juli hatte Schumacher an Severing nach Bielefeld geschrieben (PVA — Dok. Nr. 164).

Während also am 12. August 1945 der direkte Kontakt der Londoner mit den Berlinern hergestellt war, schreibt Hans Vogel erst am 6. September 1945 an Hans Dill, Tupper Creek, B. C., Canada, daß er von Dr. Schumacher zur Reichskonferenz eingeladen sei. (PVA — Akte Korrespondenz England 1945). Das entspricht den Terminen, die in der hektographierten Abschrift von Hans Vogels Brief an Schumacher vom 6. September und in dem Brief Ollenhauers an Stampfer vom 13. September genannt sind (vgl. für beide Anm. 178). Mithin haben die Londoner mehrere Wochen früher Kontakt mit Berlin als mit Hannover gehabt.

190 Hans Vogel schreibt an Hans Dill am 6. September 1945 (a. a. O.): „Wir wollen alles versuchen, der Einladung Schumachers nachzukommen; die Frage ist nur, ob wir damit auch bei den Engländern Verständnis finden werden". Mit Hilfe des Abgeordneten der Labour Party, Philip Noel-Baker, der zu jener Zeit im britischen Foreign Office tätig war, wurde die Genehmigung zur Flugreise von London nach Bückeburg und zum Aufenthalt in der britischen Zone erreicht. Noel-Baker schreibt darüber am

Jalta [191] — schrieb Erich Ollenhauer an Richard Hansen nach New York: *„Selbstverständlich wollen wir sobald als möglich nach Deutschland zurückkehren, um unseren Freunden und Genossen zu helfen ... Ob wir die Möglichkeit bekommen werden, unsere Absichten zu verwirklichen, ist eine ganz andere Sache ... Außerdem wird die Frage noch durch die Entscheidung erschwert, daß die Besetzung Deutschlands nach Zonen erfolgt. Was in der russischen Zone wird, weiß niemand; wir Sozialdemokraten werden dort wohl keine Möglichkeit zur politischen Arbeit finden“* [192].

Bevor also in London bekannt sein konnte, daß Schumacher in Hannover den Aufbau der Parteiorganisation betrieb, hatten die Mitglieder des alten Parteivorstandes die russische Besatzungszone als möglichen Sitz des zukünftigen Parteivorstandes aufgegeben. Ihre Begründung geht aus einem Brief hervor, den Hans Vogel am 15. August 1945 an Albert Grzesinski [193] in dessen Exil nach Elmhurst L. I. (USA) richtete. Grzesinski hatte am 29. Juli geschrieben, er habe sich vorgestellt, daß Vogel nach der Zulassung der KPD in Berlin „beim Oberkommando der russischen Besatzungszone telegraphisch die Registrierung der SPD beantragen und jemanden vom PV [= Parteivorstand] bestimmen“ würde, „dem zwecks Aufbau der Partei die Einreisegenehmigung nach Berlin erteilt werden solle“ [194].

---

4. Oktober an Vogel: „... It was a great happiness to help Ollenhauer and the others to get there, but it made me very sad that you could not travel with them ...“ (PVA — Akte Korrespondenz England 1945).

191 Die Konferenz von Jalta, auch Krimkonferenz genannt, führte am 7. Februar 1945 zu einer Entschließung der „Großen Drei“ (Churchill, Roosevelt und Stalin) über die Zerstückelung (dismemberment) Deutschlands. Vgl. Boris Meißner (Anm. 3), S. 35 bis 53, besonders S. 46.

192 Erich Ollenhauer, London, an Richard Hansen, Brooklyn N. Y., USA, am 20. Februar 1945 (PVA — Akte Korrespondenz England 1945). — Hansen, geb. am 2. 8. 1887 in Kiel, war vor 1933 Parteisekretär der SPD, Stadtverordneter in Kiel und Mitglied des Provinziallandtages in Schleswig-Holstein. Hansen war später Sekretär der SPD-Fraktion im Landtag von Schleswig-Holstein.

193 Albert Grzesinski, geb. 1879 in Treptow (Pommern), war vor 1933 Polizeipräsident von Berlin und später Preußischer Minister des Innern. In der Emigration war Grzesinski Präsident der „German Labor Delegation“ in USA. Im Januar 1948 starb er in New York.

194 Albert Grzesinski, Elmhurst L. I., USA, am 29. Juli 1945 an Hans Vogel, London (PVA — Akte Korrespondenz England 1945).

Darauf antwortete Vogel:
„Die Situation wird wohl damit am besten gekennzeichnet, daß die Labour Party auf ihrem im letzten Herbste stattgefundenen Jahreskongreß wohl die Zulassung von Gewerkschaften in Deutschland gefordert hat, die Frage der politischen Parteien aber auch nicht mit einem Wort erwähnte. In dem Augenblick aber, wo die Zulassung der Parteien auch für den englisch-amerikanischen Sektor [gemeint ist: für die britische und die amerikanische Besatzungszone] ausgesprochen wurde, haben wir sofort an der geeigneten Stelle die notwendigen Schritte eingeleitet ...“
Zur Frage der Zulassung in der sowjetischen Zone schrieb Vogel:
„... Wir haben jetzt die ersten Verbindungen zu den dortigen führenden Genossen aufgenommen, was übrigens auch von ihnen freudig begrüßt wurde. Uns haben die hiesigen deutschen Kommunisten dauernd in Moskau denunziert. Die „Prawda“ machte sich diese Denunziation in großer Aufmachung zu eigen. U. a. nannte sie uns „schamlose Verteidiger des deutschen Imperialismus und des Hitler-Regimes“ [195]. *Du wirst zugeben müssen, daß es unter diesen Umständen keinen rechten Sinn gehabt hätte, wenn wir uns an den russischen Oberkommandierenden in Berlin gewandt hätten. Wie hielten es nicht für ganz unwahrscheinlich, daß unsere Freunde unsere Rückkehr verlangen würden, nachdem die Russen den gesamten kommunistischen deutschen Stab aus Moskau mit zurückgebracht und sofort aktiv eingesetzt hatten. Wenn die Russen auf ein solches Verlangen eingegangen wären, hätte uns das mög-*

---

195 Die „Prawda“ hatte sich zu einem Referat Vogels, das in Heft 63/64 der Sozialistischen Mitteilungen, News for German Socialists in England, Juli/August 1944, veröffentlicht worden war, kritisch geäußert. Unter der Überschrift „Moskau gegen die deutschen Sozialisten“ erschien darüber ein ungezeichneter Artikel in den „Baseler Nachrichten“ vom 18./19. November 1944, der die Haltung der „Prawda“ beschreibt: „Unter der Flagge der Besorgnis über Nachkriegs-Europa propagierte Vogel die schamloseste Verteidigung der Interessen des deutschen Imperialismus. Vogel habe neben dem Engländer Brailsford die geschmackloseste Rolle eines Advokaten Hitler-Deutschlands auf sich genommen“. — So sehr diese Kritik Vogel und seine Freunde verbittert haben muß, so falsch wäre der Eindruck, als könne dieser Vorfall den Entschluß der Londoner, nicht nach Berlin oder in die sowjetische Zone zu gehen, motiviert haben. Vielmehr muß man diese Polemik und Vogels Reaktion darauf als symptomatisch für das Verhältnis zwischen den Londonern und den Kommunisten bzw. den sowjetischen Machthabern ansehen.

licherweise in einige Verlegenheit gebracht. Oder würdest Du selbst ohne jede Bedenken in die russische Zone zurückgegangen sein, solange dort die Russen allein bestimmen und keinerlei Nachrichten nach außen gelangen konnten?« [196]

Aus dieser Briefstelle Vogels geht sowohl hervor, daß die Londoner keine Chance sahen, in Berlin und der sowjetischen Besatzungszone den zukünftigen Parteivorstand einzurichten, als auch, daß sie einer Aufforderung ihrer Berliner Genossen, an den alten Platz ihrer Wirksamkeit zurückzukehren, nicht gern gefolgt wären. Es blieb ihnen — so betrachtet — also gar keine andere Wahl, als nach Hannover zu gehen, sofern sie überhaupt wieder in Deutschland politisch tätig werden wollten [197] Allerdings erleichterte alles, was sie von Schumacher hörten, ihre

---

196 Hans Vogel, London, an Albert Grzesinski, Elmhurst L. I., USA am 15. August 1945 (PVA — Akte Korrespondenz England 1945).

197 Aus dieser Situation ergibt sich, daß man schwerlich von einem „Führungsanspruch" der Londoner im Hinblick auf die wiedergegründete Partei in Deutschland sprechen kann, wie es u. a. Klaus Schütz — wenn auch eingeschränkt — tut. Vgl. Klaus Schütz: Die Sozialdemokratie im Nachkriegsdeutschland, in: Parteien in der Bundesrepublik, Studien zur Entwicklung der deutschen Parteien bis zur Bundestagswahl 1953, Schriften des Instituts für politische Wissenschaften, Band 6, Stuttgart und Düsseldorf 1955, S. 155—271, bes. S. 159 ff.

Es lag nur im natürlichen Interesse der Londoner, daß man ihr Mandat, den letzten gewählten Parteivorstand zu repräsentieren, bis zur Rückkehr nach Deutschland anerkannte; denn das Mandat war die Basis ihrer politischen Existenz in der Emigration und eine der Voraussetzungen für baldige Rückkehr ins politische Leben Deutschlands. Die Londoner ließen aber keinen Zweifel daran, daß sie nur ihr Mandat ordnungsgemäß an eine neue, gewählte Vertretung der Partei zurückgeben wollten. Das geht sowohl aus der Erklärung des Londoner Parteivorstandes vom 11. Juli 1945 — siehe unten S. 100 ff. —, wie auch aus dem Brief Vogels an die Wennigsener Konferenz deutlich hervor. Vgl. oben S. 91 f. und Anm. 185.

Auch scheinen mir die Gewichte realer Macht später zu ungleich verteilt gewesen zu sein, um — wie es Klaus Schütz darstellt — von einer Art ‚Koalition' zwischen den beiden Konzentrationspunkten London und Hannover sprechen zu können. Vgl. Klaus Schütz, S. 162. — Daß die ehemaligen Emigranten Frau Gotthelf, Fritz Heine und Erich Ollenhauer später dem geschäftsführenden Parteivorstand angehörten, lag vor allem daran, daß sie neben ihrer langjährigen, zum Teil im Ausland erworbenen Erfahrung die uneingeschränkte Bereitschaft, hauptamtlich im Dienste der Partei zu arbeiten, mitbrachten. An derartig ausgebildeten Mitarbeitern

Entscheidung. Mehr noch: es gab ihnen die Zuversicht, ihre Arbeit in Deutschland dort wieder aufnehmen zu können, wo ihre eigenen Auffassungen fast vollständig geteilt wurden.

Diese Auffassungen waren zum letzten Male vor dem Zusammenbruch des Deutschen Reiches zum Ausdruck gekommen, als Ollenhauer einen Artikel im Januar/Februar-Heft 1945 der „Sozialistischen Mitteilungen" veröffentlichte, in dem er sich als Vorstandsmitglied der SPD mit der kommunistisch gesteuerten Bewegung „Freies Deutschland" auseinandersetzte [198]. Ollenhauer nennt dort die Gesichtspunkte, „über die es im großen und ganzen keine Meinungsverschiedenheiten gibt": die schnelle Beendigung des Krieges durch den Sturz der Hitlerdiktatur, die trostlose Lage, die jedes Regime zu gewärtigen hat, das Deutschland wiederaufbauen und in die Gemeinschaft der europäischen Nationen zurückführen will, die Notwendigkeit realer Friedenssicherungen und die Pflicht zur Wiedergutmachung; schließlich: „die Notwendigkeit, eine wirklich demokratische und friedliche Haltung in großen Teilen des deutschen Volkes wieder neu zu entwickeln."

Dann aber wandte sich Ollenhauer sowohl gegen das Symbol der „Freien Deutschen" — die Farben Schwarz-Weiß-Rot [199] — wie auch gegen die

---

bestand sowohl im „Büro der Westzonen", dem Vorläufer des SPD-Parteivorstandes, wie auch später im gewählten Parteivorstand ein fühlbarer Mangel.

198 Erich Ollenhauer: Grenzen der Einheit, in: Sozialistische Mitteilungen, News for German Socialists in England, Nr. 70/71, Jan./Febr. 1945, S. 1-4. Die „Freie Deutsche Bewegung" war im September 1943 in London nach dem Vorbild des im Sommer 1943 in Moskau gegründeten „Nationalkomitees Freies Deutschland" ins Leben gerufen worden. Die Mitglieder der „Union" verhielten sich gegenüber dem kommunistischen Versuch, den alten Gedanken der „Einheitsfront" auf diese Weise wieder zu beleben, ablehnend.
Der Artikel Ollenhauers stellte eine Antwort auf zwei Beiträge in dem Londoner deutschen Wochenblatt „Die Zeitung" dar, von denen einer aus der Feder von Wilhelm Koenen, Mitglied der Zentrale der KPD, stammte. Über die Haltung des Londoner Parteivorstandes der SPD informiert auch Erich Matthias (Anm. 45), S. 264; Einheitskundgebungen oder -aktionen von Vertretern der SPD und KPD haben in London niemals stattgefunden; alle kommunistischen Vorschläge dieser Art wurden abgelehnt. — Vgl. die Hefte der „Sozialistische Mitteilungen, News for German Socialists in England" der Jahrgänge 1941 bis 1945.

199 Die Verwendung der Farben „Schwarz-Weiß-Rot" als Symbol der Be-

„Aufrechterhaltung der sozialen Ordnung", die die „Freien Deutschen" in ihrem Programm allen denen versprachen, „die noch rechtzeitig vor dem Ende mit Hitler brechen". Ollenhauer stellte dagegen den Satz:

„Die verzweifelte Lage des deutschen Volkes erfordert vor allem auch den Mut, offen zu sagen, daß es nach dem Krieg für jeden Demokraten und für jeden Friedensfreund nur einen Weg zu Frieden und Freiheit gibt: den unerbittlichen Kampf gegen alle Kräfte im deutschen Volk, die durch ihre soziale Stellung und durch ihre politische Macht Hitler und seine Politik im vollen Umfang mitzuverantworten haben" [200].

Zur „Notwendigkeit der Friedenssicherung" — die „Freien Deutschen" hatten in ihrem Programm die „vorbehaltlose Anerkennung jeder Maßnahme der Friedenssicherung, die die Alliierten für notwendig halten" gefordert [201] — schrieb Ollenhauer:

„... aber es kann sein, daß die deutschen Demokraten und Sozialisten andere Vorstellungen über die besten Mittel zur Sicherung dieses Zieles haben als die eine oder andere alliierte Regierung" [202].

Erinnern diese Sätze, wenn auch nicht in der Schärfe ihrer Diktion, so doch in ihrer Substanz, an Worte und Gedanken Schumachers, wie er sie am 6. Mai 1945 in Hannover ausgesprochen hat, so genügen wenige Sätze aus der „Erklärung der deutschen Sozialdemokratie" vom 18. Mai 1945, die Hans Vogel unterzeichnet hat, um zu zeigen, wie nahe die Londoner mit ihren programmatischen Äußerungen den Gedanken Schumachers standen.

„Wir erstreben ein Deutschland, das über seine Geschicke selbst entscheiden kann und das getragen wird von einer entschlossenen demokratischen Mehrheit unseres Volkes ...

... es gibt für das deutsche Volk nur einen Weg in eine hellere Zukunft:

---

wegung Freies Deutschland ging ebenfalls von Moskau aus, wo man offenbar darauf spekulierte, mit diesen Farben die Sympathie des deutschen Offizierskorps und der „nationalen Kreise" gewinnen zu können. Vgl. Wolfgang Leonhard (Anm. 33), S. 279 f.

200 Erich Ollenhauer: Grenzen der Einheit (Anm. 198), S. 4. Die Unterstreichung im Original ist durch Sperrung hervorgehoben.

201 Wenn auch die Absichten der sowjetischen Führung hinsichtlich der Behandlung Deutschlands nach dem Siege der Alliierten noch nicht festgestanden haben mögen, so argwöhnte Ollenhauer hier mit Recht, daß die geforderte Anerkennung jeder Maßnahme der Alliierten vor allem die Anerkennung jeder von der Sowjetunion gewünschten Friedenssicherung bedeuten mußte.

202 Erich Ollenhauer: Grenzen der Einheit (Anm. 19), S. 3.

eine entschlossene Politik des Friedens und der Umgestaltung der gesellschaftlichen Verhältnisse in Deutschland, die den nationalistischen und militaristischen Kräften im deutschen Volk für immer die Grundlagen ihrer Macht entzieht.“

Schließlich der Schlußsatz der Erklärung:

„Gemeinsam mit allen, die guten Willens und von freiheitlichem Geist und demokratischen Idealen erfüllt sind, wollen wir wirken für Frieden, Freiheit, Recht und Sozialismus“ [203].

Es findet sich in der Erklärung kein Wort über den Versuch der Kommunisten, die „Einheit der antifaschistischen Aktion“ oder ähnliche Thesen zu propagieren, es findet sich kein Wort von jenen Vorstellungen, wie sie im Aufruf des Berliner Zentralausschusses zum Ausdruck kommen, der die „Einheit der Arbeiterklasse“ als Ziel an sich bezeichnete. Die Aufgabe, die der alte Parteivorstand jetzt für die Sozialdemokratie formulierte, war, „eine politische und soziale Ordnung zu schaffen, die die Freiheit und Würde des Menschen als die höchsten Güter achtet und schützt“.

Diese Haltung — von Erich Matthias als Konzeption des neuen sozialdemokratischen Humanismus beschrieben [204] — drückt sich in den bereits zitierten Schlußworten der Erklärung aus, deren Sinngehalt nun voll transparent wird: Frieden, Freiheit, Recht und Sozialismus. Wie hatte Schumacher am 6. Mai in Hannover gesagt?

„Für unsere Ziele, für die unteilbare Dreiheit von Friede, Freiheit und Sozialismus erstreben wir die Zusammenarbeit mit den vorwärtsdrängenden Kräften in der ganzen Welt ...“ [205].

Noch zwei Äußerungen des alten Parteivorstandes gingen 1945 dem Brief Hans Vogels an die Konferenz von Wennigsen voraus. Als der Berliner und Moskauer Rundfunk gemeldet hatten, daß die SPD in der Sowjetzone zugelassen sei und daß sie mit der KPD einen gemeinsamen Aktionsausschuß gebildet habe [206], veröffentlichte der Londoner Parteivorstand seine Erklärung vom 11. Juli 1945 [207]. Als notwendig erklärte der Parteivorstand die „Wiederherstellung der Organisations- und

---

203 „Erklärung der deutschen Sozialdemokratie“, in: Sozialistische Mitteilungen, News for German Socialists in England, Nr. 73/74, April/Mai 1945, S. 1—3.

204 Vgl. Erich Matthias (Anm. 45), S. 254 ff.

205 Vgl. oben S. 21 und Anm. 16.

206 Vgl. oben Anm. 189.

207 Sozialistische Mitteilungen (Anm. 189), S. 2 a f.

Pressefreiheit für die demokratischen Kräfte des deutschen Volkes" und schloß daran die Hoffnung, daß der „Zulassung antifaschistischer Parteien in der russischen Besatzungszone baldmöglichst eine gemeinsame Entscheidung aller Besatzungsmächte für eine freie politische Betätigung der demokratischen Kräfte in allen Teilen Deutschlands" folgen möge. Nach einem Gruß an die sozialdemokratischen Freunde, „die die schwere Aufgabe des organisatorischen Aufbaus der Partei in Berlin übernommen haben", sprach sich der Parteivorstand für „ein kameradschaftliches und verantwortungsbewußtes Zusammenwirken aller deutschen demokratischen Kräfte" aus.

Aber:

„Diese Zusammenarbeit kann nur erfolgreich sein, wenn sie auf gegenseitigem Vertrauen gegründet ist, und wenn alle beteiligten Parteien frei sind im inneren Aufbau ihrer Organisation."

Denn:

„Der organisatorische und politische Aufbau der Partei kann ... nur auf dem Wege freier demokratischer Meinungsbildung und der freien Wahl der Funktionäre der Partei durch die Mitgliedschaft erfolgen."

In dieser mehrfach wiederholten Forderung nach einem „freien" Aufbau der Partei drücken sich unüberhörbar die Sorgen aus, die man sich in London um die Berliner Wiedergründung machte. War es dem Londoner Parteivorstand schon nicht ratsam erschienen, selbst nach Berlin zu gehen, so bezog er jetzt — am 11. Juli 1945 — gegenüber dem Zentralausschuß in Berlin jene Position, die als „Führungsanspruch" mißverstanden wurde [208]: er betonte, daß er sich bis zu einer gemeinsamen Tagung aller Teile der jetzt wiedererstandenen Partei „an sein Mandat

---

208 So bei Klaus Schütz (Anm. 197). Beispielsweise schreibt Erich Ollenhauer, London, an Willi Jesse — vor 1933 Bezirkssekretär der SPD in Schwerin, dort auch nach der Rückkehr aus der Emigration 1945, später Mitarbeiter im Parteivorstand der SPD in Hannover und Bonn — am 11. Februar 1945 nach Stockholm: „... Wir glauben nicht, daß es unsere Aufgabe in der Emigration sein kann, den Freunden im Lande Rezepte zu geben oder ihnen Vorschriften zu machen. Aber es kann für sie eine wertvolle Hilfe sein, wenn wir ihnen etwas an die Hand geben können, das ihnen zeigt, welche Vorstellungen wir hier erarbeitet haben. Sie müssen dann an Ort und Stelle entscheiden, ob es den gegebenen Bedingungen entspricht und ob es mit ihren eigenen Vorstellungen über die Aufgaben der Partei in der Zukunft übereinstimmt" (PVA — Akte Korrespondenz England 1945). Tenor und Inhalt dieses Briefes widerlegen, daß die Londoner einen „Führungsanspruch" erhoben hätten.

der Treuhänderschaft gegenüber der Gesamtpartei gebunden fühle[209]. Das mag in der rückschauenden Betrachtung als ein magerer Rechtsanspruch ohne Aussicht auf Realisierbarkeit erscheinen. Zieht man aber die Umstände in Betracht — der einzige Anspruch, die SPD zu repräsentieren, kam bisher aus dem russisch besetzten Berlin, in den Westzonen war noch keine zentrale Führung möglich, weil politische Parteien noch verboten waren —, so erkennt man in der Erklärung vom 11. Juli wieder jene politische Entscheidung, die schon aus den Briefen Ollenhauers an Richard Hansen und Vogels an Albert Grzesinski hervorging: unter sowjetischer Herrschaft, so glaubten die Londoner, war eine sozialdemokratische Partei nicht existenzfähig[210].

Natürlich konnten die Londoner das im Juli 1945 nicht öffentlich aussprechen. Sie kleideten deshalb ihre Meinung in die Feststellung von der Mandatsträgerschaft, der sie nicht entsagen wollten, ehe nicht eine Tagung der Partei in Gesamtdeutschland über die Politik der deutschen Sozialdemokratie entscheiden konnte. Das enthielt zugleich die Warnung an die Berliner, daß erst wieder eine Tagung der Gesamtpartei möglich sein müsse, bevor von einem Anspruch die Rede sein könne, die SPD in ganz Deutschland zu repräsentieren.

Indirekt war die Erklärung eine Schützenhilfe für die Sozialdemokraten, die sich in den Westzonen um die Sammlung der entstehenden Orga-

---

209 Am 12. Juni 1945 hatte Gustav Dahrendorf „im Namen der neuen, wiedererstandenen Sozialdemokratischen Partei" anläßlich der öffentlichen Wiedergründung der KPD im Berliner Stadthaus erklärt: „Ich darf gleich dabei ausführen, daß die neue Sozialdemokratische Partei mit der letzten Phase der politischen Praxis der alten Sozialdemokratischen Partei nichts verbindet (Bravo!). Sie fühlt sich dagegen als Verkörperung der besten Tradition der deutschen Arbeiterbewegung. Es verbindet auch nichts die neue Sozialdemokratische Partei mit der Emigrantenpolitik. Niemand im Ausland ist berechtigt, für die künftige Sozialdemokratische Partei zu sprechen." — Vgl. Gustav Dahrendorf (Anm. 55). — Diese Stelle von Dahrendorfs Rede ist in dem Zitat im Protokoll der Sechziger-Konferenz (Anm. 33) nicht enthalten. Ob ihr Wortlaut im Juli 1945 in London bekannt war, muß bezweifelt werden. — Vgl. auch oben Anm. 189. — Dennoch zeigt das Zitat, daß die Londoner Grund hatten, die Rechtmäßigkeit ihres Mandats zu betonen.

210 So schrieb auch Hans Vogel am 6. September 1945 an Schumacher, Hannover: „Es bleibt natürlich abzuwarten, ob und wie lange und in welchem Ausmaß eine unabhängige sozialdemokratische Politik unter den besonderen Bedingungen der russischen Besatzung möglich sein wird" (PVA — Akte Büro Dr. Schumacher, Zentrale Rundschreiben, Blatt 112/113).

nisationsteile bemühten, also eine Schützenhilfe für Kurt Schumacher. Daß er sie nicht nötig hatte, mag sein; daß er sie zu schätzen wußte, geht daraus hervor, daß er sich zugleich mit der Einladung zur ersten überzonalen Konferenz um das Kommen der Londoner bemühte und ihnen ausdrücklich schrieb, daß er ihr Mandat, den alten Parteivorstand zu repräsentieren, anerkannte[211].

Ganz im Sinne dieser von den Londonern betonten, von Schumacher anerkannten „Mandatsträgerschaft" gab der alte Parteivorstand Anfang September 1945 eine Art von Richtlinien für den Wiederaufbau der Partei heraus[212]. Er kleidete sie in die Form eines Antwortbriefes auf An-

---

211 Der Brief Schumachers an den alten Parteivorstand, der die Einladung zur Konferenz in Wennigsen enthielt, war nicht aufzufinden. Sein Inhalt wird aber von Hans Vogel am 6. September 1945 an Hans Dill (Anm. 189) weitergegeben: „Dann hat sich Dr. Curt Schumacher schriftlich bei uns gemeldet. Er ist im Augenblick dabei, für die nichtrussischen Zonen eine Reichskonferenz vorzubereiten, wozu er uns ganz eindringlich einlädt. Für ihn besteht das alte Mandat des P.V. weiter zu Recht, bis ein neuer Parteivorstand von einer Gesamtvertretung der Partei gewählt werden kann ..." — Diese Haltung Schumachers geht auch aus einem Brief Willi Eichlers aus dem Raum Hannover an Hans Vogel, London, vom 23. August 1945, hervor, der am 31. August in London eingetroffen ist: „Schumacher hat vor, Anfang Oktober eine Conferenz zu machen, zu der Du kommen solltest. Auch Ollenhauer vielleicht, auch Schöttle, den er gut kennt. Er erkennt die Mandate von Euch in L. [= London] voll an, möchte nur nicht warten, bis Ihr zurückkommen könnt, weil die Berliner Entwicklung sonst Präzedenzfall sein könnte, was er n i c h t wünscht ..." (PVA — Akte Korrespondenz England 1945).

212 „Der Vorstand der Sozialdemokratischen Partei Deutschlands, London, Anfang September 1945, An die Mitglieder und Funktionäre der Sozialdemokratischen Partei", unterzeichnet von „Hans Vogel, Vorsitzender". Über diesen Brief schrieb Hans Vogel, London, am 6. September 1945 an Schumacher, Hannover: „Viele unsere Freunde aus dem Reich haben uns um unsere Meinung über die ersten organisatorischen und politischen Schritte beim Wiederaufbau der Partei gefragt. Wir haben aus diesem Grunde ein erstes Rundschreiben an Mitglieder und Funktionäre der Partei vervielfältigt, das wir jetzt, so gut es geht, den Freunden im Reich zuleiten. Ich füge diesem Brief zwei Exemplare bei. Ich hoffe, daß der Inhalt Ihre und Ihrer Freunde Zustimmung findet. Sie haben dort vielleicht die Möglichkeit einer weiteren Vervielfältigung, wenn Sie unsere Richtlinien für nützlich halten." (PVA — Akte Büro Dr. Schumacher, Zentrale Rundschreiben, Blatt 112—113).
Das Original dieses vervielfältigten Briefes war nicht zu finden. Eine

fragen „von Genossen und Genossinnen“ [213], die „nach unseren Auffassungen über die ersten organisatorischen und politischen Schritte für den Wiederaufbau der Partei“ gefragt hatten.
Danach sollte mit dem Wiederaufbau sofort begonnen werden, sobald die Besatzungsbehörden den Beschluß von Potsdam in Kraft setzen und demokratische politische Parteien zulassen [214]. Persönliche Unterhaltungen im Kreise vertrauenswürdiger Genossen sollten auch schon vorher geführt werden, soweit es die Umstände erlaubten [215]. Nach der Sammlung ehemaliger Mitglieder als Kern der Organisation sollte das Ziel

---

maschinenschriftliche Abschrift ist im Archiv Hellmut Kalbitzer, MdB, Hamburg (Akte SPD 1945) enthalten. Der Text des Briefes von Anfang September ist gemeinsam mit der „Erklärung der deutschen Sozialdemokratie“ vom 18. Mai 1945 (Anm. 203) und der „Erklärung des Parteivorstandes“ vom 11. Juli 1945 (Anm. 207) abgeschrieben worden. Die Richtigkeit der Abschrift habe ich bei den beiden Erklärungen nachprüfen können. Ein Zweifel an der Echtheit des Briefes von Anfang September scheint mir deshalb um so weniger gerechtfertigt, als Kalbitzer schon seit 1944 zu dem damals in England lebenden Willi Eichler, der als Vorstandsmitglied des ISK in enger Verbindung mit Hans Vogel stand, Kontakte über die Schweiz besaß. Kalbitzer hat das Material der „Union“ und des alten SPD-Parteivorstandes von Eichler erhalten. (Mündliche Mitteilung von Hellmut Kalbitzer, MdB, Hamburg, am 19. Juni 1959).

213 Die traditionellen sozialdemokratischen Bezeichnungen tauchen hier zum ersten Male wieder auf. Im Londoner Parteivorstand haben Zweifel darüber bestanden, ob die SPD unter ihrem alten Namen in Deutschland wiedererstehen würde. Vgl. Erich Ollenhauers Referat am 6. Dezember 1942 (Anm. 17), wo er die „neue sozialistische Partei“ beschreibt, aber den Begriff „Sozialdemokratische Partei Deutschlands“ nicht benutzt. — In seinen Briefen aus London spricht Ollenhauer von den „Freunden und Genossen“. Die beiden Erklärungen vom Mai und Juli 1945 vermeiden den Begriff „Genosse“. Erst Anfang September wird er wieder in London gebraucht. Offenbar hatten die Briefe aus Deutschland gezeigt, daß auch dieser Begriff beibehalten worden war.

214 Aus dieser Stelle, die sich nur an die Sozialdemokraten in den Westzonen wendet, da in der Sowjetzone die Partei bereits wieder legal existierte, geht hervor, daß der Brief sich ausschließlich an die Parteimitglieder und Funktionäre in den westlichen Besatzungszonen richtete.

215 Es entsprach der in der deutschen Sozialdemokratie weitverbreiteten Auffassung über Legalität, daß der Parteivorstand nur „persönliche Unterhaltungen im Kreise vertrauenswürdiger Parteigenossen“ für zweckmäßig hielt, solange die Partei noch nicht von den Besatzungsbehörden zugelassen worden war.

sein, „eine neue, einheitliche sozialdemokratische Partei aufzubauen, in der sich alle Sozialisten vereinigen können, die auf dem Boden des freiheitlichen und demokratischen Sozialismus stehen“ [216].

In diese „einheitliche“ Partei sollten auch einbezogen werden: die SAP [217] und der ISK [218], die vor 1933 selbständige Gruppen außerhalb der SPD gewesen waren, in London aber mit der SPD und neben der Gruppe „Neubeginnen“ [219] die „Union deutscher sozialistischer Organisationen in Großbritannien“ gebildet hatten. Mit dieser Empfehlung bezog der Londoner Parteivorstand eine Anpassung an die in den Westzonen bereits eingetretene Wirklichkeit: Otto Brenner für die SAP und Willi Eichler für den ISK hatten die Aufnahme dieser Gruppen in die SPD bereits mit Schumacher vereinbart und ihren Mitgliedern empfohlen, der SPD beizutreten [220].

„Oberstes Ziel“ — so heißt es in den Londoner Richtlinien weiter — „muß sein, die neuen Repräsentanten der Partei so schnell wie möglich mit der vollen Autorität frei gewählter Vertrauensleute der Partei aus-

---

216 Der Begriff „freiheitlicher demokratischer Sozialismus“ wird hier zum ersten Male gebraucht!

217 Zur SAP (Sozialistische Arbeiterpartei) vgl. oben S. 60 und Anm. 104.

218 Der ISK (Internationaler Sozialistischer Kampfbund) ist aus dem 1917 gegründeten Internationalen Jugendbund hervorgegangen. Im November 1925 erklärte der Parteivorstand der SPD die Mitgliedschaft in diesem Bund mit der in der SPD als nicht vereinbar. Die Mitglieder des Bundes, deren politische Haltung wesentlich von dem Göttinger Philosophieprofessor Leonard Nelson bestimmt worden war, gründeten 1926 den Internationalen Sozialistischen Kampfbund. Einer der drei Vorsitzenden des ISK war Willi Eichler, der mit dem ISK 1941 der damals in London gegründeten „Union deutscher sozialistischer Organisationen in Großbritannien“ beitrat.

219 Zur Gruppe „Neubeginnen“ vgl. oben Anmerkung 182 und Anm. 187.

220 Das geht aus einem Rundschreiben „An die Freunde der Sozialistischen Arbeiter-Partei (SAP) und des Internationalen Sozialistischen Kampfbundes (ISK)“ aus Hannover vom 5. September 1945 hervor (Archiv Fritz Arend, Hannover). — Nach einer schriftlichen Mitteilung von Otto Bennemann, damals Oberbürgermeister der Stadt Braunschweig, vom 10. Dezember 1956 waren an den Verhandlungen mit der SPD Otto Brenner (SAP) und Alfred Dannenberg und Otto Bennemann (ISK) beteiligt. Nach dem Protokoll einer Besprechung, die am 20. August 1945 mit vier Vertretern der SPD (Schumacher, Wassermann, Franke und Diegel) stattgefunden hat, waren auch Willi Eichler und Jupp Kappius an den Verhandlungen seitens des ISK beteiligt (Archiv Willi Eichler, Bonn).

zustatten". Mag dieser Satz auch ganz banal erscheinen: es ist nicht daran zu zweifeln, daß die Londoner die Notwendigkeit erkannt hatten, die Periode abzukürzen, in der Funktionäre auf Grund ihrer eigenen „Ernennungen" für die SPD zu sprechen sich anheischig machten. Das Prinzip der „innerparteilichen Demokratie" sollte so schnell wie möglich wieder gegenüber allen politischen Faktoren — den Besatzungsmächten, den anderen Parteien und der Öffentlichkeit — als eins der Grundprinzipien sozialdemokratischer Politik herausgestellt werden. Waren die bisher zitierten Gesichtspunkte der Richtlinien mehr in der Tonart einer Empfehlung oder eines Ratschlags gehalten, so verändert sich der Ton zu entschiedener Bestimmtheit, sobald das Verhältnis zu den Kommunisten berührt wird:

„Anregungen der Kommunisten zur Bildung einer Einheitspartei oder zu örtlichen oder bezirklichen Verhandlungen über die Bildung einer Einheitspartei sind abzulehnen."

In dieser Frage gab es für die Londoner, die alle anderen Probleme mit der größten Toleranz zu handhaben sich bereit gezeigt hatten, keine Form des Ausweichens: wie sie ihre Genossen in der Emigration, beispielsweise in Frankreich oder Dänemark, sofort versucht hatten, zurückzuhalten, wenn nur ein Wort über mögliche Zusammenarbeit mit den Kommunisten nach London gedrungen war [221], so standen sie auch in

---

221 So schrieb Erich Ollenhauer am 17. April 1945 an den damals in Paris lebenden Günther Markscheffel — heute Chefredakteur des Sozialdemokratischen Pressedienstes, Bonn —: „Mit Deinem Brief vom 30. März hast Du uns den Entwurf eines gemeinsamen Aufrufs der Landesgruppen Frankreich der deutschen Sozialdemokraten und der deutschen Kommunisten übermittelt und vorgeschlagen, den Aufruf durch die Zentralvorstände ratifizieren zu lassen.
Wir bedauern, daß wir Eurem Wunsch nicht Rechnung tragen können ... Darüberhinaus möchten wir Euch raten, von der endgültigen Unterzeichnung und Verbreitung des Aufrufs abzusehen ...". — Siehe auch unten Anm. 329.
Als in London bekannt wurde, daß die deutschen Landesgruppen der sozialdemokratischen und der kommunistischen Partei einen gemeinsamen Arbeitsausschuß in Dänemark gegründet hatten, schrieb Erich Ollenhauer am 11. September 1945: „... Von Eurer Arbeitsgemeinschaft mit den Kommunisten nehmen wir Kenntnis. Wir verstehen Euer lebhaftes Interesse, Euch so stark wie möglich in die Schulungs- und Aufklärungsarbeit in den Lagern [der deutschen Flüchtlinge, die aus den deutschen Ostgebieten in den letzten Kriegswochen nach Dänemark evakuiert worden waren] ein-

ihren ersten Richtlinien für den Wiederaufbau der Partei in Deutschland fest zu ihrer Überzeugung: keine Einheitspartei, keine Zusammenarbeit mit den Kommunisten, sofern die organisatorische oder politische Selbständigkeit der SPD dabei in Gefahr geriet.
Es liegt auf der Hand, daß diese Haltung mit der Kurt Schumachers genau übereinstimmte. Dabei kann man einräumen, daß die Richtlinien des alten Parteivorstandes von Anfang September niedergeschrieben worden sind, nachdem Schumachers erster Brief in London eingetroffen war. Daß sich zu diesem Zeitpunkt der alte Parteivorstand so äußerte, mag damit in Verbindung gebracht werden. Was er aber inhaltlich den Genossen in Deutschland mitteilte, war nicht situationsgebundene Anpassung, sondern war — wie aus den zitierten Dokumenten vor dem Zusammenbruch des Reiches hervorgeht — auf Überzeugung gegründete politische Entscheidung. Jetzt, im Frühherbst 1945, stimmte diese politische Entscheidung mit der Schumachers und damit eines beträchtlichen Teiles der deutschen Sozialdemokratie überein; sie stimmte ebenso überein in den Grundbeständen sozialdemokratischer Zielvorstellungen, wie in der Beurteilung des Verhältnisses zu den Kommunisten — der Frage also, die zentrale Bedeutung erlangt hatte, seit Deutschland in die Brandung der weltpolitischen Auseinandersetzung zwischen freiheitlicher Demokratie und sowjetischem Herrschaftsanspruch geraten war.

---

zuschalten. Auf der anderen Seite empfehlen wir Euch dringend größte Zurückhaltung in dieser Zusammenarbeit. Diese Frage müssen wir durch die wiedererstehende Partei in Deutschland entscheiden lassen, außerdem sind wir gar nicht von den lauteren Absichten der Kommunisten überzeugt ..." (Erich Ollenhauer an Gustav Wolter, Kopenhagen. — Beide Briefe: PAV — Akte Korrespondenz England 1945).
Vgl. auch allgemein Erich Matthias (Anm. 45), S. 263—268.

Kapitel 6
Das erste Rundschreiben Schumachers an die SPD-Bezirke und der Stand des Wiederaufbaus der SPD im September 1945

Acht Tage später, nachdem Schumacher die ersten Exemplare der „Politischen Richtlinien“ durch Kuriere an die SPD-Bezirke in den Westzonen geschickt hatte [222], sandte er das erste Rundschreiben an die inzwischen eingerichteten Bezirkssekretariate. Es trug das Datum vom 5. September 1945 und forderte zur Beantwortung von dreizehn Fragen auf, die den Stand des organisatorischen Aufbaus betrafen [223].

---

222 Schumacher sandte am 28. August 1945 die Richtlinien nach Dortmund, Köln und Düsseldorf, am 29. August nach Hamburg und Kiel, am 3. September nach Kassel, am 5. September nach Bielefeld zu Carl Severing, am 7. September an Willi Knothe in Frankfurt/M., der sie nach Darmstadt, Mannheim, Stuttgart, Koblenz/Trier und in die Saarpfalz weiterleiten sollte. Die verschiedenen Absendedaten haben sich vermutlich daraus ergeben, wann ein Funktionär die jeweils 15 Exemplare, die jeder Stadt zugeteilt wurden, mitnehmen konnte (PVA — Akte Büro Dr. Schumacher, Zentrale Rundschreiben, Blatt 108 und 116). — Vgl. auch unten S. 120.

223 Ein Exemplar des hektographierten Rundschreibens ließ sich nicht auffinden. Der Text geht aber aus zwei maschinenschriftlichen Exemplaren hervor, von denen eins die handschriftliche Notiz „Entwurf“ trägt, die aber wieder gestrichen worden ist. Die in diesen Exemplaren gestellten Fragen stimmen mit den vorliegenden Antworten überein (PVA — Akte Büro Dr. Schumacher, Zentrale Rundschreiben, Blatt 118—121).

Die Antworten sind nur aus der britischen Zone erhalten [224]. Aus Teilen der amerikanischen Zone, besonders aus Frankfurt/M. und Stuttgart, liegen nur vereinzelte Briefe aus dieser Zeit vor; aus der französischen Zone kamen die ersten schriftlichen Berichte erst wesentlich später nach Hannover.

Welche Fragen stellte Schumacher und wie wurden sie beantwortet [225]?

„1. Sind örtliche oder regionale Anträge auf Zulassung der Partei bei der Militärregierung erfolgt, in welcher Form, mit welchem Ergebnis?“

In Schleswig-Holstein (28. 9.) hatten die SPD-Kreisorganisationen nach dem 15. September, als die dortige Militärregierung sich zur Annahme von Antragsformularen, die inzwischen ausgegeben worden waren, bereit erklärt hatte, „formgerecht“ den Antrag auf Zulassung gestellt, aber noch keine Genehmigung erhalten [226].

Für die in der britischen Zone gelegenen Teile des Bezirks Oldenburg/Bremen (25. bzw. 27. 9.) wurde die gleiche Lage gemeldet. Allein in den zur US-Enklave von Bremen gehörenden Landkreisen Wesermarsch und Osterholz-Scharmbeck waren bereits SPD-Kreisorganisationen von der amerikanischen Militärregierung zugelassen worden [227]. Auch in Hanno-

---

224 In der britischen Besatzungszone hatten sich nach dem Vorbild der Weimarer Zeit folgende Bezirksorganisationen gebildet: 1. Schleswig-Holstein, 2. Hamburg (als Landesorganisation), 3. Oldenburg (das später mit Bremen und Nordniedersachsen den Bezirk Bremen/Nordwest bildete), 4. Hannover, 5. Braunschweig, 6. Östliches Westfalen (Bielefeld), 7. Westliches Westfalen (Dortmund), 8. Niederrhein (Düsseldorf), und 9. Obere Rheinprovinz (Köln ohne Koblenz und Trier, die zur französischen Zone gehörten). Bis auf die Braunschweiger und die Hamburger Organisation haben alle Bezirke schriftliche Antworten gegeben.

225 Die Daten hinter den Namen der Bezirke bei den Antworten auf die erste Frage geben den Tag an, an dem die Antwort geschrieben worden ist.

226 SPD-Bezirk Schleswig-Holstein (Wilhelm Kuklinski) an Schumacher, Hannover, am 28. September 1945 (PVA — Dok. Nr. 004—007). — Vgl. auch das erste, nach der Wiedergründung erschienene „Jahrbuch der Sozialdemokratischen Partei Deutschlands 1946“, hg. vom Vorstand der Sozialdemokratischen Partei Deutschlands, Göttingen 1947, S. 5.

227 SPD-Bezirk Oldenburg-Stadt- und Landkreis (Landesamtmann Simstedt) an Schumacher, Hannover, am 25. September 1945 (PVA — Dok. Nr. 053 bis 054) und SPD-Bezirkleitung Bremen (i. A. Hanna Theil) an Schumacher, Hannover, am 27. September 1945 (PVA — Dok. Nr. 050—052).

ver (13. 9.)[228] und in Braunschweig (27. bzw. 30. 9.)[229] war die Zulassung beantragt, aber noch nicht erteilt worden.
Carl Severing schrieb für den Bezirk Östliches Westfalen (3. 10.), daß in den einzelnen Kreisen die Anträge gestellt seien, teilte aber nichts über ausgesprochene Zulassungen mit[230]. Glücklicher war der Bezirk Westliches Westfalen (18. 9.) dran. Dort war die SPD „mit wenigen Ausnahmen ... überall zugelassen, ortsweise wie kreisweise, darüber hinaus auch für den Regierungsbezirk Arnsberg"[231]. Dagegen hatten Gründungsversammlungen im Bezirk Niederrhein (25. 9.) „erst in wenigen Städten stattgefunden, so z. B. in Duisburg, Remscheid, Solingen; andere Orte warten auf die Versammlungsgenehmigung ..." Aber der Bezirk rechnete damit, „daß in wenigen Wochen die Partei über eine größere Anzahl bereits genehmigter Ortsvereine" verfügen werde[232]. Aus Köln wurde für den Bezirk Obere Rheinprovinz (22. 9.) mitgeteilt, daß für Stadt und Regierungsbezirk die Anträge auf Zulassung gestellt seien und daß die Zulassung für die Stadt Köln in den nächsten Tagen zu erwarten sei[233].

„2. Ist bereits eine Bezirksleitung gebildet — Neuwahl oder Wiederaufnahme der Mandate von 1933 — Name und Adresse der leitenden Funktionäre — an welche Adresse soll in Zukunft Material für den Bezirk gesandt werden?"

Vorläufige oder provisorische Bezirksvorstände waren in allen Bezirken

---

228 SPD-Bezirk Hannover (Egon Franke) an Schumacher, Hannover am 13. September 1945 (PVA — Dok. Nr. 078—080).

229 Alfred Kubel, Braunschweig, an Schumacher, Hannover, am 27. September 1945 (PVA — Dok. Nr. 140—141) und Peter Walter, Braunschweig, an Schumacher, Hannover, am 30. September 1945 (PVA — Dok. Nr. 142 bis 143). Die besondere Entwicklung in Braunschweig, die gewisse Ähnlichkeiten mit der in Berlin und Hamburg zeigte, vgl. unten S. 156 ff.

230 SPD-Bezirk Östliches Westfalen (Carl Severing) an Schumacher, Hannover, am 3. Oktober 1945 (PVA — Dok. Nr. 150).

231 SPD-Bezirk Westliches Westfalen (Heinrich Wenke) an Schumacher, Hannover, am 18. September 1945 (PVA — Dok. Nr. 173—177).

232 Ernst Gnoß, Düsseldorf, als Sekretär des SPD-Bezirks Niederrhein, an Schumacher, Hannover, am 25. September 1945 (PVA — Dok. Nr. 753 bis 755).

233 SPD-Bezirk Obere Rheinprovinz (Robert Görlinger) an Schumacher, Hannover, am 22. September 1945 (PVA — Dok. Nr. 770—772).

gebildet worden[234]. Im Bezirk Hannover hatte sich Schumacher von einer Bezirkskonferenz am 9. September, die von Vertretern der sechs Unterbezirke beschickt worden war, zum vorläufigen Bezirksvorsitzenden wählen lassen[235]. Der Bezirk Westliches Westfalen berichtete, daß der Vorstand sich teils aus Mitgliedern zusammensetzt, die ihm schon vor 1933 angehört haben, „zum großen Teil aber aus jungen Genossen, die vor 1933 als Funktionäre in der Partei tätig waren". Im Bezirk Niederrhein soll die provisorische Bezirksleitung schon seit Ende Mai/Anfang Juni tätig gewesen sein. Hier setzte sie sich auch aus einem Teil der Funktionäre, die schon vor 1933 den Vorstand gebildet hatten, zusammen, zum anderen Teil aus Mitgliedern, die „aus einigen Unterbezirken und Ortsvereinen" entsandt worden waren.

„3. Welche Unterbezirke sind wieder eingerichtet worden — Namen und Anschriften?"

Alle Bezirke meldeten, daß sie fünf bis zehn Unterbezirke eingerichtet hatten, die jeweils — wie vor 1933 — eine größere Anzahl von SPD-Kreisorganisationen zusammenfaßten, deren Grenzen sich mit den betreffenden Verwaltungsgrenzen der Stadt- und Landkreise deckten. In Schleswig-Holstein waren die Kreisvorstände in allen 21 Stadt- und Landkreisen gebildet worden. Der Bezirk Niederrhein schrieb:

„Die Unterbezirks-Tätigkeit haben wir im alten Umfange in zehn Unterbezirken wieder aufgenommen, so daß die Bezirksorganisation im Rahmen wie vor 1933 wieder tätig ist".

„4. Mit wieviel Ortsgruppen steht die Bezirksleitung in Verbindung?"

Die Beantwortung dieser Frage ergibt wegen der unterschiedlichen Größe der Bezirke keine vergleichbaren Zahlen. Auch hatten die Bezirke oft keinen genauen Überblick darüber, weil sie nicht direkt, sondern über die Unterbezirke mit den Ortsvereinen oder Distrikten in Verbindung standen. Der Bezirk Schleswig-Holstein gab 80 Ortsvereine, Bremen-Stadt 28 Distrikte an; der Bezirk Hannover meldete 32 Kreisorganisationen. Im Bezirk Östliches Westfalen bestand Verbindung zu ca. 60 Ortsgruppen, im Bezirk Westliches Westfalen waren über die Unter-

---

234 Das gilt auch für Braunschweig, wo Ende September ein Vorstand auf Bezirksebene gebildet wurde, wie für Hamburg, wo der provisorische Vorstand der Landesorganisation seit dem 14. Juli tätig war.

235 Der Vorstand wurde ausdrücklich als „vorläufig" bezeichnet, da er nur gewählt sei, bis ein Bezirksparteitag mit ordnungsgemäß gewählten Delegierten zusammentreten könne.

bezirke 300 Ortsgruppen gemeldet worden[236]. Und der Bezirk Obere Rheinprovinz schrieb, „daß die Erfassung auch der kleinsten Orte in allernächster Zeit wahrscheinlich" sein werde.

„5. Sind im Zuge der Vorbereitungen Feststellungen über Mitgliederzahlen gemacht worden?"

Schumacher berührte mit dieser Frage den wundesten Punkt jeder Organisation. Die Antworten der Bezirke, die auf ihre — wenn auch begrenzte — Eigenständigkeit bedacht waren, sind deshalb eher ausweichend als erschöpfend, wenngleich man einräumen muß, daß es im September 1945 kaum möglich war, genaue Zahlen zu liefern. In Bremen rechnete man mit 800 Mitgliedern; etwa ein Zehntel der Mitgliederzahl, die Ende 1946 erreicht wurde. Im Bezirk Östliches Westfalen wur-

---

236 Im Jahre 1930 bestanden im Bezirk Westliches Westfalen 365 sozialdemokratische Ortsvereine. Vgl. Jahrbuch der deutschen Sozialdemokratie für das Jahr 1930, hg. vom Vorstand der Sozialdemokratischen Partei Deutschlands, o. O., o. J. (Berlin 1931), S. 204. — Dieses günstige Verhältnis in der Zahl der ehemaligen und der wiedergegründeten Ortsvereine von 365 zu 300 in dem einzigen Bezirk der britischen Zone, der mit fast allen Ortsvereinen schon zugelassen war, darf keinesfalls verallgemeinert werden. Auch drückt sich in der hohen Zahl wiedergegründeter Ortsvereine mehr die Fähigkeit zum Aufbau eines organisatorischen Apparates ehrenamtlicher Funktionäre als zur Werbung neuer Mitglieder aus. Es bleibt dennoch bemerkenswert, daß der Aufbau der SPD schon nach wenigen Wochen legaler Existenz so weit fortgeschritten war. — Zum Vergleich können folgende Zahlen aus dem Lande Sachsen dienen, die auf dem ersten Landesparteitag der SPD-Sachsen am 7. 10. 1945 bekanntgegeben wurden: gegenüber 141 603 Mitgliedern, die am 31. 12. 1930 gezählt wurden, waren Anfang Oktober 1945 66 790 Mitglieder aufgenommen; die Zahl der Ortsvereine, die 1930 1027 betragen hatte, wurde Anfang Oktober 1945 mit 766 angegeben. Diese Zahlen lassen sich nicht absolut vergleichen, da seit der Besetzung Deutschlands das ursprünglich schlesische Gebiet bis zur Görlitzer Neiße mit zu Sachsen gehörte. Immerhin geben die Zahlen einen Eindruck, wie schnell nach wenigen Monaten die Organisation der SPD und ihr Mitgliederstamm wieder aufgebaut waren. In der sowjetischen Zone begann der legale Wiederaufbau der SPD bekanntlich schon im Juni 1945. — Vgl. Jahrbuch der deutschen Sozialdemokratie für das Jahr 1930, S. 204 und Sozialdemokratische Partei des Landes Sachsen, Stenographischer Bericht über die Verhandlungen des Landesparteitages, abgehalten am 7., 8. und 9. 10. 1945 in Dresden (Freital), Dresden, o. J. (1945), S. 18, und „Das Volk". Nr. 88 vom 14. 10. 1945.

den etwa 8000 Mitglieder angenommen, der Bezirk Niederrhein schrieb: nach dem „ersten Überschlag ... dürften zur Zeit etwa 9000 bis 10 000 Mitglieder ... erfaßt sein". Das waren ein Viertel der Ende 1946 gezählten Mitglieder [237].

„6. *Welche Ansicht hat sich in der Beitragsfrage im Bezirk herausgebildet?*"

Auch hier stellen sich die Antworten als sehr einheitlich heraus. Im Durchschnitt wurden monatlich von den männlichen Mitgliedern eine Mark, von den weiblichen, den Kleinrentnern und Invaliden 50 Pfennige erhoben. Nur in den Bezirken Hannover, Obere Rheinprovinz und Oldenburg waren Beitragsstaffelungen nach dem Nettoeinkommen vorgesehen, wie sie später für die gesamte Partei in den Westzonen angewendet wurden. Symptomatisch ist, was der Bezirk Westliches Westfalen berichtete:

„*In einigen Fällen haben sich Genossen angeboten, die Beiträge für die ganzen zurückliegenden zwölf Jahre nachzuzahlen.*"

Diese Mitglieder und die vielen anderen, die hohe „Aufbau-Beiträge" leisteten, waren sich dessen bewußt geblieben, daß sie einer Partei angehörten, deren finanzielles Fundament im wesentlichen aus den regelmäßigen Beiträgen ihrer vielen einzelnen Mitglieder bestand und nicht — wie es bei den Parteien der „Rechten" schon vor 1933 üblich war — aus den Zuschüssen, die finanzstarke Interessenten zu leisten vermochten.

„7. *Sind bereits Vorbereitungen für die Beitragskassierung (Marken und Mitgliedsbücher) getroffen oder wird auf eine zentrale Regelung gerechnet?*"

In allen Bezirken hatte man bereits begonnen, Beiträge von den Mitgliedern nach Sammellisten zu erheben [238]. Mitgliedskarten und Beitragsmarken waren teils schon ausgegeben, teils noch im Druck. Dabei erwähnten zwei Bezirke (Östliches und Westliches Westfalen), daß sie eine zentrale Regelung der Beitragsfrage auf der Reichsebene erwarteten und begrüßen würden. Hier äußerte sich ein weiteres Merkmal des sozialdemokratischen Organisationsgefüges: die selbstverständliche Er-

237 Vgl. Jahrbuch der SPD 1946 (Anm. 226), S. 27.

238 So findet sich in der „Gründungsakte der SPD, Landkreis Hannover" eine Sammelliste, aus der hervorgeht, daß die SPD-Ortsvereine des Landkreises in der Zeit vom 28. 8. bis 3. 10. 1945 zusammen 14 059 RM aufgebracht haben (Archiv Fritz Arend, Hannover).

wartung, daß diese Frage nach dem Muster der Vergangenheit vor 1933 „reichseinheitlich" geregelt werde.

„*8. Haben bereits Versammlungen stattgefunden, unter welchen Umständen, mit welchem Erfolg — Funktionärsversammlungen, Mitgliederversammlungen — öffentliche Kundgebungen — allein oder mit anderen Parteien gemeinsam?*"

Die Gleichartigkeit der Entwicklung, die es erlaubt, die Wiedergründung der SPD trotz aller lokalen Einzelzüge als einen einheitlichen Prozeß zu sehen, zeigt sich auch bei dieser Frage ganz deutlich. Von Schleswig-Holstein bis zum Rhein: überall hatten regelmäßig seit Mai oder Juni 1945 Konferenzen der Funktionäre auf den verschiedenen Ebenen vom Ortsverein bis zum Bezirk stattgefunden. Für die Mitglieder waren Versammlungen und schon „Schulungskurse" abgehalten worden [239]. Öffentliche Kundgebungen, meist als Gründungsversammlungen veranstaltet, hatten dort stattgefunden, wo die Militärregierung sie erlaubt hatte [240]. Daß einzig in Kurt Schumachers Bezirk, nämlich Hannover, öffentliche Kundgebungen mit anderen Parteien gemeinsam stattgefunden hatten, während die übrigen Bezirke solche gemeinsamen Veranstaltungen abgelehnt hatten, wirft ein Schlaglicht auf das Selbstbewußtsein, das Schumacher in seinem Wirkungsfeld der Partei einzuimpfen vermochte. Gemeinsame öffentliche Versammlungen mit der KPD wurden jedoch von allen Bezirken abgelehnt [241].

„*9. Hat im Bezirk Verbreitung von Propagandamaterial stattgefunden — öffentlich oder innerhalb der Mitgliedschaft — Rundschreiben?*"

---

239 Unter diesen „Schulungskursen", die aus Schleswig-Holstein gemeldet wurden, darf man sich keine sehr intensive, langfristige Arbeit vorstellen, sondern allenfalls Veranstaltungsreihen von drei oder vier Abenden. Sie sollten dazu dienen, den Mitgliedern, die zum größten Teil schon vor 1933 der Partei angehört hatten — s. unten S. 125 f. — die wichtigsten Prinzipien sozialdemokratischer Politik wieder ins Gedächtnis zu rufen. — Vgl. auch unten die. Antwort des Bezirks Niederrhein auf die Frage 11, S. 118.

240 Der Bezirk Niederrhein berichtete beispielsweise am 25. 9. daß die Gründungsversammlung, die mit Carl Severing als Hauptredner für den 29. 9. vorgesehen sei, von der Miltärregirung noch nicht genehmigt worden war. Solche Schwierigkeiten waren in diesen Monaten ganz gewöhnliche Hindernisse der praktischen politischen Arbeit und hinterließen häufig bei Sozialdemokraten den Eindruck, als trachteten die Besatzungsmächte danach, den Aufbau eines demokratischen Deutschlands zu behindern.

241 Vgl. auch unten S. 170 f. und Anm. 376.

Die meisten Bezirke hatten bereits begonnen, eigene Rundschreiben, die organisatorische Fragen behandelten, zu verschicken [242]. Flugblätter, Aufrufe oder gar Schriften waren erst in Vorbereitung. Das einzige politisch wesentliche Material, das verteilt worden war, bestand in dem Aufruf Schumachers „Für ein neues, besseres Deutschland!" [243] und den „Politischen Richtlinien", die für die Funktionäre bestimmt waren. Nur aus dem Bezirk Niederrhein liegt die Mitteilung vor, daß eine Zusammenstellung der „Grundsätze und Richtlinien für die Arbeit der SPD" im dortigen Bezirk bekanntgemacht worden ist [244].
Weitere Versuche, die geistig-politische Konzeption der SPD unter den Mitgliedern zu verbreiten, solange es in der Öffentlichkeit durch die Militärregierung noch nicht erlaubt war, meldeten die Bezirke nicht. Es mag dahingestellt bleiben, ob es hier und da Arbeiten gegeben hat, die aus technischen Gründen nicht verbreitet werden konnten oder die der Aufmerksamkeit der Bezirkssekretariate und -vorstände entgangen waren [245]. Aus den Berichten geht jedenfalls hervor, daß — abgesehen

---

242 So liegt aus dem Bezirk Westliches Westfalen der Text des Rundschreibens Nr. 2 vom 24. August 1945 vor, dem am 20. August das Rundschreiben Nr. 1 vorangegangen war (PVA — Akte Östliches und Westliches Westfalen und Braunschweig 1945). Das Rundschreiben Nr. 2 des Bezirks „Wasserkante/Nordwest" aus Bremen trägt das Datum 17. August 1945 (PVA — Akte Bremen 1945). Selbst der für die SPD schwierige Bezirk Obere Rheinprovinz schickte am 21. September 1945 sein Rundschreiben Nr. 1 hinaus (PVA — Dok. Nr. 773—775).

243 „Die Sozialdemokratische Partei ruft: Für ein neues, besseres Deutschland!" Flugblatt, 4 Seiten, DIN A 4, Hannover o. J. (1945), wurde in der zweiten Augusthälfte 1945 verteilt. Vgl. auch Karl Ratz, Kiel, an Schumacher, Hannover, am 26. August 1945 (PVA — Dok. Nr. 034—035).

244 Ernst Gnoß, Düsseldorf, schrieb an Schumacher, Hannover, am 28. September 1945 über die von ihm im Sommer 1945 verfaßte Arbeit: „Die Gedanken, die ich hier niederlegte, knüpfen an unsere alten programmatischen Grundsätze an, und ich weiß sehr wohl, daß sie keineswegs Anspruch auf Vollständigkeit erheben können und in ihrer knappen Formulierung noch mancher Interpretation bedürfen ..." (PVA — Akte Niederrhein 1945).

245 Beispielsweise veröffentlichten Arthur Sticht, Willi Elsner und Ernst Teßloff in Hamburg am 28. September 1945 die ersten beiden Abschnitte einer Arbeit „Über die geistigen und politischen Strömungen der neueren Zeit". Diese Analyse beschäftigte sich mit der Situation von vor 1933 und mit dem Faschismus und sollte mit drei Abschnitten abgeschlossen werden, die die Überschrift tragen sollten: „Der Hitler-Krieg", „Der Zusammenbruch"

von den beiden Arbeiten Schumachers — bedenklich wenig geleistet worden war, was der geistigen Klärung des politischen Weges der Partei hätte dienen können. Das ist angesichts der materiellen Verhältnisse, die im ersten Halbjahr nach dem Zusammenbruch herrschten, nicht unbegreiflich. Aber es wiegt dennoch schwer, wenn man sich ein Urteil bilden will, welche Chancen diese Partei bei der geistigen Neuformung der politischen Haltung im deutschen Volke besitzen konnte.

„10. Welche Zeitungen erscheinen im Bezirk — bestehen Verbindungen zur Presse — Möglichkeiten zur Einflußnahme? — Bitte um Angabe von Namen und Adresse des mit dieser Aufgabe betrauten Genossen."

Mit dieser Frage schnitt Schumacher ein Problem an, das den Sozialdemokraten erhebliche Schwierigkeiten machte [246]. Die Nachrichtenblätter der Militärregierung erschienen eo ipso ohne redaktionellen Einfluß von Sozialdemokraten. Die von Deutschen redigierten Zeitungen standen unter äußerst strenger Kontrolle der alliierten Presseoffiziere. Im September 1945 gab es bei den Zeitungen der britischen Zone nur die beiden Sozialdemokraten, die in der Redaktion des „Neuen Hannoverschen Kuriers" arbeiteten. In den rheinischen und westfälischen Bezirken gab es keine Zeitung, bei der die SPD irgendwelchen überlokalen redaktionellen Einfluß besaß, sieht man von den „Aachener Nachrichten" ab, die von einem Sozialdemokraten herausgegeben wurden. Diese Situation besserte sich im Winter 1945/46 etwas, aber für die ersten Monate des Wiedergründungsprozesses der SPD ist festzustellen, daß er sich ohne jede publizistische Unterstüzung durch Zeitungen oder andere Veröffentlichungen vollzog.

„11. Schulungsarbeit. Zu den wichtigsten Aufgaben der Partei nach ihrer Zulassung gehört eine gründliche Schulungsarbeit. Sie darf neben der Propaganda durch Versammlungen usw. nicht vernachlässigt werden. Vorbereitungen dazu sollten schon jetzt in allen Bezirken

---

und „Folgerungen aus dem Zusammenbruch für die sozialistische Bewegung". Die Arbeit, die nicht abgeschlossen worden ist, hat keine sehr große Verbreitung gefunden (Archiv Ernst Teßloff, Hamburg).

246 Die Untersuchung der deutschen Presse unter alliierter Kontrolle muß einer eingehenden Arbeit vorbehalten bleiben. Die Darstellung auf die sozialdemokratische Presse zu beschränken, ist nicht angängig. Aber selbst ihre Betrachtung allein würde den Rahmen dieser Arbeit sprengen.

getroffen werden. Bitte um Namen und Anschrift des Genossen, der mit dieser dringenden Aufgabe betraut ist.“

Auch bei den Antworten auf diese Frage zeigt sich, wie bei den Antworten auf Frage 9, daß der rein organisatorische Aufbau fast völlig das Denken und Handeln der Bezirksfunktionäre absorbiert hatte. Die Antworten reichen von der Einsetzung eines „Schulungsleiters“ in Bremen über die Bildung eines „vorläufigen Ausschusses für Schulungsarbeit“ im Bezirk Obere Rheinprovinz bis zur Mitteilung des Bezirks Östliches Westfalen, daß dort die Unterbezirke dafür verantwortlich seien. Im Bezirk Schleswig-Holstein wollte man „auf der Bezirkskonferenz im Oktober einen Genossen als Leiter bestimmen und die Arbeit beraten und einleiten.“ Im Bezirk Niederrhein hatten Schulungsabende für jüngere Parteimitglieder stattgefunden, so in Düsseldorf, Solingen und Wuppertal. Im ganzen gilt wohl, was Heinrich Wenke, Bezirk Westliches Westfalen, schrieb:

„Die Schulungsarbeit beginnt nach und nach in allen Ortsgruppen; es muß aber in diese Arbeit noch erst System gebracht werden. Bisher basiert alles mehr oder weniger auf dem guten Willen der Funktionäre in den Unterbezirken und Ortsgruppen und auf den zufällig gegebenen Schulungsmöglichkeiten durch entsprechende Redner etc.“

„12. Sind im Bezirk einzelne Genossen mit besonderen Referaten beauftragt — Jugend — Frauen — Erziehung — Kommunalpolitik — Propaganda — Landwirtschaft u. a.? — Bitte um Namen und Anschriften.“

Diese Frage — so interessant die Beantwortung für Schumacher gewesen sein mag — überforderte ganz offenbar die Bezirke. Außer in Bremen, wo Referate für Jugendfragen, Arbeiterhilfe (die spätere Arbeiterwohlfahrt) und Propaganda eingerichtet worden waren, hatten die Bezirke noch keine qualifizierten Mitarbeiter für spezifische Aufgaben angesetzt. Über die Notwendigkeit, das zu tun, bestand allerdings Übereinstimmung. Die Vorbereitungen, so versicherten die meisten Berichterstatter, wurden bereits getroffen. Sie bezogen sich auf Fachreferate für Jugend-, Erziehungs- und Kulturfragen, Kommunalpolitik, Wirtschaftspolitik, Landwirtschaft, Wohlfahrt und besondere Frauenarbeit in der SPD. Diese Referate waren in der SPD der Weimarer Zeit üblich gewesen und sollten nun wieder entstehen.

Aus der Formulierung der Fage nach der Schulungsarbeit ging schon hervor, daß Schumacher wußte, wie weit die Bezirke hinter den Anforderungen noch zurücklagen, die er an eine intensiv tätige Partei stellte.

Auch die Frage nach den „besonderen Referaten" zeigt, daß Schumacher das Rundschreiben vom 5. September nicht nur zu seiner Information, sondern auch dazu benutzen wollte, die sich organisierenden Bezirke auf die Notwendigkeiten hinzuweisen, die nach seiner Ansicht für die Parteiarbeit bestanden [247].

„13. Bitte um Mitteilung über die im Zuge des Wiederaufbaus der Partei beabsichtigten Maßnahmen — Bezirkskonferenzen — Propagandaaktionen usw."

Mit Ausnahme der Bezirke Hannover und Östliches Westfalen, wo am 9. bzw. 16. September Bezirkskonferenzen stattgefunden hatten [248], waren die sozialdemokratischen Funktionäre bisher nur auf der Ebene der Unterbezirke zu Konferenzen zusammengetreten. An größeren Zusammenkünften auf der Bezirksebene hatten die noch bestehenden Verbote der Militärregierung und oftmals wohl auch die Verkehrsschwierigkeiten gehindert.

Die Antworten der Bezirke, die hier wiedergegeben worden sind, lassen sich noch durch einige Mitteilungen ergänzen, die vor der Konferenz von Wennigsen an Schumacher gelangt sind.

Aus einem Schreiben an die Militärregierung in Flensburg vom 5. September 1945 geht hervor, daß der SPD-Bezirk Schleswig-Holstein schon vor dem 15. September die Erlaubnis zur „vorbereitenden organisatorischen Arbeit" gehabt hat [249]. Das wird auch in anderen Bezirken, beispielsweise im Bezirk Hannover und im Bezirk Östliches Westfalen, der Fall gewesen sein. Trotzdem wurde die für den 27./28. Oktober in Schleswig-Holstein geplante Bezirkskonferenz von der Militärregierung in Kiel noch nicht genehmigt [250]. Aber nicht genug der Widersprüche:

---

247 Es heißt auch im letzten Abschnitt des Rundschreibens: „Die vorstehend gestellten Fragen werden z. T. in einzelnen Bezirken noch nicht bearbeitet worden sein. Wir bitten die Genossen dieser Bezirke, sie als Anregung aufzufassen" (PVA — Akte Büro Dr. Schumacher, Zentrale Rundschreiben, Blatt 118—121).

248 Der Bezirk Östliches Westfalen führte am 16. September in Herford eine erste Bezirkskonferenz mit 130 Teilnehmern aus 40 Orten durch.

249 Richard Schenk, Flensburg, an die Miltärregierung Flensburg, am 5. September 1945; Durchschrift an Schumacher, Hannover (PVA — Dok.Nr. 016).

250 Die Konferenz war ursprünglich schon für den 20./21. Oktober vorgesehen (s. oben S. 115 und Anm. 240). Am 19. Oktober schrieb der SPD-Bezirk Schleswig-Holstein (Wilhelm Kuklinski), Kiel, an Schumacher, Hannover: „Die Versagung wurde uns ohne Begründung gegeben" (PVA — Dok.Nr. 028).

Schumacher durfte dennoch am 27. Oktober in einer öffentlichen Kundgebung in Kiel sprechen! [251]. Fast zur gleichen Zeit, am 25. Oktober 1945, erklärte der britische Stadtkommandant von Göttingen dem dortigen Oberbürgermeister, daß er es noch für „zu früh" halte, überhaupt politische Parteien zu gründen, und daß „die Genehmigung zur Abhaltung der ersten Versammlungen nicht die Genehmigung der ganzen Partei" in sich schließe [252].

Wirkten sich die örtlich verschiedenen Anordnungen der Militärregierung hemmend auf die Arbeit der Partei aus, so muß man sich — abgesehen von den Zonengrenzen, die jedes Besatzungsgebiet als eine anders verwaltete Einheit abschlossen — immer wieder daran erinnern, daß auch Post und Eisenbahn noch nicht annähernd normal funktionierten. Zum Beispiel konnte Anfang September 1945 die Einladung zur Konferenz nach Wennigsen nicht direkt in die westlichen SPD- Bezirke geschickt werden. Schumacher bat den Bezirkssekretär in Dortmund, die Sendungen für die Bezirke in Düsseldorf, Köln und Koblenz weiterzuleiten [253].

Für eine Kraftwagenreise, die Schumacher von Hannover nach Dortmund plante, um dort an zwei Tagen Besprechungen zu führen und Vorträge zu halten, mußte er vier volle Tage rechnen. Das waren die äußeren Bedingungen, unter denen sich in jenen Tagen der organisatorische Aufbau einer Partei vollzog.

Noch unvergleichlich viel störender wirkten sich die Zonengrenzen im Verkehr mit den Bezirken außerhalb des britischen Besatzungsgebietes aus. Selbst die Verbindung mit der amerikanischen Zone war vor der Konferenz von Wennigsen auf gelegentliche Kurierdienste beschränkt. Schumacher hatte zwar im Juli eine Reise in den westlichen Teil der US-Zone machen können, aber im August und September gingen noch

---

251 Vgl. u. a.: „Dr. Schumacher sprach in Kiel — Führungsanspruch der Sozialdemokratie" in: „Hannoversches Nachrichtenblatt" Nr. 96 vom 1. November 1945.

252 „Protokoll einer Unterhaltung am 25. Oktober 1945 zwischen dem Göttinger Oberbürgermeister und dem hiesigen Stadtkommandanten, Major Roudi" (PVA — Dok. Nr. 108).

253 Koblenz gehörte zwar schon zur französischen Besatzungszone, hatte aber wohl noch einzelne Verbindungen zu Köln. Vgl. Schumacher, Hannover, an Heinrich Wenke, Dortmund, am 13. September und H. Wenke an Schumacher am 22. September 1945 (PVA — Dok.Nr. 184 und 183).

alle schriftlichen Mitteilungen über Verbindungsleute in Hannoversch-Münden und Kassel [254].

Schumacher schickte die Einladung zur Konferenz von Wennigsen für die Bezirke der amerikanischen Zone an den Frankfurter SPD-Vorsitzenden, Willi Knothe. Er schrieb dazu am 5. September: „So weit uns in den betreffenden Bezirken Adressen bekannt sind, sind die Briefe damit versehen (Kassel, Stuttgart, Nürnberg, München, Mannheim). Für Regensburg und Ludwigshafen haben wir noch keine Anschriften“ [255]. Noch am 17. August hatte Schumacher seine Stuttgarter Freunde gebeten, ihre Fühler „bis nach Frankfurt und München“ auszustrecken, denn „von Nürnberg und München weiß ich noch gar nichts“ [256].

Dagegen hatten ihm Frankfurt und Stuttgart — die beiden Endpunkte seiner Verbindungslinien nach Südwestdeutschland — inzwischen über ähnliche Fortschritte im Aufbau der Parteiorganisation berichten können, wie es die Bezirke der britischen Zone in ihren Antworten auf das Rundschreiben vom 5. September getan hatten. Schon am 8. August — drei Wochen, bevor der amerikanische Militärgouverneur, Dwigth D. Eisenhower, die Genehmigung zur Gründung politischer Parteien für seine Zone auf der Kreisebene gegeben hatte [257] — meldeten Frankfurt und Stuttgart, daß Landesvorstände für Hessen und Württemberg gebildet worden seien [258]. Die Stuttgarter berichteten sogar, daß bei ihrem Landesvorstand „für Organisations- und Personalfragen, für Kommunalfragen, für Presse, für Genossenschaften und Gewerkschaften“ Kom-

---

254 Schumacher, Hannover, an Emil Dörfler, Hann. Münden, am 10. Oktober 1945 (PVA — Dok.Nr. 081). — Der westliche Teil der US-Zone umfaßte die späteren Länder Hessen und Nordwürttemberg-Baden, der östliche Teil das Land Bayern. Vgl. Monthly Report of the Military Governor, ab Nr. 2, US-Zone, 20. September 1945 (Political Affairs Division, US Mission, Berlin).

255 Schumacher, Hannover, an Willi Knothe, Frankfurt/M., am 5. September 1945 (PVA, Akte amerikanische und französische Zone 1945).

256 Schumacher, Hannover, an Max Denker, Stuttgart (Anm. 109).

257 Monthly Report (Anm. 254), Nr. 2 vom 20. September 1945, S. 3.

258 Willi Knothe, Frankfurt/M. an Schumacher, Hannover, am 8. August 1945 (PVA — Dok.Nr. 824—825) und Max Denker, Stuttgart, an Schumacher, Hannover, am 8. August 1945 (PVA — Dok.Nr. 848—850). — Die Bildung von Landesvorständen bedeutete, daß zumindest an den wichtigsten Plätzen dieser Länder sozialdemokratische Organisationskerne vorhanden waren. — Am 30. August 1945 gab der Landesvorstand Hessen seine ersten beiden gedruckten Rundschreiben heraus (PVA — Dok.Nr. 806 und 805).

missionen gebildet worden seien. Auch wurden am 8. August schon Bezirksorganisationen eingerichtet, von denen vier die Arbeit bereits aufgenommen hatten. Schließlich wurde die Zulassung der SPD in Stuttgart am 18. September gemeldet; für Eßlingen, Ludwigsburg, Heidenheim und Ulm hat sie bevorgestanden [259].

Diese Nachrichten werden bestätigt durch den Bericht des amerikanischen Militärgouverneurs für den Monat August 1945:

„*Informal and preparatory organizational work was undoubtedly going on troughout the Zone. Communists and Social Democrats were most active in this respect, especially in the urban centers. In Bavaria, although the two Leftist parties were informally active, political thinking seemed to be still dominated by the former Bavarian Volkspartei [= die Bayerische Volkspartei, die dortige Sonderform des Zentrums]*“ [260].

Zur Entwicklung in Bayern heißt es einen Monat später für September 1945:

„*Political activity throughout Bavaria was temporally retarded by delay in issuing the necessary directives covering procedure to be followed in handling applications from groups wishing to organize political parties.*“ [261]

Im Rahmen dieses Kapitels ist es nicht notwendig, die organisatorische Entwicklung der SPD in Bayern gesondert zu beschreiben. Ihre relative Abgeschlossenheit von den Entwicklungen im Westen und Norden erklärt sich aus der extrem föderalistischen Haltung ihrer maßgebenden Führer wie aus der besonders zurückhaltenden Einstellung der Militärregierung im östlichen Teil der US-Zone. Es wird später zu zeigen sein, daß die bayerische SPD in jener Zeit keinen Einfluß auf die sozialdemokratische Politik im übrigen Deutschland ausgeübt hat [262]. Das

---

259 SPD-Ortsverein Stuttgart (Max Denker) an Schumacher, Hannover, am 18. September 1945 (PVA — Dok. Nr. 843—845).

260 Monthly Report (Anm. 254), Nr. 2 vom 20. September 1945, S. 3.

261 Monthly Report (Anm. 254), Nr. 3 vom 20. Oktober 1945, S. 3.

262 Eine gewisse Ausnahme bildete der Bezirk Franken (Nürnberg), wo schon am 23. September 1945 eine Bezirkskonferenz stattfand, die von 210 Delegierten aus 62 Orten besucht wurde. Diese Konferenz bestätigte einstimmig den Beschluß der „Obmänner“ vom 7. August 1945, sich der in Hannover gebildeten „Gesamtpartei“ anzuschließen. Vgl. „Bericht über die Reorganisation der Partei im Bezirk Franken“ von Julius Loßmann, Nürnberg, vom 28. Januar 1947 an den Parteivorstand der SPD, Hannover (PVA, Dok. Nr. 500).

Bezeichnenderweise war unter den Teilnehmern der Konferenz von Wen-

gleiche gilt für die Bezirke in der französischen Zone, über deren Entwicklung später zu berichten sein wird [263].
Während also der Aufbau des sozialdemokratischen Parteiapparates in der britischen und dem westlichen Teil der amerikanischen Zone fast vollendet war, als sich die Delegierten zur Reise nach Wennigsen rüsteten, lagen die bayerischen Bezirke in ihrer Entwicklung noch zurück und hatten die Bezirke in der französischen Zone weder feste Struktur angenommen, noch ihren Aufbau in vergleichbarem Maße vorantreiben können. Hier wirkten sich die Einflüsse, die die französische Besatzungmacht auf die Gründung politischer Parteien nahm, nicht nur hemmend aus: hier verhinderte die Besatzungsmacht, gemäß den von ihr verfolgten Zielen in der Behandlung Deutschlands, für viele Monate den Beginn eines eigenständigen politischen Lebens der deutschen Bevölkerung. Erst Anfang 1946 fand sie sich grundsätzlich dazu bereit, deutsche politische Parteien in ihrer Zone zuzulassen [264].
Allerdings muß man sich daran erinnern, daß auch in der britischen und amerikanischen Zone die Gründung politischer Parteien ein Vorgang war, der sich praktisch unter Ausschluß der Öffentlichkeit vollzog. Von diesem Prozeß waren nicht nur von vornherein die vielen ehemaligen Mitglieder nationalsozialistischer Organisationen ausgeschlossen, sondern auch die Angehörigen der ehemaligen Wehrmacht, die noch in Gewahrsam der Siegermächte festgehalten wurden. Über diese Personenkreise hinaus aber litt die gesamte Bevölkerung derartig unter den Lebensbedingungen nach dem Zusammenbruch, daß ihr Interesse fast völlig von den „täglichen“ Sorgen um Ernährung, Wohnung und Heizung absorbiert war. Treffend beschreiben das die damaligen Berichte des amerikanischen Militärgouverneurs, wonach die Parteiengründungen mehr von einer Handvoll von Führern als von einem Massenbedürfnis der Bevölkerung inspiriert gewesen seien; denn „the German population was still politically dormant“ [265].

---

nigsen kein Vertreter aus München und Augsburg. Besonders der für die Politik der bayerischen Sozialdemokratie wichtige Bezirk Oberbayern (München) fehlte. Wie Bürgermeister Thomas Wimmer, München, an Schumacher, Hannover, am 10. November 1945 schrieb, war die Reisegenehmigung für den Münchener Vertreter, Staatsminster Roßhaupter, von der amerikanischen Militärregierung verweigert worden (PVA — Dok. Nr. 868—869).

263 Vgl. unten S. 270 f. und Anm. 621.

264 Vgl. Jahrbuch 1946 (Anm. 226), S. 105.

265 Monthly Report (Anm. 254), Nr. 3 vom 20. Oktober 1945, S. 3.

Es erhebt sich daher um so mehr die Frage, wie denn die Mitgliedschaft aussah, die diesen so früh wieder festgefügten Apparat von Bezirken, Unterbezirken, Kreisverbänden und Ortsvereinen trug. Weder in der britischen noch in der amerikanischen Zone ist noch eine Untersuchung der Mitgliedschaft vom Herbst 1945 möglich. Es gab allenfalls Namenslisten, nach denen der Beitrag kassiert wurde; aber selbst sie sind unvollständig und ergeben keinesfalls die wünschenswerten Aufschlüsse. Es muß deshalb auf den Exkurs dieser Arbeit verwiesen werden, der die damalige SPD-Mitgliedschaft in zwei Berliner Kreisorganisationen beschreibt [266].

In dieser Analyse ist, entsprechend den Voraussetzungen in den meisten Städten der britischen und amerikanischen Zone, eine Großstadt mit überwiegend protestantischer Bevölkerung zugrunde gelegt, wobei berücksichtigt wurde, daß die Bevölkerung, aus der die SPD-Mitgliedschaft stammte, in einem Falle einen bemerkenswerten Anteil an Industriearbeitern, im anderen an „middle class"-Berufen hatte. So unbefriedigend eine solche Übertragung und Verallgemeinerung auch sein mag, so bleibt dieses Verfahren doch der einzige Weg, um zu einer annähernd richtigen Vorstellung für einen Zeitabschnitt zu kommen, für den sonst Untersuchungen dieser Art am Materialmangel scheitern würden.

---

266 Siehe unten Exkurs, S. 301 ff. „Die Mitgliedschaft der Sozialdemokratischen Partei Deutschlands in Groß-Berlin am 31. Dezember 1945, Eine quantitative Analyse am Beispiel von zwei Kreisorganisationen". — Diese Untersuchung, die die Mitgliedschaft der SPD am 31. August und am 31. Dezember beschreibt, konnte durchgeführt werden, weil Berlin der einzige Ort Deutschlands ist, wo die Aufnahmeanträge der Mitglieder aus dem ersten Halbjahr nach dem Beginn des Wiedergründungsprozesses zugänglich sind. Da Berlin im Juni 1945 zur sowjetischen Zone gehörte, für die Marschall Shukow die Erlaubnis zur Gründung politischer Parteien bereits am 10. Juni 1945 gegeben hatte, begann dort die Aufnahme der Mitglieder mit vorgedruckten Formularen schon Mitte Juni. Die politische Ausgangssituation unterschied sich für die Berliner Sozialdemokraten nicht so wesentlich von der der Sozialdemokraten in der britischen und amerikanischen Zone, als daß man annehmen müßte, die Ergebnisse seien nicht vergleichbar mit denen, die eine Untersuchung — wäre sie überhaupt möglich — in den Westzonen ergeben würde. Vgl. dazu besonders die Einleitung des Exkurses hinsichtlich der Wahl des Stichtages vom 31. Dezember 1945. Auch zeigen alle Berichte, die aus der britischen und amerikanischen Zone vorliegen, daß auch dort spätestens seit Juni 1945 die Sammlung der Mitglieder betrieben wurde, obgleich das noch in gewisser Illegalität geschah. Vgl. Klaus Schütz (Anm. 197), S. 155—271, bes. S. 158.

Der Prozeß der Wiedergründung vollzog sich am schnellsten in den Städten, die auch vor 1933 eine starke sozialdemokratische Organisation gehabt hatten. Das waren vor allem die Großstädte mit industrieller Arbeiterschaft. Je stärker dieses Bevölkerungselement den Charakter einer Stadt prägte, desto schneller und zahlreicher fanden sich Sozialdemokraten, die ihre Partei wieder aufbauten. Nur etwa 20 Prozent der Mitglieder waren Frauen: weniger also, als vor 1933 — und wesentlich weniger, als man angesichts des Frauenüberschusses in der Bevölkerung des ersten Nachkriegsjahres vermuten könnte.
Die stärksten Altersgruppen in der Mitgliedschaft waren die zwischen 41 und 65 Jahren. Sie zusammen stellten mehr als die Hälfte aller Mitglieder. Nur 15—20 Prozent der Mitgliedschaft waren jünger als 40 Jahre. Gegenüber der Zeit vor 1933 hatte sich das Zahlenverhältnis in den Altersgruppen der 45jährigen und Älteren zu den bis zu 45jährigen umgekehrt: war es vor 1933 wie 6:4 für die jüngeren Mitglieder gewesen, so überwogen 1945 die älteren die jüngeren fast wie 7:5. Etwa jedes fünfte Mitglied war über 60 Jahre alt.
Nicht nur, daß eine überwiegende Zahl der Mitglieder älter war! Sie waren es auch hinsichtlich ihrer Mitgliedschaft in der SPD. Fast die Hälfte aller Mitglieder war über 45 Jahre alt und gleichzeitig schon vor 1933 in der SPD organisiert gewesen.
Am Ende des Jahres 1945 stellten zudem die ehemaligen Funktionäre der SPD von vor 1933 etwa zehn Prozent der Mitgliedschaft. Verständlicherweise waren sie an Jahren älter als der Durchschnitt der Mitglieder.
Die ehemaligen Funktionäre waren es im Sommer 1945 gewesen, die meist zuerst an den Wiederaufbau ihrer alten Partei gegangen waren. Das Gewicht ihres Alters, ihrer ehemaligen Funktion und der vor 1933 gewonnenen Erfahrungen sicherten ihnen jetzt neuen, oft entscheidenden Einfluß in der sich wieder formierenden Partei. Daß sich die neuen Mitglieder, die häufig auch die an Jahren jüngeren waren, gegenüber den alten Funktionären und Mitgliedern der Partei in den ersten Monaten kaum durchzusetzen vermochten, versteht sich in einer demokratisch organisierten Partei wie der SPD von selbst.
Darüber hinaus gehörten von den männlichen Mitgliedern der SPD von 1945 etwa 40 Prozent nicht nur der Partei, sondern auch den Gewerkschaften vor 1933 an. Bei diesen 40 Prozent handelte es sich also um Menschen, die sich der deutschen Arbeiterbewegung in mehr als einer ihrer verschiedenen Organisationen zugehörig fühlten. Etwa zwei Drittel aller Mitglieder von 1945 gehörten vor 1933 der SPD, den Gewerk-

schaften oder sowohl der SPD als auch den Gewerkschaften an. Das ist ein wesentliches Kriterium für die Beantwortung der Frage, wie stark die ideologische Bindung der SPD-Mitgliedschaft war, als sie sich 1945 einer neuen politischen Situation mit ihren neuen Ansprüchen gegenübersah.

Da schließlich nur eine verschwindend kleine Zahl von sozialdemokratischen Emigranten vor dem Winter 1945/46 nach Deutschland hatte zurückkehren können, darf man sagen, daß die SPD, deren organisatorisches Gefüge Anfang Oktober 1945 in großen Teilen des Reiches wieder hergestellt war, die Partei der alten Sozialdemokraten war, die — oft unter schweren persönlichen Opfern — die Zeit des Nationalsozialismus in Deutschland überstanden hatten. Ihre Leitbilder gründeten sich auf ihre Kenntnisse und Erfahrungen von vor 1933 und mit dem verständlichen, aber nicht immer gerechtfertigten Stolz derjenigen, die so augenscheinlich in ihrer politischen Haltung bestätigt worden waren, bauten sie ihre Partei nach dem Vorbild der Vergangenheit wieder auf.

Kapitel 7
Die Konferenz von Wennigsen/Hannover vom 5. bis 7. Oktober 1945

Kurt Schumacher umriß in seinen „Politischen Richtlinien“ vom 28. August 1945 die Aufgaben der von ihm angekündigten Konferenz, die Anfang Oktober in Hannover stattfinden sollte, so:
„Die praktischen Aufgaben in der Ausrottung des Nazismus, in der Zurückdrängung der privatkapitalistischen Wirtschaftswünsche, in der planmäßigen Lenkung und Organisierung des Aufbaues, in der sozialen Hilfe für alle Schwachen brauchen eine einheitliche Zusammenfassung. Diesem Zwecke soll die kommende Reichskonferenz am 5., 6. und 7. Oktober dienen. Auf ihr wird sich auch herausstellen, welchen Grad von politischem Einfluß und ökonomischer Gestaltung die Partei in den drei westlichen Besatzungszonen besitzt.“ [267]
Auch im Begleitschreiben zu den „Politischen Richtlinien“ vom 28. August heißt es: „Am 5., 6. und 7. Oktober 1945 findet in Hannover eine Art ‚Reichskonferenz‘ statt.“ [268] Aber schon am 5. September, als Schumacher die Mandatskarten „für die Konferenz der Parteibezirke der

---

267 Politische Richtlinien (Anm. 130), S. 26 f. — Die Sperrungen sind aus dem maschinenschriftlichen Entwurf übernommen, wo sie als Unterstreichungen erscheinen. Sie finden sich im gedruckten Exemplar als Fettdruck.

268 PVA — Akte Büro Dr. Schumacher, Zentrale Rundschreiben, Blatt 122 bis 130. — Im Entwurf (Blatt 130) ist von Schumacher erst handschriftlich die Einschränkung „eine Art Reichskonferenz“ eingefügt worden. — Ebenso

drei westlichen Besatzungszonen" an die Bezirke verschickte[269], taucht das Wort von der „Reichskonferenz" nicht mehr auf.

Ebenfalls am 5. September schrieb Schumacher an Hinrich W. Kopf, der in Hannover als Regierungspräsident amtierte:

„Was die ... konferenz[270] am 5. und 6. Oktober 45 anbelangt[271], so bin ich mir noch nicht ganz klar darüber, ob ich das Gesuch um Erlaubnis an den Kreisoffizier von Hannover-Land allein zu richten habe, oder ob ich mich noch gleichzeitig an eine höhere Stelle (Gouverneur Oeynhausen) wenden muß. Vielleicht können Sie auch diese Angelegenheit durch Befragen bei Oberst Hume erledigen. Man nimmt am besten kein [muß heißen: keinen] Bezug auf den ausgesprochenen Reichscharakter dieser Konferenz, sondern spricht bloß von einer Zusammenkunft führender sozialdemokratischer Politiker und Beamter. Nur auf direktes Befragen wäre ein Personenkreis von etwa 80 Mann zuzugeben."[272]

---

schreibt Schumacher am 1. September an den vorgesehenen Verfasser der sozialpolitischen Richtlinien: „Am 5. und 6. Oktober 1945 wollen wir in Hannover eine Art Reichskonferenz abhalten." (Schumacher, Hannover, an Christian Stock, Frankfurt/M., am 1. September 1945; PVA — Dok. Nr. 826).

269 Schumacher, Hannover, an die Bezirksleitung der Sozialdemokratischen Partei Deutschlands, Bezirk . . ., z. Hd. des Genossen . . ., Rundschreiben vom 5. September 1945 (PVA — Akte Büro Dr. Schumacher, Zentrale Rundschreiben, Blatt 083).

270 Im Original heißt es ursprünglich „Reichskonferenz"; das Wort „Reichs-" ist durchgestrichen worden.

271 Schumacher hatte die Konferenz inzwischen für nur zwei Tage geplant, um, wie er am 5. September an die Bezirke schrieb (Anm. 269), „wegen der unter den gegenwärtigen Umständen längeren An- und Abreisezeit ... die teilnehmenden Genossen nicht noch länger aus ihren wichtigen örtlichen Tätigkeiten zu entfernen." — Ob diese Begründung für Schumacher wirklich entscheidend war, oder ob nicht vielmehr der Einspruch der Militärregierung gegen eine längere Tagung und die Schwierigkeiten bei der Unterbringung und Verpflegung der Delegierten eine Beschränkung erzwangen, läßt sich nicht mehr feststellen. — Als Konferenzort war inzwischen Wennigsen (Landkreis Hannover) in Aussicht genommen worden.

272 Schumacher an H. W. Kopf, beide Hannover, am 5. September 1945. (PVA — Dok. Nr. 730—731). — Vgl. dagegen die allzu vereinfachte Darstellung bei Fried Wesemann (Anm. 13), S. 90, wonach die Engländer von der geplanten Konferenz dadurch erfahren haben sollen, daß die Londoner SPD-Mitglieder zum Besuch der Konferenz ein Visum hatten beantragen müssen.

Anfang September zog also Schumacher das Wort von der „Reichskonferenz“ zurück [273]. Das geschah nicht nur wegen der Unruhe, die es bei der britischen Besatzungsmacht auszulösen drohte, sondern auch, weil sich herausstellte, daß manche Empfänger der Einladung in die Gefahr geraten waren, Schumachers Absicht mißzuverstehen. Was er vorhatte, war eine Konferenz von führenden Vertretern der Parteibezirke in den westlichen Zonen. Dagegen hatte Schumacher die sowjetische Besatzungszone ausgeklammert und nur den Zentralausschuß, die Spitze der dortigen Organisation, eingeladen [274].

Dem Frankfurter Journalisten Hans Etzkorn, der über persönliche Verbindungen nach Berlin, Dresden, Leipzig und Magdeburg verfügte, und der zwischen dem 14. und 20. September einen Bericht über die Situation der SPD in der Sowjetzone nach Hannover gegeben hatte [275], antwortete Schumacher:

„... zu einer Reichskonferenz ist nicht aufgerufen worden. Überhaupt ist in jedem Falle vermieden worden, den Eindruck zu erwecken, daß es sich um eine Angelegenheit des Reiches und der Partei im Reichsrahmen handeln könne. Ganz bewußt ist stets nur davon gesprochen worden, daß es eine K o n f e r e n z f ü r d i e d r e i w e s t l i c h e n B e s a t z u n g s z o n e n sei.“ [276]

Hier widersprach Schumacher sich selbst. Er allein hatte doch den Eindruck erweckt, daß es sich um eine „Reichskonferenz“ handeln werde,

---

273 Wie zäh sich der einmal gewählte Begriff von der „Reichskonfrenz“ erhielt, zeigt der neunseitige vervielfältigte Bericht der Landesorganisation Hamburg im „Mitteilungsblatt Nr. 7 vom 13. Oktober 1945“, S. 3 ff., der die Überschrift trägt: „Sozialdemokratische Reichskonferenz in Wennigsen bei Hannover am 5. und 6. Oktober 1945“ (Archiv Willi Elsner, Hamburg, und PVA — Pressearchiv). — Noch zehn Jahre später, in „1945 bis 1955, Eine Gedenkschrift aus Anlaß des 10. Jahrestages der Sozialdemokratischen Parteikonferenz im Kloster Wennigsen und Hannover vom 5. bis 7. Oktober 1945“, hg. von der Sozialdemokratischen Partei Deutschlands, Oktober 1955, wird der Begriff „Reichskonferenz“ verwendet.

274 Vgl. oben S. 87 und Anm. 178.

275 Bericht Hans Etzkorn, ohne Ortsangabe, undatiert (PVA — Dok. Nr. 552 bis 554). — Der Bericht erwähnt bereits die Rede Grotewohls vom 14. September 1945 in Berlin. Da Schumacher den Bericht am 20. September (Anm. 276) beantwortete, muß er in der Zwischenzeit geschrieben worden sein.

276 Schumacher, Hannover, an Hans Etzkorn, Frankfurt/M., am 20. September 1945 (PVA — Dok. Nr. 809—810). Die Unterstreichung im Original ist hier als Sperrung hervorgehoben.

die er in den „Politischen Richtlinien“ ankündigte. Was mochte ihn also bewogen haben, am 28. August den Begriff einzuschränken, ihn am 5. September fallenzulassen und am 20. September zu behaupten, er sei nie gebraucht worden?

Ein Rundschreiben Schumachers vom 15. September an die „Bezirksvorstände der Sozialdemokratischen Partei Deutschlands in den drei westlichen Besatzungszonen“ gibt darüber Aufschluß [277]. Schumacher erklärte darin, wie „bedrückend und politisch gefahrvoll“ die Situation sei, „die sich aus den Ansprüchen der Genossen in der russisch besetzten Zone ergibt ...“, nämlich, „daß die Berliner einen zentralen Geltungsanspruch für das ganze Reich behaupten.“ Schumacher fuhr fort:

„*Diesen Anspruch erkennen wir nicht an und können wir aus den anderen Gegebenheiten unserer Politik auch nicht anerkennen. Es ist eigentlich eine Selbstverständlichkeit, daß der „Zentralausschuß“ nur für das russisch besetzte Gebiet kompetent sein kann. Wir wissen dabei freilich nicht, inwieweit die Geltungmachung [muß heißen: Geltendmachung] dieses zentralen Anspruches unserer Berliner Genossen sich aus dem Zwange ihrer besonderen Verhältnisse ergibt. In jedem Falle müssen wir ihn abwehren und evtl. Emissären der Berliner Linie das sachlich eindeutig zu verstehen geben.*“

Abwehren — das war von Anfang an der Kern aller Überlegungen gewesen, die Schumacher im Hinblick auf die sowjetisch besetzte Zone, auf den Zentralausschuß in Berlin, anstellte. Abwehren wollte er den erwarteten sowjetischen Zugriff auf die deutsche Sozialdemokratie; abwehren wollte er den Übergriff des sowjetzonalen Zentralausschusses auf die deutschen Westzonen. Um die Abwehr zu organisieren, hatte Schumacher die Bezirke von Hannover aus bereist, hatte er ihre Zustimmung zum gemeinsamen Aufbau der Partei, unabhängig von Berlin, erwirkt. Jetzt erkannte er die Gefahr, daß der Zentralausschuß die geplante Konferenz schon des Namens wegen für den Versuch usurpieren könnte, den Führungsanspruch im Reichsmaßstab zu verwirklichen. Diesen Resonanzboden sollten Grotewohl und der Zentralausschuß nicht erhalten. Deshalb rückte Schumacher vom Begriff der „Reichskonferenz“ [278] wieder ab.

---

277 PVA — Akte Büro Dr. Schumacher, Zentrale Rundschreiben, Blatt 109 bis 111. — Die Unterstreichungen im Original sind hier als Sperrung hervorgehoben.

278 Der Begriff der „Reichskonferenz“ ist beispielsweise nach dem 30. Januar 1933 zweimal verwendet worden, als es angesichts der nationalsozialisti-

Zur Änderung der Konferenzbezeichnung mag auch beigetragen haben, daß Schumacher klar wurde, die britische Militärregierung werde die Zulassung der SPD auf der Zonenebene bis zum Zeitpunkt der geplanten Konferenz nicht aussprechen — von einer koordinierten Entscheidung aller drei westlichen Zonenbefehlshaber ganz zu schweigen. Am 20. September schrieb deshalb Schumacher in seiner bereits zitierten Antwort an Etzkorn:

„Wir würden nicht einmal die Erlaubnis für eine Reichskonferenz bekommen. Der zuständigen örtlichen Militärregierung haben wir darum auch gar nicht erst gesagt, aus welchen Gebieten die führenden Leute überall kommen wollen, um die Angelegenheit nicht noch zu erschweren.“ [279]

Schumacher schätzte die Haltung der britischen Militärregierung richtig ein, als er seine ursprünglich gewählte Bezeichnung für die Konferenz fallen ließ. Erst am 4. Oktober, einen Tag vor Beginn der Konferenz, gab die Militärregierung ihre Entscheidung über seinen Antrag bekannt: sie erlaubte je eine getrennte Konferenz der Delegierten aus der britischen Zone und eine für die Delegierten aus den anderen Besatzungszonen. Am 5. und 6. Oktober durften 38 Delegierte der britischen Zone in Wennigsen „die politischen Richtlinien (principles) diskutieren, nach denen sozialdemokratische Parteiorganisationen (parties) ausschließlich auf der Kreisebene gebildet werden dürfen, sobald und sofern sie von der Militärregierung erlaubt worden sind“ [280].

Vier besondere Bedingungen wurden an die Erlaubnis geknüpft, die Konferenz abhalten zu dürfen. Sie mußten von Schumachers Bevollmächtigtem, Herbert Kriedemann, unterschrieben werden:

1. *Niemand von außerhalb der britischen Zone darf an der Versammlung teilnehmen.*
2. *Außer den namentlich genannten Delegierten dürfen keine Gäste an der Versammlung teilnehmen.*
3. *Eine Namensliste der Teilnehmer ist nach der Versammlung an die Militärregierung einzureichen.*

---

schen Herrschaft nicht mehr möglich war, Delegierte für Parteitage ordnungsgemäß zu wählen. Vgl. E. Matthias (Anm. 45), S. 17 f. und S. 28. Vermutlich hatte Schumacher den Begriff wieder aufgenommen, weil er die geplante Konferenz deutlich von einem Parteitag unterschieden wissen wollte.

279 Siehe oben Anm. 276.

280 Military Government Permit to hold a political meeting, 4. October 1945 (PVA — Pressearchiv). — Der englische Text des Originals wurde übersetzt.

4. Berichte und Resolutionen aus dieser Versammlung dürfen nicht veröffentlicht werden, ohne daß die Militärregierung vorher ihre Erlaubnis dazu erteilt hat.

Für die 40 Delegierten, die von außerhalb der britischen Zone kamen und sich am 6. Oktober in Hannover treffen durften, galten ähnliche Einschränkungen [281]. Für beide Versammlungen mußte ausdrücklich erklärt werden, daß den Vertretern der Militärregierung und der Alliierten Streitkräfte (Allied Forces) jederzeit der Zutritt offengehalten werde. Es blieb Schumacher nichts anderes übrig, als sich diesen Auflagen zu fügen. Allen Teilnehmern, die sich in seinem Büro in Hannover meldeten, gab er schriftlich die auferlegten Beschränkungen bekannt [282].

Aus den zehn Bezirken der britischen Zone [283] tagten am 5. und 6. Oktober 30 offizielle Delegierte in Wennigsen; dazu kamen aus London die drei Emigranten Ollenhauer, Heine und Schoettle, die am 4. Oktober von London nach Bückeburg geflogen waren [284]. Am 6. Oktober versammelten sich mindestens 36 Delegierte aus der amerikanischen und der französischen Zone, einschließlich der drei Vertreter des Zentralausschusses aus Berlin [285]. Gleichzeitig tagten die „Gastdelegierten", die

---

281 Military Government Permit to hold a private meeting, undatiert, für den 6. Oktober 1945 ausgestellt (PVA — Pressearchiv).

282 Schumacher, Hannover, an die Teilnehmer der Konferenz von Wennigsen (Hannover) am 4. Oktober 1945 (PVA — Pressearchiv).

283 Außer den neun Bezirken, von denen Oldenburg später im Bezirk Bremen-Nordwest aufging, war auch der Bezirk Mecklenburg-Lübeck vertreten. Dieser Restbezirk, der nur noch die Stadt Lübeck umfaßte und durch die Grenze zwischen der britischen und sowjetischen Zone entstanden war, ging im Laufe des Winters 1945/46 im Bezirk Schleswig-Holstein auf.

284 Das geht aus der „Delegierten-Liste" hervor, die entsprechend der Anordnung der Militärregierung eingereicht werden mußte (vgl. Anm. 280). Die Zahl von zusammen 33 offiziellen Delegierten wird auch im Mitteilungsblatt Nr. 7 vom 13. Oktober 1945 der Landesorganisation Hamburg (Anm. 273) angegeben. — Vgl. auch Erwin Schoettle, MdB: Unvergeßliche Begegnung, in: „1945—1955" (Anm. 273).

285 Ihre Namen finden sich in der Liste, die am 5. Oktober 1945 entsprechend der Anordnung der Militärregierung eingereicht werden mußte (vgl. Anm. 281). Die Liste ist nicht vollständig und nennt nur die Teilnehmer, die eine Erlaubnis zum Überschreiten der Zonengrenzen besaßen, was nicht bei allen der Fall gewesen ist. Auffälligerweise ist unter den Teilnehmern kein Vertreter aus Stuttgart genannt. Das mag mit den Schwierigkeiten zusammengehangen haben, die Max Denker, Stuttgart, in seinem Brief vom

nach der britischen Anordnung von der Konferenz ausgeschlossen waren. Ihre Zahl mag noch einmal knapp 40 betragen haben, so daß die Konferenz zusammen von etwa 120 Teilnehmern besucht war[286].

Soweit es sich an Hand der Teilnehmerlisten feststellen läßt, die vermutlich nicht sämtliche Namen enthalten, gehörten die Teilnehmer, Delegierte und Gäste, schon vor 1933 der SPD oder einer der sozialistischen Organisationen an. Es läßt sich nachweisen, daß knapp die Hälfte derjenigen Teilnehmer, von denen die Namen überliefert sind, an einem der zentralen Parteitage der deutschen Sozialdemokratie vor 1933 teilgenommen hatten oder schon damals Funktionäre der SPD oder der ihr befreundeten Organisationen gewesen waren[287]. Sie hatten nach der Besetzung durch die alliierten Streitkräfte — jeweils an ihrem Ort — den Wiederaufbau der Partei begonnen. Nun sollten sie in Wennigsen Gelegenheit haben, die ersten Schritte ihrer Organisation auf der höchsten Ebene zu besprechen, die nach der Zertrümmerung des Reiches übriggeblieben war: die der Besatzungszonen, wie die Alliierten sie eingerichtet hatten.

Es ist bezeichnend, daß die Hamburger Konferenzteilnehmer ihren Bericht über Wennigsen/Hannover mit einem Zitat aus dem Brief begannen, den Ollenhauer und seine Freunde aus London mitgebracht hatten, von wo aus der letzte gewählte Vorsitzende der SPD, Hans Vogel, an die Konferenz geschrieben hatte, die er selbst nicht mehr erleben sollte. Das Zitat wird eröffnet:

---

27. September 1945 an Dr. Schumacher, Hannover, andeutete. U. a. schrieb er: „Wir sind noch nicht einmal im Besitze eines eigenen Wagens" (PVA — Dok. Nr. 839—840).

286 Das zitierte Mitteilungsblatt Nr. 7 (Anm. 273) spricht von „etwa 150 Vertretern". Nach meinen Untersuchungen dürfte diese Zahl zu hoch gegriffen sein.

287 Vgl. hierzu die Protokolle der SPD-Parteitage 1929 (Magdeburg) und 1931 (Leipzig) und das „Handbuch des Vereins Arbeiterpresse", hg. vom Vorstand des Vereins Arbeiterpresse, 4. Folge, Berlin 1927. — In dem Bericht der Londoner Delegation „Die Wiedergeburt der deutschen Sozialdemokratie, Bericht über Vorgeschichte und Verlauf der sozialdemokratischen Parteikonferenz von Hannover vom 5. bis 7. Oktober 1945", hg. von der SPD, maschinenschriftlich vervielfältigt, 20 S., London o. J. (1945), heißt es auf S. 5 f.: „Neben den ‚Alten' war die mittlere Altersgruppe am stärksten vertreten, vor allem viele früher führende Funktionäre der Sozialistischen Arbeiterjugend und der Kinderfreunde, die jetzt verantwortliche Funktionen in der neuen Parteiorganisation innehaben."

„Es ist heute noch zu früh, über das Programm der neuen Partei im einzelnen zu sprechen. Wir stehen nicht nur vor einer völlig neuen Lage im zerstörten Deutschland, wir stehen auch vor einer grundlegend geänderten Machtverteilung in der internationalen Politik.“ [288]

Auch Schumacher stellte in seinem Referat, das den Mittelpunkt der Beratungen bildete, fest:

„Wir müssen unser wissenschaftliches Handwerkszeug überholen und erst den konkreten soziologischen Standort ermitteln, von dem aus wir bindende Theorien entwickeln können... Trotzdem wissen wir, unter welchen großen Gesichtspunkten wir zu arbeiten haben.“ [289].

Diese „großen Gesichtspunkte“ waren nach Schumachers Auffassung [290]:

1. *„Wir Sozialdemokraten sind die Vertreter Deutschlands, für welche die Demokratie nicht der Ausdruck der Überlegenheit der angelsächsischen Waffen ist. Wenn wir Demokraten sind, dann sind wir uns nur selber treu geblieben... [Im] Kampf um die Demokratie war alles enthalten, was Deutschland hätte retten, seine Arbeiter hätte zur Macht bringen und der Welt hätte furchtbare Opfer ersparen können. Er war nationaler Kampf, war Staatsgestaltung und war der eigentliche politische Ausdruck des Klassenkampfes.“*
2. *„Der Klassenkampf war und ist die große gesellschaftliche Tatsache..., unabhängig von unserer Anerkennung oder Negierung... Als äußere Klassengrenze, nach der sich unsere Politik zu richten hat, wird jetzt nicht schlechthin die Tatsache des Eigentums an Produktionsmitteln erkennbar, sondern der Umfang, die Intensität und die Anwendung der Eigentumsrechte. Das Unterscheidungsmerkmal ist die Frage, ob das Eigentum im Sinne der kapitalistischen Ausbeutung angewendet wird oder nicht.“*
3. *„Die Klasse der Industriearbeiter ist im eigentlichen Sinne die Hausmacht der SPD... Ohne die Arbeiter kann die Sozialdemokratie keinen Schritt tun. Entscheidende Erfolge freilich gibt es erst, wenn es von dieser Plattform aus gelingt, die mittelständischen Massen zu*

---

288 „Sozialdemokratische Reichskonferenz...“ (Anm. 273), S. 3. — Vgl. auch „Die Wiedergeburt der deutschen Sozialdemokratie“ (Anm. 287), S. 19.

289 „Rede des Genossen Dr. Schumacher, z. Zt. Hannover, gehalten auf der Konferenz der Sozialdemokratischen Partei in der britischen Kontrollzone am 5. 10. 1945 und vor den Vertretern der amerikanischen und französischen Zone am 6. 10. 1945.“ — Maschinenschr. Original mit handschriftl. Verbesserungen Dr. Schumachers, 12 Seiten (Archiv Frau Annemarie Renger, MdB, Bad Godesberg).

290 Die Numerierung habe ich zur besseren Übersicht eingeführt.

gewinnen ... Der demokratisch orientierte Mittelstand ist die Voraussetzung für die Stabilität der neuen Ordnung."

4. *„Durch die Neuheit der Bedingungen wird auch in dieser Partei vieles neu werden. Auch für uns gilt der Satz, daß wir nicht da anknüpfen können, wo wir 1933 aufgehört haben ... Eine solche Partei muß viele Wohnungen für viele Arten von Menschen kennen. Unverzichtbar ist für sie nur der Wille ihrer Mitglieder, Sozialist, Demokrat und Träger der Friedensidee zu sein. Darüber hinaus kann für uns der Wert des Sozialdemokraten nicht durch das Motiv bestimmt werden, aus dem heraus er zu uns gekommen ist."*

Nicht die Arbeiterschaft, nicht die sozialdemokratische Partei stand am Anfang der Überlegungen Schumachers, sondern die demokratische Ordnung des Staates als das höhere politische Gestaltungsprinzip. Sie rangierte vor der Betrachtung der „gesellschaftlichen Tatsache" des Klassenkampfes, der seinen eigentlichen politischen Ausdruck im Kampf um den demokratisch gestalteten Staat finde. War für Schumacher der Klassenkampf die „Geschichtsauffassung, die uns das Blickfeld für unsere Politik freimacht", so warnte er zugleich vor der Gefahr, die entstehe, „wenn wir die Erkenntnisse früherer Perioden dogmatisieren und auf die heutige Lage übertragen würden".
Denn für Schumacher war die „übermäßige und grobklotzige Vereinfachung der Klassenkampfidee, die Formel Klasse gegen Klasse, ... im Effekt eine reaktionäre Parole". Hier setzte sich eine Linie fort, die seit seinem Referat vom 6. Mai 1945 zu verfolgen ist: Schumachers Bemühen, die SPD davor zu bewahren, daß sie ihre politische Zielsetzung auf ein allzu einfaches Bild vom Antagonismus der Klassen gründe. Deshalb versuchte Schumacher, seinen Zuhörern — den alten und nun wieder neu versammelten Funktionären — die Schwächen einer verflachten, vulgärmarxistischen Theorie sichtbar zu machen.
Daß er dennoch die „Klasse" der Industriearbeiter als die Hausmacht der SPD bezeichnete, war mehr als der Ausdruck einer ihm und seinen Zuhörern wohlbekannten Tatsache [291]. Mochte auch Schumacher seiner Partei eine breitere Basis für die Zukunft wünschen, im Herbst 1945 und für die bevorstehenden ersten Auseinandersetzungen mit den politischen Gegnern konnte keine andere Schicht der Bevölkerung als eben jene organisierte Industriearbeiterschaft die Plattform der Partei bilden, von der aus die SPD zu operieren vermochte. Aus historischen und

---

291 Vgl hierzu das Beispiel Berlins im Exkurs zu der vorliegenden Untersuchung, S. 332 ff.

aus zeitbedingten Gründen konnte es keine andere geben. Aus historischen Gründen nicht, weil noch in der SPD von Weimar über fünfzig Prozent der Mitglieder Arbeiter gewesen waren [292], die nun im etwa gleichen Zahlenverhältnis zu anderen Schichten ihre Partei wieder aufbauten. Aus zeitbedingten Gründen nicht, weil die Werbung neuer Mitglieder eben erst angelaufen war. Sie hätte, selbst wenn sie darauf angelegt worden wäre, die soziale Struktur der Mitgliedschaft noch nicht verändern können.

Um so bedeutungsvoller war Schumachers Forderung, nun in den Mittelstand vorzustoßen, um eine der Voraussetzungen für jene „entscheidenden Erfolge“ zu schaffen, die die „Hausmacht der SPD“, die Industriearbeiterschaft, allein nicht zu erringen vermochte [293]. Um so verständlicher war die Mahnung, bei den Mitgliedern nicht nach dem Motiv ihres Beitritts zur SPD zu fragen, sondern nach der Intensität ihres Willens, „Sozialist, Demokrat und Träger der Friedensidee zu sein.“

In dem Konferenzprotokoll, das die Hamburger Delegierten anfertigten, gibt es ein Indiz dafür, daß Schumacher in diesem Punkt noch wenig verstanden worden ist. Bei der zusammenfassenden Wiedergabe des Referates heißt es in genauer Umkehrung der Akzente in Schumachers Gedankengang:

„Eine der wichtigsten Fragen ist die Heranziehung der großen Schichten des bürgerlichen Mittelstandes zur Mitarbeit im demokratischen Sinne. Aber ohne die Klasse der Industriearbeiter wird die Sozialdemokratie auch in Zukunft keinen entscheidenden Schritt tun können.“ [294]

Von der Mahnung, die Mitglieder nicht nach dem Motiv zu bewerten, das sie zum Eintritt in die SPD bewog, findet sich im Hamburger Protokoll kein Wort.

Auf der anderen Seite hatten die Ausführungen Schumachers auch in diesem Punkt die volle Zustimmung der Londoner gefunden, die über sein Referat berichteten:

---

292 Vgl. Jahrbuch der deutschen Sozialdemokratie für das Jahr 1930 (Anm. 236), S. 194.

293 Ähnlich äußerte sich Prof. Dr. Eric Nölting auf dem letzten Reichsparteitag der Weimarer SPD im Jahre 1931: „Selbstverständlich bleibt das Proletariat die Kerntruppe, aber eine Fronterweiterung [durch Werben anderer Schichten der Bevölkerung] muß vollzogen werden.“ Sozialdemokratischer Parteitag in Leipzig 1931 vom 31. Mai bis 5. Juni im Volkshaus, Protokoll, Berlin 1931, S. 69.

294 „Sozialdemokratische Reichskonferenz“ (Anm. 273), S. 4

„Die Sozialdemokratie kann diese Schichten (d. h. den Mittelstand) nur gewinnen, wenn sie anerkennt, daß das Bekenntnis zum Sozialismus den verschiedensten Motiven entspringen kann.“ [295]

Vergleicht man den Tenor beider Berichte, so zeigt sich, daß Schumacher nicht überall erwarten konnte, mit seinen Argumenten für die Neugestaltung der SPD begriffen zu werden. Manches deutet darauf hin, daß er im Herbst 1945 noch nicht die breite Resonanz besaß, die er in den folgenden Jahren gewonnen hat. Das ist zu beachten, wenn man aus der Analyse bestimmter Akzente in Schumachers Rede Schlüsse auf den geistig-politischen Standort seiner Partei ziehen will, was oft nur mit Einschränkungen erlaubt ist.

Schumacher beschäftigte sich in seinem Referat mit vielen Fragen, die hier nicht behandelt werden können: welche Maßnahmen für den ersten Nachkriegswinter zu ergreifen, welche Folgen aus den Demontagen und den drohenden Reparationen zu erwarten und wie die Währung und die Reichsschulden zu handhaben seien. Jedoch sprach Schumacher programmatisch auch solche Komplexe an, die für die Haltung seiner Partei im Prozeß der Wiedergründung von wesentlicher Bedeutung waren. Er ging davon aus, daß „die planmäßige Lenkung der Wirtschaft nach den Bedürfnissen der Allgemeinheit, die sorgfältig abgestufte Reihenfolge in der Produktionsbelebung ..., das Zurückdrängen der aus dem Privateigentum erwachsenen Ansprüche [und] der Vorrang der allgemeinen Interessen ... grundsätzlich fast überall anerkannt“ seien.

Das traf im Herbst 1945 auf alle bekanntgewordenen Äußerungen der sich sammelnden politischen Gruppen zu; auch auf die CDU, die zwar schon in ihren Ansätzen gegen die SPD gerichtet war, aber erst später mit dem Tarn- und Schlagwort von der „sozialen Marktwirtschaft“ die wirtschaftspolitischen Auffassungen der SPD scharf und parlamentarisch erfolgreich bekämpfte [296]. 1945 hatten allein die Kommunisten in ihrem

---

295 „Die Wiedergeburt der deutschen Sozialdemokratie“ (Anm. 287), S. 8.

296 Vgl. u. a. Ludwig Bergsträsser (Anm. 104), S. 279 f.; Gerhard Schulz: Die CDU — Merkmale ihres Aufbaus, in: Parteien in der Bundesrepublik, Schriften des Instituts für Politische Wissenschaft, Band 6, Stuttgart und Düsseldorf 1955, S. 1—153, bes. S. 47, 56 f., 76 ff. mit den Zitaten aus der Rede des ersten Vorsitzenden der CDU für die britische Zone, Dr. Adenauer, in der Aula der Kölner Universität am 24. März 1946, zitiert nach: Schriftenreihe der Christlich Demokratischen Union des Rheinlandes, Heft 8, Köln o. J., und S. 78. — Zusammenfassend auch Hans Georg Wieck (Anm. 25), S. 225.

Aufruf vom 11. Juni die „völlig ungehinderte Entfaltung des freien Handels und der privaten Unternehmerinitiative auf der Grundlage des Privateigentums" gefordert [297]. Es entsprach einer weitverbreiteten Stimmung, wenn sich, wie Schumacher sagte, „für die ungehinderte Auswertung des Privateigentums und die uneingeschränkte Tätigkeit der Unternehmerpersönlichkeit" zu jener Zeit „noch keine bürgerliche Gruppierung in Deutschland" einsetzte.

Darüber hinaus aber wollte Schumacher mit seiner Partei zu einer „radikalen Bodenreform", zur „Sozialisierung der wichtigsten Zweige ... [der] Wirtschaft" und zu einer „gerechten Verteilung der Lasten" vorstoßen. Denn ohne sie „können weder Deutschland noch Stücke von Deutschland leben". Der Ausdruck von der „gerechten Verteilung der Lasten" taucht hier zum ersten Male bei Schumacher auf, allerdings in einem weit umfassenderen Sinne, als er später im sogenannten Lastenausgleich seine partielle Verwirklichung gefunden hat [298]. Es ist bezeichnend für Schumachers Denkweise, daß er auch diese Frage in den Zusammenhang mit den Lebensmöglichkeiten Deutschlands und seiner Teile stellte. Oft legte er selbst in Fragen, die nicht unmittelbar mit der Gestaltung des Staates zusammenhingen, dennoch den Akzent auf die nationalpolitische Bedeutung eines Sachverhaltes oder eines Gedankenganges.

In der Frage der Sozialisierung ging Schumacher nicht über das hinaus, was er schon am 6. Mai 1945 gesagt hatte [299]. Jetzt, am 5./6. Oktober, widmete er ihr ganze sieben Zeilen in seinem zwölfseitigen Manuskript. Kurz nach der Konferenz von Wennigsen/Hannover wurden „Leitsätze zum Wirtschaftsprogramm der Sozialdemokratischen Par-

---

297 Gründungsaufruf der Kommunistischen Partei Deutschlands (Anm. 51).

298 Schumacher hatte den späteren hessischen Ministerpräsidenten, Christian Stock, um die Ausarbeitung von „Richtlinien zur Sozialpolitik" gebeten (Schumacher, Hannover, an Christian Stock, Frankfurt/M., am 1. September 1945, PVA — Dok. Nr. 826). — Wie Stock am 28. Juli 1958 auf Anfrage von Fritz Heine, Bonn, mitteilte, hat er diese Richtlinien ausgearbeitet und Schumacher übergeben, aber sie seien nicht in Wennigsen (Hannover) diskutiert worden. So weit sich feststellen läßt, sind sie weder vervielfältigt, noch verteilt worden.

299 Vgl. oben S. 20.

tei"[300] an die Bezirke der SPD verschickt[301], die Dr. Ernst Nölting[302] ausgearbeitet hatte. Aber selbst dort findet sich kein Hinweis, daß die Sozialisierungspläne über summarische Bezeichnungen der angeblich „sozialisierungsreifen" Wirtschaftszweige hinausgediehen waren.

Die „Leitsätze", von denen Schumacher am 18. Oktober 1945 schrieb, daß sie „natürlich keine programmatische Verpflichtung" enthielten, sondern als „der Anfang in einem Bemühen" gedacht waren, „durch Gedankenaustausch auf diesen Gebieten weiterzukommen"[303], bezeichneten die Arbeiter, Bauern und Handwerker, die Angestellten, Gewerbetreibenden und Angehörigen der geistigen Berufe als Schichten, die „in einem natürlichen Gegensatz zu jener kleinen, aber mächtigen Ausbeuterschicht" stünden, die einen „unverhältnismäßig großen Teil des gesellschaftlichen Reichtums an sich zu ziehen" vermöge. Damit wurde erneut — und wieder mit den Begriffen der alten sozialdemokratischen Terminologie — der Klassenantagonismus in jener vereinfachten Darstellung beschworen, der Schumacher entgegenzuwirken versucht hatte, indem er sie differenzierte. Zwar erschien hier der Begriff der „Arbeiterklasse" nicht mehr, aber mit der Aufzählung der verschiedenen Schichten, die angeblich der einen Schicht der „Ausbeuter" gegenüberstünden, wurden die Grundpolaritäten um so deutlicher, von denen die wirtschaftspolitischen Vorstellungen der Leitsätze ausgingen.

---

300 Leitsätze zum Wirtschaftsprogramm der Sozialdemokratischen Partei, 7 Seiten hektograph. (PVA).

301 Schumacher kündigte in seinem Brief an Karl Meitmann, Hamburg, vom 18. Oktober 1945 an, daß er „in der nächsten Woche" mit den Exemplaren seiner Rede vom 5./6. Oktober die wirtschaftspolitischen und die agrarpolitischen Richtlinien nach Hamburg schicken werde (PVA — Dok. Nr. 045). Das geschah mit dem Rundschreiben Nr. 3/45 vom 22. Oktober 1945. Sozialdemokratische Partei Deutschlands, Hannover — Kriedemann — an die Bezirksvorstände der SPD am 22. Oktober 1945 (PVA — Akte Büro Dr. Schumacher, Zentrale Rundschreiben, Blatt 091).

302 Dr. Ernst Nölting, geb. am 11. März 1901 in Fürstenberg (Kreis Büren, Westfalen). Nach Bankausbildung und Studium von Beruf Wirtschaftsberater. Vor 1933 war Nölting Direktor der Staatl. Fachschule für Wirtschaft und Verwaltung und Dozent der Deutschen Hochschule für Politik in Berlin. Im Juli 1945 traf Nölting in Hannover Schumacher, den er schon vor 1933 kannte. Nölting, seit 1919 Mitglied der SPD, gehörte von August 1945 bis 1946 dem SPD-Bezirksvorstand Hannover, vom Mai 1946 an dem SPD-Parteivorstand an.

303 Schumacher, Hannover, an Karl Meitmann, Hamburg (Anm. 301).

Gegenüber der „aus dem Monopolkapitalismus herausgewachsenen Wirtschaftsführung“ wurde die Forderung nach einer Wirtschaftslenkung durch Planwirtschaft und nach der „Wirtschaftsdemokratie“ erhoben. Darunter verstanden die „Leitsätze“ das Aufbrechen der wirtschaftlichen Machtpositionen durch die Arbeiterschaft und ihre Organisationen. Unausgesprochen blieb noch die Konkretisierung des Ziels, wie es später im „Mitbestimmungsrecht“ teilweise verwirklicht wurde, oder wie es als die Einrichtung von „Wirtschaftsräten“ auf den verschiedenen Ebenen hätte gedacht werden können [304].

Von der Wirtschaftsdemokratie sagten die „Leitsätze“, ihre Verwirklichung sei „eine Machtfrage, eine Rechtsfrage und eine Bildungsfrage, die schwierigsten Probleme der Menschenauswahl und Menschenschulung einschließend.“ Die damit gestellte Aufgabe wiesen die „Leitsätze“ wieder der abstrakt begriffenen „Arbeiterklasse“ zu:

„Es wird von der Macht der Arbeiterklasse und ihrer Organisationen abhängen, ob sie der Rechtsordnung eine Gestaltung zu geben vermag, die den gesetzlichen Rahmen für die Aufgaben der Wirtschaftsdemokratie zur Verfügung stellt. Es ist eine Frage ihrer Fähigkeit und ihres geistigen Niveaus, ob und inwieweit sie diesen Rahmen mit ... Leben zu erfüllen versteht.“

So vermischten sich in den „Leitsätzen zum Wirtschaftsprogramm“ wenige neue Formulierungen, die nur selten das Ohr der breiten Mitgliedschaft erreicht haben werden, mit vielen Sätzen, die aus dem alten Depot sozialdemokratischer Vorstellungen stammten [305]. Die Bedeutung der „Leitsätze“ liegt für die SPD in der Phase ihrer Wiedergründung darin, daß sie zu den ersten Ausarbeitungen gehörten, die von der neuen

---

304 Das Heidelberger Programm von 1925 — das letzte umfassende SPD-Programm der Weimarer Zeit — hatte unter der Überschrift „Wirtschaftspolitik“ diese Zielsetzung so umschrieben: „Im Kampfe gegen das kapitalistische System fordert die SPD: . . . Ausgestaltung des wirtschaftlichen Rätesystems zur Durchführung eines Mitbestimmungsrechts der Arbeiterklasse an der Organisation der Wirtschaft unter Aufrechterhaltung des engen Zusammenwirkens mit den Gewerkschaften.“ Zitiert nach: Sozialdemokratischer Parteitag 1925 in Heidelberg, Protokoll mit dem Bericht der Frauenkonferenz, Berlin 1925, S. 5 — 10, bes. S. 9.

305 Tatsächlich wurden manche Gedanken und Formulierungen aus dem von Eric und Ernst Nölting herausgegebenen Buch: „Einführung in die Theorie der Wirtschaft“, Berlin 1929, übernommen. Schriftliche Mitteilung von Staatsminister a. D. Dr. Ernst Nölting, Isernhagen b. Hann., vom 12. September 1958.

Zentrale Hannover versandt wurden. Dadurch erhielten sie mehr Gewicht als ihnen zukam, denn sie konnten weder offiziell diskutiert, noch von einem beschlußfähigen Gremium verabschiedet werden. Dennoch wird mancher sozialdemokratische Funktionär sie als dankbar empfangenes Material für seine Arbeit in der Öffentlichkeit verwendet haben. Dabei bleibt zu fragen, ob die „Leitsätze" im Winter 1945/46 geeignet sein konnten, neue Anhänger für eine Partei zu gewinnen, die auf dem Wege der Demokratie, d. h. durch die Zustimmung der Bevölkerung, zur Macht gelangen wollte.

Ähnlich karg wie die Ausführungen zur Sozialisierung waren Schumachers Äußerungen zur „radikalen Bodenreform". Allerdings hatte Herbert Kriedemann, sein engster Mitarbeiter zu jener Zeit [306], schon vor der Konferenz von Wennigsen/Hannover die sogenannten „Agrarpolitischen Richtlinien" [307] ausgearbeitet, die den Konferenzteilnehmern vorlagen. Sie sind nicht diskutiert worden. Auch von ihnen schrieb Schumacher, daß sie „natürlich keine programmatische Verpflichtung" enthielten [308]. Auch von ihnen galt, daß sie als Material in der Öffentlichkeit benutzt wurden, bevor ein Parteitag der SPD bindende Beschlüsse fassen konnte.

Die „Agrarpolitischen Richtlinien" gingen davon aus, daß „nach der Verwüstung der Städte und dem Verlust der meisten industriellen Erwerbsmöglichkeiten . . . die Landwirtschaft zum entscheidenden Faktor im Leben des deutschen Volkes geworden" sei. Diese zeitgerechte Betrachtung wurde durch eine Aussage ergänzt, die in Ton und Inhalt von parteioffiziellen Äußerungen der SPD vor 1933 bemerkenswert abwich:

„Es muß jedem, der in Deutschland ein Stück Brot bricht, klar gemacht werden, daß unser ganzes nationales Leben von dem Brot abhängt, das auf unseren Äckern wächst." [309]

---

306 Herbert Kriedemann, geb. am 1. März 1903 in Berlin, trat 1925 in die SPD ein. Er hatte Landwirtschaft und Nationalökonomie studiert und war vor 1933 Sekretär im Parteivorstand der SPD. Nach seiner Emigration nach Holland wurde Kriedemann 1940 in zwei Prozessen zu zwei und drei Jahren Gefängnis wegen Vorbereitung zum Hoch- und Landesverrat verurteilt. Seit dem Sommer 1945 gehörte er dem Büro Schumachers in Hannover an.

307 Vollständiger Titel: Material zu den Agrarpolitischen Richtlinien 1945, 9 Seiten, hektograph. (PVA).

308 Schumacher, Hannover, an Karl Meitmann, Hamburg, (Anm. 301).

309 Vgl. diesen Satz der Agrarpolitischen Richtlinien von 1945 mit der blassen Feststellung aus dem Agrarprogramm der SPD von 1927: „Bei der

Auch die „Agrarpolitischen Richtlinien“ nahmen zu vielen Einzelfragen Stellung, die hier nicht erörtert werden können [310]. In ihrem Mittelpunkt standen — wenngleich auch nicht von anderen Vorstellungen isoliert — die Gedanken zur Bodenreform. Als das Ziel sozialdemokratischer Bodenpolitik wurde „die Vermehrung der gesunden, auf die Selbstverantwortung des Bauern aufgebauten Höfe auf Kosten der großen Betriebe“ genannt.

„Zu diesem Zweck sollen alle Betriebe sofort vom Staat übernommen werden, in denen wegen ihrer Größe die Arbeitskraft des Bauern und seiner Familie nicht mehr der ausschlaggebende Faktor ist. Mit dieser Maßnahme wird neben der dringend notwendigen Bodenreform zugleich noch eine politische und soziale Notwendigkeit erfüllt: die Brechung der politischen und sozialen Macht des Großgrundbesitzes.“

In dieser Zielsetzung enthüllt sich der Inhalt dessen, was Schumacher als „radikale Bodenreform“ bezeichnet hatte. Ihre angestrebte Radikalität lag sowohl im Motiv — dem Willen zu einem politischen Eingriff in die Besitzstruktur —, als auch in der geplanten Begrenzung der Betriebsgrößen auf daß Maß des „Familienbetriebes“ [311]. Eine Auseinan-

---

Steigerung der landwirtschaftlichen Erzeugung vereinigen sich die Lebensinteressen der städtischen Massen mit denen der schaffenden Landbevölkerung“. Zitiert nach: Sozialdemokratischer Parteitag 1927 in Kiel, Protokoll mit dem Bericht der Frauenkonferenz, Berlin 1927. S. 275.

310 Die Agrarpolitischen Richtlinien von 1945 sind in Anlehnung an das Agrarprogramm von 1927 in folgende Abschnitte gegliedert: Bodenbenutzung, Landwirtschaftliche Erzeugung, Sicherung der ländlichen Lebenshaltung, Die Landarbeiterfrage, Landwirtschaftliche Selbstverwaltung und Landwirtschaftliches Genossenschaftswesen, Landwirtschaftliche Finanz- und Steuerpolitik (Anm. 307).

311 Mit landwirtschaftlichen „Familienbetrieben“ bezeichnet man solche Betriebe, die im wesentlichen allein von den Mitgliedern der Familie bewirtschaftet werden, die von den Erträgnissen des Betriebes lebt. Der begrenzten Zahl an Voll-Arbeitskräften entspricht auch eine begrenzte landwirtschaftliche Nutzfläche, die selten 15 ha übersteigt. Sie liegt also wesentlich unter der Maximalgröße, die später selbst die SPD vertrat, als sie nur die landwirtschaftlichen Betriebe in Privatbesitz auf 100 — 150 ha begrenzen wollte. — Vgl. zum Begriff des Familienbetriebes beispielsweise Hermann Priebe: Bäuerliche Familienbetriebe in Nordrhein-Westfalen, herausg. von der Forschungsgesellschaft für Agrarpolitik und Agrarsoziologie e. V., Bonn, 1956; zur späteren Haltung der SPD u. a. Fritz Henßler auf einer agrarpolitischen Tagung der SPD in Bonn, zitiert nach Rheinische Zeitung, Köln, vom 14. 12. 1946 in: Die Bodenreform im Spiegel

dersetzung mit dieser Forderung nach allgemein wirtschaftlichen oder besonderen landwirtschaftlichen Gesichtspunkten ist hier nicht möglich. Nur zwei Überlegungen seien angeknüpft. Die Forderung nach einer solchen Bodenreform ging weit über das Agrarprogramm der SPD von 1927 hinaus [312], zumal 1945 ausdrücklich darauf hingewiesen wurde, daß „die Ablösung des Großgrundbesitzes ... nicht an den Entschädigungsforderungen der bisherigen Eigentümer scheitern" dürfte, daß „weder der Staat noch die neuen Betriebe ... finanziell zugunsten der früheren Besitzer fühlbar belastet werden" sollten.

Die damit angekündigten Einschränkungen bei der Entschädigung, aber vor allem die große Zahl der landwirtschaftlichen Betriebe, die nach den sozialdemokratischen Vorstellungen von 1945 in die Bodenreform einbezogen werden sollten, werden dazu beigetragen haben, bei der ländlichen Bevölkerung die traditionell bestehenden Widerstände gegen die Sozialdemokratie neu zu wecken. Die Ungenauigkeit in der Angabe der zukünftigen Besitzgröße, die die SPD für wünschenswert hielt, mußte bei der Propagierung durch agrarpolitisch weniger geschulte Funktionäre um so schädlicher für die SPD sein, als die Nachrichten aus der Sowjetzone seit dem September 1945 immer deutlicher zeigten, zu welchem Fiasko eine Bodenreform führen mußte, die in revolutionärer Aktion und ohne die nötigen materiellen Voraussetzungen durchgeführt worden war [313]. Dabei wird wenig geholfen haben, daß die sozialdemokratischen Richtlinien aus Hannover forderten:

„Das durch die Übernahme der Großbetriebe freiwerdende Land darf durch die Überführung in andere Betriebsformen in seiner augenblicklichen Ertragshöhe nicht beeinträchtigt werden."

Auch Schumacher ist es offenbar bewußt gewesen, daß eine überstürzte und schematisch durchgeführte Bodenreform schwere Schäden für die

---

der Presse, hg. v. d. Pressestelle der Landwirtschaftskammer Hannover, Hannover 1947, S. 101 f.

312 Das Agrarprogramm der SPD von 1927 hatte gefordert, „daß die landwirtschaflichen Großbesitzungen, welche eine nach den örtlichen Verhältnissen zu bemessende optimale, d. h. die volkswirtschaftlich angemessene Betriebsgröße überschreiten — für den deutschen Osten etwa 750 Hektar —, den überschießenden Teil an die öffentliche Hand (Reich, Länder) gegen eine Entschädigung abzutreten haben, welche nach dem Steuerwert der Grundstücke zu berechnen ist." Agrarprogramm (Anm. 309), S. 274.

313 Die Verordnungen zur Bodenreform in den Ländern der sowjetischen Besatzungszone wurden zwischen dem 3. und 12. September 1945 erlassen. Vgl. Die Bodenreform im Spiegel der Presse (Anm. 311), S. 10.

landwirtschaftliche Produktion bewirken mußte. Vor den in Wennigsen versammelten Funktionären sagte er, die Bodenreform dürfe nicht „aus Mangel an Maschinen und Hilfsmitteln eine ökonomische Schwächung gegenüber dem bisherigen Zustand" bedeuten[314]. Vorher hatte Schumacher den Gedanken der Bodenreform in den größeren Zusammenhang gestellt, der sich aus der Haltung der Siegermächte gegenüber Deutschland ergab. Mit einem Blick auf den Morgenthau-Plan, der die Agrarisierung Deutschlands gefordert hatte, sagte er: „Wir wehren uns dagegen, daß unser Volk verhungert und seine Zukunft aussichtslos wird." Denn: „Die Wirkung der Agrarisierung wäre die einer ökonomischen Atombombe."

Erinnert die Formulierung schon an die scharfe Kritik, die Schumacher in seinen „Politischen Richtlinien" vom August 1945 an den Ergebnissen der Besatzungspolitik übte, so stellte er im Oktober fest, daß „das Fehlen eines einheitlichen Generalnenners in der Politik der Vereinten Nationen gegenüber Deutschland" die größten Schwierigkeiten hervorrufe. In der „Teilung der Welt, Europas und Deutschlands in politische und ökonomische Einflußzonen" sah Schumacher die gefährlichste Bedrohung. Er zog daraus die Konsequenz: „Alles, was sich im großen in der Welt und kleineren Maßstab in Europa abspielt, spiegelt sich noch einmal in Deutschland wider." In dieser lapidaren Feststellung, die sich in den Jahren seither so bitter bewahrheitet hat, liegt einer der Ausgangspunkte, von denen aus Schumacher urteilte und handelte. Immer wieder betrachtete er die Probleme, die ihn und seine Partei bewegten, unter dem Blickwinkel einer umfassenderen Fragestellung. Von den radikalen „antideutschen Plänen", die er sowohl im Osten wie im Westen sich abzeichnen sah, meinte Schumacher beispielsweise, sie „würden sich nur als anti-europäische Tatsachen auswirken." Nicht allein

---

314 Diese Einschränkung weist auf einen wesentlichen Unterschied zwischen den Plänen der SPD in den Westzonen und den Maßnahmen hin, die in der Sowjetzone ergriffen wurden. — H. Kriedemann bestätigte in einem späteren Brief, daß mit den von ihm verfaßten Richtlinien „in der praktischen Bauernagitation" gearbeitet werde, berichtete aber zugleich: „Wir haben über den Stand der Landwirtschaft [in der sowjetischen Zone] und über vorhandene Folgen dieser sogenannten Agrarpolitik — die nichts weiter ist als die Schaffung der Voraussetzungen für die zwangsläufige Kollektivierung à la Rußland — grauenvolle Berichte, so daß wir die östliche Zone um ihren Vorsprung wirklich nicht beneiden". (H. Kriedemann, Hannover, an Alfred Flatau, Bergisch-Gladbach, am 2. Januar 1946, PVA-Akte Bezirk Oberrhein 1946).

aus dem nationalen deutschen Blickwinkel, sondern aus der umfassenderen Sicht einer europäischen Ordnung forderte Schumacher die einheitliche Behandlung des ganzen Deutschland. Die SPD habe „das größte Interesse an der friedlichen Zusammenarbeit der großen Siegermächte" und wisse, „daß für die lebensnotwendige europäische Wirtschaftseinheit die Bildung entsprechender politischer Formen ebenso notwendig für Deutschland wie für die Welt" sei. In die politischen Formen einer europäischen Ordnung müsse aber „Deutschland als Ganzes" eingebaut werden, wenn die Gleichgewichtsordnung funktionieren solle.

Diese Zitate zeigen nicht nur die „gesamteuropäische" Konzeption, die Schumacher aus den machtpolitischen Gegebenheiten des Jahres 1945 entwickelte; sie geben zugleich den Hintergrund für die nun folgende Auseinandersetzung mit den Kommunisten, die Schumacher mit dem oft zitierten Wort einleitete:

„*Wir deutschen Sozialdemokraten sind nicht britisch und nicht russisch, nicht amerikanisch und nicht französisch. Wir sind die Vertreter des deutschen arbeitenden Volkes und damit der deutschen Nation. Wir sind als bewußte Internationalisten bestrebt, mit allen internationalen Faktoren im Sinne des Friedens, des Ausgleichs und der Ordnung zusammenzuarbeiten. Aber wir wollen uns nicht von einem Faktor ausnutzen lassen.*"

Als diesen Faktor bezeichnete Schumacher die Kommunistische Partei in ihrer außenpolitischen Abhängigkeit von der Sowjetunion. Sie müsse nun nach dem „großen Blutspender" suchen, da sie selbst „im Sinne der deutschen Politik" überflüssig geworden sei. Die von den Kommunisten propagierte Einheit von KPD und SPD stelle dabei nur einen Versuch dar, der sozialdemokratischen Partei eine kommunistische Führung aufzuzwingen [315]. „International wäre jeder Schritt auf diesem Wege eine außenpolitische Parteinahme und würde eine Gleichgewichtsstörung von deutscher Seite bedeuten." Hier wird noch einmal erkennbar, wie Schumacher seinen Standort vor allen Überlegungen über geschichtliche Zusammenhänge, über ideologische Verschiedenheiten und taktische Beurteilungen bezog. Er sah auch die Frage des Zusammenschlusses von Sozialdemokraten und Kommunisten über dem Streit um Dogmen oder Meinungen auf der Folie einer europäischen und weltweiten Ordnungsvorstellung.

Inhaltlich fügte Schumacher der Erörterung des Verhältnisses zu den Kommunisten nichts hinzu, was er nicht schon in den „Politischen Richt-

---

315 Vgl. unten S. 171 und Anm. 377.

linien“ geschrieben hatte. Gegenwärtig erlaubten „die politischen Gegebenheiten wie die Verschiedenartigkeit der Grundsätze ... die Vereinigung der deutschen Sozialdemokraten und Kommunisten nicht ...“ Das ändere nichts an dem „Willen zur sachlichen Zusammenarbeit mit den Kommunisten in allen praktischen Fragen“, ergänzte Schumacher und fuhr fort: „Das gleiche gilt aber auch für die anderen zugelassenen und damit als demokratisch anerkannten Parteien.“

Es wäre oberflächlich geurteilt, wollte man hinter dieser Wendung nur eine taktische Überlegung sehen. Schumacher, der zwar die Konzentration der demokratischen Kräfte nicht zur „Harmonieduselei“ entartet sehen wollte — „Der Kampf mit dem Besitz um die Lastenverteilung ist unabwendbar“ —, hielt dennoch die „Zusammenarbeit ... aller aufbauwilligen Kräfte“ für nötig, „weil ein Teil des Volkes durch seine starke Belastung mit der Vergangenheit zu diesem Werk untauglich ist und weil der außenpolitische Druck die Koalition erfordert.“

In diesem Zusammenhang plädierte Schumacher dafür, den ehemaligen Nationalsozialisten zwar „ihre persönlichen Bürgerrechte“ zu belassen, ihnen aber „die Staatsbürgerrechte zur Zeit noch nicht ohne Umkehr und Bewährung“ zuzubilligen. Offenbar hat diese Feststellung nicht den ungeteilten Beifall der Konferenzteilnehmer gefunden. Nach dem Hamburger Protokoll, das allerdings auch die Diskussion des Referates nur stichwortartig wiedergibt, wurde von zwei Teilnehmern aus dem Bezirk Westliches Westfalen Widerspruch angemeldet [316]. Einer der beiden Sprecher bezeichnete „eine solche Forderung als Nazimethode“. Dagegen forderte ein Hamburger Vertreter, „daß die Nazis, wie alle Bazillenträger, einer Quarantäne sich zu unterziehen haben“ [317]. Schumacher berührte in seinem Schlußwort noch einmal diesen Punkt, wie aus dem gleichen Protokoll hervorgeht. Sachliche Bedeutung hat der Unterschied in den Meinungen nicht gewonnen, aber er bezeichnet auch den Charakter dieser ersten Parteikonferenz der SPD nach 1945.

Erst am Ende seines Referats wandte sich Schumacher dem Problem zu, das für die Führung der Partei durch die Aufteilung Deutschlands in Besatzungszonen entstanden war. Wieder eröffnete er seinen Gedankengang mit einer für ihn typischen Überhöhung der Fragestellung, indem er das Geschick seiner Partei mit dem des Reiches zu verbinden suchte: „Die

---

316 Einwände erhoben Fritz Henßler, Dortmund, und Fritz Steinhoff, Iserlohn. Vgl. „Sozialdemokratische Reichskonferenz“ (Anm. 273), S. 6.

317 Walter Schmedemann in „Sozialdemokratische Reichskonferenz“ (Anm. 273), S. 6.

Einheit der sozialdemokratischen Partei im nationalen Rahmen ist uns ebenso wert wie die Reichseinheit. Aber die Einheit des Reiches lebt zur Zeit nur als Idee, denn Deutschland zerfällt in verschiedene Besatzungszonen."

So unmöglich es sei, Deutschland von einer Besatzungszone aus zu regieren, so unmöglich sei es auch, die SPD „zentral von Berlin aus zu leiten." Damit wiederholte Schumacher seinen Einwand gegen den Führungsanspruch der Berliner, den er schon in seinem Rundschreiben vom 15. September geäußert hatte [318]. Das Verhältnis zu den Kommunisten hatte Schumacher nicht zuletzt unter dem Gesichtspunkt des europäischen Gleichgewichts beurteilt. Seine Position gegenüber dem Zentralausschuß und dessen Führungsanspruch begründete er damit, daß Gleichgewicht und Ausgleich in der internationalen Situation bedroht seien, wenn in Deutschland die „Verfügung über die sozialdemokratische Partei und ihre Anhängerschaft von den besonderen Bedingungen und Voraussetzungen einer einzelnen Besatzungszone abhängig" gemacht werde.

Deshalb wiederholte er jetzt, was wahrscheinlich in seinen Vorbesprechungen, die Schumacher bis in den September hinein mit den neu entstandenen Bezirksvorständen geführt hatte, zum Kernpunkt seines Programms gehörte und was im Rundschreiben von 15. September in anderem Wortlaut schon fixiert worden war:

„Wenn wir den Zentralausschuß in Berlin auch nur als maßgebend für die östliche Besatzungszone ansehen können, so wollen wir auch für die westlichen Zonen keinen Parteivorstand etablieren. Es gibt zur Zeit überhaupt keinen Parteivorstand der Sozialdemokratischen Partei Deutschlands auf deutschem Boden, wenn wir auch die Mandate der Persönlichkeiten in der Emigration anerkennen. Wir betreiben in den Westzonen nichts als die Zusammenfassung der politischen Kräfte im Sinne einer Vereinheitlichung, einer Angleichung und einer grundsätzlichen und taktischen Richtungweisung.

Wir warten auf den Tag, an dem in einem einheitlichen deutschen Reich die Vertreter aller Besatzungszonen zusammen mit den Führern der Emigration den großen deutschen Parteitag abhalten." [319]

---

[318] Vgl. oben S. 130 und Anm. 277.

[319] Im Rundschreiben vom 15. September 1945 (Anm. 277) heißt es dazu im letzten Abschnitt: „Abschließend möchte ich noch einmal feststellen, daß wir in den drei westlichen Gebieten keinen neuen Parteivorstand aufrichten wollen. Eine echte zentrale Reichsinstanz werden wir

Diese Formel, mit der sich Schumacher als ein Taktiker von hohen Graden auswies, sollte bald von den Ereignissen überholt werden. Im Herbst 1945 bot sie aber Schumacher und der SPD der Westzonen folgende Vorteile:

a) Sie befand sich in unbestreitbarer Übereinstimmung mit dem Geist sozialdemokratischer Parteitradition, wonach die Abspaltung eines Teils der Mitgliedschaft durch die Konstituierung eines Parteivorvorstandes ohne das Mandat eines ordnungsgemäß beschickten Parteitages der ruchbarste Verstoß gegen das ungeschriebene Gesetz der Partei war.
b) Sie bot eine Sicherung gegen alle zentralen Führungsansprüche, wann und woher sie auch immer erhoben werden mochten. Sie entzog dem Zentralausschuß in Berlin die rechtliche Basis für den Anspruch, den Geltungsbereich seiner Entscheidungen in die Westzonen hinein ausdehnen zu dürfen. Außerdem trug sie dazu bei, eine etwaige Diskussion über die Gültigkeit des Mandats der Londoner aufzuschieben, bis ein gesamtdeutscher Parteitag eine neue, in ihrer Rechtmäßigkeit unbezweifelte Führung für ganz Deutschland wählen konnte.
c) Sie verschaffte Schumacher auch gegenüber dem Zentralausschuß jene Position, die er in den Westzonen besaß, seit er die Zustimmung der Bezirksorganisationen zur Vorbereitung der Wennigsener Konferenz erhalten hatte: — die Position des gleichberechtigten Beauftragen für die westlichen Besatzungszonen, die nun auch von Berlin her nicht mehr zu bestreiten sein sollte.
d) Sie eröffnete schließlich und vor allen Dingen den — im Sinne der Parteiräson — legalen Weg zur Entscheidungsfreiheit der SPD in den Westzonen, alle Maßnahmen unabhängig zu beschließen und auszuführen, die die Partei in ihren Besatzungszonen für notwendig hielt.

Grotewohl war mit ganz anderen Vorstellungen nach Hannover und Wennigsen gekommen. Die Beschränkungen, die der Konferenz von der britischen Besatzungsmacht auferlegt worden waren, bestärkten ihn in dem Glauben, daß die Berliner Situation für den Aufbau eines zentralen Führungsorgans der SPD viel günstiger sei [320].

Am Schluß der Konferenz hat in Hannover eine längere Aussprache

erst nach dem ersten richtigen Reichsparteitag aller vier Besatzungszonen und der westlichen Emigration haben." — Die Unterstreichungen im Original des Rundschreibens wie auch in dem im Text zitierten Stück aus Schumachers Rede vom 5. Oktober (Anm. 289) sind hier durch Sperrung hervorgehoben.

320 Vgl. unten S. 150 ff.

zwischen Schumacher mit einigen seiner Freunde und Grotewohl stattgefunden [321]. Die folgenden Abmachungen wurden dabei vereinbart:

„*1. Solange das Deutsche Reich in einzelne getrennte Besatzungszonen zerfällt und es die Vorschriften der Militärregierungen nicht gestatten, ist eine organisatorische Einheit der Sozialdemokratischen Partei nicht gegeben.*

2. Bis zur Verwirklichung der Reichseinheit und damit der Parteieinheit wird der Zentralausschuß in Berlin als die Führung der Sozialdemokratischen Partei in der östlichen Besatzungszone angesehen. Der politische Beauftragte der drei westlichen Besatzungszonen ist der Genosse Dr. Schumacher — Hannover.

3. Über alle gemeinsame Interessen berührenden Fragen soll durch möglichst häufige persönliche Rücksprache und sonstigen Kurierverkehr die größtmögliche Übereinstimmung und Abstimmung der gegenseitigen Politik durch die Genossen Grotewohl und Dr. Schumacher erfolgen.“ [322]

Im dritten Punkt der Abmachungen lagen Aussicht und Begrenzung einer einheitlichen Entwicklung der deutschen Sozialdemokratie beschlossen. Es sollte sich nur allzubald zeigen, wie gering die Aussicht und wie stark und folgenschwer die Begrenzung war. Kurt Schumacher, der kurz nach der Konferenz an Carl Severing über die getroffenen Vereinbarungen berichtete, schrieb damals:

---

321 Das Gespräch fand in Gegenwart von Egon Franke, Hannover, Willi Knothe, Frankfurt/M., und Ludwig Metzger, Darmstadt, am 7. Oktober 1945 in Hannover statt. — Willi Knothe an die Sozialdemokratische Partei, Hannover, am 7. Mai 1946 (PVA — Dok. Nr. 408).

322 „An die Bezirksvorstände der SPD in den drei westlichen Besatzungszonen“, undatierter masch. schr. Entwurf eines Rundschreibens, das die handschr. Notiz trägt: „50 Abzüge“. Der Text beginnt: „Werte Genossen! Das erste Wort, das wir hier in Hannover an Sie nach der Konferenz richten möchten . . .“ Vermutlich ist dieses Rundschreiben mit dem vom 22. Oktober (Nr. 3/45) zusammen herausgegeben worden. (PVA — Akte Büro Dr. Schumacher, Zentrale Rundschreiben, Blatt 088 — 097. — Vgl. auch inhaltlich übereinstimmend: Die Wiedergeburt der deutschen Sozialdemokratie (Anm. 287), S. 10, und Schumacher, Hannover, an Carl Severing, Bielefeld, am 12. Oktober 1945 (PVA — Dok. Nr. 157 — 158).
Es entsprach dieser Regelung, daß sich der Vertreter der SPD-Landesgruppe in Frankreich, Günter Markscheffel, am 6. Oktober 1945 einen Brief an die S.F.I.O., die französische sozialistische Partei, von Dr. Schumacher („für die Westzonen“) und von Otto Grotewohl („für die Ostzone“) unterschreiben ließ. (Archiv Günter Markscheffel, Bonn).

„In dieser scheinbar noch parteitaktischen und parteiorganisatorischen Frage hat sich in Wirklichkeit ja die ganze internationale Tragikomödie einschließlich der schmerzlichen deutschen Tragödie abgespielt." [323]

Die meisten Konferenzteilnehmer von Wennigsen und Hannover, die Schumachers Formel und damit der Vereinbarung zwischen Grotewohl und Schumacher zustimmten, werden jedoch schwerlich erfaßt haben, daß sie Zeuge und Vollstrecker einer Entscheidung waren, die einerseits das Wiederaufleben eines Teils der deutschen Sozialdemokratie zu freier Entwicklung, andererseits aber den Vollzug der deutschen Spaltung an ihrer eigenen Partei bedeutete.

In den Schilderungen der Teilnehmer, die aus dem Herbst 1945 überliefert sind, wird natürlicherweise nur der erste Aspekt deutlich. Es entsprach der festen Verbundenheit mit der Sache ihrer Partei wie der persönlichen Bindung an die Freunde vergangener, gemeinsam durchlebter politischer Kämpfe und gemeinsam erlittener Niederlagen, daß die erste Begegnung nach zwölf Jahren vor allem von der Begeisterung des Wiedersehens und der Freude erfüllt war, wieder an die Arbeit gehen zu können [324].

Allerdings war die Entscheidung, zwei unabhängige Führungsspitzen zu vereinbaren, nicht nur eine mehr oder weniger willkürliche organisationstechnische Maßnahme. Sie war zuerst und vor allem eine politische Entscheidung, zu der die Mitglieder des Zentralausschusses die Delegierten der Westzonen-Bezirke erneut herausforderten, da die Berliner als Ziel ihrer Politik die „Einheit der Arbeiterklasse" im Zusammenschluß von Kommunisten und Sozialdemokraten bezeichneten, selbst wenn dieses Ziel erst später zu erreichen sei.

Die Ausführungen Grotewohls, Fechners und Dahrendorfs in Wennigsen und Hannover sind nicht im Wortlaut überliefert. Aber das schon zitierte

---

323 Schumacher, Hannover, an Carl Severing, Bielefeld, a. a. O. — Severing mußte am 4. Oktober den Tod seiner Gattin bekanntgeben; er konnte deshalb nicht an der Konferenz von Wennigsen/Hannover teilnehmen. Severing wurde daher über das Schumacher wichtigste Konferenzergebnis informiert.

324 Bezeichnend für die Atmosphäre der Konferenz ist eine Äußerung Erich Ollenhauers: „Der stärkste Eindruck . . . war, daß es nicht einen Augenblick eine Fremdheit gab. Wir fragten uns während der Verhandlungen immer wieder, ob wir zwölf Monate oder zwölf Jahre von den Genossen im Reich getrennt waren." Erich Ollenhauer, London, an Marie Juchacz, New York, am 23. November 1945 (PVA — Akte Korrespondenz England, 1945).

Hamburger Protokoll gibt doch einen relativ klaren Eindruck, welche Ansichten die Berliner vertreten haben. Die Mitglieder des Zentralausschusses, die am 5. Oktober in Wennigsen eintrafen, hatten zunächst versucht, an der Konferenz der Delegierten der britischen Zone teilzunehmen, waren aber — den Anordnungen der britischen Militärregierung entsprechend — nicht zugelassen worden. Vor den Gastdelegierten, die unter Vorsitz von Peter Berten [325] ihre Aussprache führten, konnte Grotewohl zuerst das Wort ergreifen. Angesichts der „unerwarteten Beschränkung" und der Überwachung durch die Briten, äußerte Grotewohl „mit kaum verhehlter Ironie ..., er hätte gedacht, in ein freies Land mit freieren Formen zu kommen und sehe nun, daß die Beschränkungen des politischen Lebens hier anscheinend größer seien als im russisch besetzten Gebiet. In Berlin könne die Organisation der Partei sich ungehindert entfalten."

Diese Haltung fand ihren besonders beredten Ausdruck in Grotewohls Satz, der von den Hamburgern wörtlich zitiert worden ist: „Ich glaube versprechen zu können, daß wir für Euch die politische Freiheit erkämpfen." [326] Für den heutigen Beobachter erscheint das wie eine paradoxe Umkehrung der tatsächlichen Verhältnisse. Aber hatten nicht im Frühsommer die Parteien der „Linken" in der sowjetischen Besatzungszone tatsächlich früher mit der öffentlichen Arbeit beginnen können? Hatten sie nicht eher die Billigung der sowjetischen Militäradministration erhalten als die gleichen Parteien von den Militärregierungen in den Westzonen? Konnte Grotewohl nicht guten Glaubens hoffen, für seine Freunde in den westlichen Zonen etwas erreichen zu können, da er in Berlin Kontakt zu allen vier Besatzungsmächten, nämlich zum Alliierten Kontrollrat, besaß? Und hatte schließlich bei der Konferenz der Delegierten aus der britischen Zone nicht der Vertreter der Militärregierung zwei Redner unterbrochen, als sie die Alliierten hinsichtlich der mangelhaften Entnazifizierungspolitik und hinsichtlich der „östlichen Besatzungszone" kritisieren wollten? [327] Das alles schien Grote-

---

325 Peter Berten, geb. am 18. Februar 1873 in Neandertal, Journalist, seit 1893 Mitglied der SPD; 1918—1933 Vorsitzender des USPD-, bzw. SPD-Bezirks Niederrhein; 1919—1928 Stadtverordneter in Düsseldorf, 1921—1924 Mitglied des Preußischen Staatsrates, 1925—1933 Mitglied des Preußischen Landtages; 1945 wieder Vorstandsmitglied des SPD-Bezirks Niederrhein.

326 „Sozialdemokratische Reichskonferenz" (Anm. 273), S. 8.

327 In der Diskussion, die dem Referat Schumachers folgte, hinderte der anwesende britische Offizier zwei Redner (Fahrenholz aus Rotenburg/Hann.

wohls Haltung zu rechtfertigen. Aber seine Darstellung, „das Versammlungsleben sowie die Arbeit der Parteien unterliege keinen Beschränkungen“ in der Sowjetzone, stimmte weder mit den von Grotewohl selbst am 26. August in Leipzig aufgeführten Tatsachen überein[328], noch konnte sie die anwesenden Vertreter der westlichen Bezirke überzeugen[329]. Dennoch müssen die Äußerungen Grotewohls festgehalten werden, weil sie für die Beurteilung der Reaktion wichtig sind, die sich bei den Berlinern nach ihrer Rückkehr von Hannover zeigen sollte.

In Wennigsen sagte Grotewohl über die Aufgaben der Partei, daß die Potsdamer Vereinbarungen und die Bestimmungen des Kontrollrats es als Hirngespinste erscheinen ließen, Zukunftsprogramme mit großen Forderungen aufzustellen. Dennoch müsse die Partei eine „innere Politik“ treiben, die sie an den Platz bringe, an dem die politische Gestaltung entschieden werde.

„Die zweite Aufgabe sei der Abbau der Besatzungszonen, um ein einheitliches Reich wieder herzustellen. Für separatistische Gesichtspunkte sei deshalb kein Raum. Aus den gleichen Gründen dürfe auch keine Aufteilung der Partei in Zonen erfolgen.“ [330]

Es ist unschwer zu erkennen, daß in diesem Satz der Führungsanspruch verborgen liegt, den Grotewohl und die Berliner für ganz Deutschland erhoben. Während Grotewohl nach dem Hamburger Protokoll in der

---

und Dr. Schenk aus Flensburg), zu diesen Themen zu sprechen. Das geht aus dem masch. schr. Entwurf zu dem Bericht „Sozialdemokratische Reichskonferenz“ (Anm. 273) hervor (Archiv Willi Elsner, Hamburg).

328 Vgl. oben S. 84 und Anm. 174.

329 Es waren vor allem die beiden ehemaligen Emigranten, Josef Kappius, Bochum, geb. am 13. November 1907, und Günter Markscheffel, geb. am 16. November 1908 in Gleiwitz, die Grotewohl heftig widersprachen. „Sozialdemokratische Reichskonferenz“ (Anm. 273), S. 9 f. — Kappius, ein Mitglied des Internationalen Sozialistischen Kampfbundes, lebte nach seiner Emigration bis 1944 in England. Dann sprang er mit Fallschirm über dem Ruhrgebiet ab, um Verbindungen mit sozialdemokratischen Funktionären für den Zeitpunkt des deutschen Zusammenbruches herzustellen. Schumacher hatte vorgeschlagen, ihm durch ein Gastmandat die Teilnahme an der Konferenz zu ermöglichen, um „alle Anschauungen bei der Aussprache zur Geltung kommen zu lassen.“ Schumacher, Hannover, an Heinrich Wenke, Dortmund (Anm. 253). — Markscheffel, von Beruf Journalist, emigrierte von 1934—1945 und nahm an der Konferenz von Wennigsen/Hannover als Vorsitzender der „Landesgruppe deutscher Sozialdemokraten in Frankreich“ teil. Vgl. Anm. 322.

330 „Sozialdemokratische Reichskonferenz“ (Anm. 273), S. 8.

Frage der Einheit mit den Kommunisten nicht über seine Ausführungen vom 14. September hinausging [331], soll Gustav Dahrendorf, der ihn begleitete, gesagt haben:

„Kommen wir nach der Reichseinheit und der Parteieinheit nicht auch zur Einheit der Arbeiterbewegung, dann ist unser Kampf vergeblich gewesen. Es stimmt nicht, daß die demokratischen Parolen der KPD nur Taktik sind.“ [332]

Bei Dahrendorf und den Berlinern vermischten sich Wunschdenken und falsches Einschätzen der politischen Machtfaktoren zu einer Zielsetzung, deren Konsequenzen in der Situation vom Herbst 1945 sowohl Schumacher als auch die Mehrheit der anwesenden Sozialdemokraten ablehnten. Deshalb stimmten sie der Formel Schumachers zu, nach der im Interesse einer selbständigen Entwicklung der Westzonen-SPD auch das Risiko in Kauf genommen werden mußte, daß sich die beiden Teile der deutschen Sozialdemokratie, die von Berlin und Hannover aus repräsentiert wurden, auseinanderlebten [333].

Schumachers Formel, die er in Wennigsen zur Abstimmung stellte, ist auf dem Hintergrund der Spaltung Deutschlands zu sehen, die vorher und ohne den Willen der versammelten Funktionäre eingetreten war. Seine Formel trug dazu bei, die Voraussetzungen für eine von den Sowjets und ihren kommunistischen Anhängern in Deutschland freie Entwicklung der SPD zu schaffen. Darin liegt ihre Bedeutung für die Geschichte der Sozialdemokratie. Die Zustimmung, die die Formel Schumachers bei den Vertretern der SPD-Bezirke fand, bedeutete jedoch noch mehr. Mit ihr wurde der erste Beschluß im Prozeß der Wiedergründung gefaßt, der für die gesamte SPD in den Westzonen galt. In dem Teil Deutschlands, dessen weltpolitische Lage dafür Raum bot, entschied sich die SPD für eine unabhängige, für eine freie Entwicklung! Sie galt ihr mehr als die Einheit der sozialdemokratischen Organisation, die mit dem Beschluß von Wennigsen aufs Spiel gesetzt wurde.

---

331 Vgl. oben S. 81 ff.

332 „Sozialdemokratische Reichskonferenz“ (Anm. 273), S. 10.

333 In „Sozialdemokratische Reichskonferenz“ (Anm. 273), S. 10 heißt es darüber: „Über die zentrale Leitung der Partei bestanden zunächst abweichende Meinungen.“ Vgl. auch Fried Wesemann (Anm. 13), S. 94.

Kapitel 8
Einzelne Beispiele für die anhaltende sozialdemokratische Bereitschaft in den Westzonen, örtliche „Einheitsaktionen" mit der KPD zu vereinbaren, und die Versuche des Berliner Zentralausschusses, seinen Führungsanspruch auch in den Westzonen durchzusetzen

Wie in Hamburg am 20. August 1945 ein gemeinsamer Aufruf der kommunistischen und sozialdemokratischen Funktionäre zustandegekommen war, so wurde in Bremen der Mitgliedschaft am 17. August mit dem Rundschreiben Nr. 2/45 der Text eines „Einheits-Aktions-Vertrages" mitgeteilt, der drei Tage zuvor, am 14. August, zwischen den Bezirksleitungen der KPD und der SPD vereinbart worden war [334]. Gleichzeitig wurde mit dem Rundschreiben zu einer gemeinsamen Bezirkskonferenz beider Parteien eingeladen, die am 1. September stattfinden sollte. Nach dem Text des Vertrages, der dem Rundschreiben beigefügt war, wurde auch in Bremen ein „gemeinsamer Arbeitsausschuß, bestehend aus je vier Vertretern der beiden Zentralstellen", gebildet. Ein Arbeitsprogramm von fünf Punkten wurde vereinbart, wobei der „Aufbau einer antifaschistisch-demokratisch-parlamentarischen Republik" als Voraussetzung für die „Liquidierung der Überreste des Nazismus und zum Wiederaufbau des Landes auf gesicherter Grundlage" betrachtet wurde.

Erkennt man schon an den Attributen, die der zukünftigen Republik beigelegt wurden, den Einfluß des Berliner Vorbildes [335], so wird das noch deutlicher am Punkt 2 des Programms:

---

[334] Rundschreiben 2/45 der SPD-Bezirksleitung Wasserkante Nordwest, Bremen, vom 17. August 1945 (PVA — Akte Bremen 1945).

[335] Vgl. oben S. 26 f. den Aufruf des SPD-Zentralausschusses in Berlin vom 15. Juni 1945.

„Es sind alle notwendigen Schritte zu unternehmen, um mit allen anderen antifaschistischen demokratischen Parteien Vereinbarungen über die Bildung eines festen Blockes zu treffen."

Das war genau das Programm, wie es zwischen dem 19. Juni und dem 14. Juli 1945 in Berlin abgelaufen war. Wörtlich heißt es dazu im Bremer SPD-Rundschreiben:

„Wie unser Berliner Zentralausschuß und das Zentralkomitee der KPD in ihren Verhandlungen beschlossen haben, so denken auch wir daran, mit bürgerlich-antifaschistischen Parteien einen Block zu bilden, sobald diese in unserem Bezirk konstituiert sind."

Wenngleich es in Bremen ebensowenig wie in Hamburg zur Bildung eines solchen Parteien-Blocks gekommen ist, so zeigen doch die Beispiele, daß Schumacher triftige Gründe hatte, als er im Oktober versuchte, den Einfluß des Berliner Zentralausschusses auf die Sowjetzone zu beschränken. Wäre dieser Versuch unterblieben oder gescheitert, dann hätten verschiedene Orte in den Westzonen einen erfolgversprechenden Boden für die Bemühungen des Zentralausschusses geboten, den Einfluß Berlins auf die Westzonen auszudehnen.

In Braunschweig war aus der Zusammenarbeit „aller vor 1933 bestehenden sozialistischen Gruppen, einschließlich der KPD" in der sogenannten „Antifa", die sich etwa gleich stark aus ehemaligen Mitgliedern der KPD und der SPD zusammensetzte [336], der Versuch erwachsen, eine „Sozialistische Einheitspartei" zu gründen [337]. Ihre Organisatoren meldeten sie für Stadt und Land Braunschweig im August bei der Militärregierung an [338]. Da aber die Kommunisten zu dieser Zeit noch auf eine eigenständige KPD bedacht waren, beantragten sie ihrerseits bei der Besatzungsmacht die Zulassung und veranlaßten darüber hinaus

---

336 „Antifa" war die Abkürzung für „Antifaschistisch" und diente zur Bezeichnung der spontan nach dem Zusammenbruch gebildeten Ausschüsse der Bevölkerung, die eine erste Form der Selbstverwaltung darstellten. Vgl. oben S. 14.

337 Peter Walter, Braunschweig (Anm. 229).

338 Soweit sich feststellen ließ, ist in Braunschweig der einzige Versuch gemacht worden, den Namen „Sozialistische Einheitspartei" einzuführen, bevor er im April 1946 für die Partei, die aus der Fusion von KPD und SPD in der Sowjetzone entstand, benutzt wurde.
Über das genaue Datum der Anmeldung gehen die Angaben auseinander. Peter Walters Darstellung (Anm. 229) ist zu entnehmen, daß die Partei im August angemeldet wurde. Im Brief von Alfred Kubel (Anm. 229) wird der 5. September 1945 als Tag der Anmeldung angegeben.

ein ehemaliges Mitglied der SPD, einen Zulassungsantrag auch für diese Partei zu stellen [339]. Der Antragsteller schrieb am 8. Oktober an Schumacher:

„Dem Beispiel in Berlin, Hamburg, Bremen entsprechend ist auf der Grundlage [des Vertrages] Bremens am 29. September 1945 eine Arbeitsgemeinschaft zwischen SPD und KPD gebildet worden. Ferner haben diese beiden Arbeiterparteien zusammen mit den Demokraten einen ‚Antifaschistischen Block' gebildet." [340]

Wieder das Beispiel Berlins als Vorbild! Wieder auch die Berufung auf den Zentralausschuß in einem Rundschreiben der „SPD-Bezirksleitung" aus Braunschweig vom 21. September 1945:

„Genau den Weisungen des ‚Zentralausschusses der Sozialdemokratischen Partei Deutschlands' in Berlin entsprechend, die für alle Sozialdemokraten im Reiche und damit auch im Lande Braunschweig maßgebend und bindend sind, hat die SPD, Bezirk Braunschweig, mit der KPD, Bezirk Braunschweig, eine Arbeitsgemeinschaft gebildet, damit der Bruderkampf beendet [wird] und die Arbeiterklasse als eine Einheit dasteht." [341]

Was sich zu dieser Zeit in Braunschweig „Bezirksleitung" nannte, war sicher nicht repräsentativ für die Meinung aller Sozialdemokraten im Braunschweiger Gebiet. Aber die Vorstände auf den verschiedenen Ebenen der Parteigliederung waren überall, wie oben gezeigt worden ist [342], mehr oder weniger zufällig durch diejenigen Mitglieder besetzt worden, die diese Positionen kraft ihres Amtes vor 1933 oder im raschen Zugriff während der ersten Phase des Wiedergründungsprozesses eingenommen hatten. Nur selten — und dafür ist Braunschweig eins der wenigen Beispiele — gab es so grundsätzliche Meinungsverschiedenheiten in den entstehenden Vorstandsgremien, daß mehr als zwei Parteien der „Linken" zur Zulassung durch die Militärregierung angemeldet wurden.

Als die Konferenz von Wennigsen tagte, hatten die Sozialdemokraten

---

339 Peter Walter (Anm. 229) und Alfred Kubel (Anm. 229)

340 Karl Brandt, Braunschweig, an Schumacher, Hannover, am 8. Oktober 1945 (PVA — Dok. Nr. 137). — Brandt hat vorher offenbar keinen Kontakt zum Büro Schumachers gehabt, denn er fordert die Einberufung einer Konferenz, wie sie gerade eben in Wennigsen/Hannover stattgefunden hatte.

341 Rundschreiben der SPD-Bezirksleitung Braunschweig vom 21. September 1945 (PVA — Akte Bezirk Braunschweig 1945).

342 Vgl. oben S. 111 f.

in Braunschweig, die bei der Gründung der „Sozialistischen Einheitspartei" bestimmenden Einfluß ausübten, ihren Zulassungsantrag bei der Militärregierung bereits wieder zurückgezogen. Gleichzeitig hatten sie ihre Vertreter in diejenige Gruppe eingeschleust, die trotz der Anmeldung der „Sozialistischen Einheitspartei" die Zulassung der SPD beantragt hatte [343]. So gelang es im Laufe des Oktober, den sozialdemokratischen Kurs im Sinne des Beschlusses von Hannover durchzusetzen.

Die einzelnen Phasen der Entwicklung in Braunschweig können hier nicht nachgezeichnet werden. Das Ergebnis unterscheidet sich nicht von dem in Hamburg, das ausführlich geschildert worden ist [344]. Die Sozialdemokraten konnten die Sammlung aller „sozialistischen Gruppen" (SPD, SAP, ISK) erreichen und der KPD die Schuld zuschieben, die Einheitspartei durch ihre Intransigenz verhindert zu haben.

Daß darin ein Erfolg erblickt wurde —, daß dazu mehrmonatige heftige Diskussionen und alle Arten von taktischen Manövern nötig waren —, daß schließlich die Klärung erst eigentlich nach der Konferenz von Wennigsen/Hannover erreicht wurde: das alles zeigt, welche Bedeutung dem Beschluß von Hannover und besonders der Rolle Schumachers zuzumessen ist, als er seinen Führungsanspruch auf dem Wege zu einer selbständigen SPD in den Westzonen durchsetzte.

In manchen Orten gab es starke Bestrebungen, den anderen Weg zu gehen. Die „Einheit" mit den Kommunisten sollte zumindest als Fernziel erreicht werden. In einem Brief aus Kiel heißt es Ende August:

„Nun hat sich bei uns ... eine Einheitsbewegung aufgemacht, an der sich Freunde der KPD und auch von uns beteiligen. Es wird uns aber wohl doch noch gelingen, unseren Stamm bei uns zu halten. Wir dürfen aber nicht vergessen, daß die Sehnsucht und das Verlangen der Arbeiterschaft nach einer Einheitsbewegung geht und, wenn geschickte Leute sich an die Spitze stellen, wohl eine Gefahr bedeutet." [345]

Zur gleichen Zeit schreibt dagegen das Rundschreiben Nr. 2 des Bezirks Westliches Westfalen den Funktionären der Partei vor:

„... gemeinsame Aktionen mit der KPD, wie sie hier und da gewünscht werden mögen, [sind] zunächst abzulehnen. Sie können überhaupt nur mit Genehmigung des Unterbezirksvorstandes vorgenommen werden; im Zweifelsfalle ist die Entscheidung des Bezirksvorstandes herbeizuführen ... Die Frage nach der Schaffung einer linken Einheitspartei

---

343 Alfred Kubel (Anm. 229).

344 Vgl. oben S. 51 ff.

345 Karl Ratz (Anm. 243).

wird dadurch nicht berührt. Diese Frage kann weder örtlich, noch im Rahmen eines Unterbezirks, noch im Rahmen des Bezirks geregelt werden; sie bleibt einer späteren Regelung durch die Gesamtpartei vorbehalten.“ [346]

Knapp einen Monat später, am 18. September, begründete der Sekretär des Bezirks Westliches Westfalen diese Haltung in seiner Antwort auf Schumachers erstes Rundschreiben:

„*Besonders die Wünsche der KPD auf gemeinsame Aktionen, Kundgebungen, Aufrufe usw. lehnen wir ... ab. Vor allem auch darum, weil wir keine Ursache haben, unsere sozialistischen und demokratischen Ziele zu verbrämen. Wir sind nicht aus Taktik Demokraten, sondern durch Bestimmung, und wir stehen auf dem Boden des Sozialismus.*“ [347]

Im südlichen Nachbarbezirk — Obere Rheinprovinz — wird im ersten Rundschreiben vom 21. September vorausgesagt:

„*... namentlich unsere Freunde von der KPD werden — trotz aller Äußerungen gegenteiliger Art — ihre alte Taktik der Isolierung unserer Partei fortsetzen.*“ [348]

Allerdings heißt es in dem Absatz „Verhältnis zu anderen politischen Parteien“ im gleichen Rundschreiben:

„*Nachdem sich die Kommunistische Partei auf den Boden der Demokratie gestellt hat und zur Mitarbeit bereit ist, verlangen wir, daß ihre Vertreter überall zur verantwortlichen Mitarbeit herangezogen werden. Wir begrüßen diese Mitarbeit und hoffen, daß durch diese Wandlung für die Zukunft einem Zusammenwachsen der beiden Arbeiterparteien auf dem Boden des demokratischen Sozialismus der Weg geebnet wird. Eine starke sozialdemokratische Partei ist für diese Entwicklung unerläßlich.*“

Mit den letzten Sätzen wird jedoch ganz deutlich, daß die Verfasser nicht etwa die „Einheit“ nach den Vorstellungen der Kommunisten erreichen wollten, sondern daß der „Boden des demokratischen Sozialismus“ für sie die Voraussetzung aller Einigungsbestrebungen war. Das hätte, wäre die KPD darauf eingegangen, ihre Selbstaufgabe bedeutet. Folgerichtig heißt es weiter im Rundschreiben vom 21. September:

„*Die KPD versucht nun, örtlich mit einem Aktionsprogramm mit unseren Parteigruppen in Verbindung zu kommen. Sie versucht damit die Bildung eigener Parteigruppen zu verhindern. Das Aktionsprogramm ...*

---

346 Rundschreiben Nr. 2 vom 24. August 1945 (Anm. 242).

347 SPD-Unterbezirk Westliches Westfalen (Anm. 231).

348 Rundschreiben Nr. 1 (Anm. 242).

ist selbst als solches ein Verrat am Sozialismus. Im nicht russisch besetzten Gebiet wird das überall und mit Recht von unseren Genossen abgelehnt. Gemeinsame Aktionsprogramme sind örtlich abzulehnen und auf eine zentrale Regelung [ist] zu verweisen."

Zu dieser Zeit waren bei allen Bezirken der britischen Zone Schumachers „Politische Richtlinien" von Ende August bekannt. Seine Gedanken sind im Rundschreiben des Bezirks Obere Rheinprovinz sichtbar enthalten; fast scheint es, als sei sogar sein Stil kopiert [349]. Aber die Rundschreiben der beiden westlichen Bezirke zeigen mehr als die Bereitwilligkeit der Funktionäre, sich der Führung Schumachers zu unterstellen. Sie zeigen, daß selbst in den Bezirken, in denen die Führungsgruppen von vornherein mit Schumacher übereinstimmten, die Notwendigkeit bestand, den Einheitsbestrebungen der KPD und eines Teils der eigenen Mitglieder mit allen verfügbaren Mitteln entgegenzutreten. Das galt auch für die Bezirke in der amerikanischen Zone, auf deren Darstellung an dieser Stelle verzichtet werden kann [350]. Für die SPD-Bezirke half also der Beschluß von Hannover tatsächlich, die Lage zu klären.

Als einen „Beitrag zur Klarheit" bezeichnete auch Max Fechner, einer der drei Berliner Teilnehmer, die Konferenz von Wennigsen/Hannover [351]. Sein Bericht im Berliner SPD-Organ „Das Volk" ist eine der wenigen Äußerungen, die Rückschlüsse auf die damalige Haltung Grotewohls und seiner Freunde zulassen. Fechner begann seinen Bericht mit einem Rückblick auf die Funktionärsversammlung am 14. September, vor der Grotewohl sein Referat „Wo stehen wir, wohin gehen wir?" gehalten hatte [352], und fuhr fort:

„So war der Stand der Partei in politischer und organisatorischer Hinsicht, als sich eine Delegation des Zentralausschusses (Otto Grotewohl, Max Fechner, Gustav Dahrendorf), am 5. Oktober zu einer Zusammenkunft der sich im Aufbau befindlichen Parteiorganisation der westlichen Gebiete begab."

Über Schumachers Referat und die Diskussion berichtete Fechner:

„Der Gedanke gemeinsamen Kampfes, der gemeinsamen Zielsetzung

---

349 Vgl. oben S. 78 ff.

350 Ähnliche Tendenzen wie in Bremen und in Braunschweig hatten sich in München, Ludwigsburg und Wiesbaden gezeigt.

351 „Hannover, Ein Beitrag zur Klarheit", von Max Fechner, Vorsitzender des Zentralausschusses der SPD; in: Das Volk, Nr. 89, vom 16. 10. 1945.

352 Vgl. oben S. 74 ff.

kam zum Ausdruck in dem Referat des Genossen Dr. Schumacher als der Vertrauensmann unserer Bewegung in den westlichen Zonen. Er kam zur Geltung in den Diskussionen über die Fragen der Zukunft, so stark, daß wir als die Vertreter der östlichen Zone feststellen mußten, wir hätten alles nur ebenso zum Ausdruck bringen können. Ein jeder nur halbwegs objektiv Urteilende, der das Referat Grotewohls auf der oben erwähnten Konferenz gehört hat oder noch lesen wird, wird feststellen müssen, hier herrscht der gleiche Geist, hier sind die gleichen Probleme, hier ist der gleiche Wille, es ist die Erkenntnis des wissenschaftlichen Sozialismus."

Zum zweiten Male bemühte sich Fechner in seinem Artikel, die Gewichte zwischen Grotewohl und Schumacher — wie in der Einleitung — gleichmäßig zu verteilen. Wieder kam er auf das Referat Grotewohls vom 14. September zu sprechen, nachdem er in der schwierigen Frage der Parteiführung sich an den Beschluß von Hannover gehalten hatte: Schumacher, der Vertrauensmann in den westlichen Zonen; die Berliner, die Vertreter der östlichen Zone!

Dann aber heißt es doppeldeutig bei Fechner weiter:

„Die Schaffung einer einheitlichen deutschen Sozialdemokratischen Partei ist darum eine zwingende Notwendigkeit! Auf die Dauer ist die Niederhaltung der Reaktion nur durch Errichtung einer Einheitsorganisation der deutschen Schaffenden in Stadt und Land möglich."

Sollte die „Einheitsorganisation" eine einheitliche Organisation für die Sozialdemokraten in Ost und West sein? Oder lag darin — und vieles spricht für diese Vermutung — ein absichtlicher Hinweis auf das eigentliche Fernziel des Zentralausschusses: die Überwindung der Schranken zwischen den zur Zeit noch getrennten Sozialdemokraten und Kommunisten? Die Frage läßt sich nicht eindeutig beantworten [353].

---

353 Angesichts der sowjetischen Vorzensur beim SPD-Organ „Das Volk" läßt sich vermuten, daß Fechner diesen Satz absichtlich doppeldeutig schrieb. Dennoch spricht viel dafür, daß Fechner die Einheit von Kommunisten und Sozialdemokraten meinte. Beispielsweise schrieb Erich W. Gniffke, der im Zentralausschuß für Organisationsfragen zuständig war, am 21. August 1945 an den SPD-Kreisvorstand seines Wohnortes, Berlin-Zehlendorf: „Gebt vor allem auch politische Richtlinien. Dabei muß grundsätzlich immer wieder zum Ausdruck kommen, daß wir mit unseren kommunistischen Genossen in einer Front marschieren . . . Keinesfalls darf bei irgendwelchen Verhandlungen, die wir auch manchmal ohne Beteiligung der Kommunisten irgendwo führen müssen, der Eindruck entstehen, als würden wir bereit sein, die Einheit zu verraten." (Archiv des SPD-Kreises X,

Eindeutig dagegen wurde Fechners Darstellung wieder, als er schrieb, daß bis zu dem in Aussicht genommenen Parteitag, der „die endgültige Parteileitung“ wählen werde, das Mandat weiterhin gelte, „das die Mitglieder des Zentralausschusses für ihre illegale Tätigkeit aus der Hand des Parteivorstandes 1933 erhalten haben. Dieses Mandat berechtigt nicht nur, sondern verpflichtet und ist bestätigt durch die erste große Berliner Konferenz [vom 14. September]. Hierüber herrschte auch in Hannover und in allen anderen Zonen völlige Einmütigkeit.“
Fechner muß selbst befürchtet haben, daß seine letzten Behauptungen angegriffen werden würden. Zwei Sätze später nämlich heißt es: „Wer darüber anders berichtet, tut das in Unwissenheit oder wider besseres Wissen.“ Mit diesem Satz lieferte Fechner ein weiteres Kriterium für die damalige Haltung des Zentralausschusses. Es enthüllte sich darin die Unsicherheit, die beim Zentralausschuß Platz gegriffen hatte, seit die drei Konferenzteilnehmer von Wennigsen/Hannover nach Berlin zurückgekehrt waren.
Grotewohls Konzeption — Führungsorgan der SPD für ganz Deutschland sei der Zentralausschuß — hatte sich in Hannover nicht durchsetzen lassen. Aus Fechners Artikel geht hervor, daß der Zentralausschuß dennoch versuchte, seinen Anspruch aufrechtzuerhalten und seine Legitimation zu beweisen. Dazu zog Fechner das angeblich ihm 1933 vom damals aus Deutschland emigrierten Parteivorstand übertragene Mandat heran. Ein solches Mandat, den SPD-Parteivorstand in Deutschland zu vertreten, hat es jedoch nicht gegeben [354].
Darüber hinaus untermauerte Fechner seine These vom angeblichen Mandat, indem er sich auf die Zustimmung der SPD-Funktionäre in der Berliner Versammlung vom 14. September berief. Diese Versammlung, die Fechner eine „Konferenz“ nannte, obwohl nur er selbst als Versammlungsleiter, Otto Grotewohl als Hauptredner und Wilhelm Pieck, der Vorsitzende der KPD, als Gast gesprochen hatten, war im wesentlichen von Funktionären aus Berlin besucht worden [355]. Eine Wahl oder

---

Berlin-Zehlendorf). — Diese Haltung wurde von Grotewohl in seiner Rede vom 14. September ebenso wie beim Besuch der Konferenz von Wennigsen/Hannover vertreten. Sie dürfte auch in Fechners Artikel zum Ausdruck kommen.

354 Vgl. oben S. 28 und Anm. 32.

355 Im Rundschreiben des SPD-Bezirks Groß-Berlin an die SPD-Kreisleiter Berlins vom 11. September 1945 wurde der Teilnehmerkreis so beschrieben: „An der Veranstaltung nehmen teil alle Funktionäre der Partei, alle Funktionäre, die in den Kummunalverwaltungen, Zentralverwaltungen,

ein vergleichbarer Vorgang hatten nicht stattgefunden. Tatsächlich gründete sich also die Legitimation des Zentralausschusses allein auf die Zustimmung der Berliner Funktionäre, die sich am 17. Juni zur öffentlichen Wiedergründung ihrer Partei im „Deutschen Hof" versammelt hatten[356].

Nun war Grotewohl und seinen Begleitern in Wennigsen bekanntgeworden, daß Schumacher von der Mehrzahl aller SPD-Bezirke in den Westzonen autorisiert worden war, die gemeinsame Konferenz vorzubereiten und einzuberufen. Schumacher konnte sich seit Wennigsen/Hannover — abgesehen von dem außergewöhnlichen moralischen Anspruch, der ihm durch seine mehr als zehnjährige Haft zugewachsen war[357] — auf die Zustimmung der Untergliederungen der Partei, soweit sie sich reorganisiert hatten, stützen und erhielt von ihnen das Mandat, sich „Beauftragter für die Westzonen" zu nennen.

Ein solches Mandat hatten die Berliner für ihre Zone nicht. Es entsprach der in der Sowjetzone geübten Praxis, Parteien von oben nach unten zu organisieren.

Dabei ist schwer zu entscheiden, ob die sowjetische Besatzungsmacht die Einsetzung von zentralen Führungsgremien ohne demokratische Legitimation bewußt in ihr politisches Kalkül gezogen hat. Ausgeschlossen ist es nicht: sie konnte dann leichter als bei gewählten Funktionären die Absetzung befehlen, wie sie der Einsetzung zugestimmt oder sie selbst vollzogen hatte[358].

So müssen letztlich auch das Festhalten an dem fälschlich behaupteten

---

bei Behörden und in den Betrieben tätig sind." Das Rundschreiben, das den Kreisleitern auch den Text für die den Funktionären auszuhändigenden Funktionärsausweise vorschrieb, die zur Teilnahme berechtigen sollten, sprach durchweg von einer „Funktionärversammlung". Als einziger Redner wurde Grotewohl angekündigt. (Archiv des SPD-Kreises X, Berlin-Zehlendorf).

356 Vgl. oben S. 38 ff.

357 Es ist heute fast in Vergessenheit geraten, welche Rolle den ehemaligen Konzentrationären in allen Besatzungszonen im ersten Jahr nach dem Zusammenbruch zufiel. Das moralische Gewicht des bewiesenen Widerstands gegen den Nationalsozialismus entschied manche politische Auseinandersetzung von vornherein zu ihren Gunsten.

358 Tatsächlich wurden die beiden Vorsitzenden der CDU in der Sowjetzone von den Sowjets abgesetzt, als sie ihre Unterstützung versagten, die Maßnahmen gutzuheißen und durchzuführen, die die Kommunisten und die Sowjets in Gang gesetzt hatten. Darauf weist auch u. a. Gerhard Schulz (Anm. 296), S. 71 f., hin. Vgl. auch unten S. 288.

Mandat von 1933 und die Bemerkung, daß die Entscheidung der Berliner Funktionäre in den anderen Zonen gutgeheißen wurde, aus dem Verhältnis zur sowjetischen Besatzungsmacht erklärt werden. Für die Sowjets war ein Zentralausschuß, der die SPD in allen Zonen Deutschlands vertrat, wesentlich interessanter als etwa eine nur sowjetzonale Führungsspitze. Aber auch der Zentralausschuß mußte aus seiner politischen Lage heraus Interesse daran haben, der sowjetischen Besatzungsmacht gegenüber als „gesamtdeutsches" Führungsorgan der SPD erscheinen zu können [359].

Differenzen ernsterer Natur zwischen der SPD und einer Besatzungsmacht waren immer zu erwarten, sofern die Partei ihre erklärte Aufgabe, Vertreterin des deutschen Volkes zu sein, erfüllen wollte. War sie dabei auf nur eine Zone beschränkt, so war sie der dortigen Okkupationsmacht allein ausgeliefert. Das war gegenüber der sowjetischen Besatzung eine besonders mißliche Lage. Auch deshalb versuchte also Fechner, den Führungsanspruch des Zentralausschusses für die SPD in ganz Deutschland aufrechtzuerhalten.

Dieser Versuch äußerte sich nicht nur in gelegentlichen Artikeln, die mehr oder weniger unverhüllt den Führungsanspruch zum Ausdruck brachten [360]. Reden und Artikel der Mitglieder des Zentralausschusses erreichten zu jener Zeit nur selten die westlichen Besatzungszonen. Wenn die Berliner ihren Anspruch sichtbar machen und verwirklichen wollten, mußten sie versuchen, entgegen der Vereinbarung von Hannover in den Westzonen Einfluß zu gewinnen.

Es ist kein Zufall, daß der einzige von Berlin aus besoldete Verbindungsmann des Zentralausschusses in der US-Zone, nämlich in Regens-

---

359 In einer Aktennotiz, die Schumacher am 20. September 1945 nach einem Gespräch mit drei Mitgliedern des Internationalen Sozialistischen Kampfbundes (Eichler-London, Bertholet-Genf und Dannenberg-Hannover) anlegte, heißt es dazu: „Der Anspruch für die Haltung als Reichsparteivorstand, den die Genossen Grotewohl usw. erheben, wird nach der Mitteilung des Genossen Bertholet von den Russen gewollt. Aus ihrer Situation müssen die Berliner diesen zentralen Anspruch erheben. Inwieweit sie ihn ernstlich wollen, weiß Bertholet nicht." (PVA — Dok. Nr. 548—549, mit handgeschr. Korrekturen Schumachers. Irrtümlich heißt es aber Berteloth statt Bertholet.)

360 Grotewohl wird z. B. in der Broschüre, die seine Rede vom 14. September enthält (Anm. 138), und die im Oktober 1945 gedruckt wurde, als der Vorsitzende der Sozialdemokratischen Partei bezeichnet.

burg, arbeitete [361]. Die SPD-Bezirke der amerikanischen Zone waren im Herbst 1945 noch weniger fest mit Schumacher verbunden, als es die der britischen waren. Deshalb besuchten Grotewohl und Dahrendorf die Bezirke jener Zone auf ihrer ersten Reise nach der Konferenz von Wennigsen/Hannover [362].

Am 4. Dezember 1945 hat Dahrendorf dem Zentralausschuß einen detaillierten Bericht über die Ergebnisse der Reise, die er mit Grotewohl vom 17. bis 26. November unternahm, gegeben. Er gliederte seine Ausführungen in drei Abschnitte. Im ersten gab er einen Aufriß der allgemeinen politischen und wirtschaftlichen Lage in der US-Zone, wobei er besonders die Maßnahmen der amerikanischen Besatzungsmacht kritisierte. Sie habe zur politischen Lethargie der Bevölkerung beigetragen, da sie Parteien und Gewerkschaften „zunächst nur orts- und kreisweise zugelassen habe". Der Bericht fährt fort:

„Der interessierte Beobachter vermag nicht einzusehen, wieso diese Form der Demokratisierung von unten her eine günstigere Wirkung verspricht als die von der russischen Militärregierung angewandte Form der Zulassung von Reichsparteien."

Stimmte auch die Kritik, die Dahrendorf an der Politik der Amerikaner übte, in vielen Fällen mit dem überein, was die Sozialdemokraten in den Westzonen bemängelten, so enthüllt sich doch in dem Satz von den „Reichsparteien" mehr als eine Differenz der Auffassungen. Die SPD in der Sowjetzone war als „Reichs-Partei" zugelassen worden. Ihre Führung, der Zentralausschuß, empfand sich — entgegen den Abmachungen von Hannover — als die legitimierte Spitze der Partei auf der Ebene des „Reiches".

Das drückt sich auch in dem zweiten Abschnitt des Dahrendorfschen

---

361 Der Verbindungsmann hieß Wilhelm Buch. Er war zu jener Zeit Zweiter Vorsitzender des SPD-Bezirks Oberpfalz-Niederbayern. — Nach einer mündlichen Mitteilung von Gustav Klingelhöfer (Anm. 408), Berlin, vom 6. Mai 1956 war Buch der einzige Verbindungsmann des Zentralausschusses in den Westzonen, der von Berlin aus besoldet wurde.

362 Gustav Dahrendorf: „Bericht über eine Reise, die Otto Grotewohl und Gustav Dahrendorf in der Zeit vom 17. Nov. bis 26. Nov. 1945 nach Frankfurt/M., Stuttgart, München und Regensburg führte." Dieser Bericht ist von Dahrendorf mit dem Datum 4. XII. 45 eigenhändig unterschrieben worden. Das unveröffentlichte masch. schriftl. Original (12 Seiten) trägt die handschriftliche Notiz Gustav Klingelhöfers: „Bericht vom 4. 12. 45; Original; BE[= Berichterstatter]: Dahrendorf". (Archiv Gustav Klingelhöfer, Berlin).

Berichts aus. Zu den Gesprächen, die die beiden Berliner in Frankfurt/Main über Groß-Hessen, in Stuttgart über [Nord-]Württemberg-Baden und in München über Bayern führten, wurden nur wenige Angaben gemacht. Dagegen berichtete Dahrendorf ausführlich über den Bezirk Niederbayern-Oberpfalz mit seiner Zentrale in Regensburg. Dort hatten Grotewohl und Dahrendorf nicht nur informatorische Gespräche mit den Vertretern des Bezirksvorstandes führen, sondern dort hatte Grotewohl am 25. November auf einer Kundgebung sprechen und bei einer Delegiertentagung, die von 150 Bezirksfunktionären besucht worden war, das Hauptreferat halten können. Den Teilnehmern lag außerdem das Referat Grotewohls vom 14. September (Wo stehen wir, wohin gehen wir?) im Druck vor [363].

Noch deutlicher wird aber die Zielsetzung der Reise aus der Bemerkung Dahrendorfs, daß die beiden Vertreter des Zentralausschusses in keinem Falle irgendeinem Mißtrauen begegnet seien [364]. Es könne jedoch nicht bezweifelt werden, daß Schumacher gegen den Zentralausschuß zu wirken versuche [365]. Bei Dahrendorf heißt es:

„Es besteht der peinliche Eindruck, als ob Schumacher, im Gegensatz zum Zentralausschuß, um einen Führungsanspruch ringt. Demgegenüber haben Grotewohl und Dahrendorf dort, wo es notwendig war, nachdrücklich betont, daß es völlig sinnlos und falsch wäre, wenn irgendeine Instanz oder Person Führungsansprüche geltend zu machen versuche. Der Zentralausschuß betrachtet sich als nichts anderes als ein Provisorium ... Darüber hinaus vertritt der Zentralausschuß den Standpunkt, der übrigens von allen Genossen der amerikanischen Zone vor-

---

363 Der Bericht Dahrendorfs, a. a. O., spricht auch davon, daß das Referat Grotewohls in Regensburg gedruckt worden ist (Auflage: 50 000 Stück).

364 Diese Feststellung kann für Frankfurt/M., bestätigt werden. Willi Knothe, der SPD-Bezirksvorsitzende in Groß-Frankfurt, schrieb am 20. November 1945 an Schumacher, Hannover: „Am 19. 11. waren die Genossen Grotewohl und Dahrendorf aus Berlin bei mir, und wir hatten eine ca. 3—4-stündige Aussprache, die sehr kameradschaftlich verlief, und ich habe am Ende der Aussprache noch einmal hervorgehoben, daß ich es für unbedingt notwendig erachte, daß seitens der Berliner Genossen die Verbindung mit Dir ständig aufrechterhalten wird. Irgendwelche abweichende politische Auffassungen traten nicht zutage. Von hier sind die Genossen Grotewohl und Dahrendorf weiter nach Stuttgart gefahren . . ." (PVA — Dok. Nr. 814—815).

365 Bei Dahrendorf folgt dann eine Mitteilung über Schumachers Anfrage in München vom 3. November 1945; vgl. unten S. 174 ff. und Anm. 391.

behaltlos anerkannt wird, daß die Zonengrenzen für uns Sozialdemokraten innerlich als nicht existent betrachtet werden müssen.“

Es gibt keinen Grund, daran zu zweifeln, daß die Sozialdemokraten, die unter amerikanischer Besatzung lebten, die Zonengrenzen ebensowenig als Grenzen innerhalb ihrer Partei akzeptieren wollten wie der Zentralausschuß. Die Grenze zur Sowjetzone hatte aber durch die verschiedenen Auffassungen im Verhältnis zur KPD für alle Sozialdemokraten eine besondere, für die Einheit der Partei schließlich tödliche Bedeutung bekommen, gleichgültig, ob man die Zonengrenzen von hüben oder drüben ansah. Das kam bei Dahrendorf nur indirekt zum Ausdruck, als er von dem Verhältnis der SPD zur KPD in der US-Zone berichtete:

„Die Bereitwilligkeit zur Zusammenarbeit ist durchweg gering. Die Argumente gegen sie liegen im wesentlichen darin, die Ehrlichkeit des Bekenntnisses der KPD zur Demokratie zu bezweifeln und es, wie auch die Betonung der Notwendigkeit der Einheit der KPD und SPD, als Taktik zu bezeichnen. Es wird verkannt, daß eine solche Kennzeichnung nicht den Kern des Problems trifft, ebenso, daß die Einheit der Arbeiter-Bewegung in Deutschland eine politische Notwendigkeit ist.“

Hier hätten Dahrendorf und der Zentralausschuß die Wurzel der Gegensätze finden können, die zwischen ihnen und Schumacher bestanden. Aber die ideologische Festlegung auf die imaginäre „Einheit der Arbeiter-Bewegung“ war schon zu weit fortgeschritten, um zu erkennen, daß Schumacher nicht um einen abstrakten Führungsanspruch an sich rang, sondern daß er die Partei in eine andere Richtung führen wollte. Schumacher wollte nicht, daß die Selbständigkeit der SPD verlorenging, die durch die Illusion von der „Einheit“ bedroht war. Er glaubte, daß weder die weltpolitische Lage im Herbst 1945, noch die eigentliche Zielsetzung der Partei die „Einheit“ erlaubten. Daher Schumachers Gegnerschaft zum Zentralausschuß, daher sein mißtrauisches Eingreifen überall dort, wo sich der Einfluß Grotewohls in den Westzonen bemerkbar machte!

Daß dieser Einfluß vom Zentralausschuß ausgebaut werden sollte, zeigt der dritte und letzte Abschnitt von Dahrendorfs Bericht. Gewonnen aus den Eindrücken seiner Reise mit Grotewohl, formulierte Dahrendorf acht Anträge, über die der Zentralausschuß beschließen sollte. Es ist nicht bekannt, wie er sich entschieden hat, aber die Richtung, in die der Zentralausschuß Anfang Dezember 1945 tendierte, läßt sich mit

Dahrendorfs Anträgen bestimmen[366]. Die im Rahmen dieser Arbeit wichtigen Anträge lauten:

„1. Der Zentralausschuß beschließt: Es ist schnellstens die Verbindung mit führenden Genossen der englischen, amerikanischen und französischen Besatzungszone aufzunehmen, mit dem Ziel, möglichst regelmäßige Zusammenkünfte unter Beteiligung von je vier Genossen aus jeder Zone zu erreichen. Die erste gemeinsame Besprechung muß möglichst im Laufe des Januar durchgeführt werden ...

2. Der Zentralausschuß beschließt, einen Ausschuß von fünf Genossen einzusetzen, der die Auffassung der Sozialdemokratie zur Frage der Einheit der Arbeiterbewegung und zur Zusammenarbeit mit der KPD in kurzen und klaren Thesen formuliert.
Dieser Ausschuß wird gleichzeitig beauftragt, Thesen zur Frage der Reichseinheit zu formulieren ...

7. Der Zentralausschuß beschließt, den Genossen Wilhelm Buch weiterhin zu beschäftigen und zu besolden. Er ist damit einverstanden, daß der Genosse Buch zunächst in Regensburg weiter arbeitet. Zu gegebener Zeit ist er in anderen Bezirken einzusetzen.
Der geschäftsführende Vorstand wird ausdrücklich bevollmächtigt, gegebenenfalls besonders tatkräftige Genossen einzustellen, um sie mit ähnlichen Aufgaben zu betrauen, wie sie dem Genossen Buch übertragen worden sind."

Der Begriff „Führungsanspruch" kommt in keinem der Anträge vor; Dahrendorf hatte — wie Grotewohl schon am 14. September[367] — einen solchen Anspruch für den Zentralausschuß geleugnet. Aber das Programm, den Führungsanspruch zu verwirklichen, liegt in den Maßnahmen beschlossen, die Dahrendorf am 4. Dezember vorschlug. Er tat das zweifellos in Übereinstimmung mit Grotewohl, der in Hannover der Vereinbarung mit Schumacher zugestimmt hatte. Jetzt sollte sie ausdrücklich verletzt werden:

a) eine Verbindungsstelle in Regensburg wurde von Berlin aus finanziert und sollte weiterhin finanziert werden;
b) der Zentralausschuß sollte weitere Verbindungsstellen dieser Art

---

366 Die Anträge, die hier nicht erörtert werden können, behandelten die Werbung junger Mitglieder, um den Altersaufbau der Partei zu verbessern, die Anstellung von besoldeten Parteisekretären in den SPD-Kreisorganisationen und den Aufbau eines Zentral-Archivs.

367 Otto Grotewohl (Anm. 138), S. 34.

einrichten können, ohne den Weg über das Büro Schumachers zu gehen;

c) Thesen zur Zusammenarbeit mit der KPD und zur Reichseinheit sollten aufgestellt werden, die nach Lage der Dinge dazu gedacht waren, den Standpunkt des Zentralausschusses in den Westzonen wirksam zu vertreten.

Von Dahrendorfs Bericht und den Folgerungen, die der Zentralausschuß in Berlin aus ihm gezogen hat, war Schumacher in Hannover nichts bekannt. Er und sein Büro hielten sich streng an die Abmachung, die am 7. Oktober getroffen worden war. Kein Anzeichen deutet darauf hin, daß Schumacher in die Sowjetzone hineinzuwirken versucht habe. Auch seine Verbindungen zur Berliner Organisation waren im Oktober/November noch nicht geknüpft. Für Schumacher und sein Büro galten die Abmachungen so streng, daß in Hannover selbst eine Adressenliste der SPD-Bezirke in der Sowjetzone nicht geführt wurde [368].
Dagegen versuchte Schumacher mit aller Energie, in den Bezirken der Westzonen die Klarheit herzustellen, die er den versammelten Funktionären in der Konferenz von Wennigsen/Hannover vorgeführt hatte, als er die Vereinigung der deutschen Sozialdemokraten und Kommunisten ablehnte [369]. Zwei Wochen vorher, am 20. September, hatte Schumacher schon an Max Denker nach Stuttgart geschrieben:
„... *Eure Behandlung der kommunistischen Frage scheint mir die richtige zu sein. Es bildet sich täglich mehr die furchtbare Tatsache heraus, daß die ganze kommunistische Politik in Deutschland sich um die Sozialdemokratische Partei dreht. Aus einem solchen Hauptinteresse heraus wird man bald zum Hauptfeind.*“ [370]
Für Schumacher waren das schon bald nicht nur Vermutungen, nicht mehr nur Sorge um die Zukunft. Die Begegnung mit Grotewohl und

---

368 Herbert Kriedemann, Schumachers engster Mitarbeiter, antwortet z. B. am 15. November 1945 auf eine Anfrage, daß er die Adresse der SPD in Sachsen nicht mitzuteilen vermöge. „Wir beschäftigen uns im Auftrage der sozialdemokratischen Organisation der westlichen Besatzungszonen mit dem Wiederaufbau der Partei. Da wegen der völlig anders gearteten Verhältnisse in der östlichen Zone eine Zusammenfassung oder Zusammenarbeit mit der östlichen Zone nicht infrage kommt, haben wir auch bisher noch keine Veranlassung gehabt, uns um die Adresse zu bemühen.“ Kriedemann, Hannover, an Georg Tappert, Gifhorn. (PAV — Dok. Nr. 105).

369 Vgl. oben S. 145 f.

370 Schumacher, Hannover, an Max Denker, Stuttgart, am 20. September 1945 (PAV — Dok. Nr. 841—842).

seinen Mitarbeitern hatte erwiesen, daß den Berlinern Schumachers Einstellung nicht nur fremd war, sondern falsch erschien. Doch auch in den Westzonen gab es eine Anzahl von Orten, wo die Sozialdemokraten eher der Einstellung Grotewohls als der Schumachers zuneigten [371].
Noch am 5. November schrieb Erich Arp aus Elmshorn an Schumacher, daß nach der ersten öffentlichen Kundgebung „eine gemeinsame Konferenz aus SPD- und KPD-Funktionären" stattgefunden habe [372]. Daß die „Aktion" — wie es Arp nannte — „absolut unter organisatorischer und geistiger Führung von seiten der SPD stattfand", wird Schumacher nicht sonderlich beeindruckt haben.
Ob die „gemeinsamen Besprechungen mit den Funktionären der KPD" noch weitergeführt worden sind, die die Sozialdemokraten im Stadt- und Landkreis Oldenburg Ende September vierzehntägig abhielten [373], läßt sich nicht mehr feststellen. Aber im östlichen Nachbarreich, im Bezirksverband Bremen, forderte das Rundschreiben III/45 vom 15. November dazu auf, „schriftliche Berichte an das Bezirkssekretariat über Schwierigkeiten in der Zusammenarbeit mit den Kommunisten in den sogenannten Einheits-Aktion-Komitees" einzureichen. „Auch hier wird es jedem Genossen [gemeint ist vermutlich: Funktionär] zur Pflicht gemacht, mindestens einen Monatsbericht darüber an die Bezirksleitung einzusenden." [374]
In Hannover selbst hatte Schumacher keine Schwierigkeiten, die Bemühungen der KPD um gemeinsame Veranstaltungen mit der SPD zu vereiteln. Die kommunistischen Pläne gehen aus zwei Briefen der KPD-Leitung Hannover an den SPD-Vorstand Hannover, bzw. an Schumacher als dem vorläufigen Bezirksvorsitzenden, hervor [375]. Schumacher ließ den „Aktionsausschuß", den die KPD nach Berliner Vorbild zunächst allein mit der SPD einrichten wollte, zu einem Organ der Kommunalpolitik in Hannover werden, indem er u. a. auch die Vertreter der

371 Vgl. oben die Beispiele in diesem Kapitel, S. 155 ff.

372 Erich Arp, Elmshorn, an Schumacher, Hannover, am 5. November 1945 (PVA — Akte Schleswig-Holstein 1945).

373 SPD-Bezirk Oldenburg (Anm. 227).

374 Rundschreiben III/45 des Bezirksverbandes Nordwest, Bremen, vom 15. November 1945 (PVA — Akte Bremen 1945).

375 KPD-Stadt- und Kreisleitung Hannover (Kurt Baumgarte) an den Vorstand der SPD Hannover (Hermann Hasselbring) am 26. September 1945 (PVA — Dok. Nr. 204—205); Vorbereitender Ausschuß des Parteiaufbaus der Kommunistischen Partei Hannovers (Kurt Müller) an Schumacher, Hannover, am 10. Oktober 1945 (PVA — Dok. Nr. 201—202).

ehemaligen Zentrumspartei einlud und dafür sorgte, daß die kommunistischen „Aktionen“ im Flusse kommunalpolitischer Entscheidungen versandeten. Eine gemeinsame öffentliche Versammlung von KPD und SPD zu veranstalten, lehnte eine Funktionärkonferenz des Ortsvereins Hannover ausdrücklich ab [376].

Die Briefe der KPD-Leitung in Hannover enthielten allerdings mehr, als die gewissermaßen tagespolitischen Wünsche der kommunistischen Partei. Am 26. September schrieb die KPD in Hannover [377], daß „heute der Einheitswille zum tragenden Leitgedanken gemacht werden“ müsse, daß die Arbeitsgemeinschaft zwischen KPD und SPD in gemeinsamen Veranstaltungen ihren Ausdruck finden solle, „weil die Aktionseinheit der beiden Bruderparteien mit dem Ziel der Verschmelzung sich entwickeln soll zur Schaffung einer einheitlichen Partei der Arbeiterklasse.“ Und noch einmal am 10. Oktober:

„Im Prozesse des Wiederaufbaues und der Schaffung eines neuen, demokratischen Staates muß eine einheitliche Arbeiterpartei, durch Vereinigung der SPD und KPD, entstehen.“ [378]

Es ist sicher, daß die KPD-Vertreter in Hannover zu dieser Zeit — ebenso, wie ihre Gesinnungsgenossen in Hamburg und Frankfurt [379] — den direkten Kontakt zur Berliner KPD-Zentrale besaßen. Und es ist sehr wahrscheinlich, daß Schumacher das wußte. Für ihn wird deshalb in den Briefen die Bestätigung gelegen haben, daß die KPD ihre Linie vom Frühsommer verlassen hatte. Damals hatten sich die Kommunisten, sobald sie die Verbindung mit der Berliner Zentrale hergestellt hatten, gegen die sozialdemokratischen Einheitsbestrebungen gewandt [380].

---

376 Ortsverein Hannover der SPD an den Vorstand der KPD Hannover, Herrn Baumgarte, am 21. September 1945 (PVA — Akte Schriftwechsel mit der KPD 1945).

377 KPD-Stadt- und Kreisleitung Hannover (Anm. 375).

378 Vorbereitender Ausschuß des Parteiaufbaus der Kommunistischen Partei Hannovers (Anm. 375).

379 Für Hamburg s. oben S. 68 und Anm. 126; in Frankfurt baute die KPD „einen außerordentlich großen Apparat auf“, wobei der Bezirkssekretär Fisch eine führende Rolle spielte. Vgl. den Bericht Dahrendorfs (Anm. 362), S. 8.

380 Vgl. oben S. 51 ff. für das Beispiel Hamburgs und Walter Ulbricht (Anm. 21), S. 438 f. für die Haltung der KPD in der Sowjetzone. — Vgl. ferner die Verhandlungen über die Aktionsgemeinschaft KPD-SPD, die am 8. August im Arbeitsministerium in München stattfanden. Damals fragte der Sozialdemokrat Hans Schmidt, ob nicht eine sofortige Verschmelzung an-

Mit der These, „gemeinsame Beratungen zur Klärung ideologischer Fragen müßten der Vereinigung vorausgehen“ [381], hatte die KPD ihr Bedürfnis bemäntelt, den eigenen Parteiapparat aufzubauen, bevor die Mitgliedschaft der KPD in die Gefahr geriet, von der an Mitgliedern reicheren SPD einfach aufgesaugt zu werden. Inzwischen war die KPD sich ihrer Sache sicherer geworden [382].

---

gebracht wäre. Darauf antwortete der Kommunist Ludwig Ficker, es sei zum Erreichen der „Einheitspartei der Arbeiterklasse . . . ein Prozeß der Zusammenarbeit nötig, denn erst aus der Gemeinsamkeit der Aktion erwachsen die Voraussetzungen für die Einheit“. Protokolle der Aktionsgemeinschaft SPD — KPD (Anm. 24), S. 12.

381 Otto Grotewohl in: Protokoll der Sechziger-Konferenz (Anm. 33), S. 9.

382 Die Gründe für die Änderung der kommunistischen Haltung lassen sich hier nicht vollständig darstellen. Ebensowenig kann hier untersucht werden, zu welchem Zeitpunkt die KPD begann, die baldige Verschmelzung von KPD und SPD anzustreben. Die vorliegende Untersuchung zeigt allerdings, daß dieser Zeitpunkt wesentlich früher lag, als andere Darstellungen behaupten, die dem Ausgang der Wahlen in Ungarn am 5. November 1945 und in Österreich am 25. November 1945 entscheidende Bedeutung für die Änderung der kommunistischen Politik in der deutschen Sowjetzone beimessen. In beiden Ländern soll die kommunistische Niederlage die Sowjets völlig überrascht haben. (Für Datum und Ausgang der Wahlen in Ungarn vgl. Hamburger Nachrichtenblatt Nr. 103 vom 8. November 1945 und Neue Hamburger Presse, Nr. 41 v. 17. November 1945). So setzt u. a. Wolfgang Leonhard (Anm. 33), S. 425, den Beginn der „Einheitskampagne“ für Ende November 1945 an, nachdem die Kommunisten ihre Wahlniederlage in Österreich erlitten hatten. Das kann nur insofern gelten, als die KPD seit Ende November 1945 die rasche Fusion mit der SPD zum erklärten obersten Ziel ihrer Politik gemacht hat. Es ging dem aber schon eine längere Phase sich langsam steigernden Drängens auf „Einheit“ voraus. Denn mit Recht weist Carola Stern (Anm. 30), S. 165, darauf hin, daß Walter Ulbricht schon am 12. Oktober 1945 in Berlin forderte, die Aktionseinheit beider Parteien müsse verstärkt werden. Vgl. Walter Ulbricht (Anm. 21), S. 500 ff. —
Auch auf dem ersten Parteitag der sächsischen Sozialdemokratie sagte am 7. Oktober 1945 der Vertreter der KPD, der aus dem sowjetischen Exil zurückgekehrte damalige KPD-Landessekretär in Sachsen, Hermann Matern, in seiner Begrüßungsrede: „Ich habe den Wunsch, daß von diesem Parteitag aus in unserer gemeinsamen Arbeit bei jedem Sozialdemokraten, bei jedem Kommunisten der Gedanke lebendig ist: wenn wir zusammenarbeiten, dann arbeiten wir zusammen als Mitglieder einer kommenden Einheitspartei.“ Sozialdemokratische Partei des Landes Sachsen (Anm.

Sie sprach sich im September in Hannover für die Verschmelzung beider Parteien aus, wie sie es in Hamburg schon im August getan hatte [383] und wie es im Oktober auch aus Städten der Sowjetzone zu belegen ist [384]. Von nun an standen Schumacher und die Mehrheit der Funktionäre, die in Wennigsen und Hannover seiner politischen Führung zugestimmt hatten, nicht mehr allein den Sozialdemokraten gegenüber, die noch immer an die Möglichkeit einer einheitlichen sozialistischen Partei glaubten, die sie durch gemeinsame Aktionen mit den Kommunisten in den verschiedenen Besatzungszonen vorzubereiten versuchten. Von nun an standen sie auch in ganz Deutschland den Kommunisten gegenüber, die die volle Unterstüzung der Sowjets besaßen, ohne deren Billigung keine Änderung der kommunistischen Taktik denkbar war. Beide — die Sowjets und die KPD — waren nun entschlossen, auch auf dem Wege über die Verschmelzung von KPD und SPD in ganz Deutschland bestimmenden Einfluß zu gewinnen.

Dabei war die Position der „reichseinheitlich" gelenkten KPD unvergleichlich viel besser als die der SPD in den Westzonen. Eine ganze Besatzungszone stand der KPD als Basis für ihre Operationen zur Verfügung. Die Machthaber der Zone, die Sowjets, durften von der Westzonen-SPD nicht angegriffen werden [385]. Das ahndeten die westlichen Besatzungsmächte, wie umgekehrt die Sowjets auch, als Verstoß gegen einen ihrer Alliierten. Und nur mit Mühe war den Westmächten die Erlaubnis abzuringen, die SPD in ihrer inneren Struktur so zu festigen, wie die politische Aufgabe, die Schumacher erkannt hatte, es erforderte [386].

---

236), S. 14. Aus den angeführten Quellen geht hervor, daß die Änderung der kommunistischen Haltung schon vor den Wahlen in Ungarn, also vor dem 5. November, eingetreten sein muß.

383 Vgl. oben S. 65 f. und Anm. 120.

384 Vgl. Hermann Matern am 7. Oktober in Freital bei Dresden und Walter Ulbricht in Berlin am 12. Oktober 1945 (Anm. 382).

385 Vgl. auch oben S. 151 f. und Anm. 327. — Aber noch im November 1946, also ein ganzes Jahr später, verwarnte ein britischer Bezirksoffizier in Westfalen die Parteien, sich jeder Kritik an der sowjetischen Besatzungsmacht zu enthalten. SPD-Unterbezirk Recklinghausen an das Hauptbüro der SPD, Hannover, am 4. November 1946 (PVA — Dok. Nr. 338).

386 Weit über den hier dargestellten Zeitraum hinaus fand sich die französische Besatzungsmacht nicht bereit, einer für die Westzonen einheitlich organisierten SPD zuzustimmen.

Zu allem Überfluß begann nun zu gleicher Zeit der Zentralausschuß mit dem Versuch, in den Westzonen seinen Führungsanspruch sichtbar zu machen, den er in Wennigsen/Hannover nicht hatte durchsetzen können. Die Reise Grotewohls und Dahrendorfs war, das zeigte der Bericht Dahrendorfs, nur als erster Schritt gedacht. Schumacher verfolgte ihn gleichwohl mit schärfstem Mißtrauen. Das ist häufig, ähnlich wie Grotewohls Reaktion auf die Eindrücke in Wennigsen/Hannover, als Ausdruck persönlicher Rivalität gedeutet worden [387]. Angesichts der tiefen Gegensätze in den Anschauungen über den Weg der SPD zwischen Schumacher und den Berlinern und im Hinblick auf die Gefährdungen, denen die SPD in den Westzonen ausgesetzt war, kann man darauf verzichten, die Frage zu erörtern, ob mehr menschliche Unzulänglichkeit als gewöhnlich im Spiele war. Das politische Motiv reicht aus, um Schumachers Mißtrauen gegen den Zentralausschuß, das heftig und tief war, zu erklären.

Ende Oktober brachten die Nachrichten der von den Alliierten betriebenen Rundfunkstationen die Meldung, in München hätten sich Sozialdemokraten und Kommunisten zu einer „Einheitsfront" zusammengeschlossen [388]. Das Beunruhigende dieser Meldung lag für Schumacher in der Tatsache, daß er zu jener Zeit noch keine ausreichende Verbindung nach Südbayern besaß. Weder hatte er selbst nach München reisen können, noch waren die Münchner in Wennigsen/Hannover vertreten gewesen. Auch wußte Schumacher von Grotewohls Plan, im Oktober nach Süddeutschland zu reisen [389]. Er kombinierte deshalb, daß die Entwick-

---

387 Im Verlaufe von Interviews, bei denen ich mich bemühte, dem stimmungsmäßigen Hintergrund der damaligen Situation nachzuspüren, wurde mehrmals versucht, mir den Gegensatz zwischen Grotewohl und Schumacher mit Vermutungen dieser Art zu erklären. Politische Auseinandersetzungen sind tatsächlich selten frei von persönlichen Motiven. Sie werden aber gewöhnlich in ihrer Bedeutung überschätzt.

388 Vgl. Keesings Archiv der Gegenwart. XV. Jg. 1945, Essen 1949, S. 498 C, zitiert nach „Exchange" vom 27. Oktober 1945.

389 Schumacher schrieb am 3. November 1945 an Julius Loßmann, Nürnberg, es sei „vor kurzer Zeit auch der Genosse Grotewohl nach einer anderen Rundfunkmeldung nach München geflogen, um dort im Sinne entweder von Parteiblockierung oder gar mehr zu wirken." (PVA — Dok. Nr. 858). Eine Quelle für diese Behauptung ist nicht erhalten. Jedoch antwortete Loßmann am 13. November: „. . . die Rundfunkmeldung, daß Grotewohl nach München geflogen sei, ist nicht zutreffend. Mir ist aber bekannt, daß Grotewohl die Absicht hatte — wie er mir selbst in Hanno-

lung in München auf das Wirken der Berliner zurückzuführen sei [390]. An die Adresse von Thomas Wimmer, der seit August als dritter Bürgermeister amtierte, schrieb er deshalb einen dreieinhalb Seiten langen Brief, der den Münchnern eindringlich Schumachers Haltung zur „Einheit“ der beiden Parteien erläutern sollte [391].

Die KPD habe, so argumentierte Schumacher, in der Sowjetzone alle Sympathien bei der Bevölkerung verloren. Deshalb suche sie dort nach einem Blutspender, den sie in der Sozialdemokratie zu finden meine. Mit diesem Versuch müsse die KPD zugleich automatisch auf die Westzonen übergreifen. Man solle nicht über zweitrangige Probleme diskutieren: das allein sei die Frage, über die jetzt gesprochen werden müsse. Wie stark das vermutete Eingreifen Grotewohls Schumacher beunruhigte, geht aus diesen Sätzen seines Briefes hervor:

„Ich möchte Euch bitten, uns doch umgehend einen möglichst detaillierten Bericht sowohl über die politischen Voraussetzungen, wie über die Tatsachen mit besonderer Berücksichtigung der Haltung des Genossen Grotewohl und des Zustandekommens seines Erscheinens in München zu geben. Auch der letzte Punkt wird entscheidend für die Auffassung sämtlicher westlicher Zonen über die Frage der Vertragstreue in der Partei sein.“ [392]

Gerade weil Grotewohl in einen Bezirk vorgestoßen zu sein schien, der

---

ver mitteilte —, daß er Mitte oder Ende Oktober nach Nürnberg kommen wollte.“ (PVA — Dok. Nr. 857). Wie aus dem Reisebericht Dahrendorfs hervorgeht, konnten Dahrendorf und Grotewohl aus Zeitmangel Nürnberg nicht mehr besuchen (Anm. 362), S. 9.

390 Am 8. Oktober hatte in Bochum ein Sozialdemokrat, der aus Berlin gekommen war, in einer SPD-Mitgliederversammlung behauptet, „in Berlin sei die wirkliche Reichsleitung, die hannoversche Leitung hätte nicht das Vertrauen der Bezirke der amerikanischen Zone. Vielmehr ständen diese hinter der Berliner Leitung und lehnten die hannoversche ab . . .“ Jupp Kappius, Bochum, an Herbert Kriedemann, Hannover, handschriftlich am 16. Oktober 1945 (PVA — Akte Bezirk Westl. Westf. 1945). — Vermutlich haben Schumacher und sein Büro nicht nur diese Mitteilung über die in Berlin herrschende und von dort aus verbreitete Auffassung bekommen.

391 Schumacher, Hannover, an Thomas Wimmer, München, am 3. November 1945 (PVA — Dok. Nr. 871—874).

392 Schumacher bezog sich hier auf den von ihm vermuteten Bruch der Vereinbarung, die er mit Grotewohl in Hannover am 7. Oktober 1945 getroffen hatte. Vgl. oben S. 149 f.

bisher am wenigsten fest an Hannover angeschlossen gewesen war, drängte Schumacher auf schnelle Klärung:

„Da ich für die meisten denkbaren Termine der nächsten Zeit bereits festgelegt bin, würde immerhin ein vertrauenswürdiger, die Dinge voll überblickender Freund in der nächsten Zeit bei Euch erscheinen können. Gebt telegrafisch Nachricht, wann Ihr meinen Mitarbeiter erwartet."

Hier wird sichtbar, wie besessen Schumacher darauf bedacht war, in allen Bezirken der Westzonen die Sozialdemokratie als organisatorisch unabhängige Partei zu erhalten. „Gebt telegrafisch Nachricht ... !" — dieser im Original unterstrichene Satz enthält Schumachers beschwörendes Drängen, es gehe nicht um taktische Kleinigkeiten, nicht um parteiinternen Zwist. Schumacher sah in der Münchner Entwicklung, verbunden mit dem vermuteten Eingreifen Grotewohls, die ernsteste Gefährdung seiner Politik. In Wennigsen/Hannover hatte er den Zentralausschuß ausmanövrieren können. Sollten jetzt seine Pläne durchkreuzt werden, sollten die Bezirke einzeln der kommunistischen Taktik und dem Werben der Berliner für die „Einheit" erliegen? Schumacher fürchtete diese Entwicklung. Er mahnte:

„Wir dürfen uns doch darüber nicht im Unklaren sein, daß die Kardinalfragen der Gestaltung der innerdeutschen Kräfteverhältnisse nicht lokal oder auch bezirklich gelöst werden können."

Thomas Wimmer antwortete auf Schumachers Brief am 10. November[393]. Er schrieb, daß die Rundfunk- und Pressemeldung über die „Einheistfront" den Tatsachen nicht entspreche und fügte hinzu:

„Wir haben unsere eigene Selbständigkeit in keiner Weise aufgegeben und denken auch in Zukunft nicht daran ... Wir denken und dachten nie daran, unsere Grundsätze von Sozialismus und Demokratie zu verlassen ... Was den Zentralausschuß in Berlin anlangt, so stehen wir in München bis jetzt nicht im geringsten mit ihm in Verbindung. Auch Genosse Grotewohl ist bis jetzt in München nicht eingetroffen ..."

Diese Erklärung wurde von Julius Loßmann aus Nürnberg, der selbst in Wennigsen/Hannover gewesen war und an den Schumacher einen Durchschlag seines Briefes an die Münchner geschickt hatte, bestätigt[394]. Loßmann hatte am 10./11. November die Münchner auf einer SPD-Landeskonferenz gesprochen und konnte also Schumacher beruhigende Nachrichten aus erster Hand geben.

---

393 Thomas Wimmer, München, (Anm. 262).

394 Julius Loßmann, Nürnberg, (Anm. 389).

Die Falschmeldung über die „Einheitsfront" hatte nichtsdestoweniger einen Kern Wahrheit enthalten. Sozialdemokratische und kommunistische Vertreter hatten — ähnlich wie in anderen Städten der Westzonen [395] — seit Ende Juni 1945 Gespräche über eine „Aktionsgemeinschaft" geführt [396]. Parallel zu diesen Verhandlungen besprach man — dem Berliner Vorbild entsprechend — mit Vertretern der ehemaligen Bayerischen Volkspartei, auf welcher Grundlage das Zusammengehen aller „antifaschistisch-demokratischen Parteien" erreicht werden könne. Aber weder die einzelnen Persönlichkeiten, die aus dem Lager der „Christlichen" kamen, fühlten sich autorisiert, für eine Partei zu sprechen, noch war die „Christlich Soziale Union" damals schon Wirklichkeit geworden. Deshalb verliefen diese Besprechungen letztlich ergebnislos. Fünf Sozialdemokraten und vier Kommunisten hatten dagegen am 8. August 1945 eine Vereinbarung über die „Aktionsgemeinschaft der Sozialdemokratischen und der Kommunistischen Partei in München" unterschrieben [397], obschon es damals in München ebensowenig lizensierte Parteien gab wie etwa in den Hansestädten [398].

---

395 Vgl. oben die Beispiele Hamburg (S. 51 ff.), Bremen (S. 155 f.) und Braunschweig (S. 156 ff.).

396 Das geht aus der Broschüre „Protokolle der Aktionsgemeinschaft SPD — KPD, München" (Anm. 24) hervor. Die in nur 1000 Exemplaren Anfang 1946 veröffentlichten Protokolle sollten damals den Nachweis für die anfängliche Bereitschaft der SPD zur „Einheit" mit der KPD erbringen, — ein Parallelfall zu den auch erst 1946 von der KPD veröffentlichten Hamburger Dokumenten. Vgl. oben S. 52 und Anm. 83 sowie S. 63 und Anm. 113.

397 Für die sozialdemokratische Partei unterschrieben A. Roßhaupter, Arbeitsminister; Dr. W. Högner und die Stadträte Karl Kröpelin, Hans Schmidt und Christl Roith. Für die kommunistische Partei unterschrieben: L. Ficker; der Stadtrat J. Hirsch; A. Pfaller und B. Goldhammer. — Die Vereinbarung, die nur ein einziges Mal den Begriff „sozialistisch" enthält — in Verbindung mit der „sozialistischen Gesellschaft" als Endziel — spricht mehrfach von der Gegenwartsaufgabe der „Demokratisierung" des politischen, wirtschaftlichen und kulturellen Lebens. Die zehn Punkte der „Sofortaufgaben" entsprechen den aus Berlin und Hamburg bekannten Programmen und liefern ein Indiz, daß die Kommunisten eine enge Verbindung mit ihrer Berliner Zentrale auch von München aus hatten. Vgl. „Protokolle der Aktionsgemeinschaft SPD-KPD, München" (Anm. 24), S. 16.

398 Allerdings meldete bereits Mitte September die kommunistische „Deutsche Volkszeitung" in Berlin, daß in Dachau die „antifaschistische Einheit" durch eine „gemeinsame Kundgebung der SPD, KPD und der Bayerischen

Die Meldung von der „Einheitsfront“ wurde am 6. November in einer der regelmäßig stattfindenden Verhandlungen der „Aktionsgemeinschaft“ besprochen, aber keiner der Beteiligten — so wurde festgestellt — sei an der „voreiligen Veröffentlichung“ schuld gewesen. Daß die Idee der „Aktionsgemeinschaft“ zu dieser Zeit noch unangefochten war, zeigt das gleiche Protokoll: die beiden Sozialdemokraten, Roith und Roßhaupter, schlugen vor, „in allen Stadtteilen gemeinsame Aktionsausschüsse der SPD und KPD zu bilden“. Die Kommunisten stimmten zu [399].

Dennoch ergaben sich schon am 6. November erste Risse in der „Aktionsgemeinschaft“. Sozialdemokraten und Kommunisten konnten sich nicht einigen, ob parteipolitische Fragestellungen in Gewerkschaftsversammlungen erörtert werden dürften. Beide bezichtigten sich gegenseitig der „Fraktionsbildung“ beim Aufbau der Gewerkschaften [400]. Nachdem die US-Amerikaner die SPD Mitte November in München zugelassen hatten — die KPD war etwa zwei Wochen vorher lizensiert worden —, drängten die Kommunisten darauf, nun auch die Zulassung der „Aktionsgemeinschaft SPD-KPD“ bei der Militärregierung zu beantragen. Dazu ist es aber nicht mehr gekommen. Die Sozialdemokraten zögerten so lange, ihre Unterschrift unter den Antrag zu setzen, bis sie im Januar 1946 mit den bevorstehenden Wahlen in der amerikanischen Zone ein Argument in der Hand hatten, die Unterschrift ganz zu verweigern. Anfang Januar war indes die Münchner Entwicklung ohnehin

---

Volkspartei“ demonstriert worden sei. In der gleichen Meldung wurde die Gründung einer „Aktionsgemeinschaft der Sozialdemokratischen und der Kommunistischen Partei“ in München mitgeteilt. Deutsche Volkszeitung, Nr. 81 vom 14. September 1945.

399 „Protokolle der Aktionsgemeinschaft SPD - KPD, München“, (Anm. 24), S. 30—36.

400 Diese Tatsache wäre an sich nicht erwähnenswert. Aber sie erhellt, welche Unterschiede in den Auffassungen bei einer Gemeinschaft so grundverschiedener Akteure zusammenstoßen mußten. Es waren die Sozialdemokraten, die nur Gewerkschaftsfragen auf den Betriebsversammlungen besprochen wissen wollten, wohingegen die Kommunisten forderten, die „Aktionsgemeinschaft“ auch in den Betrieben zu verwirklichen. Damit forderten sie nichts anderes, als den Satz in der Vereinbarung vom 8. August zu verwirklichen, den auch die Sozialdemokraten unterschrieben hatten: „Für die Erfüllung dieser [Sofort-] Aufgaben wollen wir im politischen, wirtschaftlichen und kulturellen Leben zusammenstehen, in der Gemeinde wie im Betriebe [!] und Büro . . .“ „Protokolle der Aktionsgemeinschaft SPD - KPD, München“, (Anm. 24), S. 14—16.

durch Ereignisse überholt, die die Haltung der SPD zur KPD in einem viel größeren Rahmen entschieden.
Für Schumacher jedoch blieb die Münchner Entwicklung im November unklar. Erst auf einer Konferenz sozialdemokratischer Funktionäre der amerikanischen Zone am 29. November in Frankfurt am Main kam es zu einer Aussprache mit Albert Roßhaupter, der zu den Initiatoren der „Aktionsgemeinschaft"gehört hatte [401]. Vermutlich rührt auch daher die Zurückhaltung, die sich die Sozialdemokraten von da an den Kommunisten gegenüber auferlegten, wie aus den letzten Protokollen der „Aktionsgemeinschaft" des Jahres 1945 hervorgeht. Von Januar 1946 an fanden keine Verhandlungen mehr statt.
Hinsichtlich des Zentralausschusses wurde Schumachers Mißtrauen durch einen Bericht aus Stuttgart vom 16. November noch einmal bestätigt [402]. Am 8. November hatte sich Schumacher auch bei seinem Stuttgarter Vertrauensmann, Max Denker, nach der Entwicklung in Bayern erkundigt. Gleichzeitig fragte er an, welche Rolle nun Erich Roßmann in Stuttgart spiele, der auf seiner Reise von Berlin nach Stuttgart in Hannover bei Schumacher gewesen war [403]. Denker anwortete, daß Roßmann einen Bericht über Berlin und die östliche Zone gegeben habe. „Das einzige," schrieb Denker, „was mich wirklich daran interessierte, war die Feststellung, daß anscheinend die Berichterstattung Grotewohls über Hannover etwas gefärbt war, so daß der Eindruck bei den Berliner Genossen vorhanden ist, der Zentralausschuß bilde doch vorläufig die oberste Parteiinstanz."
Dieser Brief bestätigt, was aus dem Artikel Fechners vom 16. Oktober und aus dem Bericht Dahrendorfs vom 4. Dezember über seine Reise mit Grotewohl hervorging: der Zentralausschuß versuchte, die in Han-

---

401 Das geht aus einem Brief von Herbert Kriedemann, Hannover, an Thomas Wimmer, München, vom 11. Dzember 1945 hervor (PVA — Dok. Nr. 867). — Zur Konferenz in Frankfurt/M., (29. November 1945) wurde bereits am 2. November von Hannover aus eingeladen. Es ist nicht ausgeschlossen, daß diese Einladung auch mit den Nachrichten aus München zusammenhing. (PVA — Akte Büro Dr. Schumacher, Zentrale Rundschreiben, Blatt 086).

402 SPD-Kreis Stuttgart (Max Denker) an Schumacher, Hannover, am 16. November 1945 (PVA — Dok. Nr. 836—837).

403 Schumacher, Hannover, an Max Denker, Stuttgart, am 8. November 1945 (PVA — Dok. Nr. 838). — Erich Roßmann hatte dem Landesvorstand der SPD in Württemberg bis zur Auflösung der Partei 1933 angehört und war Mitglied des Reichstages von 1924—1933. Er starb 1953.

nover getroffene Vereinbarung zu korrigieren, versuchte, seinen Führungsanspruch zu behaupten. Nur wenige Wochen später, am 21. Dezember, war jedoch die Entwicklung in der Sowjetzone so weit fortgeschritten, daß keine Chance mehr bestand, in den Westzonen den Gang der Dinge zugunsten des Berliner Zentralausschusses zu beinflussen. Die weitere Darstellung wird das zeigen.

Kapitel 9
Die Haltung des Zentralausschusses bis zum Vorabend der „Sechziger-Konferenz" in Berlin am 20. und 21. Dezember 1945

Otto Grotewohl hatte am 26. August 1945 in Leipzig die Einstellung der sowjetischen Besatzungsmacht zur SPD beschrieben. Er glaubte damals, die Sowjets seien in ihrer Zone auf die SPD angewiesen, weil sie „die Massen hinter sich" habe [404]. Knapp drei Wochen später, am 14. September, hatte Grotewohl in Berlin öffentlich die These von der „Sammellinse" entwickelt, wonach nur der SPD in ganz Deutschland die politische Führung zufallen könne, da weder allein die bürgerlichen Parteien von der östlichen Besatzungsmacht, noch allein die KPD von den westlichen Mächten als die Vertreter der deutschen Bevölkerung anerkannt würden [405].

Überschätzte Grotewohl im ersten Fall die Bedeutung, die die Worte eines sowjetischen Marschalls hatten, so wurde er im zweiten Fall das Opfer einer gedanklichen Konstruktion, die mehr vom Wunsche, denn von den Tatsachen her bestimmt war. Wie sehr die Sowjets die KPD als ihr Instrument betrachteten und benutzten, wie wenig die westlichen Besatzungsmächte sich in absehbarer Zeit zu einer Parteinahme für oder gegen die entstehenden deutschen Kräfte entscheiden wollten —

---

404 Vgl. oben S. 83 f. und Anm. 170.

405 Vgl. oben S. 84 f. und Anm. 175.

das war im Entwurf Grotewohls nicht hinreichend bedacht [406]. Damit aber fielen die Voraussetzungen weg, auf denen Grotewohls Pläne basierten.

Neben den politischen Überlegungen stand noch eine wirtschaftspolitische, die die Haltung des Zentralausschusses beeinflußte. Sie ist mit dem Begriff der „Ostorientierung" zu umschreiben [407]. Gustav Klingelhöfer [408],

---

406 Das beruhte nicht nur darauf, daß Grotewohl und seine Mitarbeiter zu fest an ihren einmal entworfenen Plänen festhielten. Es lag vor allem an dem erschreckenden Mangel sachgerechter Informationen, der sich bei ihnen beobachten läßt. Über die Entwicklung der Auffassungen bei der KPD seit 1933, besonders über die Einzelheiten aus der Emigrationszeit der führenden deutschen Kommunisten in der Sowjetunion, wußte man im Zentralausschuß 1945 so gut wie nichts. Mit den westlichen Allierten sind bis zum Jahre 1946 Gespräche „recht eigentlich gar nicht geführt worden." Die westlichen Besatzungsmächte in Berlin wurden erst „wach", nachdem die Ergebnisse der Sechziger-Konferenz vom 20./21. Dezember 1945 vorlagen. — Mündliche Mitteilung von Gustav Klingelhöfer, Berlin, am 14. April 1956.

407 Bei mehreren Interviews wurde die Vermutung geäußert, Gustav Dahrendorf habe mit seinen wirtschaftspolitischen Kenntnissen die Haltung des Zentralausschusses in dieser Hinsicht beeinflußt. Ein schriftlicher Beleg läßt sich dafür bisher nicht beibringen. — Dagegen läßt sich nachweisen, daß der Zentralausschuß schon vor der Konferenz von Potsdam (vgl. unten Anm. 409) die „Ostorientierung" zu seinem Programm erhoben hatte. Karl J. Germer, geb. 1913 in Duisburg, das an Jahren jüngste Mitglied des Zentralausschusses, hatte am 16. Juni 1945 Otto Grotewohl den Entwurf eines Aufrufs an die deutsche Jugend übermittelt. Darin hieß es: „. . . Deutschland besitzt . . . die Pflicht, das große Bindeglied zwischen den Nationen des Nordens und Südens, des Ostens und Westens zu sein." — Grotewohl antwortete darauf am 16. Juli 1945: „. . . dieser Teil . . . steht sachlich in einem gewissen Widerspruch zu der politischen Auffassung, die ich in meinem Referat am 10. 7. im Zentralausschuß darlegte und die der Zentralsausschuß gutgeheißen hat. Danach sind wir im Prinzip nicht die Vermittlung zwischen zwei Systemen, sondern vielmehr geht unsere wirtschaftliche und politische Entwicklung nach dem Osten. Schwierig ist nur, dafür im gegenwärtigen Augenblick die taktisch tragbare Formel zu finden." Masch. schr. Entwurf „Deutsche Jugend — gesprochen zu ihren Erziehern!", 4 Seiten, und Otto Grotewohl an Karl J. Germer, beide Berlin, am 16. Juli 1945 (Beide Dokumente Archiv Karl J. Germer, Berlin).

408 G. Klingelhöfer, geb. 1888 in Metz, gehörte der SPD seit 1917 an und war vor 1933 Wirtschaftsredakteur beim „Vorwärts", dem Zentralorgan

der auch große Passagen der Reden Grotewohls 1945 entworfen hat, beschrieb in einem Referat, das er nach der Potsdamer Konferenz der „Großen Drei" [409] hielt, den Inhalt dieses Begriffs [410]. Er ging von der „völlig disproportionierten Wirtschaft" aus, die der Krieg in Deutschland hinterlassen habe. Obwohl zwei Drittel der „Produktionsinstrumente" zerstört seien, — obwohl das Staatsgebiet um ein Viertel bis ein Drittel verkleinert sei, müsse etwa die gleiche Volkszahl wie 1933 ernährt und versorgt werden [411]. Über die Zukunftsaussichten für die deutsche Wirtschaft sagte Klingelhöfer:

---

der SPD. Im Zentralausschuß der SPD leitete Klingelhöfer das wirtschaftspolitische Referat.

409 Die Konferenz von Potsdam, an der Churchill und Eden, später Attlee und Bevin für das Vereinigte Königreich, Truman und Byrnes für die Vereinigten Staaten, und Stalin und Molotow für die UdSSR teilnahmen, dauerte vom 17. Juli bis 2. August 1945. Vgl. Boris Meißner (Anm. 3), S. 60 ff.

410 Gustav Klingelhöfer: Die Partei 1945, unveröffentlichtes Manuskript (Archiv G. Klingelhöfer, Berlin). Klingelhöfer glaubte sich zu erinnern, daß das Referat im September oder Anfang Oktober 1945 gehalten worden ist (Mündliche Mitteilung von G. Klingelhöfer, Berlin, am 19. Januar 1956). Aus dem Inhalt des Referats ist zu schließen, daß es zwischen Mitte August und Mitte September niedergeschrieben worden ist.
Klingelhöfer hatte bereits vor dem 14. August 1945 in einer Versammlung der Berliner SPD-Kreisvorsitzenden über die Beschlüsse von Potsdam berichtet und setzte sie in dem vorliegenden Referat als bekannt voraus. Vgl. dazu Kreisvorstandsprotokolle 1945, 1946 und 1947, SPD-Kreis IX, Berlin-Wilmersdorf, Sitzung der Kreisleitung am 14. August 1945, S. 3 f., wonach Dr. S. Nestriepke eine kurze Mitteilung über Klingelhöfers Bericht zu den Potsdamer Beschlüssen machte. Es ist anzunehmen, daß das Referat „Die Partei 1945" eine Weiterentwicklung der vor dem 14. August geäußerten Gedanken darstellt.
Da sich der dritte Teil dieses Referates („Neubau des Staates") fast wörtlich in der Rede Grotewohls vom 14. September 1945 unter der Überschrift „Neubau eines Staates — Der historische Auftrag der SPD" findet, darf man annehmen, daß das Referat Klingelhöfers vor dem 14. September entworfen worden ist. Vgl. hierzu Otto Grotewohl: „Wo stehen wir, wohin gehen wir?" (Anm 138), S. 36—43.

411 Tatsächlich hatte Deutschland 1945 von seinem Gebietsstand vom 31. Dezember 1937 knapp 25 Prozent der Fläche verloren, nämlich 117 098 qkm von 470 444 qkm. Dagegen ist die Bevölkerungszahl in Berlin, der Sowjetzone und den drei Westzonen (ohne Saargebiet) zwischen 1939 und

„Im großen helfen wird uns niemand. Im Zeitalter des Imperialismus werden Konkurrenten wie Deutschland nicht k. o. geschlagen, um sie von neuem zu Konkurrenten hochzupäppeln ... Auf mehr als ein humanitäres Interesse des Westens dürfen wir nicht hoffen. Innerhalb Europas haben wir vielleicht die Möglichkeit, Waren zu tauschen und von Neutralen vielleicht auch etwas Kapital zu erhalten; aber in die Welt können wir nicht mehr hinaus, wir haben uns in Europa einzurichten wie Ungarn, Polen, Rumänien, Bulgarien und Jugoslawien, nur mit noch weniger Rechten."

Daß alle aufgezählten Länder nach 1945 zum „sozialistischen Lager" unter Führung der Sowjetunion gehörten, war damals noch nicht mit den Konsequenzen gemeint, die — nach den Erfahrungen des „Kalten Krieges" — eine solche Aufzählung einschließen würde. Immerhin geben die von Klingelhöfer zum Vergleich genannten Länder einen Hinweis, welche Aussichten der Zentralausschuß für Deutschland sah.

Darüber hinaus fürchtete Klingelhöfer, daß nicht nur in den unterlegenen Nationen die Lebenshaltung eingeschränkt werden würde, sondern daß sich auch „die Arbeiterklassen der westlichen Siegerbourgeoisien zu Verzichten an ihrer Lebenshaltung gezwungen" sehen würden, da „das nach Dividende verlangende Kapital so wenig ... Opfer wie möglich bringen" wolle, um „die Kriegskosten zu verzinsen und zu tilgen". Viel schlimmer sei es jedoch um die deutsche Arbeiterklasse bestellt:

„Tatsächlich stehen Arbeiterklassen vernichteter Hochbourgeoisien neuen Ausbeutern gegenüber, wenn sie ihre Staatlichkeit verlieren. Die Westorientierung [Deutschlands] würde eine Entscheidung für neue Ausbeuter sein, denen gegenüber wir nicht einmal die staatliche Selbstbestimmung in die Waagschale werfen können."

Erinnert man sich daran, welche Pläne der westlichen Alliierten 1945 bekannt waren — der „Morgenthau-Plan" sei als Beispiel genannt —, dann mag die Klingelhöfersche Analyse aus der Situation jener Zeit an Verständlichkeit gewinnen. Ihr dennoch rein ideologischer Charakter enthüllt sich jedoch in der Umkehrung, nämlich in der Begründung der „Ostorientierung", die aus der Ablehnung der „Westorientierung" folgte:

1946 — dem Jahr der ersten Volkszählung nach dem Kriege — von 58,8 auf 64,1 Millionen Menschen (ca. 10,5 Prozent) gestiegen.

Im Spätsommer 1945 hat also Klingelhöfer ohne Kenntnis der genauen Zahlen etwa die richtige Relation gesehen. — Vgl. Statistisches Jahrbuch für die Bundesrepublik Deutschland 1952, hg. vom Statistischen Bundesamt Wiesbaden, Stuttgart und Köln 1952, S. 12.

„Die Position der Sowjetunion nach dem Sieg über Deutschland ist anders ... Ihr Krieg diente nicht der Beseitigung eines Konkurrenten, sondern war ein revolutionärer Verteidigungskrieg ... Sie nimmt Maschinen, Vieh, Gold und Gebiete; sie läßt Millionen deutscher Kriegsgefangener den Wiederaufbau an Ort und Stelle durchführen. Soweit man bei der Sowjet-Union von Imperialsmus sprechen kann, ist er nicht ausbeuterisch, sondern sozialistisch."

Es ist leicht zu bemerken, welches Maß an ideologischer Trübung des gesunden Urteilsvermögens hier im Spiele war. Daß weder die Arbeiter noch die „Arbeiterklasse" die Politik der Sowjetunion als Staat bestimmten, war auch im Jahre 1945 leicht zu erkennen. Aber Klingelhöfer und der Zentralausschuß glaubten, „daß die deutsche Arbeiterklasse ... — trotz der als bitter empfundenen Reparationspolitik — in der Sowjetunion keinen Klassenfeind zu erblicken" habe.
Es war das alte vulgärmarxistische Schema vom Antagonismus der zwei Klassen, das hier benutzt wurde, — angewandt im Koordinatensystem zwischenstaatlicher Politik, wo angeblich die Machtverhältnisse eine Entscheidung erzwangen. Dabei gelangte Klingelhöfer mit der Scheinlogik einer sozio-ökonomischen Begründung zu der unglücklichen Alternative: absolute West- oder absolute Ostorientierung! Weil im Westen „der Kapitalismus" regiere, könne sich Deutschland nicht nach dem Westen hin orientieren; weil die Politik der Sowjetunion nicht durch „Dividende verlangendes Kapital wie bei den führenden Westbourgeoisien" bestimmt werde, müsse sich die deutsche Arbeiterklasse mit dem von ihr zu errichtenden Staat allein nach Osten orientieren! Oder, wie Klingelhöfer sagte: „Unsere Ostorientierung ergibt sich aus der klassenpolitischen Analyse der durch Potsdam gegebenen Situation."
Bei aller Kritik an Klingelhöfers Analyse und ihren Ergebnissen kann man einräumen, daß es 1945 eine realistische wirtschaftliche Überlegung gab, die die handelspolitische Zusammenarbeit mit der Sowjetunion nahelegte. Die Zerstörungen in der deutschen Industrie hatten die Aussichten beschränkt, die deutschen Produkte auf den westlichen Märkten absetzen zu können. Dagegen konnte die Qualität der Produkte, die durch die Zerstörungen der Industrie vermindert war, vielleicht ausreichen, um mit ihnen den ungeheuren Konsumgüterbedarf des Ostens decken zu helfen [412]. Aber bedurfte es dazu einer ideologischen Begrün-

412 Diese These soll vor allem von Dahrendorf vertreten worden sein. Vgl. dazu Anm. 407.

dung, die zu solchen Fehlschlüssen führte, wie sie der Spezialist für Wirtschaftsfragen beim Zentralausschuß vortrug?
Viel klarer sah Klingelhöfer zwei andere Komplexe: das mögliche Schicksal der sowjetischen Zone und die Rolle der KPD. In seinem Referat folgerte er aus der „antagonistischen Eigenart der Partner von Potsdam", daß die sowjetische Zone und Berlin „vielleicht mit den übrigen Zonen keine politische Verbindung haben" könnten, so daß „unsere Partei in der Zone auch einen eigenen Weg gehen" müsse. Noch schränkte Klingelhöfer ein: „Das ist eine Möglichkeit; sie muß nicht eintreten." Auch führte er diesen bemerkenswerten Hinweis — zeitlich der erste überlieferte Hinweis im Dokument eines Mitarbeiters des Zentralausschusses! — noch nicht weiter aus, sondern beschäftigte sich ausführlich mit der Rolle der KPD:

„Es gehört keine hellseherische Begabung zu der Erkenntnis, daß unser [kommunistischer] Partner [in der Einheitsfront] sich als Beauftragter des Ostsiegers in Deutschland betrachtet. Als solcher kann er in dem von den Alliierten gemeinsam besetzten und verwalteten Deutschland nicht gut auftreten. Er kann nur als Exponent der erklärten gemeinsamen Absicht der Alliierten auftreten, Deutschland durch demokratische Schulung für die Selbständigkeit reif zu machen. Dennoch besteht sein kommunistischer Auftrag fort ..."
Es sei auch festzustellen, sagte Klingelhöfer, daß bei der kommunistischen Partei „vielfach eine deutlich kämpferische Tendenz gegen unsere Partei zum Ausdruck" gekommen sei, „die mannigfach, auch in Provinzstädten, zur Unterdrückung der Bildung sozialdemokratischer Ortsgruppen geführt" und „sich auch in einem gehäuften Eingreifen in die Personalpolitik unserer Partei" geäußert habe.
Klingelhöfer faßte seine Eindrücke zusammen:
„Es ist also ein Kampfverhältnis, das in der Einheitsfront mit der kommunistischen Partei verdeckt wird. Ein Kampfzustand, der zwischen den beiden Parteien im Wettbewerb um die Führung in der Arbeiterklasse und in der Demokratie durchaus natürlich wäre, wenn er nicht durch die Betonung der Einheitsfront, die von der kommunistischen Partei gewissermaßen auch befohlen ist, seine b e s o n d e r e politische Note erhalten würde." [413]
Was Klingelhöfer mit der „besonderen politischen Note" meinte, geht aus seiner Bemerkung hervor, die er in die Form einer „Vermutung"

413 Die Sperrung wurde aus dem Original übernommen.

kleidete, — daß nämlich im Gegensatz zur SPD „die kommunistische Partei sich der Potenzen der Sowjetunion bedienen“ dürfe.
Damit beweisen die Zitate nichts weniger, als daß es — spätestens Ende September/Anfang Oktober — auch im Zentralausschuß keine Illusionen über den tatsächlichen Charakter der Einheitsfront hätte geben können. Klingelhöfer, einer der engsten Mitarbeiter Grotewohls, sprach das aus, was wenig später Grotewohl und seine Begleiter Schumacher gegenüber leugneten: die Einheitsfront war von einer Partei „befohlen“, die die volle Unterstützung der sowjetischen Besatzungsmacht besaß. Diese Erkenntnisse waren nicht auf den Zentralausschuß beschränkt, sondern wurden — das ist mit Sicherheit anzunehmen, auch wenn schriftliche Belege dafür heute noch fehlen [414] — von der Mehrheit der Sozialdemokraten in der Sowjetzone geteilt. Vermutlich bestanden bei ihnen, die dem täglichen Anschauungsunterricht kommunistischer Praxis unmittelbarer ausgesetzt waren als der mit weniger Schikanen behandelte Zentralausschuß, jene Illusionen viel seltener, die sich Grotewohl und eine Gruppe seiner Mitarbeiter im Herbst 1945 machten.
Für die weitere Entwicklung des Verhältnisses zwischen dem Zentralausschuß und der KPD sind zwei Reden von Bedeutung, deren voller Wortlaut bisher nicht schriftlich veröffentlicht worden ist. Es sind die Rundfunkansprache Gustav Dahrendorfs zum Jahrestag der Russischen Revolution am 7. November und die Rede Otto Grotewohls am 11. November 1945 zur Feier der Deutschen Novemberrevolution von 1918 [415] Dahrendorf, der im Berliner Rundfunk sprach, nahm wieder auf, was der Zentralausschuß schon im Juni hervorgehoben hatte, als er die Absicht der KPD begrüßte, nicht „Deutschland das Sowjetsystem aufzuzwingen“. Mit der für die letzten Monate des Jahres 1945 schon selbstverständlich gewordenen Verbeugung gegenüber der „Einheit“ verband er die Schlußformel seiner Ansprache: es werde „aus den Entwicklungsbedingungen heraus die Demokratie die Grundlage einer wirklichen Erneuerung Deutschlands sein.“
Viel weiter ging Grotewohl in seiner Rede vom 11. November. Zwei

414 Bekanntlich kann in dieser Untersuchung auf die Entwicklung der SPD in der Sowjetzone im allgemeinen nur insoweit eingegangen werden, als die jeweilige Position des Zentralausschusses betroffen ist. Für die SPD-Bezirke der Sowjetzone fehlt es an zugänglichem Material.

415 Gustav Dahrendorf: Zum 7. November 1945, masch. schriftl. unveröffentlichtes Manuskript, 4 Seiten; Otto Grotewohl: Rede zum 9. November 1945, masch. schriftl. unveröffentlichtes Manuskript, 7 Seiten (beide: Archiv Gustav Klingelhöfer, Berlin).

Tage vorher hatte der KPD-Vorsitzende, Wilhelm Pieck, bei der Revolutionsfeier seiner Partei dazu aufgerufen, „so bald wie möglich die völlige Vereinigung der Kommunisten und Sozialdemokraten in einer einzigen Arbeiterpartei herbeizuführen“ [416].

Auch hatte die KPD ursprünglich eine gemeinsame Novemberfeier beider Parteien gefordert. Der Zentralausschuß hatte auf einer eigenen Veranstaltung der SPD bestanden [417]. War das schon zu dieser Zeit ungewöhnlich, so benutzte Grotewohl zur Überraschung seiner Zuhörer die Gelegenheit, um nicht nur die Revolution von 1918 und die Rolle der „Arbeiterklasse“ zu feiern, sondern um einen Aufriß ihrer zukünftigen Aufgaben zu geben:

„Die Stunde ist nicht nur für einen Wirtschaftsaufbau gekommen, der aus sozialistischem Geist erfolgen muß, die Stunde ist auch für einen Neubau des Staates gekommen, der als wahrer und wirklicher demokratischer Volksstaat unter der Führung der Arbeiterklasse aufgebaut werden muß.“

Dabei verstand Grotewohl den „demokratischen Volksstaat“ als einen „einheitlichen freien Volksstaat, der seine Gesetze sich einheitlich und seine Verfassung sich selbständig gibt, aus der Freiheit und der Selbstverantwortlichkeit seiner Bürger für ihren Staat“ [418]. Das war das Programm des zentralen Einheitsstaates, wie ihm zu dieser Zeit vor allem die französische Besatzungsmacht heftig widerstrebte; es war zugleich das — im westlichen Sinne des Wortes — demokratische Programm, das sowohl den Intentionen der kommunistischen Partner in der Einheitsfront, als auch ihrer sowjetischen Schirmherren strikt zuwiderlief.

Für Grotewohl lag darin, daß „die Stunde zu einem demokratischen Aufbau des neuen deutschen Volksstaates unter der entscheidenden Führung der deutschen Arbeiterklasse gekommen“ sei, „der wirkliche, der tiefste und der geschichtlich zwingende Grund für die Forderung, daß die politische deutsche Arbeiterbewegung eines Tages über alle kleinlichen und organisatorischen Hemmungen hinweg in einer Organisation zusammengefaßt sein muß.“ Nur die Floskel „eines Tages“ deutete an, was nun folgen sollte, als sich Grotewohl der Frage zuwandte, „wie diese Einheit zu schmieden“ sei. Grotewohl nannte vier Thesen [419]:

---

416 „Deutsche Volkszeitung“, Nr. 130 vom 10. November 1945.

417 Wolfgang Leonhard (Anm. 33), S. 424.

418 Die Unterstreichungen im Original sind hier durch Sperrungen hervorgehoben.

419 Ein wörtlicher Abdruck dieser Thesen findet sich bei Klaus-Peter Schulz (Anm. 50), V. Fortsetzung (September 1957), S. 23 f.

1. Die „Einheit“ könne nicht das Ergebnis eines Beschlusses von Instanzen, sondern müsse der eindeutige „Wille aller deutschen Klassengenossen“ sein.
2. Die „Einheit“ könne auch nicht „das Ergebnis eines äußeren Drucks oder indirekten Zwanges sein.“ Mit der Freiheit der Entscheidung „auch des letzten Klassengenossen“ sei es unvereinbar, daß eine Partei mit „Ansprüchen eines Erstgeburtsrechtes an die Frage der Einigung“ herangehe.
3. Die Einigung der deutschen Arbeiterbewegung müsse aus dem gemeinsamen Werk des sozialistischen und demokratischen Aufbaus erwachsen, bevor ein Beschluß sie organisatorisch vollziehen könne.
4. „Eine zonenmäßige Vereinigung würde vermutlich die Vereinigung im Reichsmaßstabe nicht fördern, sondern nur erschweren und vielleicht das Reich zerbrechen.“ Dagegen sei es „höchste Aufgabe der deutschen Arbeiterklasse, . . . die Einheit und Einheitlichkeit des gesamten Staats- und Wirtschaftsgebietes Deutschlands zu wahren“; dafür sei die „Schaffung einheitlicher Reichsparteien der deutschen Arbeiterbewegung schlechthin die entscheidende Voraussetzung.“

Grotewohl richtete die erste These gegen die kommunistische Absicht, die Verschmelzung beider Parteien durch ihre Führungsgremien entscheiden zu lassen. Der Gedanke der Urabstimmung durch die Mitgliedschaft, wie er später allein in West-Berlin verwirklicht werden konnte, ist darin angelegt. Mit seiner zweiten These widersprach Grotewohl der kommunistischen Praxis, einzelne Sozialdemokraten oder ihre Parteigliederungen unter Druck moralischer oder physischer Art zu stellen und der KPD ein Verdienst daraus zu konstruieren, daß sie kräftiger und zuerst für die „Einheit“ eingetreten sei, was — wie Grotewohl mit Recht sagen konnte — nachweislich falsch war.
Entscheidend sind Grotewohls dritte und vierte These. Sie zeigen, daß der Zentralausschuß in der ersten Novemberhälfte 1945 an einer baldigen Vereinigung der beiden Parteien nicht mehr interessiert war. Erst nach dem gesellschaftlichen und staatlichen Aufbau, der sich sozialistisch und demokratisch vollziehen sollte, und nach der Schaffung von Reichsparteien, für die noch überhaupt keine Chance sichtbar war, als Grotewohl sprach: erst dann sollten die Voraussetzungen erfüllt sein, um die Vereinigung beschließen zu können.
Wolfgang Leonhard, der an der Seite des kommunistischen Parteivorsitzenden, Wilhelm Pieck, die Rede Grotewohls erlebte, hat die Reaktion Piecks so geschildert: „Grotewohl hat sich mit seiner heutigen Rede

ganz klar und offen als Gegner der Einheit ausgesprochen." [420] Das war der Eindruck, den Grotewohl bei der KPD erweckt hatte, gleichgültig, ob Pieck sich nun wörtlich so geäußert hat oder nicht. Es spielte keine Rolle, daß der Zentralausschuß die „Einheit" nur anders und zu einem anderen Zeitpunkt unter anderen Voraussetzungen wollte: am 11. November hatte sich Grotewohl gegen feststehende politische Pläne der Kommunisten öffentlich geäußert. Das genügte, um ihn zum Gegner der „Einheit" zu stempeln!

Grotewohl lieferte nicht nur den Kommunisten, sondern zugleich den Sowjets einen nicht zu übersehenden Anlaß, sich Gedanken über die Gefügigkeit der sozialdemokratischen Führung zu machen. Bisher hatten die Sowjets öffentlich geäußerten Widerstand gegen ihre Besatzungspolitik nur bei den Spitzen der bürgerlichen Parteien gefunden. Vermutlich hatten sie ihn, wie etwa bei der Bodenreform, von vornherein einkalkuliert. Jetzt aber sprach ein Sozialdemokrat, über dessen Loyalität weniger Zweifel bestanden haben mögen, aus, was — nach der Lage der Dinge — nur als Kritik an der Sowjetmacht verstanden werden konnte. Grotewohl sagte:

„Wir müssen zum Schluß noch ein Wort zur Welt sprechen. Die Welt verlangt vom deutschen Volk mit Recht Sicherheit für die Zukunft. Für die ... Sicherheit, für die Gewährleistung des Friedens in der Welt, soweit Deutschland infrage kommt, kann die deutsche Arbeiterbewegung die beste und sicherste Verantwortung übernehmen, eine Verantwortung für das ganze deutsche Volk."

Nach dieser Erklärung, scheinbar an die ganze Welt gerichtet, versicherte Grotewohl, indem er dreimal einleitete mit: „Wir wollen ...", daß die Sozialdemokraten alle Voraussetzungen für den Frieden schaffen, alle Fragen der Wiedergutmachung gewissenhaft durchführen und alle neuen Trusts, Machtkonzerne und marktbeherrschenden Syndikate verhindern würden, damit keine Gefahren mehr für andere Volkswirtschaften entstehen könnten.

Grotewohl fuhr fort:

„Aber diese Bitte richten wir an die Welt, man lasse uns genügend Land, um uns zu ernähren, genügend Rohstoffe zur Produktion unseres eigenen Bedarfs, und man lasse uns den Großbetrieb, der nicht der Kriegswirtschaft dient, als einzige Form zur rationalen Verwertung der Arbeitskraft, um einmal — zur Sicherung unserer zu schmalen Ernährungsgrundlage — wieder zu einer Aus- und Einfuhr zu kommen."

---

420 Wolfgang Leonhard (Anm. 33), S. 425.

Grotewohl schloß seinen Appell, die Welt möge der deutschen Arbeiterklasse die politische und wirtschaftliche Führung in Deutschland zugestehen, um die Garantie zu haben, „daß es in Deutschland keine Faktoren mehr geben kann, die mit dem Gedanken des Krieges als eines politischen Mittels spielen könnten."

Doppelt verkleidet — vorgetragen als eine Bitte und gerichtet an die Welt, nicht an die Sowjets allein — hatte Grotewohl damit am 11. November öffentlich die Abtrennung der deutschen Ostgebiete, die fast unbegrenzte Demontage und die Räumung der Rohstofflager durch die Organe der sowjetischen Besatzungsmacht kritisiert. Für diese Maßnahmen waren die „Großen Drei" verantwortlich, die sie in Potsdam beschlossen oder stillschweigend gebilligt hatten. Wer aber hätte übersehen können, daß in Potsdam von den drei Signatarmächten die Sowjets das größte Interesse an der Abtrennung der Ostgebiete, der rigorosen Demontage und der Entnahme von Rohstoffen und Materialien aus deutschen Beständen besaßen? Deshalb mußte auch in den Augen der sowjetischen Besatzung die Rede Grotewohls als genau das erscheinen, was sie war: als Versuch, die Nöte der deutschen Bevölkerung — ihre Hoffnungslosigkeit unter den gegenwärtigen Bedingungen und ihre Bedürfnisse für die Zukunft — der Besatzungsmacht gegenüber zu vertreten. Bei den Sowjets hat die Rede wahrscheinlich bewirkt, die „Einheits"-Kampagne erheblich zu verschärfen [421]. Daß sie allerdings schon angelaufen war, zeigt die abwehrende Haltung Grotewohls, der am 11. November nicht nur Vorbehalte anmeldete, wie er es am 14. September getan hatte. Jetzt sprach er die sozialdemokratischen Bedenken schärfer und präziser aus; jetzt nannte er unmißverständlich die Voraussetzungen, die erfüllt sein müßten, bevor mit der Bereitschaft der SPD zu rechnen war, daß sie der Vereinigung mit der KPD zustimme.

Wer die Praxis sowjetischer Besatzungspolitik kennt, kann nicht bezweifeln, daß Grotewohl mit seiner Rede vom 11. November ein mutiges Bekenntnis zu deutscher und sozialdemokratischer Politik ablegte [422], —

---

421 Wolfgang Leonhard, a. a. O.: „Von diesem Tage an begann die große Einheitskampagne." — Auf die Frage, ob die „Einheit" der beiden Parteien nicht schon vorher propagiert worden sei, antwortete Leonhard: „Sie war schon viele Monate vorher als Fernziel bezeichnet worden, aber richtig ‚aufgedreht' haben wir erst, nachdem Grotewohls Rede, die Budapester und die österreichischen Wahlergebnisse vorlagen." Mündliche Mitteilung von Wolfgang Leonhard, Köln, am 5. Januar 1959. Vgl. dazu auch oben Anm. 382.

422 Grotewohl selbst hat den Bekenntnischarakter seiner Rede empfunden, als

daß er zu dieser Zeit noch sehr viel mit seinen Parteifreunden in den Westzonen gemeinsam hatte [423]. Die Sozialdemokraten Berlins, die die Rede kennenlernten, sahen darin einen Beweis, wie gerechtfertigt ihr Vertrauen zu diesem Mann war. Grotewohl hatte gewagt, den Sowjets öffentlich zu widersprechen und den deutschen Kommunisten Paroli zu bieten. Unter den Umständen, die der heutige Betrachter nur ungenau nachzeichnen kann, erschien das als eine ebenso mutige wie besonnene Tat.

Was den Augen- und Ohrenzeugen nicht bekannt war, — was nur als ein Gerücht zum Zentralkomitee der KPD gedrungen sein soll [424], war die Tatsache, daß die Rede — bis auf den letzten Teil, als Grotewohl seine Situation mit der Luthers vorm Reichstag zu Worms verglich — gar nicht von ihm selbst verfaßt worden war, sondern von Gustav Klingelhöfer stammte [425]. Das mindert nicht das Verdienst Grotewohls, die Rede in einer öffentlichen Kundgebung gehalten zu haben, aber es legt die Frage nahe, ob eigentlich Grotewohl — der Vorsitzende des Zentralausschusses — so fest hinter seinen Worten stand, wie er versucht hatte, den Anschein zu erwecken.

Schon seine Rede war eine Halbheit in sich gewesen. Im entscheidenden

---

er zum Schluß sagte, er habe aus dem Geist gesprochen, „den einst der Reformator und Kirchenrevolutionär Luther gegen eine Welt von Widersachern in die schlichten Worte legte: ‚Hier stehe ich, ich kann nicht anders!' — Auch wir können nicht anders." — Dieses Pathos ist Grotewohl vor allem von jüngeren Zuhörern verübelt worden; nichtsdestoweniger ist es symptomatisch für Grotewohls Situation, wie er sie erlebte.

423 Grotewohl schloß seine Rede: „Es lebe die Sozialdemokratische Partei Deutschlands! Es lebe die Einheit der deutschen Arbeiterbewegung! Es lebe unser deutsches Volk! Es lebe des deutschen Volkes Einheit und seine friedliche zukünftige Freiheit!" — Wenn auch dieser Schluß mehr einer alten sozialistischen Tradition als einer nach 1945 in der deutschen Sozialdemokratie geübten Praxis entsprach, so wären doch Inhalt und Reihenfolge bei einem sozialdemokratischen Redner in den Westzonen schwerlich anders ausgefallen.

424 Wolfgang Leonhard (Anm. 33), S. 425.

425 Handschriftlicher Originalentwurf Gustav Klingelhöfers, 17 Seiten (Archiv Gustav Klingelhöfer, Berlin; Ordner: Einheit - Vereinigung). — Der handschriftliche Entwurf Klingelhöfers, der viele Korrekturen enthält, weicht nur geringfügig von dem Text der Rede ab, wie sie Grotewohl tatsächlich gehalten hat (Anm. 415). Nur die beiden letzten Absätze der Rede sind vermutlich von Grotewohl selbst hinzugefügt worden; sie finden sich nicht in Klingelhöfers Entwurf.

Teil lehnte Grotewohl nur die verfrühte Fusion ab, nicht die Vereinigung an sich, die — eingekleidet in den Begriff von der „Einheit der Arbeiterklasse" oder „Arbeiterbewegung" — als Fernziel ausdrücklich bestätigt wurde. Aber Grotewohl hatte nicht gesagt, warum die SPD erst den Aufbau Deutschlands sozialistisch und demokratisch erreichen wollte, bevor sich die beiden Parteien vereinigen sollten. Und was wog der Hinweis auf die Reichseinheit, auf die Aufgabe der Arbeiterklasse, sie zu erhalten, da die Alliierten offenbar nicht einmal vermochten, ihre Zonen einheitlich zu behandeln, wie es das Abkommen von Potsdam vorsah? Was sollten schließlich die sozialdemokratischen Mitglieder in den gemeinsamen Arbeits- und Aktionsausschüssen ihren kommunistischen Partnern sagen, wenn sie gefragt wurden, warum die SPD nicht jetzt, wohl aber im Prinzip die „Einheit" wollte? Sollte die „Reaktion", wie die KPD behauptete, erst wieder an Macht gewinnen? Die Thesen Grotewohls boten keine Antwort darauf, obgleich diese kommunistischen Argumente schon bekannt waren.

Die zweite Halbheit lag darin, daß Grotewohl und der Zentralausschuß nicht versuchten, die eigene Partei und die Öffentlichkeit für ihre nun bezogene Position zu gewinnen. Die westlich lizensierten Zeitungen nahmen von der Rede Grotewohls keine Notiz [426], der Berliner Sender übertrug sie nicht [427]. Die Zeitung der sowjetischen Besatzungsmacht, „Tägliche Rundschau", brachte am 13. November einen dreispaltigen Bericht über die Veranstaltung der SPD unter der Überschrift: „Bekenntnis zur Einheit der Arbeiterbewegung." Die Rede Grotewohls war darin so geschickt „frisiert", daß alle Vorbehalte gegen die baldige Vereinigung und die Kritik an der sowjetischen Deutschlandpoltik wegfielen [428]. Statt-

---

426 In diesem Zusammenhang ist in Interviews die Vermutung geäußert worden, der Zentralausschuß habe sich selbst darum bemüht, die Veröffentlichung der Grotewohl-Rede zu verhindern, weil er angesichts der sowjetischen Reaktion die Lage nicht verschärfen wollte.

427 Das geht aus einer Aktennotiz hervor, die ein Mitarbeiter des Wirtschaftspolitischen Referats des Zentralausschusses (Dr. Antoine) am 19. November 1945 anlegte. Danach sollte der erste Teil der Grotewohl-Rede am 14. November in der Sendung „Tribüne der Demokratie" gebracht werden. Am 19. November ließ die zuständige Abteilung des Berliner Senders offiziell wissen, daß „die Rückgabe des Manuskripts durch die russische Zensur im Funkhaus nicht erfolgt sei und deshalb mit einer Sendung nicht mehr gerechnet werden könne." (Archiv Gustav Klingelhöfer, Berlin, Ordner: Einheit - Vereinigung).

428 „Tägliche Rundschau" Nr. 157 vom 13. November 1945; die „Tägliche

dessen wurde der Eindruck erweckt, Grotewohl habe sich, wie Pieck, für die baldige Vereinigung ausgesprochen.

Gravierender war, daß die sozialdemokratische Zeitung „Das Volk", die am 7. November die „Sozialistische Feierstunde" mit der Ansprache Otto Grotewohls für den 11. November angekündigt hatte [429], weder einen Bericht brachte, noch Grotewohls Rede zitierte. Dagegen war am vorhergehenden Tag ein zweispaltiger Bericht über die „Großkundgebung" der KPD erschienen, der wörtlich wiedergab, wie Wilhelm Pieck zur „Einheit" aufgefordert hatte [430]. Während also der kommunistische Standpunkt im sozialdemokratischen Organ Raum fand, verpuffte Grotewohls Rede ohne Erfolg für die SPD. Sie blieb nur eine Episode, die wenig in Berlin, überhaupt nicht in der Sowjetzone bekanntwurde.

So erlitt der Zentralausschuß am 11. November seine erste Niederlage, bevor die Auseinandersetzung mit den Kommunisten recht eigentlich begonnen hatte. Denn seit den Reden Piecks und Grotewohls — seit dem 9. und 11. November — war in Berlin und der Sowjetzone die Kampfsituation evident geworden, die Klingelhöfer schon im September/Oktober gesehen hatte. Die Auseinandersetzung zwischen KPD und SPD kristallisierte sich nun um die Frage, wann die Vereinigung stattfinden sollte. Nach kommunistischer Ansicht sollte sie jetzt „so bald wie möglich", nach sozialdemokratischer erst dann vollzogen werden, wenn die von Grotewohl genannten Voraussetzungen im ganzen Reich erfüllt waren.

Die Quellen sind noch zu spärlich, um endgültig entscheiden zu können, ob auch Grotewohl und der Zentralausschuß die Lage als so bedrohlich empfunden haben, wie sie sich für den heutigen Betrachter seit spätestens dem 11. November darstellt. Das einzige überlieferte Dokument, das indirekt darüber Auskunft gibt, wie die Lage beim Zentralausschuß zu dieser Zeit eingeschätzt wurde, ist der Bericht Dahrendorfs vom 4. Dezember über die Reise, die er mit Grotewohl vom 17. bis 26. November 1945 in die amerikanische Zone unternommen hatte [431].

Daraus ist bekannt, daß der Zentralausschuß seinen Anspruch, die SPD-Führung für ganz Deutschland darzustellen, aufrechterhielt und ihn auch in den Westzonen verwirklichen wollte. Noch Anfang Dezember glaubte der Zentralausschuß, er habe genügend zeitlichen Spielraum vor

---

Rundschau" erschien zu dieser Zeit montags, also auch am 12. November, nicht.

429 „Das Volk" Nr. 108 vom 7. November 1945.

430 „Das Volk" Nr. 111 vom 10. November 1945.

431 Bericht Dahrendorfs (Anm. 362).

sich, um im Januar 1946 Vertreter der drei westlichen Zonen zu gemeinsamen Besprechungen nach Berlin einladen zu können. Hinsichtlich der Frage der Einheit und der Zusammenarbeit mit der KPD sollten Thesen entworfen werden, was erkennen läßt, daß der Zentralausschuß auch weiterhin die „Einheit“ und die Zusammenarbeit mit der KPD für geboten hielt.

Etwa Mitte Dezember reisten Grotewohl und Erich W. Gniffke in die britische Zone. Grotewohl war am 18. Dezember in Braunschweig, um dort seinen Sohn abzuholen, der aus britischer Kriegsgefangenschaft entlassen worden war [432]. Am gleichen Tage fuhr Gniffke allein nach Hannover weiter, wo er versuchte, eine „streng vertrauliche Aussprache“ mit Schumacher zu erreichen. Dazu ist es nicht gekommen. Es hat den Anschein, als seien die Standpunkte so verschieden gewesen, daß schon ein Vorgespräch Gniffkes mit Herbert Kriedemann, dem Mitarbeiter Schumachers, zu keiner Verständigung führte [433].

In Schumachers „SPD-Büro der Westzonen“ hielt man nach wie vor

---

432 Mündliche Mitteilung von Frau Oberbürgermeister Martha Fuchs, Braunschweig, am 4. November 1954.

433 Das Datum des Besuchs von Gniffke in Hannover geht aus einer Eintragung in Schumachers Taschenkalender hervor (Archiv Frau Annemarie Renger, MdB, Bad Godesberg). — Erich W. Gniffke hat 1949 den Vorgang so geschildert: „. . . 2. Die Opposition [des Zentralausschusses] in der Ostzone richtete sich, nachdem es nicht gelungen war, die Bildung der KPD zu verhindern, nicht gegen eine Vereinigung als solche, sondern gegen den Vereinigungstermin.

Hierzu brauchten wir eine Rückenstärkung vom Westen her. Allein zu diesem Zweck und um eine streng vertrauliche Aussprache mit dem Genossen Dr. Schumacher herbeizuführen, kam ich im Dezember 1945 nach Hannover, während Grotewohl in Braunschweig wartete. Es gelang mir nicht, das Eis zu brechen und bis zu einer vertraulichen Besprechung vorzustoßen . . .“ Erich W. Gniffke, Weilburg/Lahn, an den Parteivorstand der SPD, Hannover, am 19. Mai 1949 (PVA — Personenarchiv). Gniffkes Gesprächspartner, Herbert Kriedemann, schildert den Vorgang so: „Schumacher ging zum Essen und sagte, ich solle Gniffke empfangen. Es war um die Mittagszeit, als Gniffke — im Pelzmantel — mit einem Ausweis des Zentralausschusses kam. Ich sagte ihm, der Ausweis sei hier nichts wert. — Gniffke wollte das Parteivermögen wieder zusammenfassen. Darauf sagte ich ihm, daß das eine überflüssige Mühe sei; in den Westzonen werde das vom Büro Schumacher besorgt. Daraufhin ging Gniffke weg. Er hat kein anderes Thema angeschnitten.“ Mündliche Mitteilung von Herbert Kriedemann, MdB., Bonn, am 22. August 1958.

jede Form der Vereinigung mit der KPD für indiskutabel; in Berlin glaubte der Zentralausschuß, sie sei „eine politische Notwendigkeit" [434]. Zudem hatte der Zentralausschuß das Mißtrauen Schumachers seit den Abmachungen von Hannover (7. Oktober 1945) eher verstärkt, denn gemildert. Der Reisebericht Dahrendorfs zeigt heute genauso wie die Nachrichten, die Schumacher damals aus Berlin bekam [435], daß das Mißtrauen höchst berechtigt war. Es jetzt zu beseitigen, hätte es anderer Mittel bedurft als der Entsendung eines Mitgliedes des Zentralausschusses zu einer „Aussprache" nach Hannover.

Damit erwies sich auch der zweite Versuch des Zentralausschusses, nach der Konferenz von Wennigsen und Hannover mit den Sozialdemokraten der Westzonen zu gemeinsamem Handeln zu kommen, als ein Fehlschlag. Mit der einzigen Ausnahme von Regensburg, wo der Zentralausschuß einen besoldeten Funktionär unterhielt, fand er weder in der amerikanischen noch in der britischen Zone die erhoffte Unterstützung seiner Position.

Isoliert von der SPD in den Westzonen, mit unbegründeten Hoffnungen auf die Rolle der eigenen Partei in der Sowjetzone und ohne das Rüstzeug einer stichhaltigen Argumentation gegen die kommunistische Vereinigungskampagne: so ging der Zentralausschuß dem Ereignis entgegen, das seine endgültige Niederlage einleiten sollte — der Sechziger-Konferenz vom 20. und 21. Dezember.

Eine Konferenz beider Parteien zur „Verstärkung der Aktionseinheit" war bereits im Oktober von der KPD angeregt worden. Zunächst hatte der Zentralausschuß den Termin hinausgezögert, jedoch in der ersten Dezemberhälfte zugestimmt, daß je dreißig Vertreter der KPD und der SPD am 20. und 21. Dezember in Berlin zusammentreten sollten [436].

---

434 Bericht Dahrendorfs (Anm. 362), S. 10.

435 Vgl. oben S. 179 f.

436 Vgl. u. a. Gustav Dahrendorf (Anm. 33), S. 96. — Diese Darstellung ist, wie aus dem Inhalt hervorgeht, im März 1946 abgeschlossen worden. Eine gekürzte und geringfügig geänderte Fassung ist 1950 unter dem Titel: „Beiträge zur Vorgeschichte der Vereinigung von SPD und KPD in der Sowjetzone zur SED" abgedruckt worden in: PZ-Archiv, Köln, 1. Jg., Heft 1 (1. September 1950) bis Heft 5 (1. November 1950). (PZ = Politisches Zentrum für die Einheit Deutschlands — heute: SBZ-Archiv). Am Schluß des Abdrucks (Heft 5) finden sich die Buchstaben V. F. = Gustav Dahrendorf. — Zitate nach der vollständigen Fassung in Gustav Dahrendorf (Anm. 33). Klingelhöfer erinnert sich, daß das Datum der Sechziger-

Eine sozialdemokratische Beratungsgrundlage, die G. Klingelhöfer entwarf, war bereits am 15. Dezember hergestellt und dem Zentralkomitee der KPD zugeleitet worden[437]. Nichts deutet darauf hin, daß der Zentralausschuß zu dieser Zeit unmittelbarem Druck von seiten der sowjetischen Besatzungsmacht oder der KPD ausgesetzt war. Deshalb darf dem Inhalt der Beratungsgrundlage direkt entnommen werden, welche Auffassungen sich beim Zentralausschuß Mitte Dezember entwickelt hatten.

Der Zentralausschuß schlug vor, es sollten beide Parteispitzen „die organisatorische Vereinigung der sozialistischen Arbeiterparteien zu einer einheitlichen deutschen sozialistischen Arbeiterpartei für notwendig" erklären[438]. Folgende Einschränkungen sollten jedoch nach Ansicht des Zentralausschusses gewahrt bleiben:

a) *„Bis zum Vollzug ihrer organisatorischen Vereinigung werden die beiden Parteien ihre volle organisatorische Selbständigkeit aufrechterhalten."*

b) *„ . . . jede Einigung von Ortsvereinen, Kreisverbänden, Unterbezirken, Bezirksverbänden sowie Landes-, Provinzial- und Zonenverbänden vor dem Beschluß der gesamten organisatorischen Verschmelzung" hat zu unterbleiben.*

c) *Beide „Parteien wollen von sich aus — auch bei den Besatzungsmächten — alles unternehmen, damit jede Bevorzugung oder Benachteiligung der einen oder der anderen Partei unterbleibt, sei es hinsichtlich der Freiheit der Organisation, sei es hinsichtlich der Voraussetzungen der Agitation."*

Konferenz erst am 10. Dezember 1945 vereinbart worden sei. Mündliche Mitteilung von Gustav Klingelhöfer, Berlin, am 14. April 1956.

437 Der maschinenschriftliche Entwurf mit Klingelhöfers handschriftlichen Korrekturen und Ergänzungen im Archiv Gustav Klingelhöfer, Berlin. Eine wörtlich übereinstimmende Abschrift der Beratungsgrundlage „Die Einheit der Arbeiterklasse — Um die zukünftige Freiheit und Einheit des deutschen Volkes", 4 Seiten, masch.schr., wie sie den sozialdemokratischen Konferenzteilnehmern am Abend des 19. Dezember vorgelegen hat, stellte Karl J. Germer, Berlin, zur Verfügung. Er gehörte dem Zentralausschuß zu dieser Zeit noch an.

438 „Die Einheit der Arbeiterklasse . . ." a. a. O., S. 1. — Als Kurosium mag angemerkt werden, daß in den Sätzen, die diese Erklärung begründeten, die „notwendige wirtschaftliche und staatliche Einheit der zukünftigen deutschen demokratischen Republik . . ." erwähnt wird. Vermutlich ist hier der Begriff, der 1949 zum Namen für den mitteldeutschen Staatsteil werden sollte, zum ersten Male vorweggenommen.

d) *„Beide Parteien halten es für richtig, mindestens bei den ersten kommenden Wahlen allgemein auf gemeinsame Listen zu verzichten.“* [439]

Neben dem grundsätzlichen Einverständnis zur Vereinigung von SPD und KPD standen also nach wie vor jene Einschränkungen, die — inhaltlich — seit dem 11. November ausgesprochen worden waren. Während aber jetzt in vier längeren Paragraphen wieder die Notwendigkeit der Vereinigung begründet worden war [440], fehlte in der Beratungsgrundlage des Zentralausschusses jedes Argument für die Einschränkungen, die der Zentralausschuß verwirklicht sehen wollte. Indirekt konnte man allenfalls aus dem Satz von der „Bevorzugung oder Benachteiligung ... hinsichtlich der Freiheit der Organisation ... [und] der Voraussetzungen der Agitation“ entnehmen, daß es für Sozialdemokraten Gründe gab, der baldigen Vereinigung zu widerstreben.

Empfand der Zentralausschuß die unterschiedliche Behandlung der beiden Parteien als so gravierend, wie sie es tatsächlich war, so hätte er diese Frage zum Mittelpunkt seiner Argumentation machen und versuchen müssen, sie in die Öffentlichkeit hinauszutragen, sofern er es weiterhin für unmöglich oder für unzweckmäßig hielt, die Vereinigung im Prinzip abzulehnen. Beides unterblieb, obgleich beispielsweise Gustav Dahrendorf am Vorabend der Konferenz in einer Vorbesprechung vorschlug:

„Der Zentralausschuß der SPD erklärt ..., daß erst nach voller Beseitigung der Vorzugsstellung der KPD und nach vorbehaltloser Aufgabe aller unzulässigen Einflußnahme auf die SPD und auf einzelne Sozialdemokraten eine gute Zusammenarbeit und die Vorbereitung der Einheit beider Parteien möglich sind.“ [441]

Stattdessen enthielt die sozialdemokratische Beratungsgrundlage einen Katalog von sieben Forderungen, der für die zukünftige Zusammenarbeit der beiden Parteien gelten sollte. Die beiden ersten Forderungen

---

439 „Die Einheit der Arbeiterklasse . . .“ a. a. O., S. 1 f. — Zur besseren Übersicht sind die wesentlichen Sätze herausgenommen, jedoch in der gleichen Reihenfolge wie im Original wiedergegeben worden. Die Bezeichnungen a) — d) sind hinzugefügt worden.

440 Es ist an dieser Stelle nicht nötig, die Begründungen aufzuführen, da sie inhaltlich dem entsprechen, was durch die bisherige Darstellung ohnehin bekannt ist.

441 Gustav Dahrendorf (Anm. 33), S. 98. — Diese Erklärung wurde von Grotewohl während der Sechziger-Konferenz vorgetragen, aber dahingehend eingeschränkt, daß sie nicht die Meinung des Zentralausschusses wiedergebe. Vgl. Protokoll der Sechziger-Konferenz (Anm. 33), S. 10 f.

bezogen sich auf die kommunistischen Versuche, die Haltung der sozialdemokratischen Politiker und ihrer Partei in der Vergangenheit zu diffamieren. Deshalb: „Vorwürfe aus der Vergangenheit dürfen nicht mehr erhoben werden." Die beiden nächsten Forderungen richteten sich gegen die Bevorzugung der Kommunisten in den Verwaltungsorganen: „Nicht das Mitgliedsbuch, sondern Können und Wissen sollen bei der Besetzung von Verwaltungsstellen entscheiden." Die sozialdemokratische Beratungsgrundlage forderte ferner, bei „der demokratischen Kontrolle durch die Mitgliedschaft ... persönliche Beargwöhnung und Bloßstellung als unkameradschaftlich" auszuschließen, bei der Aufnahme ehemaligeer Mitglieder der NSDAP sich gegenseitig zu informieren und „Meinungsverschiedenheiten ... in den einzelnen Orten in kameradschaftlicher Verständigung zu bereinigen." Schließlich sollte „für die Lösung einzelner Aufgaben ... vorher eine gemeinsame Linie" festgelegt werden: „Nur wenn diese nicht oder nicht rechtzeitig gefunden wird, soll jede der Parteien die Freiheit des Handelns haben."

In diesem Katalog von Forderungen ist sicherlich alles enthalten, was dem Zentralausschuß in seiner täglichen Praxis an Klagen zu Ohren kam. Aber man kann den Wunsch, daß er nun zur Grundlage einer Vereinbarung mit der KPD gemacht werden sollte, nur aus der politischen Naivität und dem blinden Glauben heraus verstehen, die den Zentralausschuß beherrschten. Noch immer wurde die KPD nicht als der Gegner, sondern als der gewissermaßen familiäre Freund angesehen, dem es allenfalls gut zuzureden galt.

Möglicherweise hat der Zentralausschuß tatsächlich angenommen, die KPD wäre bereit, sich durch Vereinbarungen dieser Art binden zu lassen. Dann verkannte er seinen kommunistischen Gegenspieler und dessen Machtmittel. Oder der Zentralausschuß hoffte, Gewinn für die eigene Position zu erlangen, falls die Kommunisten die Vereinbarung ablehnen würden. Dann verkannte der Zentralausschuß seine eigene Schwäche; denn seit dem 11. November, da Grotewohls Rede nicht publiziert wurde, konnte der sozialdemokratische Standpunkt in Berlin nicht mehr öffentlich bekanntgemacht werden, es sei denn, man wollte mit den Sowjets und ihren kommunistischen Hilfsorganen brechen.

Vollends verkannte der Zentralausschuß seine Lage, wenn er am Schluß der Beratungsgrundlage glaubte, er könne vorschlagen:

„Der Zentralausschuß der Sozialdemokratischen Partei Deutschlands und das Zentralkomitee der Kommunistischen Partei Deutschlands werden sich dafür einsetzen, daß diese Grundlagen zur Einigung der deutschen

Arbeiterklasse in allen Besatzungszonen Deutschlands den Organisationen der beiden Parteien zur Annahme empfohlen werden.“

Abgesehen von dem einen — für die Gesamtentwicklung unbedeutenden — Bezirk Niederbayern-Oberpfalz (Regensburg) hatte der Zentralausschuß keinen direkten Einfluß auf die SPD-Bezirksorganisationen in den westlichen Zonen. Die anfänglich in einigen Bezirken vorhandene Bereitschaft, mit den Kommunisten eine gemeinsame sozialistische Partei aufzubauen, war Mitte Dezember 1945 fast überall von nachhaltiger Skepsis abgelöst worden, ob denn die Kommunisten sich wirklich gegenüber der Zeit von Weimar gewandelt hatten. Die Chance des Zentralausschusses, seine Absichten in den westlichen Zonen durchzusetzen, wurde mit jedem Tag geringer. Dazu trug die schnell fortschreitende Festigung der sozialdemokratischen Organisationen ebenso bei wie Kurt Schumachers steigender Einfluß und die sich immer unverhohlener zeigende Abneigung der deutschen Bevölkerung gegen die KPD und ihre sowjetischen Auftraggeber. Das hatten Grotewohl und Dahrendorf im Oktober in Wennigsen/Hannover für die britische Zone feststellen können; im November fanden sie das in der amerikanischen Zone bestätigt [442].

Während die Mitglieder des Zentralausschusses mit den Vertretern der sowjetzonalen SPD-Bezirke am Vorabend der Konferenz, am 19. Dezember, noch ihre „Linie“ für die bevorstehenden Verhandlungen berieten, brachte die KPD ihren eigenen Entwurf für eine von der Sechziger-Konferenz zu fassende Entschließung heraus [443]. Es entsprach nur den gegebenen Machtverhältnissen, daß nun die sozialdemokratische Beratungsgrundlage zunächst unter den Tisch fiel und der kommunistische Entwurf zur Grundlage der Verhandlungen gemacht wurde. Allein die Verschiebung des Konferenzbeginns am 20. Dezember von vormittags 10 Uhr auf 15 Uhr konnte von den Sozialdemokraten erreicht werden [444]. Der Gedanke, die Teilnahme überhaupt zu versagen, da der

---

442 Das geht eindeutig aus dem Reisebericht Dahrendorfs (Anm. 362) hervor. Vgl. oben S. 167.

443 Protokoll der Sechziger-Konferenz (Anm. 33), S. 13 und Dahrendorf (Anm. 33), S. 98. — Den Text des ursprünglichen kommunistischen Entwurfs stellte Karl J. Germer, Berlin, zur Verfügung. Er hat seinerzeit in seinem Exemplar alle Streichungen und Ergänzungen vorgenommen, die von der Sechziger-Konferenz beschlossen worden sind. Die so verabschiedete Fassung ist in mehreren Zeitungen Berlins abgedruckt worden, u. a. in „Das Volk“, Nr. 147 vom 23. Dezember 1945.

444 Vgl. Gustav Klingelhöfer: Zehn Jahre Kampf um die Freiheit Berlins, Die historische Rolle der Berliner Sozialdemokraten, in: „Berliner Stimme“,

kommunistische Entwurf allzu sehr von den sozialdemokratischen Vorstellungen abwich, hat sich bei den Sozialdemokraten nicht durchgesetzt. Nur dem Vorsitzenden des Zentralausschusses, Otto Grotewohl, wurde eingeschärft, „die Ablehnung der kommunistischen Forderungen auf der gemeinsamen Konferenz klar und unzweideutig zu erklären.“ [445]

Welche Forderungen waren das?

a) *Engere Zusammenarbeit zwischen Kommunisten und Sozialdemokraten „in den Selbstverwaltungsorganen, auf dem Gebiete der Wirtschaft, in den Gewerkschaften und Betriebsräten, in Ämtern, Fabriken und Schulen ...“*

b) *Es sollen „überall, wo Wahlen und Abstimmungen stattfinden, gemeinsame Wahlprogramme wie auch gemeinsame Kandidatenlisten der beiden Arbeiterparteien aufgestellt werden.“*

c) *„... über die gemeinsame Aufstellung der Kandidaten und über die Besetzung der politischen Positionen innerhalb der Gemeindeverwaltungen“ sollen sich die Mitglieder der beiden Parteien „auf der Grundlage der Gleichberechtigung kameradschaftlich verständigen.“*

d) *„Die Erweiterung und Vertiefung der Aktionseinheit soll den Auftakt ... zur Verschmelzung der SPD und KPD zu einer einheitlichen Partei bilden.“* [446]

Über das Programm der zukünftigen Einheitspartei hieß es im kommunistischen Entwurf:

„Das Programm dieser Partei soll im Minimum die Vollendung der demokratischen Erneuerung Deutschlands im Sinne des Aufbaues einer antifaschistisch-demokratischen Republik parlamentarischen Typus' mit

---

Nr. 13/6 vom 31. März 1956. Als Begründung für die Annahme der kommunistischen Beratungsgrundlage schreibt Klingelhöfer: „Otto Buchwitz aus Dresden [der Vorsitzende der SPD-Landesorganisation Sachsen] hatte in der Vorbesprechung der sozialdemokratischen Delegierten pathetisch erklärt: „Ich habe nicht mehr lange zu leben; die Einheit der Arbeiterklasse will ich noch erleben!“ Aus Leipzig und Thüringen kamen ähnliche Erklärungen. Danach ergab sich eine Mehrheit für die kommunistische Beratungsgrundlage.“ — Klingelhöfer irrt in seiner Darstellung, wenn er den Beginn der Verhandlungen am 20. Dezember 1945 mit 14 Uhr ansetzt. Im Protokoll der Sechziger-Konferenz (Anm. 33) heißt es „nachmittags 3 Uhr“.

445 Gustav Dahrendorf (Anm. 33), S. 100.

446 Zur besseren Übersicht sind die wesentlichen Sätze herausgenommen, jedoch in der gleichen Reihenfolge wie im Original wiedergegeben worden. Die Bezeichnungen a) — d) sind hinzugefügt worden.

gesetzlich gesicherten weitgehenden politischen, wirtschaftlichen und sozialen Rechten der Arbeiter und Werktätigen sein; im Maximum soll das Programm die Verwirklichung des Sozialismus auf dem Wege der Ausübung der politischen Herrschaft der Arbeiterklasse im Sinne der Lehren des konsequenten Marxismus sein, wie sie im Kommunistischen Manifest, im Eisenacher Programm der deutschen Sozialdemokratie und in der Krtik von Marx und Engels zum Gothaer Programm festgelegt sind.“

Mit dieser Trennung von Nah- und Fernziel in der geplanten Politik der Einheitspartei knüpfte die KPD wieder an ihren Gründungsaufruf vom Juni 1945 an. Damals hatte sie festgestellt, daß es angesichts der „gegenwärtigen Entwicklungsbedingungen in Deutschland“ falsch sei, Deutschland jetzt „das Sowjetsystem aufzuzwingen“. Schon in seinen „Politischen Richtlinien“ hatte Schumacher im August 1945 darauf hingewiesen, daß damit nur „das Prinzip der Diktatur ... als das höhere Prinzip für eine zukünftige Eventualität zurückgestellt“ werde [447]. Es scheint, als habe die KPD diesen berechtigten Vorwurf entkräften wollen:

„Sowohl bei der Verwirklichung des Programm-Minimums wie des Programm-Maximums soll sie [d. h. die Einheitspartei], von den Besonderheiten der Entwicklung unseres Volkes ausgehend, einen besonderen Weg einschlagen.“

Hier zeigte sich der Keim für jenes Programm, das Anton Ackermann, ein Mitglied des Zentralkomitees der KPD, in der ersten Ausgabe der „Einheit“ im Februar 1946 veröffentlichte, in einer Zeitschrift zur Vorbereitung der Einheitspartei, deren Herausagbe von der Sechziger-Konferenz am 21. Dezember beschlossen wurde. Der Aufsatz Ackermanns trug den Titel: „Gibt es einen besonderen d e u t s c h e n Weg zum Sozialismus?“ [448] Es wird später zu zeigen sein, welche Vorstellungen die Kommunisten mit diesem Sonderweg verbanden.

Der KPD-Entwurf für die Beratungen am 20. und 21. Dezember sagte über die innere Verfassung der kommenden Einheitspartei, sie solle „auf dem Prinzip des Selbstbestimmungsrechtes der Mitglieder und der freien Wahl der Parteileitungen beruhen, wobei einmal gefaßte Entscheidungen und Beschlüsse für alle ihre Mitglieder und Organisationen

447 Vgl. oben S. 78 f. und Anm. 158.

448 Anton Ackermann, Mitglied des Zentralkomitees der Kommunistischen Partei Deutschlands: Gibt es einen besonderen d e u t s c h e n Weg zum Sozialismus? in: „Einheit“, Monatsschrift zur Vorbereitung der Sozialistischen Einheitspartei, Heft 1, Berlin (Februar) 1946, S. 22—32.

verbindlich sind." In diesem Nachsatz, der den Hauptsatz hinsichtlich seiner praktischen Verwirklichung aufhob, äußerte sich die traditionelle kommunistische Auffasung vom Wesen „innerparteilicher Demokratie". Nur: von Demokratie im westlichen Sinne konnte dabei keine Rede sein; verstieß danach doch jedes Mitglied gegen die Parteidisziplin, wenn es einmal gefaßte Beschlüsse kritisierte oder zu revidieren suchte. Seine eigentliche aktuelle Bedeutung aber erhielt der Satz von der „inneren Verfassung", wenn man betrachtet, welche Beschlüsse die KPD — und von wem sie sie fassen lassen wollte:

„Überall sollen gemeinsame Mitgliederversammlungen, Funktionärkonferenzen und Leitungssitzungen beider Parteien stattfinden, die sowohl zu den brennenden Gegenwartsaufgaben, als auch zur Frage der Einheitspartei Stellung nehmen und Beschlüsse fassen sollen."

„... und Beschlüsse fassen sollen" — das war der Angriff auf die einzelnen Organisationsteile der SPD, der so begründet wurde:

„Da ... die Herbeiführung der Verschmelzung beider Parteien auf dem Wege einer Beschlußfassung durch Reichsparteikongresse angesichts der Lage in Gesamtdeutschland eine Hinauszögerung um viele Monate bedeuten müßte, die in keiner Weise zu rechtfertigen wäre, kann dieser Weg nicht als der gangbare betrachtet werden, so wünschenswert er unter Umständen wäre.

Die Lage erfordert, daß die in der demokratischen Entwicklung fortgeschrittenen Bezirke den übrigen Bezirken Deutschlands ein Beispiel geben. Die gemeinsame Konferenz gelangte zu der Auffassung, daß die Verschmelzung der Organisationen beider Parteien im Landes- bzw. Provinzialmaßstab möglich ist, ..."

Noch räumte die KPD ein:

„... eine solche Vereinigung der KPD und der SPD im Landes- bzw. Provinzialmaßstab bedarf der Zustimmung des neutralen Arbeitsausschusses des Zentralkomitees der KPD und des Zentralausschusses der SPD."

Aber was anderes sollte der Ausschuß wohl entscheiden, als der von einem Landes- oder Provinzialparteitag beschlossenen Verschmelzung zuzustimmen, wenn er sich nicht über den „demokratisch" geäußerten Willen seiner Mitglieder hinwegsetzen wollte?

Noch bedeutungsvoller war die Forderung der KPD:

„Wo eine solche Vereinigung erfolgt, müssen die neuen Leitungen von oben bis unten paritätisch aus bisherigen Mitgliedern der SPD und KPD zusammengesetzt sein. Die Verteilung der Vollmachten und Funktionen hat nach dem gleichen Grundsatz zu erfolgen."

So sah die kommunistische Forderung nach der „Parität" aus, die in der zukünftigen Einheitspartei hergestellt werden sollte: — unabhängig von der ursprünglichen Stärke der beiden noch getrennten Parteien und ohne Rücksicht darauf, welche Qualifikationen die Kandidaten für die Funktionen mitbrachten, die sie durch Wahl oder durch Berufung erreichen sollten!

Diesen ursprünglichen kommunistischen Entwurf hat die Öffentlichkeit ebensowenig zu Gesicht bekommen wie zunächst die Mitgliedschaft der SPD. Nur die Entschließung, die nach der zweitägigen Konferenz unterschrieben wurde [449], stand in den Zeitungen Berlins und der Sowjetzone im vollen Wortlaut [450].

Unbekannt blieb zunächst auch, wie die Sechziger-Konferenz verlaufen ist. Das Protokoll wurde bis heute nicht veröffentlicht, obgleich es wichtige Hinweise auf die Haltung des Zentralausschusses und seine tatsächliche Lage in der zweiten Dezemberhälfte 1945 gibt [451]. Darüber soll im nächsten Kapitel berichtet werden.

---

449 Das einzige Mitglied des Zentralausschusses der SPD, das die Entschließung der Sechziger-Konferenz zunächst nicht unterschrieben hat, war Karl J. Germer. Bezeichnenderweise hat die kommunistische „Deutsche Volkszeitung" vom 23. Dezember die Entschließung ohne den Namen Germers in der Liste der Unterschriften gebracht. Germer begründete seine Weigerung mit der kommunistischen Forderung, „einmal gefaßte Entscheidungen und Beschlüsse für alle Mitglieder und Organisationen verbindlich" zu erklären. Erst nach dringenden Vorhaltungen Grotewohls, Germer dürfe die Einheitlichkeit der sozialdemokratischen Meinungsäußerung nicht stören, gab Germer sein Einverständnis, seine Unterschrift „nachzumelden". Mündliche Mitteilung von Karl J. Germer, Berlin, am 25. und schriftliche Mitteilung von Germer am 27. April 1955.

450 Vgl. z. B. „Das Volk" (Anm. 443).

451 Der Vorsitzende der KPD, Wilhelm Pieck, sandte am 27. Dezember 1945 ein Exemplar der stenographischen Niederschrift an Otto Grotewohl und schrieb dazu: „Ich bitte Dich, das Stenogramm in Deine persönliche Verwahrung zu nehmen, damit es nicht in andere Hände außerhalb Eures engeren Kreises kommt. Es ist nichts in dem Stenogramm enthalten, was irgendwie die Öffentlichkeit zu scheuen hätte, aber es sind über die Beziehungen unserer beiden Parteien zu den Besatzungsbehörden hier und da Ausführungen gemacht worden, die es nicht opportun erscheinen lassen, das Protokoll in weiteren Umlauf zu setzen." (Archiv Gustav Klingelhöfer, Berlin.)

Kapitel 10
Die „Sechziger-Konferenz“ der KPD und SPD am 20. und 21. Dezember 1945 in Berlin und ihre unmittelbaren Auswirkungen

Unter dem Vorsitz des Sozialdemokraten Max Fechner und des Kommunisten Wilhelm Pieck begann am frühen Nachmittag des 20. Dezember 1945 in Berlin die „Gemeinsame Konferenz des Zentralkomitees der KPD und des Zentralausschusses der SPD mit den Vertretern der Bezirke“, kurz genannt: die Sechziger-Konferenz. Sie tagte im Parteihaus der SPD, dem ehemaligen Verwaltungsgebäude der Dresdner Bank in der Behrenstraße [452].

---

[452] Es ist nicht ohne Bedeutung, daß sich das Hauptquartier der SPD im sowjetischen Sektor von Berlin befand. Dorthin wurde es im Juli 1945 auf Anraten, d. h. also auf Befehl der Sowjets verlegt, da es an seinem ursprünglichen Platz, in der Zieten-Straße in Berlin-Schöneberg, im US-Sektor von Berlin gelegen hätte.
Allgemein wird aber diese Tatsache überschätzt. Erst als die westlichen Alliierten, vor allem die US-Amerikaner und die Briten, die SPD in West-Berlin gegen die KPD und später die SED zu unterstützen begannen, war die persönliche Sicherheit und damit die eigentliche Entscheidungsfreiheit der dortigen Sozialdemokraten wieder weitgehend gewährleistet. Diese Unterstützung fanden die Sozialdemokraten aber erst, als die wesentlichen Entscheidungen über das Schicksal der SPD in Berlin und in der Sowjetzone bereits gefallen waren. Grotewohl und seine Mitarbeiter hät-

Wilhelm Pieck eröffnete die Sitzung mit einem Hinweis auf die Bedeutung der ersten größeren Zusammenkunft der verantwortlichen Funktionäre beider Parteien, die sich nun, nach mehr als 30 Jahren der Spaltung, zur Aufgabe gesetzt hätten, „die Spaltung zu überwinden und eine einheitliche Arbeiterpartei zu schaffen“ [453]. Als Tagesordnung seien drei Gegenstände vorgesehen:

1. Die Einheit der Arbeiterklasse — mit halbstündigen Referaten von Grotewohl (SPD) und Pieck (KPD);
2. die Wahlen in der amerikanischen Zone — mit Kurzreferaten von Lehmann (SPD) und Dahlem (KPD);
3. wie helfen die Arbeiterparteien beim Aufbau der Gewerkschaften? — mit halbstündigen Referaten von Fechner (SPD) und Ulbricht (KPD).

Die ersten beiden Punkte sollten gemeinsam diskutiert werden. Sie allein werden im Rahmen der vorliegenden Arbeit behandelt werden können [454].

Grotewohl leitete sein Referat mit dem bezeichnenden Satz ein:

„Über die Einheit der Arbeiterklasse gibt es keine Diskussion: sie ist notwendig.“ [455]

Wollte Grotewohl nur eine theoretische Analyse beginnen? Wollte der Vorsitzende des Zentralausschusses nur zeigen, daß er die theoretischen Grundlagen der marxistischen Ideologie nicht zu diskutieren wünschte, um die konkreten Hindernisse besser verständlich zu machen, die der Vereinigung der beiden Parteien, die der Überwindung der Spaltung entgegenstanden?

Grotewohls Mitarbeiter hatten ihm Material übergeben, das er für die Ablehnung der kommunistischen Forderungen verwenden sollte. Darunter waren die „Zehn Punkte“, die Gustav Dahrendorf — im Gegensatz zu seiner noch Anfang Dezember eingenommenen Haltung — for-

---

ten auch in einem Haus im US-Sektor nicht anders entschieden; zudem wohnten mehrere Mitglieder und Mitarbeiter des Zentralausschusses zu jener Zeit noch in den westlichen Sektoren.

453 Protokoll der Sechziger-Konferenz (Anm. 33), S. 1.

454 Für die politische Entwicklung in der Sowjetzone sind die Vorgänge um die Gründung und die Geschichte des dortigen Freien Deutschen Gewerkschaftsbundes (FDGB) von symptomatischer und nicht zu überschätzender Bedeutung. Ihre Darstellung erforderte eine eigene Untersuchung, die zeigen würde, daß der Angriff der KPD auf die SPD und die Fusion zur SED ihre Parallele auch in der Entwicklung des FDGB hatten.

455 Protokoll der Sechziger-Konferenz (Anm. 33), S. 3.

muliert hatte[456]. Sie faßten die Kritik an der politischen Praxis der Kommunisten so zusammen, daß die einzige Konsequenz die Ablehnung der Vereinigungsforderung hätte sein können[457]. Dahrendorf ging bekanntlich so weit, der KPD anzudrohen, daß die SPD ihre Vertreter aus allen verantwortlichen Stellen zurückziehen werde, wenn nicht die Vorzugsstellung beseitigt würde, die der KPD in der Sowjetzone durch die Besatzungsmacht eingeräumt sei, und wenn nicht zugleich die unzulässigen Versuche beendet würden, Druck auf die SPD oder einzelne Sozialdemokraten auszuüben.

Dahrendorf erklärte auch, die SPD könne erst nach einem Reichsparteitag für ganz Deutschland verbindliche Zusagen über die Zusammenarbeit mit der KPD in den westlichen Zonen machen. Wenn die Einheit Deutschlands wiederhergestellt sei, dann sei die SPD in der sowjetischen Zone zu gemeinsamen Wahlprogrammen und auch zur organisatorischen Einheit mit der KPD bereit. Erst im zehnten und letzten Punkt deutete Dahrendorf die Überzeugung an, daß die Einheit der deutschen Arbeiterbewegung als eine geschichtliche Notwendigkeit das gemeinsame Ziel bleiben müsse.

Sieht man von der Schlußformulierung ab, die unter den damaligen Bedingungen der sowjetischen Zone gewertet werden muß, dann sprach Dahrendorf jetzt das Programm Schumachers und der SPD in den Westzonen aus. Der Mann, der von allen Mitgliedern des Zentralausschusses im Juni 1945 am konsequentesten versucht hatte, seine Vorstellungen einer erneuerten sozialistischen Partei unter Einschluß der Kommunisten zu verwirklichen: er war in der zweiten Dezemberhälfte der erste, der in Berlin die Alternative zu den Forderungen der Kommunisten politisch durchzusetzen versuchte. Das hätte allerdings die offene Auseinandersetzung mit der KPD und mit der sowjetischen Besatzungsmacht bedeutet.

Grotewohl war dazu am 20. Dezember nicht bereit. Er hatte schon die offene Auseinandersetzung vermieden, als seine Rede vom 11. November nicht veröffentlicht werden durfte. Dahrendorfs zehn Punkte trug Grotewohl nun zwar vor, schränkte sie aber sofort ein, indem er zweimal betonte, der Zentralausschuß lege sie nicht als Verhandlungsgrundlage vor, sondern wolle nur den Sorgen Ausdruck geben, „die in weiten Kreisen der Mitgliedschaft bestehen".

---

456 Vgl. oben S. 165 ff.

457 Protokoll der Sechziger-Konferenz (Anm. 33), S. 10 f.; auch Dahrendorf (Anm. 33), S. 97 ff.

Diese Sorgen, wie Grotewohl die bitteren Nöte seiner Genossen, die quälenden Befürchtungen um die Freiheit ihrer Partei nannte, stellte er nicht etwa als Behauptungen auf, die die versammelten Funktionäre der KPD hätten widerlegen müssen, sondern er kleidete sie in die Form einiger vorsichtiger Fragen [458]:

a) Warum trotz der veränderten Politik der kommunistischen Partei ihr zentralistischer, nichtdemokratischer Parteiaufbau der gleiche geblieben sei?
b) Ob bei der Bejahung der Diktatur des Proletariats die Demokratie und die freie Diskussion in der Partei verneint werden müßten?
c) Ob sich die KPD als eine deutsche sozialistische Arbeiterpartei betrachte und ob das Selbstbestimmungsrecht des deutschen Volkes auch von der kommunistischen Partei zu treuen Händen genommen werde?
d) Ob sich die KPD zur parlamentarisch-demokratischen Republik, wie sie im „Statut von Berlin" [459] festgelegt sei, bekenne?
e) Ob die von der Kommunistischen Partei angestrebte Einheit von denselben Gefühlen der Kameradschaft getragen sei wie die der Sozialdemokratischen Partei?

Konnte Grotewohl am 20. Dezember wirklich noch solche Fragen stellen, nachdem die kommunistische Beratungsgrundlage vom 19. Dezember deutlich genug erkennen ließ, auf welchem Wege die KPD ihr Ziel erreichen wollte? Die Antwort muß wohl heißen: selbst dieses Dokument unbändigen Machtwillens der KPD hinderte Grotewohl nicht, Fragen zu stellen, die schon längst keiner Antwort mehr bedurften ...

Langatmig und mit höchster Genauigkeit schilderte Grotewohl den Verlauf jener Wochen vor dem Erlaß des Befehls Nr. 2, mit dem Marschall Shukow die Bildung politischer Parteien in der Sowjetzone erlaubt hatte [460]. Wieder versuchte Grotewohl, die kommunistischen Vertreter davon zu überzeugen, daß die SPD sich früher und nachhaltiger für die Einheit der „Arbeiterbewegung" eingesetzt habe [461]. Als Grotewohl das am 11. November zum ersten Male öffentlich aussprach, war seine Rede unterdrückt worden. Jetzt, am 20. Dezember, nahm der KPD-Vorsitzende, Wilhelm Pieck, das Argument auf und wendete es gegen die SPD:

---

458 Protokoll der Sechziger-Konferenz (Anm. 33), S. 5 ff.

459 Gemeint ist das Potsdamer Abkommen vom 2. August 1945.

460 Vgl. oben S. 23 und Anm. 23.

461 Vgl. oben S. 188 f. und Anm. 419, besonders These 2.

„Es ist müßig, heute darüber zu philosophieren ... Aber, Genossen, ich stelle die Frage: was hat sich in diesen fünf oder sechs Monaten so geändert, daß dieselben Beweggründe, die damals die Genossen von der SPD veranlaßt hatten, diese Vorschläge [d. h. auf sofortige Verschmelzung] der kommunistischen Partei zu machen, heute nicht mehr gelten sollen?“ [462]

So fingen sich Grotewohl und der Zentralausschuß in ihrer eigenen Argumentation, da sie trotz aller Erfahrungen daran festhielten, daß die KPD eine Partei der deutschen Arbeiterklasse sei — eine Partei jener Arbeiterklasse, über deren Einheit es nach Grotewohls Ansicht keine Diskussion geben könne. Weder die „Sorge ... in weiten Kreisen der Mitgliedschaft“, noch die offenbaren Zweifel, die Grotewohl in die kunstvoll formulierten Fragen an die KPD gekleidet hatte, änderten etwas an der Haltung des Zentralausschusses. Ihr entsprach es, wenn Grotewohl zum Beratungsentwurf der KPD feststellte:

„Zu den allgemeinen Ausführungen des Vorschlags des Zentralkomitees haben wir im großen und ganzen nichts hinzuzufügen; sie stimmen im wesentlichen mit dem vollkommen überein, was wir selbst zu sagen hätten.“ [463]

Allerdings fügte Grotewohl hinzu:

„Wir sind aber nicht überzeugt davon, daß der Weg, den das Zentralkomitee der KPD für die Herbeiführung der Einheit der deutschen Arbeiterklasse vorgeschlagen hat, der richtige ist.“ [464]

In drei Punkten widersprach Grotewohl den kommunistischen Forderungen:

1. Die SPD lehne gemeinsame Listen bei den bevorstehenden Wanlen ab.
2. Es müsse durch die Wahlen das wirkliche Stärkeverhältnis der Parteien festgestellt werden, da die von den Kommunisten geforderte Parität unmöglich rein mechanisch gehandhabt werden könne.
3. Für die organisatorische Verschmelzung der beiden Parteien seien einheitliche Reichsorganisationen und der Zusammentritt von ersten Reichsparteitagen die notwendige Voraussetzung.

Zum dritten Punkt fügte Grotewohl hinzu:

„Die Einheit der gesamten deutschen Arbeiterklasse und die größtmögliche politische Stärke der deutschen Arbeiterklasse ist die entscheidende Voraussetzung dafür, daß die uns befreundete Sowjetunion sicher sein

---

462 Protokoll der Sechziger-Konferenz (Anm. 33), S. 21.

463 a. a. O., S. 13.

464 a. a. O., S. 13 f.

kann, daß das deutsche Volk ein friedliches Volk ist und sich in aller Zukunft von niemand mißbrauchen lassen wird zu Absichten, die den Friedenswünschen der Sowjetunion gefährlich werden könnten." [465]

Die kommunistischen Funktionäre antworteten nicht auf dieses Argument, dessen Ernsthaftigkeit schwerlich bezweifelt werden darf. Dafür erinnerte Wilhelm Pieck, der unmittelbar nach Grotewohl sprach, an Schumachers „Politische Richtlinien" vom August 1945 [466], deren „absolut sowjetfeindliche Einstellung" er als Beweis für die „immer frecher auftretende Reaktion" heranzog. Für die KPD galt es, Grotewohl und den Zentralausschuß von den Sozialdemokraten der Westzonen zu isolieren: dazu lieferte Schumachers eindeutige Haltung gegen alle kommunistischen Hegomoniebestrebungen die erwünschte Begründung.

Für die Darstellung der sozialdemokratischen Haltung in der Sechziger-Konferenz sind die Ausführungen der Kommunisten nicht sehr ergiebig. Nur auf zwei Gesprächspunkte sei verwiesen, um das Klima zu verdeutlichen, das zwischen den Konferenzpartnern herrschte. Pieck leitete aus dem Wunsche, die beiden Parteien sollten keinen Wahlkampf mehr gegeneinander führen, die Notwendigkeit her, nicht nur gemeinsame Wahlprogramme, sondern auch gemeinsame Wahllisten aufzustellen:

„*Wenn wir schon ein gemeinsames Wahlprogramm haben, und wenn in dieser Konferenz nicht nachgewiesen wird, daß wir getrennte, entgegengesetzte Wahlprogramme brauchen, dann besteht auch keinerlei Grund, nicht gemeinsame Kandidaten zu nominieren.*" [467]

Und Pieck schloß daran die logisch folgerichtige Frage:

„*Treten wir bei den Wahlen mit gemeinsamen Kandidaten auf, was soll uns dann hindern, [nicht] in einer einheitlichen Partei zusammenzugehen?*" [468]

Es war der kommunistische Landesvorsitzende in Sachsen, Hermann Matern, der diesen Punkt konkretisierte, als er in der anschließenden Diskussion darauf verwies, daß es in den vergangenen Monaten bei den wesentlichen politischen Entscheidungen keine Differenzen zwischen SPD

---

465 a. a. O., S. 15 f.

466 a. a. O., S. 24. — Vgl. oben S. 70 ff., besonders S. 72 f.

467 Protokoll der Sechziger-Konferenz (Anm. 33), S. 31.

468 Das Wort „nicht", mit dem der letzte Halbsatz im Original beginnt, muß logischerweise gestrichen werden. Es ist deshalb hier in Klammern gesetzt. Zweifelsfrei meinte Pieck, es könne nichts daran hindern, „in einer einheitlichen Partei zusammenzugehen".

und KPD gegeben habe. Bei der Durchführung der Bodenreform, beim Aufbau der neuen Verwaltung, bei der Entnazifizierung, bei der gemeinsamen Kampagne „Volkssolidarität" — eine in Sachsen laufende Aktion zur Steigerung der Produktivität und des wirtschaftlichen Aufbaus —, bei der Zusammenarbeit in den Betriebskampfgruppen: nirgends seien ernsthafte Differenzen aufgetaucht [469].

Mit der bisherigen Zusammenarbeit hatten die anwesenden Sozialdemokraten ganz andere Erfahrungen gemacht. Aber Matern hielt sich nicht bei den Klagen auf, wie sie vorgetragen wurden, sondern argumentierte politisch, indem er schlicht fragte, ob denn die Zustimmung der SPD zu den bisherigen gemeinsamen Maßnahmen nicht zeige, wie einig man sich im Grunde sei. So sperrte die KPD ihre sozialdemokratischen Partner nicht nur in den Teufelskreis der vom Zentralausschuß auf Halbheiten aufgebauten Argumentation, sondern sie konnte auch mit scheinbarem Recht nachweisen, daß die Politik der SPD sich gar nicht von der der KPD unterschieden habe.

Wilhelm Pieck hatte vorher auf Grotewohls Darstellung der Stimmung in der Mitgliedschaft der SPD geantwortet:

„Ihr beruft Euch auf Eure guten Absichten im Zentralausschuß und stützt Euch darauf, daß sie nicht durchzuführen sind, weil die Stimmung in der Provinz dagegen ist. Wir sagen das, was wir als Führung für notwendig halten im Interesse des deutschen Volkes. Dafür kämpfen wir und fallen wir." [470]

Angesichts der Machtverhältnisse in der Sowjetzone und der unbestreitbaren Bevorzugung der KPD durch die Besatzungsmacht war diese Bemerkung Piecks vom „Kämpfen und Fallen" nichts anderes als pure Prahlerei [471]. Aber es ist die Frage anzuknüpfen, wieviel Autorität eine Parteispitze, wie die der SPD in der Sowjetzone, noch erwarten konnte, wenn man ihr solche Redensarten bieten durfte. Hier erteilten die Kommunisten, wenngleich von den äußeren Bedingungen unvergleichlich begünstigt, der sozialdemokratischen Führung eben die Lehre, die Grote-

---

469 Protokoll der Sechziger-Konferenz (Anm. 33), S. 47 ff.

470 a. a. O., S. 27.

471 Es ist in diesem Zusammenhang nicht unerheblich, daß sich in Piecks Worten auch die Tatsache spiegelt, wie der Führer einer nichtdemokratischen Partei mit dem ganzen Unverständnis totalitär denkender Politiker dem Vorsitzenden einer traditionell demokratisch funktionierenden Organisation entgegentritt. Selbst der politisch hocherfahrene Pieck dürfte gewußt haben, daß die hier zu beachtenden Unterschiede in seiner Argumentation nicht berücksichtigt waren.

wohl von Schumacher und dessen Freunden nicht hatte annehmen wollen: zu kämpfen oder das Feld zu räumen. Für beides hat sich Grotewohl nicht entscheiden können. Daraus folgte seine Niederlage als Sozialdemokrat.

Nach fünfstündiger Verhandlung wurde der erste Konferenztag beschlossen. Sieben Sozialdemokraten und acht Kommunisten hatten ihre Ansichten vorgetragen: eine Annäherung der Standpunkte war nicht erzielt worden. Um so erstaunlicher ist es, daß die Sitzung am zweiten Verhandlungstag nach einer fast einstündigen Verzögerung mit der Mitteilung des Vorsitzenden Fechner eröffnet wurde, die Kommission, die die Konferenz vorbereitet hatte, habe eine Niederschrift der gemeinsamen Auffassungen zustande gebracht [472]. Die Niederschrift war die kommunistische Beratungsgrundlage, aus der nur einige Punkte gestrichen worden waren, gegen die Grotewohl sich namens den Zentralausschusses gewandt hatte.

Die kommunistische Forderung, gemeinsame Kandidaten bei den kommenden Wahlen aufzustellen und Verschmelzungsbeschlüsse auch in den einzelnen Organisationsgliederungen der beiden Parteien herbeizuführen, war fallengelassen worden. Dagegen hatten die Sozialdemokraten einen Passus eingeführt, wonach eine Studienkommission aus je vier Mitgliedern beider Parteispitzen eingesetzt werden sollte, um den Aufbau der zukünftigen Einheitspartei zu beraten. Damit schien der Angriff der KPD auf die Entscheidungsfreiheit der SPD in einem wesentlichen Punkte abgeschlagen und die Garantie gegeben zu sein, daß das Statut der vereinigten Partei nicht ohne Mitwirkung der Sozialdemokraten erstellt werden konnte. Aber um welchen Preis war das geschehen!

Die Kernpunkte der kommunistischen Beratungsgrundlage waren erhalten geblieben. Sie wurden in der Form einer gemeinsamen Entschließung mit einem Kommunique am 23. Dezember, dem Sonntag vor Weih-

---

472 Der naheliegende Verdacht, die Einigung der Konferenzpartner sei vor Beginn der Sitzung vom 21. Dezember durch unmittelbaren sowjetischen Druck in der Nacht vom 20. auf den 21. Dezember 1945 zustandegekommen, wurde schon am 8. Februar 1946 von Schumacher geäußert, als er sich in Braunschweig mit Grotewohl traf. Vgl. Gedächtnisprotokoll (Anm. 134), S. 3. Es heißt dort aber: „G[rotewohl] und D[ahrendorf] versicherten, daß das in keiner Weise der Fall gewesen sei." — Auch Gustav Klingelhöfer, Berlin. bestätigte, daß die Sowjets am 20./21. Dezember 1945 keinen unmittelbaren Druck ausgeübt hätten. Mündliche Mitteilung am 6. Mai 1956.

nachten, in Berlin und der Sowjetzone veröffentlicht. Unter der Schlagzeile „Die zweite Phase der Einheit" lasen die Sozialdemokraten, die auf diese Nachricht überhaupt nicht vorbereitet waren und die Vorgeschichte der Konferenz ebensowenig kannten wie ihren tatsächlichen Verlauf:

„Die Konferenz war von dem gemeinsamen Willen erfüllt, die Aktionseinheit der beiden Arbeiterparteien zu ihrer organisatorischen Verschmelzung weiterzuentwickeln." [473]

Und Grotewohl selbst schrieb am 24. Dezember im SPD-Organ „Das Volk":

„Die Sozialdemokratische und die Kommunistische Partei haben erkannt, daß das Lebensinteresse des schaffenden deutschen Volkes auf das dringlichste die Weiterentwicklung der Einheit erfordert, daß der historische Augenblick gekommen ist, die Lehre aus der gesamten Vergangenheit der Arbeiterbewegung zu ziehen und den Zusammenschluß der Arbeiter in einer Einheitspartei vorzubereiten . . ." [474]

So bestätigte der Vorsitzende des Zentralausschusses seiner Parteimitgliedschaft, was sie am Tage zuvor mit Bestürzung erfahren hatte. In der veröffentlichten Entschließung hatte nach einer langen, im bekannten kommunistischen Jargon gehaltenen Begründung für die angeblich notwendige Vertiefung der Zusammenarbeit von KPD und SPD ge-
„Diese gesteigerte Zusammenarbeit muß ihren Ausdruck auch darin
standen:
finden, daß überall, wo Wahlen und Abstimmungen stattfinden, gemeinsame Wahlprogramme der beiden Arbeiterparteien aufgestellt werden . . .
Die Aufstellung gemeinsamer Wahlprogramme soll die Garantie bilden, daß der Wahlkampf nicht zu einem Kampf zwischen SPD und KPD wird, sondern als gemeinsamer Kampf der beiden Arbeiterparteien für eine Arbeitermehrheit geführt wird . . .
Auch über den Weg zur Schaffung der Einheitspartei konnte nach lebhafter und kameradschaftlicher Aussprache weitgehende Übereinstimmung erzielt werden.
Der Weg zur Einheitspartei führt über den raschen weiteren Ausbau der Aktionseinheit . . .
Die bereits überall bestehenden Verbindungskomitees sollen in kurzer Frist durch die Schaffung gemeinsamer Ausschüsse (wie solcher für Wirt-

---

473 Vgl. u. a. „Das Volk" (Anm. 443).

474 Otto Grotewohl: Auf dem Wege zur Einheit, in: „Das Volk", Nr. 148 vom 24. Dezember 1945.

schaftsfragen, Sozialpolitik, Kultur- und Erziehungsfragen) ergänzt werden.
Die Schaffung einer gemeinsamen theoretischen Zeitschrift und des gemeinsamen Verlages „Einheit" durch den Zentralausschuß der SPD und das Zentralkomitee der KPD soll der Anlaß sein, überall eine lebhafte gemeinsame Zirkel- und Schulungstätigkeit zu entfalten." [475]

Für die unvorbereitete Mitgliedschaft der SPD war das zu viel: eine völlig neue Lage schien durch die Entschließung geschaffen zu sein [476]. In Wahrheit war aber die Entschließung nur ein Schritt auf dem Wege, den ursprünglich die SPD in der Sowjetzone selbst eingeschlagen hatte, und auf dem sie nun von der Besatzungsmacht und von der KPD konsequent weitergestoßen wurde.
Die SPD-Mitglieder und ihre Funktionäre in der Sowjetzone, die sich trotz aller Schwierigkeiten gegen den Verschmelzungskurs der KPD gestemmt hatten, bauten bisher auf die Worte Grotewohls, die er am 14. September in Berlin ausgesprochen und bis in den November in den Städten der Zone fast unverändert wiederholt hatte: daß die organisierte Arbeiterschaft — also gerade die SPD! — hoffe, Entschlußfreiheit und Unabhängigkeit der Willensbildung zu erhalten, daß die Voraussetzungen für eine organisatorische Vereinigung mit der KPD noch nicht erfüllt seien [477].

In der zweiten Dezemberhälfte 1945 waren diese Voraussetzungen noch viel weniger gegeben als im Frühherbst. Sollten das die führenden

475 „Entschließung der gemeinsamen Konferenz des Zentralkomitees der KPD und des Zentralausschusses der SPD mit den Vertretern der Bezirke am 20. und 21. Dezember 1945 in Berlin." (Archiv Karl J. Germer, Berlin, — Anm. 443.) — Vgl. auch „Das Volk" Nr. 147 vom 23. Dezember 1945.

476 Von diesem Eindruck rührt es her, daß noch heute so viele Beobachter glauben, die Sechziger-Konferenz stelle den eigentlichen Drehpunkt in der Entwicklung der SPD in der Sowjetzone dar. Tatsächlich brachte die Konferenz nur ans Licht, was Monate vorher begonnen hatte und einen ersten Höhepunkt — von der Öffentlichkeit fast unbemerkt — schon am 11. November 1945 erreichte, als die Rede Grotewohls unveröffentlicht blieb. Die weitere Darstellung wird zeigen, daß eine gradlinige Entwicklung von diesem Tage zum 11. Februar 1946 abläuft, als Grotewohl das Einverständnis des SPD-Zentralausschusses zur Verschmelzung mit der KPD öffentlich bekanntgab. Vgl. unten S. 246. Für die Überschätzung der Sechziger-Konferenz bietet Klaus-Peter Schulz (Anm. 50), Fortsetzung VI., (Oktober 1957), S. 22, ein anschauliches Beispiel.

477 Vgl. oben S. 75 f. und S. 81 f.

Funktionäre wirklich übersehen haben? Konnte denn Otto Grotewohl für seine Partei zugestimmt haben, der noch vor wenigen Monaten behauptet hatte, die SPD wolle und werde das deutsche Volk führen [478]? Führte hier nicht die KPD die Partei der Sozialdemokraten?

Noch krasser mußten die Berliner SPD-Mitglieder den Wandel in den Anschauungen des Zentralausschusses empfinden. Ihnen war die Rede Grotewohls vom 11. November bekanntgeworden. Hatte Grotewohl nicht festgestellt, daß die „Einheit" kein Beschluß von Instanzen sein, nicht unter Zwang zustandekommen könne? Hatte er nicht gefordert, daß die „Einheit" nur das Werk des sozialistischen und demokratischen Aufbaus in ganz Deutschland sein könne? War also aufgegeben worden, daß die SPD einheitliche Reichsparteien in einem einheitlichen Staats- und Wirtschaftsgebiet als „schlechthin die entscheidende Voraussetzung" zur Verschmelzung mit der KPD ansah) [479]? War jetzt die letzte Trosse, die das Boot der Sowjetzonen-SPD noch mit der eigenen Partei in Westdeutschland verband, gebrochen?

Die Entschließung der Sechziger-Konferenz, wie sie veröffentlicht wurde, erweckte diesen Anschein. Es hieß da:

„Die baldige Verwirklichung der politischen und organisatorischen Einheit der Arbeiterbewegung ist eine dringende nationale Notwendigkeit; denn wie jede Zerklüftung in unseren Reihen die Aufspaltung Deutschlands begünstigen müßte, so bedeutet jeder weitere Schritt zur Festigung der Arbeitereinheit die Stärkung der Einheit Deutschlands." [480]

Mithin war — und nichts anderes meinten die Kommunisten! — die Verschmelzung der beiden Parteien ein Schritt auf dem Wege zur Einheit Deutschlands; nicht mehr die Einheit des Reiches sollte die Voraussetzung der Verschmelzung sein, sondern die Verschmelzung von KPD und SPD stellte die Voraussetzung für die Wiederherstellung eines einheitlichen Reiches dar, wie die Kommunisten es sich wünschten.

Daß der Zentralausschuß diese verhängnisvolle Umkehrung am ersten Konferenztage noch durchaus gesehen hatte, geht aus Grotewohls Rede vom 20. Dezember hervor.

„Wir sind ... überrascht und vor eine vollkommen neue Situation gestellt durch die Tatsache, daß die KPD unsere Auffassung nicht nur nicht teilt, sondern in striktem Gegensatz dazu den Weg gehen wird, der die Einheit der deutschen Arbeiterklasse verhindert und sie in ak-

---

478 Vgl. oben S. 77.

479 Vgl. oben S. 188 f., besonders These 4.

480 „Das Volk" (Anm. 443).

tionsunfähige Stücke zerreißen muß ... Hier liegen ... Auffassungen von einer Gegensätzlichkeit zutage, für die es eine Brücke vielleicht nicht gibt, wenn das ZK der KPD auf seinem Standpunkt strikt beharren würde." [481]

Diese Gegensätze in den Auffassungen wurden allerdings zunächst nicht bekanntgemacht. Nur ein einzelner kurzer Satz in Grotewohls Artikel vom 24. Dezember, der fast 170 Schreibmaschinenzeilen lang war, deutete die tatsächliche und abweichende Haltung des Zentralausschusses an:

„Die baldige Verwirklichung der politischen und organisatorischen Einheit der Arbeiterbewegung ist eine dringende nationale Notwendigkeit und setzt die Aktionseinheit über ganz Deutschland hinweg voraus." [482]

Das war alles, was für die Öffentlichkeit vom Standpunkt des Zentralausschusses in dieser Frage übriggeblieben war, und es war zu wenig, um die überraschte Mitgliedschaft zu beruhigen.

Erst zehn Tage später erschien in der Neujahrsausgabe der sowjetamtlichen „Täglichen Rundschau" ein Artikel Max Fechners, der eine Antwort auf die Fragen der Sozialdemokraten Berlins und der Sowjetzone zu geben versuchte. Zur Beschlußfassung über die Verschmelzung führte Fechner aus:

„Ein Einheitsbeschluß kann ... nur für die Gesamtpartei im deutschen Raum gefaßt werden. Er wird auch nicht von oben her dekretiert, wie dies so häufig behauptet wird. Ein solcher Beschluß kann nur nach Bestätigung durch den Parteitag der gesamten deutschen Sozialdemokratie verwirklicht werden, nötigenfalls sogar durch eine Urabstimmung bei der Mitgliedschaft." [483]

Der Gedanke einer Urabstimmung stammte von den Berliner SPD-Funktionären. Er wird später zu erörtern sein. Zunächst ist zu beach-

---

481 Protokoll der Sechziger-Konferenz (Anm. 33), S. 17. — In der sozialdemokratischen Beratungsgrundlage (Anm. 437) hatte gestanden: „Der Versuch einer zonenmäßigen Verschmelzung der Arbeiterparteien müßte die zukünftige Einheit der Arbeiterklasse ebenso in Frage stellen, wie er die einheitliche Aktion der Arbeiterklasse zur Schaffung einer wirklich demokratischen Republik und zur Umerziehung des deutschen Volkes zu einer Friedensnation gefährden müßte." — Diesen Standpunkt haben — nach dem Protokoll der Sechziger-Konferenz (Anm. 33) — am 20. Dezember Grotewohl (S. 15 ff.), Dahrendorf (S. 50 ff.) und Klingelhöfer (S. 74 ff.) vertreten.

482 Otto Grotewohl (Anm. 474).

483 Max Fechner: Um die Einheit der Schaffenden, in: „Tägliche Rundschau" Nr. 1 (198) vom 1. Januar 1946.

ten, daß — entgegen dem Anschein in der Entschließung der Sechziger-Konferenz — der Zentralausschuß an der Reihenfolge: „Erst Reichsparteitage, dann Verschmelzung mit der KPD" festgehalten hatte. Auch ein Brief Dahrendorfs vom 9. Januar bestätigt das [484]. Noch am 12. Januar 1964 schickte der Zentralausschuß ein Rundschreiben an die SPD-Landesausschüsse und Bezirksverbände, dem der Auszug aus einem Rundfunkinterview mit Otto Grotewohl beigefügt war. Darin heißt es:

„. . .wir sind uns vollkommen darüber klar, daß die Sozialdemokratische Partei Deutschlands schleunigst zu einer einheitlichen Reichspartei gestaltet werden muß, die in ihrer Gesamtheit auf einem Reichsparteitage die Entscheidung über die Vereinigung der beiden Parteien fällt." [485]

In der Entschließung der Sechziger-Konferenz vom 21. Dezember war davon keine Rede gewesen. Der Zentralausschuß hatte nur erreicht, daß die entsprechenden Absätze in der kommunistischen Beratungsgrundlage, die seinen Absichten entgegenstanden, gestrichen worden waren. Die eigene Position, die stattdessen hätte herausgestellt werden müssen, blieb unsichtbar. Der Zentralausschuß ließ also zu, daß die Unterschriften seiner Mitglieder und der in den Bezirken führenden Funktionäre unter einem Beschluß veröffentlicht wurden, der keine — schlimmer noch: — der eine falsche Interpretation der eigenen Haltung in der Frage der Reichseinheit zuließ.

So verschenkte der Zentralausschuß das letzte Pfand, das er noch besessen hatte. Er selbst beraubte die opponierenden Sozialdemokraten der Zone jener wesentlichen Stütze, die in dem Hinweis bestand, daß die SPD erst die Einheit des Reiches und ihrer Partei hergestellt sehen wolle, bevor sie die Verschmelzung vollziehen könne. Kein Brief, kein Zeitungsartikel, kein Rundfunkinterview oder Rundschreiben vermochte zu ändern, was durch die Entschließung der „Gemeinsamen Konferenz" vom 21. Dezember 1945 vergeben worden war.

---

484 Gustav Dahrendorf, Berlin, an Wilhelm Buch, Regensburg, am 9. Januar 1946 (maschinenschr. Abschrift, PVA — Personenarchiv, Ordner: Dahrendorf). Die Entstehung der Abschrift läßt sich nicht aufklären, aber Tenor und Inhalt des Briefes lassen darauf schließen, daß diese Abschrift mit größter Wahrscheinlichkeit vom Original richtig abgenommen ist.

485 „Otto Grotewohl zur Einheitsfrage" — Aus einem Rundfunkinterview, 8. Anlage zum Rundschreiben des Zentralausschusses der SPD an die Landesausschüsse und Bezirksverbände der SPD vom 12. Januar 1946 (Archiv der SPD-Kreisleitung Berlin-Zehlendorf, Schnellhefter 1945/46 und Archiv des „Telegraf", Berlin-Grunewald).

Als der Zentralausschuß seinen Fehler bemerkte, als sichtbar wurde, daß es der KPD gelungen war, die SPD bei der Unterrichtung der Öffentlichkeit auszustechen, versuchte der Zentralausschuß durch sein Rundschreiben vom 12. Januar, wenigstens die Mitgliedschaft der SPD über seine Haltung zu unterrichten. Die sozialdemokratischen Zeitungen standen zu dieser Zeit schon unter solchem Druck der sowjetischen Presseoffiziere, daß sie als Publikationsmittel für den Zentralausschuß nicht mehr verfügbar waren [486]. Wie sonst wäre der letzte Absatz im Rundschreiben vom 12. Januar zu verstehen, der nur schlecht verhüllte, wie weit die Isolierung des Zentralausschusses schon fortgeschritten war?

„Das Euch übergebene Material muß auch der breiten Mitgliedschaft schnellstens zugänglich gemacht werden. Wir bitten Euch deshalb, in der geeigneten Weise und mit den Euch zur Verfügung stehenden Mitteln den Orts- und Abteilungsvorständen das Material zur Aufklärung und als Diskussionsgrundlage so schnell wie nur möglich zur Verfügung zu stellen.“ [487]

Was der Zentralausschuß nicht mehr vermochte — seinen Standpunkt öffentlich zu vertreten —, das sollten nun die Funktionäre und Mitglieder draußen im Lande tun. Sie sollten es ohne den Rückhalt an der eigenen Führung und ohne die Chance tun, die der Zentralausschuß ja immer besaß, sich dem Druck, den die lokalen Besatzungsorgane und die kommunistischen „Freunde“ ausübten, dadurch zu entziehen, daß sie an die in Berlin vertretenen westlichen Besatzungsmächte und die westlichen Presseorgane appellierten. Fürwahr, eine unmenschliche Aufgabe, gestellt von einer Führung, die sich keine Rechenschaft darüber ablegte, in welche Krise sie selbst und mit ihr die SPD der Sowjetzone geraten war!

Weit über Berlin und die Sowjetzone hinaus wurde die Entschließung vom 21. Dezember als ein Alarmzeichen gewertet. Am 3. Januar berichtete Gustav Klingelhöfer in einem vierseitigen Brief an Grotewohl über ein Gespräch, das er am Vortage mit Waldemar von Knoeringen geführt

---

486 Über die Eingriffe sowjetischer Stellen vgl. Dahrendorf (Anm. 33), S. 104 ff. und Klingelhöfer (Anm. 444): „Die Öffentlichkeit mußte aufgeklärt werden, besonders in der [sowjetischen] Zone, so schwer unsere Propaganda durch die Sowjets und die Kommunisten auch behindert sein mochte. Nach Neujahr [1946] organisierten wir [beim Zentralausschuß] einen besonderen Propagandadienst. Mit Kurieren und zahllosen Drucksachenpaketen versuchten wir, die wirklichen Ergebnisse der Sechziger-Konferenz zu verbreiten. Wir drangen kaum mehr durch . . .“

487 Rundschreiben (Anm. 485), S. 2.

hatte[488]. Unter dem Namen Major Holt hatte sich von Knoeringen Papiere in England besorgt, die es ihm als deutschem Emigranten erlaubten, Ende Dezember 1945 von England nach Deutschland zu fliegen. Über das Gespräch schrieb Klingelhöfer:

„Holt berichtete, in Hynds Umgebung[489] werde der 21. Dezember als die Eröffnung der deutschen „Krisis" bezeichnet. BBC-London habe den 21. Dezember als beunruhigende Sensation gebracht, in der die Einheit in der Zone schon vollzogen schien. Der Alarm lag darin, daß der 21. Dezember als Kapitulation der SPD betrachtet wurde, die sich dem Druck der Russen und der Kommunisten nicht erwehren konnte. Mindestens sei die Einheit nicht Sache unserer freien Entschließung, und die KP wie die Russen wollten sie für die Zone ... Selbst wenn wir und gerade weil wir die Reichsparteitage als alleinige Einigungsinstanz durchgesetzt hätten, könne es uns gehen wie der CDU. Man werde uns vielleicht Einigungsbeschlüsse aus den Bezirken vorlegen und damit — wie bei der CDU — demonstrieren, daß die Berliner Führung nicht das Vertrauen des Landes habe und sich so eine gefügige SPD-Leitung besorgen." [490]

Gleich ihren britischen Kollegen faßten auch die Beobachter der amerikanischen Besatzungsmacht die Entschließung vom 21. Dezember als eine Umkehr im Kurs des Zentralausschusses auf. In ihrem Monatsbericht über Politische Tätigkeit für Dezember 1945 heißt es:

„Nach außen hin wurde die Herzlichkeit und Zusammenarbeit zwischen den beiden Parteien [KPD und SPD] fortgesetzt, aber die SPD bestand wiederholt darauf, daß die Frage der Verschmelzung verschoben werden sollte, bis sie durch die gesamte Mitgliedschaft der Partei zu dem Zeitpunkt entschieden werden könnte, zu dem eine reichseinheitliche Partei wieder aufzutreten vermöge.

Diese Haltung der Sozialdemokraten in der Sowjetzone wurde am 23. Dezember in ihr Gegenteil verkehrt, als in den kommunistischen und sozialdemokratischen Parteizeitungen Berlins der Text einer Entschließung,

---

488 Waldemar von Knoeringen, geb. am 6. Oktober 1906 in Rechetsberg, Bez. Weilheim/Obb., gehört seit 1926 der SPD an und wirkte als Bibliothekar im Arbeiterbüchereiwesen. Von 1933 bis 1946 lebte er als Emigrant, zuletzt in Großbritannien.

489 John Hynd, geb. am 4. April 1902 in Perth, Schottland, war von 1925 bis 1944 Angestellter der britischen Eisenbahnergewerkschaft und von 1945 bis 1947 Minister für Deutschland und Österreich im britischen Kabinett.

490 Gustav Klingelhöfer, Berlin, an Otto Grotewohl, Berlin, am 3. Januar 1946 (Archiv Gustav Klingelhöfer, Berlin).

gemeinsam unterschrieben von führenden Persönlichkeiten beider Parteien, veröffentlicht wurde. Unzweideutig rief die Entschließung zur Verschmelzung der beiden Parteien zu einer Partei der Arbeiterklasse auf." [491]

Einheitlich und „unzweideutig" war der Eindruck, den die Entschließung der Sechziger-Konferenz in der Sowjetzone, in Berlin, und bei den angelsächsischen Besatzungsmächten hervorrief. Bei den Sozialdemokraten der westlichen Zonen wirkte sie nicht anders. Für Schumacher und seine Freunde — sie kannten Vorgeschichte und tatsächlichen Verlauf der Konferenz ebensowenig wie die SPD-Mitglieder in der Sowjetzone und in Berlin! — lieferte die Entschließung der Sechziger-Konferenz den Anlaß zu einer massiven Gegendemonstration.

Am 3. und 4. Januar 1946 tagten in Hannover die führenden Funktionäre der SPD aus der britischen Zone [492]. Bereits am 3. Januar legte Schumacher der Konferenz eine Entschließung vor, die einstimmig gebilligt wurde [493]. Von den Vereinbarungen in Wennigsen ausgehend, wurde darin erklärt:

---

491 Political Activity, Monthly Report of Military Governor U.S.Zone, 20 January 1946, No. 6, p. 3. Im Original heißt es: „There continued to be surface cordiality und cooperation between the two parties, but the Social Democratic Party repeatedly insisted that the question of a merger should be postponed until it could be settled by the rank and file of the Party at such time as a national party could again come into existence.
This attitude of the Social Democrats in the Soviet Zone was reversed on 23 December when there was published in the Communist and Social Democratic party newspapers in Berlin the text of a declaration jointly signed by leading figures of both parties. This declaration unequivocally called for the merger of the two parties into a single working-class party."

492 Zu dieser Konferenz waren die Bezirksvorstände in der britischen Zone bereits am 21. Dezember 1945 eingeladen worden. Aus dem maschinenschr. Entwurf geht nicht hervor, ob es sich bei dieser Konferenz zunächst um mehr als eine Routinebegegnung handeln sollte (PVA — Akte Büro Dr. Schumacher, Zentrale Rundschreiben, Blatt 074).

493 „Entschließung der Konferenz der Sozialdemokratischen Partei in der britischen Besatzungszone am 3. und 4. Januar 1946 in Hannover" (PVA). — Vgl. auch Fried Wesemann (Anm. 13), S. 96. Wesemann irrt allerdings, wenn er behauptet, am 6. Januar 1946 hätten „die sozialdemokratischen Landesvorstände der drei Länder der amerikanischen Besatzungszone mit 144 gegen 6 Stimmen gegen die Verschmelzung der beiden Parteien" gestimmt, wie es am 3. Januar die Vertreter der SPD-Bezirke der briti-

„Solange ein einheitliches deutsches Reich politisch nicht besteht, sondern sein Gebiet sich in verschiedene Kontrollzonen mit ungleichartigen politischen Methoden der Regierung und Wirtschaft aufgliedert, ist auch die organisatorische Einheit der Sozialdemokratischen Partei Deutschlands nicht gegeben ...
Dementsprechend sind Abmachungen und Beschlüsse der Partei in der östlichen Besatzungszone nicht bindend oder richtungsweisend für die Sozialdemokratische Partei in den westlichen Zonen. Hier wird die Haltung der SPD nur durch eigene Entscheidungen bestimmt."
Damit war der Trennungsstrich zur eigenen Partei in der Sowjetzone unmißverständlich gezogen. Die Vereinbarungen, „die in Berlin oder sonstwo in der östlichen Zone" getroffen würden, seien als Vorgänge unter „den besonderen Verhältnissen und machtpolitischen Gegebenheiten in der Ostzone" zu betrachten.

Kein Wort des Vorwurfs gegen die Sozialdemokraten, die ihre Unterschrift unter das Dokument vom 21. Dezember gesetzt hatten, steht in Schumachers Text der Entschließung vom 3./4. Januar. Dagegen richten sich die weiteren Absätze allein gegen die kommunistischen Gegner. Ihnen stellt Schumacher, bewußt die zukünftige Entwicklung vorwegnehmend, die deutsche Sozialdemokratie als Ganzes entgegen:
„Die Sozialdemokratische Partei kann und will nicht auf die Freiheit in ihren Entschlüssen und Urteilen verzichten ...
Die Sozialdemokratie lehnt es ab, den Blutspender für den geschwächten Parteikörper der Kommunistischen Partei abzugeben ...

---

schen Zone getan hatten. Eine entsprechende Abstimmung mit dem von Wesemann angegebenen Zahlenergebnis hat erst auf der SPD-Delegiertenkonferenz für die US-Zone am 26./27. Februar 1946 in Offenbach/M. stattgefunden. Vgl. unten Anm. 503.

Richtig ist dagegen, daß die SPD-Funktionäre aus dem Bezirk Hessen-Frankfurt und die Mitglieder des Landesvorstandes Groß-Hessen, die am 6. Januar 1946 in Frankfurt/M. mit Schumacher konferierten, der Entschließung, die am 3. Januar in Hannover gefaßt worden war, zustimmten. Mündliche Mitteilung von Herbert Kriedemann, MdB., Bonn, am 4. März 1959. — Die hessischen Sozialdemokraten hatten außerdem schon am 30. Dezember 1945 auf einer Landes-Funktionärkonferenz eine eigene Entschließung angenommen, die sich gegen den Beschluß der Sechziger-Konferenz in Berlin vom 21. Dezember wandte und insofern mit der Haltung Schumachers völlig übereinstimmte. „Sozialdemokratische Partei Groß-Hessens, Der Landesvorstand: Entschließung." (PVA — Dok. Nr. 803—804).

Die Sozialdemokratie wendet sich gegen die unwahrhafte Darstellung, als ob es das Fehlen der organisatorischen Einheit gewesen sei, das den historischen Schuldanteil der deutschen Arbeiterklasse am Aufkommen des Nazismus verursacht habe ...“

Diese für Kurt Schumacher wieder so typische Diktion enthüllt, wie sehr der „Beauftragte der SPD für die Westzonen“ sich selbst und die von ihm vertretenen Bezirke mit der deutschen Sozialdemokratie schlechthin identifizierte. Hier liegt ein Teil der Antwort auf die Frage, wie sich denn der Führungsanspruch realisierte, den Schumacher von Anfang an in den Reihen der SPD gestellt hatte.

Bezeichnenderweise erregten die Schlußabsätze der Entschließung den Unmut einiger Funktionäre in der britischen Zone. Die Absätze lauteten:

„Die geschichtliche Schuld der deutschen Arbeiterklasse beruht darin, daß ihr kommunistischer Teil die klassenpolitische Rolle der Demokratie verkannt und zusammen mit den Nazi, den Deutschnationalen und den anderen kapitalistischen Feinden der Demokratie den Parlamentarismus sabotiert hat. Ohne diese kommunistische Haltung wären die Nazi nicht an die Macht gekommen.

Die Erörterung der historischen, prinzipiellen und taktischen Differenzen könnte erfolgreich erst begonnen werden, wenn die Kommunistische Partei ihre völlige Unabhängigkeit im Geistigen und Politischen erlangt hat. Gelingt ihr das nicht bald, dann wird die innere Notwendigkeit der Entwicklung ergeben, daß die Einigung aller Arbeitenden, die ja nicht nur im sozialdemokratischen und kommunistischen Lager stehen, in Deutschland nur im Rahmen einer großen, starken und einflußreichen Sozialdemokratischen Partei möglich ist.“

Aus zwei Richtungen kam die Kritik. Auf der einen Seite wurde die historische Wahrheit jener akzentuierten Aussage über die alleinige „Schuld“ der Kommunisten bezweifelt. Dabei wurde nicht etwa die kommunistische Politik in der Zeit vor 1933 verteidigt. Der Zweifel rührte aus der berechtigten Sorge, es könne durch solche einseitigen Erklärungen in Vergessenheit geraten, in welcher Weise der Immobilismus im eigenen Lager zur Katastrophe von 1933 beigetragen habe [494].

---

494 So z. B. Jupp Kappius, Bochum, an Herbert Kriedemann, Hannover, am 7. Februar 1946 (handschriftlich, PVA — Akte Westliches Westfalen 1946, I.). Kappius, der dem Internationalen Sozialistischen Kampfbund angehört hatte, hatte sich in Wennigsen betont gegen Grotewohl ausgesprochen (vgl. oben Anm. 329). In beiden Fällen entsprang sein Widerspruch einer Haltung, die alles andere als kommunistisch war.

Auf der anderen Seite — das geht aus einem Brief des Hamburger Landesvorstandes hervor [495] — äußerte sich in der Kritik an der Entschließung vom 3./4. Januar das Bemühen, den „Richtungsstreit“ in der eigenen Organisation nicht wieder aufleben zu lassen. Beim Wiederbeginn der politischen Arbeit sollten die unfruchtbaren Auseinandersetzungen, die vor 1933 so häufig die eigene politische Kraft gelähmt hatten, nicht fortgesetzt werden. Auch hier handelt es sich nur vereinzelt um kommunistische Einflüsse — und sicherlich nicht in dem angeführten Hamburger Beispiel!

In erster Linie und meist ausschließlich lag dem Versuch, einen neuen „Richtungsstreit“ zu vermeiden, der gute Wille zugrunde, aus den Lehren der Vergangenheit, wie alte Sozialdemokraten sie sahen, zu lernen. Es sollte die organisierte Arbeiterschaft sich nicht mehr selbst in den Arm fallen, sondern in sich die Bereitschaft entwickeln, gemeinsame, auf das sozialistische Ziel gerichtete, zukunftsorientierte Politik zu treiben. Dagegen schien in Schumachers Entschließung zu viel von der Gefahr zu stecken, alte Fehler zu wiederholen und mit Vorwürfen aus der Vergangenheit die notwendig erscheinende Einheit im politischen Tageskampf zu zerstören.

Die Konsequenzen dieser Haltung waren aber offenbar nicht genügend bedacht worden. Allein der Weg des Zentralausschusses in Berlin hätte alle Sozialdemokraten in den Westzonen schrecken müssen. Grotewohl und seine Mitarbeiter hatten an das Prager Manifest des emigrierten Parteivorstands von 1934 angeknüpft [496]. In der „organisatorischen Einheit

---

[495] Karl Meitmann, SPD-Landesorganisation Hansestadt Hamburg, an Kurt Schumacher, Hannover, am 17. Januar 1946 (PVA — Dok. Nr. 244). Meitmann schreibt: „Es war die allgemeine Auffassung des Landesvorstandes, daß die Stellungnahme der SPD der westlichen Zone dem Inhalt der Entschließung nach richtig, dagegen aber die Formulierung sehr unglücklich und unzweckmäßig ist. Der politische Inhalt hätte unserer Meinung nach viel wirksamer zur Geltung kommen können, wenn nicht auf die vergangenen Dinge Bezug genommen wäre, die die nun eintretende Diskussion naturgemäß auf zurückliegende Probleme hinlenken muß . . . Ich bitte Dich im Auftrage des Landesvorstandes der Partei, bei Deinem Referat auf unserem Parteitag [am 26./27. Januar 1946] auf diese Tatsache Rücksicht zu nehmen. Unser erster Landesparteitag soll mehr ein geschlossenes und starkes Bekenntnis zu unserer eigenen Politik sein, als ein überbetonter Angriff auf die KPD vor 1933. Wir wollen nicht auf dem Landesparteitag . . . eine Art Richtungsstreit in unserer eigenen Organisation auslösen.“

[496] Vgl. oben S. 34 f. und Anm. 45.

der deutschen Arbeiterklasse" sahen sie die „moralische Wiedergutmachung politischer Fehler der Vergangenheit". So stand es im sozialdemokratischen Gründungsaufruf in Berlin am 15. Juni 1945 [497].
Grotewohl hatte am 14. September noch einmal in Berlin gesagt:
„Wir hatten nach 1918 die Schlacht um die Sozialisierung verloren, weil die Spaltung der Arbeiterklasse ihren Sieg verhinderte. 1933 haben wir die Schlacht mit der Hochbourgeoisie um die Demokratie und den Sozialismus verloren, weil wir schwere Fehler gemacht hatten." [498]
Grotewohl und der Zentralausschuß selbst hatten also die SPD bezichtigt, die Spaltung der Arbeiterbewegung nicht überwunden zu haben. Sie selbst hatten, entgegen der historischen Wahrheit, den Untergang der Weimarer Republik auf dieses Versagen ihrer eigenen Partei zurückgeführt. Es waren also auch die Sozialdemokraten des Berliner Zentralausschusses gewesen, die Bausteine für jene historische Legende lieferten, die die Kommunisten ausnutzten, als sie am 21. Dezember den Wortlaut der Entschließung in der Sechziger-Konferenz durchsetzten:
„Die während des ersten Weltkrieges offen zutage getretene Spaltung ist in den seither vergangenen drei Jahrzehnten zum größten Verhängnis für die Arbeiterbewegung geworden. Die Spaltung im antifaschistischen Lager hat den Machtantritt des Faschismus ermöglicht. Getrennt wurden die verschiedenen Flügel der Arbeiterbewegung geschlagen; und gespalten ging sie in die Illegalität." [499]
Schumacher trat dieser Darstellung am 3./4. Januar scharf entgegen. Dabei verbanden sich seine Fähigkeit, die politischen Folgen ideologisch bestimmter Geschichtsklitterungen richtig einzuschätzen, und sein leidenschaftlicher Versuch, die Nachkriegspolitik der deutschen Sozialdemokratie — wie er sie führte — als Fortsetzung der parlamentarisch-demokratischen Tradition der SPD von vor 1933 darzustellen. Für Schumacher geriet schon derjenige ins Rutschen, der den „Richtungsstreit" um jener Einheit willen vermeiden wollte, die „kraft der machtpolitischen Gegebenheiten und der außenpolitischen Bindungen" [500] nicht möglich war. Lieber nahm er vorerst den Widerspruch einzelner Organisationsteile, wie den der Hamburger, in Kauf [501]. Darüber hinaus bereitete Schu-

497 Vgl. oben S. 25 ff. und Anm. 26.
498 „Wo stehen wir, wohin gehen wir?" (Anm. 138), S. 12.
499 Entschließung der gemeinsamen Konferenz (Anm. 475).
500 Vgl. oben S. 19.
501 Auf die Bemerkung in einem Brief von Andreas Gayk, Kiel, an Kurt Schumacher, Hannover, vom 21. Januar 1946 (PVA — Dok. Nr. 902 — 903): „In Hamburg hat die Hannoveraner Entschließung einen ‚Sturm

macher im letzten Januardrittel und Anfang Februar 1946 eine lange Begründung für die Entschließung von Hannover vor, die er am 26. Februar auf der Zonenkonferenz für die SPD-Bezirke der US-Zone in Offenbach vortrug [502].

Bevor Schumacher diese Begründung ausgearbeitet hatte, galt es, den möglichen Auswirkungen der Berliner Entschließung vom 21. Dezember entgegenzuwirken. Einen Tag nach Abschluß der Konferenz in Hannover, die die Bezirksvertreter der britischen Zone versammelt hatte, sprach Schumacher in Frankfurt/M. in einer öffentlichen Versammlung, am 6. Januar konferierte er dort mit seinen Parteifreunden [503]; am 7. Januar

---

im Wasserglas' hervorgerufen," antwortete Schumacher am 25. Januar (PVA — Dok. Nr. 899—901) mit dem Hinweis auf sein Referat beim Landesparteitag: „Der Hamburger ‚Sturm im Wasserglas' wird Gelegenheit haben, sich durch meine Anwesenheit zum Orkan auszuwachsen."

502 Die „Begründung" ist unter der — von den Herausgebern formulierten — Überschrift „Demokratie und Sozialismus zwischen Osten und Westen" abgedruckt in: Turmwächter der Demokratie (Anm. 16), S. 51—70. — Wenn im Vorspann das Frühjahr 1949 für die Zwangsverschmelzung von SPD und KPD genannt wird, handelt es sich wohl um einen Druckfehler. Dagegen haben die Herausgeber, abweichend vom Original, jeweils für KPD nur „KP" gesetzt. Auch wird auf S. 55 die Aussprache in Braunschweig (s. oben Anm. 134) mit dem 5. statt mit dem 8. Februar 1946 angegeben, wie es richtig im Original steht. Am Schluß des Abdrucks — S. 70 — findet sich die Notiz der Herausgeber, daß es sich um den „Kommentar zu einer Entschließung der Sozialdemokratischen Partei der britischen Besatzungszone auf einer Konferenz am 3./4. Januar 1946" handle. Dazu ist ergänzend festzustellen, daß die „Begründung" erst im Februar 1946 abgeschlossen wurde, da sie ausdrücklich auf die Begegnung Schumachers mit Grotewohl am 8. Februar eingeht. Vermutlich hat Schumacher die Arbeit vor dem 18. Februar 1946 fertiggestellt, also vor seinem Abflug nach Berlin. Das geht aus einem Brief hervor, den Schumacher an diesem Tage an Franz Mörtl, Weiden/Oberpfalz, schrieb (PVA — Dok. Nr. 473—474).

Das maschinenschr. Original (42 Seiten), an vielen Stellen handschriftlich von Schumacher ergänzt, im Archiv Frau A. Renger, MdB., Bad Godesberg. — Eine hektograph. Fassung (18 Seiten) mit den Hinweisen „Nur als Manuskript gedacht" und „Für die Funktionäre zum Gebrauch in den Diskussionen" im „Telegraf-Archiv", Berlin-Grunewald, zusammengeheftet mit der „Entschießung der Konferenz der Sozialdemokratischen Partei in der britischen Besatzungszone am 3. und 4. Januar 1946 in Hannover" (Archiv-Nr. 1. 71/17).

503 Diese Begegnung mit sozialdemokratischen Funktionären am 6. Januar

sprach er öffentlich in Kassel, am 8. Januar in einer Parteiversammlung in Wiesbaden [504], am 9. wieder öffentlich in Frankfurt/M., am 10. Januar in Mannheim, am 11. in Eßlingen; am 12. Januar besuchte er den SPD-Bezirksparteitag in Stuttgart und am 13. Januar sprach er dort in einer öffentlichen Kundgebung [505].
Wieder, wie im Juli 1945, als Schumacher seine erste Reise von Hannover nach Südwestdeutschland gemacht hatte, operierte er von der Linie Hannover-Stuttgart aus, um in allen Plätzen, die er besuchte, die Barriere aufzurichten, an der sich die Einflüsse brechen sollten, die nun aus Berlin stärker denn je zu erwarten waren [506].

1946 in Frankfurt/M. ist nicht nur durch Schumachers Terminkalender (Anm. 110) belegt, sondern wird auch in der „Begründung" (a. a. O., S. 56) genannt. Es kann kein Zweifel bestehen, daß sich Schumacher von den anwesenden hessischen Funktionären die ausdrückliche Zustimmung zur Entschließung vom 3./4. Januar hat geben lassen. Das wird auch durch einen Brief bestätigt, den W. Knothe, Frankfurt/M, der SPD-Landesvorsitzende von Groß-Hessen, am 31. Januar 1946 an Schumacher, Hannover, mit Bezug auf die Entschließung richtete. Es heißt dort: „Der Landesvorstand und ich sind der positiven Überzeugung, daß unsere in der englischen Zone [Hannover!] und in Groß-Hessen [Frankfurt/Main!] zum Ausdruck gebrachte klare Entscheidung ihren Einfluß auf die Entwicklung der Partei im deutschen Osten gehabt hat." (PVA — Dok. Nr. 419—421). Knothe hätte nicht von der Entscheidung „in Groß-Hessen" geschrieben, wenn am 6. Januar eine Abstimmung der Landesvorstände der amerikanischen Zone stattgefunden hätte, wie Wesemann (Anm. 13), S. 96 behauptet. Vgl. auch Anm. 493.

504 In Wiesbaden hatte kurz zuvor eine gemeinsame Versammlung von Vertretern der SPD und KPD unter Mitwirkung des Innenministers Hans Venedey (SPD) und des Arbeitsministers Oskar Müller (KPD), die den beiden ersten Nachkriegskabinetten Geiler angehörten, beschlossen, „alle Fragen des politischen, wirtschaftlichen, sozialen und kulturellen Lebens in einer gemeinsamen Kommission aus Vertretern beider Parteien zu beraten." Die Beschlüsse der Kommission sollten „für die Mitglieder beider Parteien bindend" sein. („Das Volk", Nr. 4 vom 6. Januar 1946 nach einer Meldung des britischen Nachrichtendienstes). Venedey wurde wenige Monate später aus der SPD ausgeschlossen und schied am 29. Juli 1946 aus der hessischen Regierung aus. Schumacher, Hannover, an den Ministerpräsidenten Groß-Hessens am 23. Mai 1946 (PVA — Dok. Nr. 406).

505 Die Angaben stammen aus dem Taschenkalender Schumachers (Anm. 110).

506 So teilt W. Knothe, Frankfurt/M., am 15. Februar 1946 an Kriedemann, Hannover, mit: „Der Druck der Kommunisten . . . wird immer stär-

Die Energien des Zentralausschusses waren jedoch zu dieser Zeit schon voll von den Dingen in Anspruch genommen, die sich in der Sowjetzone entwickelten. Im Januar **1946** waren Grotewohl und seine Freunde, entgegen der optimistischen Ansicht, die sie Anfang Dezember vertraten [507], nicht mehr in der Lage, mehr als die üblichen Routinesendungen von Aufklärungsmaterial an einzelne Funktionäre und Parteibüros der SPD in den Westzonen zu schicken. Gestützt auf den Beschluß der Sechziger-Konferenz, rollte die Kampagne der KPD in der Sowjetzone ab; der sozialdemokratische Widerstand, der vom Zentralausschuß seit Weihnachten 1945 nicht mehr wirksam unterstützt werden konnte, begann zu erlahmen.

Unbotsame Funktionäre der SPD wurden am Reden in Parteiversammlungen gehindert oder ihre Absetzung wurde mit Hilfe gefügiger Sozialdemokraten erwirkt. Oft halfen dabei die sowjetischen Militärstellen mit, deren Einwirken für die Betroffenen immer den Charakter der Einschüchterung und der Drohung mit ungewissen „Maßnahmen" hatte [508].

In dieser Situation vermochte der Zentralausschuß, der seit November jede Offensive aufgegeben hatte, erst recht nur noch defensiv zu reagieren. Mit immer neuen Informationen an die SPD-Mitgliedschaft versuchte er, die eigene Position zu erklären und den Verdacht der Kapitulation von sich abzuwehren. Aber jeder Schritt in dieser Richtung führte den Zentralausschuß nur noch weiter in die Isolierung von der Basis seiner Wirksamkeit, nämlich von der Organisation der Partei in der Sowjetzone.

Noch einmal, am 15. Januar, faßte der Zentralausschuß einen Beschluß, der klären sollte, daß die folgenden Punkte „eindeutige Bestandteile der Vereinbarungen zwischen SPD und KPD" vom 20./21. Dezember 1945 seien:

„1. *Keine organisatorische Vereinigung beider Arbeiterparteien im Bereich von Bezirken, Provinzen, Ländern oder einer Besatzungszone.*
2. *Die Herstellung der organisatorischen Einheit kann nur durch den Beschluß eines Reichsparteitages erfolgen.*

---

ker . . . Dazu kommt, daß der Genosse Grotewohl an einen großen Teil . . . unserer Funktionäre ständig seine Mitteilungen gehen läßt. Das führte bereits dazu, daß mich einige Ortsgruppen aufforderten, den Genossen Grotewohl als Redner zu bestellen." (PVA — Dok. Nr. 415—418).

507 Vgl. oben S. 167 ff.

508 Gustav Dahrendorf (Anm. 33), S. 107 ff.

3. *In logischer Konsequenz daraus treten beide Parteien bei etwaigen Wahlen mit getrennten Listen auf.*
4. *Jede gegenseitige Bekämpfung beider Parteien muß unterbleiben, vielmehr die Zusammenarbeit im Geiste der Kameradschaftlichkeit und Gleichberechtigung auf jeden Fall sichergestellt werden.*" [509]

Nichts hatte sich in der Haltung des Zentralausschusses geändert: weder die seit dem 11. November vertretene Ansicht, daß nur ein Reichsparteitag über die Vereinigung entscheiden könne, noch die wirklichkeitsfremde Hoffnung, mit dem Appell an den Geist der Kameradschaft und Gleichberechtigung etwas ändern zu können. Selbst wenn man diesen Appell als Ausfluß der Situation wertet, wie sie in der sowjetischen Zone durch die Besatzungsmacht geschaffen war, wird man aus dem Beschluß vom 15. Januar nicht herauslesen können, daß Grotewohl und seine Freunde angesichts der ständig wachsenden Bedrohung ihrer Partei bereit waren, um die Selbständigkeit der SPD wirklich zu kämpfen.

Allein die Hoffnung, den eigenen Führungsanspruch auch in den Westzonen durchsetzen zu können, war merklich gesunken. Es heißt im Beschluß vom 15. Januar nur noch, der Zentralausschuß habe die Frage geprüft, „ob die Stellungnahme der SPD-Konferenzen in Frankfurt/M. [510] und Hannover geeignet ist, eine Änderung seiner Stellungnahme herbeizuführen." Der weitere Text des Beschlusses zeigt, daß keine Änderung vorgesehen wurde. Damit akzeptierte der Zentralausschuß stillschweigend die im Beschluß von Hannover von Schumacher ausgesprochene und von den SPD-Funktionären in der britischen Zone gebilligte Trennung der SPD in einzelne, voneinander unabhängige Zonen-Organisationen. Seit der Vereinbarung von Wennigsen waren weniger als vier Monate vergangen! [511]

Der Beschluß des Zentralausschusses vom 15. Januar, der noch daran festhielt, daß erst Reichsparteien geschaffen sein müßten, bevor die Vereinigung vollzogen werden könne, durfte nicht in der Presse veröffentlicht werden. Die in Dresden erscheinende sozialdemokratische Zeitung, die ihn dennoch abgedruckt hatte, mußte eingestampft werden [512]. Mit

---

509 Entschließung des Zentralausschusses der SPD vom 15. Januar 1946, abgedruckt bei Gustav Dahrendorf (Anm. 33), S. 106 f.

510 Der Zentralausschuß bezog sich hier, da er die SPD-Konferenz von Frankfurt/M. vor der von Hannover nannte, offenbar auf die „Konferenz der Funktionäre für das Land Groß-Hessen" am 30. Dezember 1945. Vgl. oben Anm. 493.

511 Vgl. oben S. 148 ff.

512 Gustav Klingelhöfer (Anm. 444).

dem Rundschreiben Nr. 1/46 vom 17. Januar teilte der Zentralausschuß seinen Beschluß den Organisationsspitzen der Partei mit und erklärte: *„Die Entschließung [vom 15. Januar] ist n i c h t für die Presse bestimmt, ist aber bei Verhandlungen sowohl örtlicher als auch bezirklicher Art oder mit den Kommandanturen zu Grunde zu legen. Gegebenenfalls bitten wir, uns von den im Verfolg der Durchführung der Entschließung entstehenden Schwierigkeiten Mitteilung zu machen."* [513]

Die Erwähnung der sowjetischen Kommandanturen in diesem Zusammenhang ist ein sichtbarer Hinweis auf die Situation in der Sowjetzone, wo die Besatzungsmacht mit dem ganzen Gewicht der ihr zur Verfügung stehenden Mittel in die Vereinigungskampagne eingegriffen hatte. So mischte sie sich in Schwerin ein, als sich am 6. Januar die SPD-Mitgliedschaft von Rostock gegen die Verschmelzung mit der KPD ausgesprochen hatte, solange nicht Reichsparteien und die Urabstimmung unter der Mitgliedschaft möglich seien. Das sozialdemokratische Blatt in Schwerin erhielt die Auflage, einen Artikel gegen die eigene Partei in Rostock zu veröffentlichen [514].

Für den Druck, der im Januar auf die opponierenden Funktionäre der SPD ausgeübt wurde, gibt auch ein Beschluß Zeugnis, der am 31. Januar 1946 in Magdeburg zustandekam, nachdem bei den Gewerkschaftswahlen in der zweiten Januarhälfte die Parität von sozialdemokratischen und kommunistischen Kandidaten des Bezirks entgegen dem wirklichen Stärkeverhältnis der beiden Parteien in den Betrieben erzwungen worden war, nachdem die Reden der Parteisekretäre von den Sowjets überwacht wurden und der Vorsitzende, der Sekretär und andere Vor-

---

513 SPD-Zentralausschuß, Berlin, Rundschreiben Nr. 1/46 vom 17. Januar 1946 (Archiv Fritz Neubecker, Berlin). Die Unterstreichung im Original ist hier durch Sperrung hervorgehoben.

514 Gustav Dahrendorf (Anm. 33), S. 105. Diese, pikanterweise und vermutlich nur durch ein Versehen vom Sowjetischen Nachrichten-Büro verbreitete Meldung wurde mit der Angabe im sozialdemokratischen Organ Berlins „Das Volk" am 13. Januar 1946 gebracht, es handele sich um einen Abdruck aus der „Schweriner Volksstimme" (SPD) und der „Schweriner Volkszeitung" (KPD). Die „Scharte" wurde übrigens noch im Januar 1946 ausgewetzt. „Das Volk" Nr. 22 vom 27. Januar 1946 veröffentlichte eine SNB-Meldung, wonach eine Kreisfunktionärkonferenz der KPD und SPD in Rostock sich einstimmig „für die Schaffung einer einheitlichen Arbeiterpartei" einsetzte. Dabei entspricht das Datum der Veröffentlichung im „Volk" auch dem Datum des im folgenden beschriebenen Magdeburger Ereignisses.

standsmitglieder des Bezirks Magdeburg-Anhalt sowie der Vorsitzende des Unterbezirks Stendal Redeverbot erhalten hatten [515]. Eine „Tagung des SPD-Bezirksvorstandes und der Unterbezirkssekretäre" hatte am 31. Januar „zur Frage der organisatorischen Einheit beider Arbeiterparteien Stellung genommen." Dazu wurde erklärt:

„Gewisse Anzeichen im Westen Deutschlands beweisen, daß Faschismus und Reaktion unter dem Deckmantel föderalistischer und seperatistischer Bestrebungen die politische und wirtschaftliche Einheit Deutschlands verhindern wollen. Aus dieser Erkenntnis heraus entsteht für uns in der sowjetischen Besatzungszone eine andere Situation als die vom Zentralausschuß am 15. Januar 1946 erfolgte Stellungnahme.

Bezirksvorstand und Unterbezirkssekretäre des Bezirksverbandes Magdeburg sind bereit, sofort alle Vorarbeiten für den organisatorischen Zusammenschluß beider Arbeiterparteien durchzuführen und erwarten vom Zentralausschuß der SPD die dazu notwendigen Anordnungen schnellstens." [516]

Das war in Magdeburg das Ende des sozialdemokratischen Widerstandes gegen die Verschmelzungskampagne [517]. Sechs Tage vorher, am 25. Januar, hatte der Zentralausschuß mit den Vertretern der SPD-Bezirke in der Sowjetzone und Berlin im Parteiausschuß getagt. Nach den Berichten der einzelnen Bezirksvertreter [518] kam es zu einer Entschließung, in der der Beschluß des Zentralausschusses vom 15. Januar gutgeheißen und erklärt wurde:

---

515 Gustav Dahrendorf (Anm. 33), S. 108 f. — Mündliche Mitteilung von G. Schmidt-Küster, Hannover, am 10. November 1955.

516 a. a. O., S. 110.

517 Der Vorsitzende des SPD-Bezirks Magdeburg-Anhalt, Schmidt-Küster, der sich gegen die Verschmelzung gewandt hatte, mußte im Februar sein Amt verlassen. — Mündliche Mitteilung von Gustav Schmidt-Küster (Anm. 515). — Leider sind die überlieferten Dokumente aus den SPD-Bezirken der Sowjetzone so spärlich, daß außer dem von Dahrendorf bereits veröffentlichten „Beschluß des SPD-Bezirksverbandes Magdeburg vom 31. Januar 1946" keine schriftlichen Belege für andere Orte vorliegen. Interviews mit sozialdemokratischen Funktionären aus Leipzig und Rostock (Rudolf Rothe und Willy Jesse, beide jetzt Bonn) bestätigten jedoch, daß dem Magdeburger Beschluß paradigmatische Bedeutung zukäme.

518 Handschriftliche Aufzeichnungen, die während der „Sitzung des Parteiausschusses am Freitag, dem 25. Januar 1946, 10 Uhr, Parteihaus Berlin" von Fritz Neubecker, einem Mitglied des Zentralausschusses bis zum 12. März 1946, hergestellt wurden (Archiv Fritz Neubecker, Berlin).

„Die aus der Aktionseinheit der beiden Arbeiterparteien erwachsende Einheit der Arbeiterbewegung ist ein entwicklungsgeschichtlicher Prozeß, der baldmöglichst zum Abschluß gebracht werden muß, aber nicht gewaltsam beendet werden darf. Die Herstellung der organisatorischen Vereinigung ist nicht die Frage der Festlegung eines starren Termins, sondern ihrer sorgsamsten Vorbereitung...
Wir wollen uns mit allen Kräften und überall dafür einsetzen, daß die Mitgliedermassen der beiden Parteien die Vereinigung vorbereiten und selber beschließen. W i r w ü n s c h e n d e s h a l b, daß den beiden Parteien in allen Zonen volle Freiheit in ihrer Tätigkeit zur Loslösung der Volksmassen vom Nazismus und für die Entfaltung der Demokratie, für die Sicherung des Friedens und der nationalen Einheit eingeräumt wird und damit die Voraussetzungen für eine feste Aktionseinheit und die organisatorische Einheit in ganz Deutschland geschaffen und durch den Willen der Mitglieder der beiden Parteien auf Reichsparteitagen endgültig beschlossen werden.“ [519]

Vergleicht man diese Dokumente eines stetigen, aber passiven Wider-

---

Neubecker, geb. 1903 in Berlin-Kreuzberg, war seit 1920 Angestellter des Parteivorstandes der SPD und arbeitete vor 1933 im Film- und Lichtbilddienst des Zentralen Bildungsausschusses der SPD, dessen Sekretär zu jener Zeit Richard Weimann war, der dem Zentralausschuß ebenfalls angehörte. Vgl. auch oben Anm. 32. —
Neubeckers Aufzeichnungen lassen erkennen, daß alle SPD-Bezirke über den steigenden Druck klagten, den die Kommunisten und die sowjetische Besatzungsmacht auf die Mitgliedschaft der SPD ausübten. Aus Mecklenburg-Pommern berichtete der Bezirkssekretär Jesse: „KPD fordert Zusammenschluß in der Provinz, keine politische Bewegungsfähigkeit in Mecklenburg.“ — Der thüringische Landesvorsitzende, Hoffmann, erklärte: „Thüringen muß Vortrupp für die Vereinigung sein. Konferenz mit General — Warum noch keine Einigung? Vollendete Tatsachen schaffen. 1. Mai muß Vereinigung erfolgt sein.“ — Aus dem Bericht des Chemnitzer Vertreters notierte Neubecker: „Die KPD hat wohl große Versprechungen gemacht, jetzt drückt die Kommandantur. Wer nicht für unbedingte Einigung ist, ist Reaktionär.“ — Aus Halle/Merseburg wird berichtet: „Die Russen haben das Tempo der Einigung in der Hand.“ — Obwohl es sich hier nur um die bruchstückhaften Notizen eines Sitzungsteilnehmers handelt und nicht etwa um ein Wortprotokoll, muß den Aufzeichnungen ein hoher dokumentarischer Wert beigemessen werden, solange die Sitzungsprotokolle des Zentralausschusses, sofern sie erhalten geblieben sind, nicht zugänglich sind.

519 „Entschließung“ des SPD-Parteiausschusses vom 25. Januar 1946 in Ber-

standes, wird die Entwicklung in den Beschlüssen vom 15. und 25. Januar bis hin zu dem Magdeburger Beschluß vom 31. Januar deutlich: Ende Januar war der Punkt erreicht, der die Führung der sozialdemokratischen Partei in der Sowjetzone vor die letzte Entscheidung stellte. Die akute Auseinandersetzung mit der KPD und der sowjetischen Besatzungsmacht, die am 11. November 1945 offenbar geworden war, trieb auf ihren Höhepunkt zu. Noch am 25. Januar glaubten die Sozialdemokraten des sowjetzonalen Parteiausschusses, sich selbst und ihre Mitgliedschaft mit der Forderung nach einem Reichsparteitag beruhigen zu können. Noch glaubten sie, daß sie den Termin der Vereinigung hinausschieben könnten, wenn sich auch die schließliche Verschmelzung von KPD und SPD nicht mehr würde vermeiden lassen. Noch sollte der Zentralausschuß ein Gespräch mit Schumacher führen, um im Ausgreifen nach den Westzonen vielleicht die tödliche Isolierung in letzter Minute sprengen zu können[520]. Aber die Uhr begann abzulaufen...

---

lin (Archiv Fritz Neubecker, Berlin). Die Unterstreichung im Original ist hier durch Sperrung hervorgehoben.

520 Aus einer Art Denkschrift Gustav Klingelhöfers, die er am 3. Februar 1946 verfaßte und als sein „Testament in der Einheitsfrage" bezeichnete, geht hervor, daß „Besprechungen mit der SPD des Westens" vorgesehen waren. Dabei sollte versucht werden, Schumacher für die Linie zu gewinnen, die der Zentralausschuß während der Sechziger-Konferenz eingenommen hatte, um den Sowjets und den Kommunisten das Argument zu entreißen, daß die „Einheit" sich wegen des Widerstandes der West-Zonen-SPD nicht in ganz Deutschland verwirklichen lasse und also zunächst in der Sowjetzone allein hergestellt werden müsse. Wie es in einem Schreiben Klingelhöfers an Grotewohl vom 8. Februar heißt, könne durch eine „Reichskonferenz" [der SPD] . . . vielleicht ein Kartell zwischen den beiden Parteien [SPD und KPD] für das ganze Reich erreichbar werden." Beide Dokumente geben einen gewissen Hinweis auf die Richtung, in der sich die Überlegungen des Zentralausschusses Anfang Februar 1946 bewegten. („Testament" vom 3. Februar und handschriftlicher Entwurf eines Briefes von Klingelhöfer an Grotewohl vom 8. Februar 1946 im Archiv Gustav Klingelhöfer, Berlin, Ordner: Einheit).

Kapitel 11
Schumachers Begegnung mit Grotewohl am 8. Februar 1946 und der Abwehrkampf der Berliner Sozialdemokraten gegen die Fusion von KPD und SPD

Am 8. Februar 1946 trafen sich in Braunschweig als Vertreter des Zentralausschusses Otto Grotewohl und Gustav Dahrendorf mit dem Beauftragten der SPD für die westlichen Besatzungszonen, Kurt Schumacher, und seinem Mitarbeiter, Herbert Kriedemann [521]. Grotewohl und Dahrendorf zeichneten dabei ein Bild von der Lage in der Sowjetzone, das die schlimmsten Befürchtungen der westlichen Vertreter übertraf.
Die Berliner erklärten, daß die Entwicklung zur Einheitspartei „nicht mehr unter ihrem Einfluß" stünde; die „Taktik des Zeitgewinns sei nicht mehr möglich". Auch eine glatte Ablehnung der Vereinigung sei ausgeschlossen. Lehne der Zentralausschuß ab, werde er von den einzelnen SPD-Bezirken isoliert werden, die dann unter Mißachtung des Zentralausschusses die Vereinigung vollziehen würden. Selbst die Auflösung der Partei in der Sowjetzone, die die Berliner „lange und reiflich überlegt hätten" [522], sei nicht durchführbar. Ein solcher demonstrativer Schritt werde die SPD-Bezirke auch nicht davon abhalten, sich einzeln mit den entsprechenden Bezirken der KPD zu vereinigen.
Das Eingeständnis der Niederlage war nur in einem Punkt unvollkom-

521 Gedächtnisprotokoll (Anm. 134).
522 a. a. O., S. 4.

men. Die befürchtete Isolierung des Zentralausschusses von den SPD-Bezirken der Sowjetzone hatte bereits begonnen. Das Magdeburger Beispiel vom 31. Januar wurde von Grotewohl vermutlich nicht erwähnt, war aber nichtsdestoweniger am 8. Februar in Berlin bekannt [523]. Jetzt erwies sich, daß Grotewohl und seine Freunde die eigentlichen Faktoren verkannt hatten, die ihr Schicksal bestimmten. Nicht nur die Einwirkung der Sowjets und die Möglichkeiten, die sie der KPD in Presse, Rundfunk und Verwaltung eingeräumt hatten, waren falsch eingeschätzt worden. Auch der Einfluß des Zentralausschusses auf die eigenen Parteibezirke war viel geringer, als man offenbar angenommen hatte.

Hätte der Zentralausschuß jetzt die Vereinigung abgelehnt oder die eigene Partei aufgelöst — in beiden Fällen wäre er überflüssig geworden, wären seine Mitglieder ihrer Positionen beraubt gewesen. Einzige, wenn auch verschwindend kleine Hoffnung, diesem Geschick zu entgehen, war, daß Schumacher eine Chance sah, zu einem alle Besatzungszonen umfassenden Reichsparteitag zu gelangen. Dann wäre es vielleicht möglich gewesen, den Sowjets die Verzögerung der Vereinigung schmackhaft zu machen, weil der Zentralausschuß hätte in Aussicht stellen können, daß die Vereinigung von KPD und SPD in ganz Deutschland möglich sei. Bemerkungen Grotewohls über die negative Reaktion der Sowjets auf den Beschluß von Hannover am 3./4. Januar [524] lassen den Schluß zu, daß Grotewohl eine solche Hoffnung nach Braunschweig mitgebracht haben könnte.

Aber selbst wenn es in Schumachers Macht gelegen hätte, den westlichen Besatzungsmächten die Zustimmung für einen Reichsparteitag für die nächste Zukunft abzuhandeln — was angesichts der allgemeinen Lage im Februar 1946 ausgeschlossen erscheint —, so hätte doch Schumacher den Sinn eines solchen Vorhabens bejahen müssen. Das aber war nicht zu erwarten. Hatte doch Schumacher seit dem Mai 1945 in den Mittelpunkt seiner Politik die Abwehr aller Versuche gestellt, die sozialdemokratische Partei für eine „Einheit“ mit den Kommunisten zu gewinnen. Was sollte also ein Reichsparteitag anderes beschließen als die Ablehnung der Vereinigung? Und was sollten dann die Sozialdemokraten der Sowjetzone tun, wenn diese Entscheidung gefallen war?

Es läßt sich ohne Kenntnis der genauen Motive für den Besuch Grotewohls und Dahrendorfs schwer sagen, was sie eigentlich mit der Zusammenkunft in Braunschweig bezweckten. Sollten sie etwa nur ein Alibi

---

523 Vgl. oben S. 229 f.

524 Vgl. oben S. 220 ff. und Anm. 493.

gesucht haben, um die Zustimmung zur Vereinigung mit den Kommunisten geben zu können, weil die reichseinheitliche Partei und ein Reichsparteitag am Widerstand der westlichen Seite gescheitert seien[525]? Grotewohl und scheinbar auch Dahrendorf[526] hielten nämlich trotz aller Einsicht in die gegenwärtige Lage der SPD in der Sowjetzone und trotz der als unvermeidlich erkannten Entwicklung zur Einheitspartei am alten Ziel des Zentralausschusses fest, „die Linke zu einigen“[527]. Dafür nannten sie ein außen- und ein innenpolitisches Motiv:

---

525 Für diese Vermutung spricht der Wortlaut eines Beschlusses, den der Zentralausschuß am 11. Februar 1946 in Berlin faßte. Vgl. unten S. 245 f. und Anm. 548. Auf der anderen Seite glaubte Kriedemann, sich zu erinnern, daß Grotewohl mit der Absicht nach Braunschweig gekommen war, Schumacher für die Idee der Vereinigung mit der KPD noch gewinnen zu können. Für diese Beurteilung der Grotewohlschen Absicht spricht die Tatsache, daß der Besuch Grotewohls aus der Initiative der Berliner entsprang. Sie hatten ihren Besuch bereits für den 6., dann für den 7. Februar angekündigt, konnten aber wegen Schwierigkeiten mit den sowjetischen Behörden erst am 8. Februar nach Braunschweig kommen, wo Schumacher und Kriedemann schon an den beiden vorhergehenden Tagen auf sie gewartet hatten. Hätte Grotewohl sich allein ein Alibi für den selbständigen Vereinigungsbeschluß des Zentralausschusses beschaffen wollen, wäre das auch auf dem Wege eines Briefwechsels möglich gewesen. Grotewohl setzte aber bei der sowjetischen Besatzungsmacht durch, daß es mit Schumacher zu einer mündlichen Aussprache kam. (Mündliche Mitteilung von Herbert Kriedemann, MdB., Bonn, am 4. März 1959.) — Vgl. auch die Vorstellungen, die Klingelhöfer am 8. Februar 1946 in seinem Brief an Grotewohl (Anm. 520) zum Ausdruck brachte. Danach machte sich Grotewohl vermutlich doch bis zu seinem Gespräch mit Schumacher am 8. Februar Hoffnungen, zu einem Reichsparteitag der SPD in ganz Deutschland kommen zu können, der sich positiv für die Vereinigung mit der KPD aussprechen werde. Vgl. unten S. 289 ff.

526 In einer Verhandlungspause teilte Dahrendorf den westlichen Vertretern in Abwesenheit von Grotewohl mit, daß er beabsichtigte, sich vom Zentralausschuß zu trennen. Das geschah auch acht Tage später, als Dahrendorf mit westalliierter Hilfe Berlin auf dem Luftwege verließ und sich nach Hamburg bringen ließ. Es ist deshalb sicher, daß Dahrendorf, die Linie beibehaltend, die er schon am Vorabend und während der Sechziger-Konferenz eingenommen hatte, am 8. Februar nur zum Schein Grotewohl noch unterstützte. (Über Dahrendorfs Absicht, sich vom Zentralausschuß zu trennen: Mündliche Mitteilung von Herbert Kriedemann, MdB., Bonn, am 4. März 1959).

527 Gedächtnisprotokoll (Anm. 134), S. 2.

„Die Berliner Gen[ossen] behaupteten, daß es sich für Rußland bei der Betreibung der Einheit nicht um den Versuch der Bolschewisierung Deutschlands handele, sondern nur um politische Garantien für die Sicherheit Rußlands. Die Russen hätten klar erkannt, daß die KP keine politische Garantie sei, weil sie keinen maßgebenden politischen Faktor darstelle. Die Russen hätten wiederholt betont, daß sie nicht bereit seien, alle Ansichten der KP über die Sozialdemokratie zu teilen ... Ebenso sei die Bodenreform und die Industriereform kein Versuch der Bolschewisierung, sondern gehöre nach der Auffassung der Russen auch zu den Maßnahmen zur Sicherung Rußlands." [528]

Es kann hier weder erörtert werden, ob die sowjetischen Stellen den sozialdemokratischen Politikern die Sicherheitsbedürfnisse der Sowjetunion wirklich so darstellten, noch ob die Sowjetunion gut beraten war, ihre Sicherung in der Gleichschaltung der demokratischen Parteien im „antifaschistischen Block" und schließlich in der Zwangsfusion von KPD und SPD zu suchen. Auffällig bleibt, daß angeblich die Sowjets schon im Winter 1945/46 mit dem Argument der „Sicherheit" gearbeitet haben, das sie seither bei allen möglichen Anlässen in die weltpolitische Debatte geworfen haben [529]. Daß die Betonung der sowjetischen Sicherheit ihren Eindruck auf sozialdemokratische Politiker 1946 nicht verfehlte, ist besonders verständlich. Nach der Niederlage im Krieg, der von Deutschland ausgelöst worden war, mußte alles unternommen werden, um den Nachbarn die Sorge vor einer abermaligen Bedrohung durch Deutschland zu nehmen. Seine friedlichen Absichten sollten nun unbezweifelbar sein. Hierbei mußte und konnte die SPD nach Auffassung ihrer sowjetzonalen Führung eine entscheidende Rolle spielen.

Viel weniger überzeugend war das innenpolitische Motiv, das vorgetragen wurde. Von Grotewohl heißt es im Gedächtnisprotokoll vom 8. Februar:

„Er erklärte seine Auffassung dahingehend, daß die parlamentarische Situation von vor 1933 heute nicht mehr tragbar sei, in der es auf dem äußersten linken Flügel eine negierende oppositionelle KP und auf dem äußersten rechten [Flügel] einen Block ehemaliger nationalsozialistischer Wähler gäbe. Es käme darauf an, die Linke zu einigen und aus der

---

528 a. a. O., S. 3.

529 So z. B. beim Eintritt der Bundesrepublik in die NATO und bei der Ausrüstung der Bundeswehr mit Waffen, die für den Gebrauch atomarer Sprengköpfe geeignet sind.

Masse der ehemaligen Naziwähler alle brauchbaren Elemente zu absorbieren." [530]

Nach diesen Sätzen zu urteilen, hielt Grotewohl an der Auffassung fest, es könne selbst in der Sowjetzone eine parlamentarische Entwicklung erreicht werden, die sich von den Zuständen in der Weimarer Republik, nicht aber grundsätzlich vom parlamentarischen System im westlichen Sinne des Begriffs unterscheide. Dabei lag Grotewohls Auffassung auch hier die Idee zugrunde, es lasse sich die marxistische Abstraktion „Arbeiterklasse" unter den in der Sowjetzone gegebenen Umständen in die Wirklichkeit übertragen, nämlich als politische „Linke" in einer einheitlichen Organisation, im Zusammenschluß von KPD und SPD. Das war der Kernpunkt in der Zielvorstellung des Zentralausschusses. Blieb er auf dieses Ziel fixiert, trennte er sich von Weg und Ziel der SPD, wie Kurt Schumacher sie führte.

Grotewohl hat offenbar die Gefahr, daß mit einer Trennung der Partei in der Sowjetzone von der SPD in den Westzonen gerechnet werden mußte, gesehen — wenn auch von einer anderen Seite her. Als er die Lage in der Sowjetzone schilderte, hatte er davon gesprochen, daß die „Taktik des Zeitgewinns ... nicht mehr möglich" sei. Im Gedächtnisprotokoll heißt es über Grotewohls Auffassungen weiter:

„Außerdem sei ein wesentlicher Gesichtspunkt für diese Taktik — Aussicht auf Aufhebung der Zonengrenzen — nicht mehr aktuell. Aus zahlreichen Unterhaltungen mit maßgebenden Persönlichkeiten in Berlin hätten sie den Eindruck, daß diese Frage mindestens recht undurchsichtig geworden sei." [531]

Grotewohl spielte damit auf die Hoffnung an, die er bis Ende Dezember auf die Zusammenkunft der Außenminister in Moskau gesetzt hatte [532].

---

530 Gedächtnisprotokoll (Anm. 134), S. 2.

531 a. a. O., S. 1. — Mit den „maßgebenden Persönlichkeiten" sind offenbar Vertreter der allierten Militärbehörden in Berlin gemeint.

532 Es handelte sich um eine Zusammenkunft der Außenminister Großbritanniens, der Sowjetunion und der Vereinigten Staaten vom 16. bis 26. Dezember 1945 in Moskau. Vgl. Boris Meißner (Anm. 3), S. 77 f. — Es scheint, daß Grotewohl hoffte, die im Oktober in London begonnenen Arbeiten für die Vorbereitung einer Friedenskonferenz könnten im Dezember in Moskau erfolgreicher behandelt und das deutsche Problem einer günstigeren Entwicklung zugeführt werden. Auf Vermutungen dieser Art bin ich in mehreren unabhängig voneinander geführten Interviews gestoßen. (U. a. mündliche Mitteilung von Gustav Klingelhöfer, Berlin, am 14. April 1956.)

Nachdem diese Konferenz gewisse Abmachungen über den Fernen und Nahen Osten sowie über die Abgrenzung der Einflußsphären der Großmächte auf dem Balkan gebracht, aber keinen Fortschritt hinsichtlich der Behandlung Deutschlands erzielt hatte, drohte der Sowjetzone eine längere Trennung von Westdeutschland und damit dem dortigen Zentralausschuß der SPD auch die Abschnürung von der SPD in den Westzonen.

Blieben die Zonengrenzen wie in den ersten neun Monaten der Besetzung geschlossen, dann stand der Zentralausschuß weiterhin der sowjetischen Militärregierung allein gegenüber. Nur von ihrer Zielsetzung hing dann das Schicksal der SPD in der Sowjetzone ab. Das war der Punkt, den Schumacher meinte, als er den Berlinern verdeutlichen wollte, daß es letztlich nicht um eine Auseinandersetzung mit der KPD, sondern um das Durchsetzen sozialdemokratischer Auffassungen gegenüber der sowjetischen Besatzungsmacht ginge [533].

Schumacher wies darauf hin,

„daß neben Frankreich Rußland der vornehmste Vertreter hegemonialer Tendenzen in Europa sei. Durch die Verteilung des Kriegspotentials sei die Durchsetzung hegemonialer Ansprüche mit Waffengewalt nicht möglich — sie werde deshalb mit politischen Mitteln versucht. Die Russen wünschten an den Brennpunkten der europäischen Entwicklung stehende politische Heere zu ihrer Verfügung zu haben. Vom deutschen Standpunkt aus sei es unerträglich, sich zum Objekt einer Politik des militärischen Vorfeldes zu machen. Er sieht für die Ostzone nur die Alternative: Eroberung der Sozialdemokratischen Partei Deutschlands oder Auflösung.“ [534]

Daraufhin erklärte Grotewohl, daß es zur Auflösung zu spät sei. Heute wird man einräumen müssen, daß in dieser Situation ein Auflösungsbeschluß des Zentralausschusses schlechterdings nicht zu erwarten war. Grotewohl und die Mehrheit seiner Freunde hätten Schumachers Konzeption in allen wesentlichen Punkten akzeptieren müssen, um einsehen zu können, welchen unschätzbaren Gewinn ein solcher Beschluß für die deutsche Sozialdemokratie und ihre zukünftige Entwicklung hätte haben können. Das aber war gerade nicht der Fall. Grotewohl teilte keine der Ansichten Schumachers, soweit es sich um die Haltung zur KPD und zur Sowjetunion handelte, geschweige denn Schumachers Konsequenzen. So konnte er gar nicht sehen, wie wichtig es für die deutsche Sozialdemo-

---

533 Gedächtnisprotokoll (Anm. 134), S. 3.

534 a. a. O., S. 4.

kratie gewesen wäre, ein Dokument zu besitzen, das den sozialdemokratischen Verzicht ausgesprochen hätte, sich an einer Politik zu beteiligen, die die Sowjetunion auf deutschem Boden erzwang.
Im übrigen hätte vermutlich ein Auflösungsbeschluß, vom Zentralausschuß zu diesem Zeitpunkt verkündet, in der Sowjetzone fast gar keine Wirkung gezeigt. Ist es schon schwer vorstellbar, eine Gesinnungsgemeinschaft, die sich eben erst im Wiedergründungsprozeß ihrer Partei so augenscheinlich bestätigt hatte, durch einen Beschluß der Führung von der politischen Bühne verschwinden zu lassen, so waren doch auch genügend Mitglieder und Funktionäre der SPD in der Sowjetzone bereit, der Vereinigung von KPD und SPD zuzustimmen [535].
Das Klima, das in der Sowjetzone durch die Besatzungsmacht und ihre kommunistischen Helfer geschaffen worden war, hatte schon längst bei der Mehrheit der Sozialdemokraten seine Wirkung getan. Die maßgebenden Führungspositionen der SPD waren ja mit Männern besetzt, die erst vor weniger als Jahresfrist ins politische Leben hatten zurückkehren können. Sie sollten jetzt wieder abtreten und erneut verzichten [536]? Was konnte man auf der anderen Seite von den etwa dreißig Prozent neuer Mitglieder der SPD erwarten, die keine sozialdemokratische Schulung vor 1933 erfahren und außer den Schlagworten der nationalsozialistischen Zeit nur das gelernt hatten, was ihnen im stürmischen Aufbau der Organisation mehr schlecht als recht hatte vermittelt werden können? Sie waren schnell dem Sog einer Propaganda erlegen, der die Führung der Sowjetzonen-SPD seit dem November 1945 nichts Entscheidendes mehr entgegengestellt hatte. Für diejenigen schließlich, die sich einem Auflösungsbeschluß fügen würden, glaubte Grotewohl — ver-

---

535 Schumachers Behauptung, daß 90 Prozent der SPD-Mitgliedschaft in der Sowjetzone die Vereinigung nicht wünschten (Gedächtnisprotokoll, Anm. 134, S. 4), ist schwer zu widerlegen. Sicher ist aber, daß die Mehrheit der Sozialdemokraten Mitteldeutschlands sehr früh resignierte und der Vereinigung keinen Widerstand mehr entgegensetzte. Das war auch nach der Gesamtlage in der Sowjetzone nicht anders zu erwarten, da der Widerstand gegen die Vereinigung von KPD und SPD durch das in allen überlieferten Dokumenten bezeugte Eingreifen der sowjetischen Militäradministration zum Widerstand gegen die Besatzungsmacht wurde. Sie war in ihren Maßnahmen als besonders unberechenbar und grausam erlebt worden.

536 Auf die Bemerkung des sächsischen Landesvorsitzenden Otto Buchwitz, er wolle die „Einheit der Arbeiterklasse“ noch erleben, ist schon hingewiesen worden. Vgl. Gustav Klingelhöfer (Anm. 444).

mutlich zu Recht! — fürchten zu müssen, daß sie unmittelbaren Maßnahmen der Besatzungsmacht ausgesetzt werden würden, da ihre Namen den örtlichen Kommandanten bekannt waren [537].

Im Instrumentarium der Kommunisten, mit dem sie die Eroberung der SPD in der Sowjetzone erreichten, soll ein Artikel des KPD-Ideologen Anton Ackermann eine wesentliche Rolle gespielt haben [538]. Er erschien unter der Überschrift „Gibt es einen besonderen deutschen Weg zum Sozialismus?" im ersten vor der Verschmelzung veröffentlichten Heft der Zeitschrift „Einheit", deren gemeinsame Herausgabe am 21. Dezember 1945 von der KPD und SPD auf der Sechziger-Konferenz beschlossen worden war.

Ackermann ging von der Frage aus, ob in einem Staat die „Arbeiterklasse auf dem demokratisch-parlamentarischen Weg oder nur auf dem Wege revolutionärer Gewaltanwendung in den Besitz der ganzen politischen Macht kommen" könne. An Hand von Zitaten aus Werken und Briefen von Marx und Engels wies Ackermann nach, daß es nach den Worten der beiden sozialistischen Lehrmeister angeblich keinerlei „Hineinwachsen in den Sozialismus" geben könne und daß das Parlament nicht die „Arena" sei, „wo die Arbeiterklasse ihren Befreiungskampf durchfechtet, sondern die Tribüne, von der aus die Abgeordneten den Kampf um die Massen zu führen haben" [539].

Gestützt auf Engels, meinte Ackermann:

„Wo das Proletariat den friedlichen Weg bis zu Ende zu gehen versucht, da greift die Bourgeoisie zu den Mitteln des Bürgerkrieges und zwingt die Arbeiterbewegung zur entsprechenden Antwort; d. h. zum offenen Kampf, wenn nicht der Verzicht auf den Sozialismus ... erfolgen soll."

Mit der Besetzung Deutschlands sei jedoch die „bürokratisch-militaristische

---

537 Gedächtnisprotokoll (Anm. 134), S. 4.

538 Anton Ackermann (Anm. 448). — Vgl. Wolfgang Leonhard (Anm. 33), S. 419 ff. Danach soll Ackermanns Aufsatz schon im Dezember 1945 erschienen sein. Da Ackermann aber seinen Aufsatz mit dem Hinweis auf die Sechziger-Konferenz einleitete, ist anzunehmen, daß die vorliegende Form des Aufsatzes zum ersten Mal in Heft 1 der o. a. Zeitschrift erschien. Der Aufsatz mag in den Funktionärskreisen der KPD vorher bekannt gewesen sein.

539 Es kann hier nicht untersucht werden, ob Ackermann sich rechtens auf Engels berief, wenn er ein Zitat aus Engels Einleitung (6. März 1895) zu Karl Marx: Die Klassenkämpfe in Frankreich, so interpretierte.

Staatsmaschinerie" der Bourgeoisie zerschlagen. Deshalb könne Deutschland jetzt „demokratisch" aufgebaut werden; allerdings:
„Für Deutschland wie jedes andere Land gilt, daß es ohne die Aufrichtung der ganzen Macht der Arbeiterklasse keinen Aufbau des Sozialismus geben kann. Ob die Arbeiterklasse vom gegenwärtigen Ausgangspunkt auf friedlichem Wege und unter Beschränkung auf rein gesetzliche Mittel in den Besitz der ganzen Macht kommen kann, darüber entscheiden die nächsten Wochen und Monate. Und dies in dem Sinne, daß in dieser kurzen Zeitspanne die Entscheidung fallen wird, ob die demokratische Republik von neuem Gewaltinstrument in den Händen reaktionärer Kräfte wird oder ein fortschrittlicher Staat, der für eine spätere Entwicklung zum Sozialismus kein unüberwindliches Hindernis bilden wird. Niemand wünscht sehnlicher als wir, daß neue offene Kämpfe, ein neues Blutvergießen vermieden werden kann."
Nach diesen grundsätzlichen Ausführungen, die das Tempo der Kampagne zur schnellen Vereinigung von KPD und SPD zu rechtfertigen suchten, schrieb Ackermann:

„In allen Dingen, die nicht die oben bezeichneten Grundfragen der Umwälzung zum Sozialismus betreffen, wird in diesem oder in jenem Falle die Entwicklung in Deutschland zweifellos einen weitgehend spezifischen Charakter tragen. Oder mit anderen Worten: im einzelnen werden sich die starken Besonderheiten der historischen Entwicklung unseres Volkes, seine politischen und nationalen Eigenheiten, die besonderen Züge seiner Wirtschaft und seiner Kultur außerordentlich stark ausprägen."
Ackermann, der sich auch auf Lenin berief, der es abgelehnt habe, „die Wahrheit über die Allgemeingültigkeit der russischen Erfahrungen zu übertreiben", schilderte dann die unterschiedlichen Voraussetzungen für eine sozialistische Revolution in der Sowjetunion von 1917 und im Deutschland von 1945/46. Er faßte sein Ergebnis zusammen:
„In diesem Sinne müssen wir einen besonderen deutschen Weg zum Sozialismus unbedingt bejahen."
Es ist nicht mehr nachzuprüfen, welchen Einfluß diese Variante in der kommunistischen Vereinigungskampagne auf die Mitglieder und Funktionäre der SPD gehabt hat. Nennenswert kann der Einfluß nur bei denjenigen Sozialdemokraten gewesen sein, die den Wert der parlamentarischen Demokratie so niedrig veranschlagten, wie es Ackermann tat. Nur wer das Bekenntnis zu den „politischen und nationalen Eigenheiten" des deutschen Volkes bei Ackermann als neu empfand, konnte der These

vom „besonderen deutschen Weg zum Sozialismus" überhaupt etwas abgewinnen.
Im Grundsätzlichen war der Aufsatz, der von den Kommunisten als eine wichtige Veröffentlichung anerkannt und erst 1948 verurteilt wurde [540], eine klare Aussage über das Ziel der KPD. Sie lautete: wenn sich KPD und SPD schnell vereinigen werden, wird die politische Macht im jetzt aufzubauenden Staat der „Arbeiterklasse" gehören, bevor die „bürgerliche Reaktion" eine Chance findet, die Macht wieder in ihre Hände zu bekommen.
Nach den Erfahrungen, die viele Sozialdemokraten in der Zeit der Weimarer Republik gemacht hatten und den Erinnerungen an die Helfer, die Hitler zum Aufstieg seiner Partei bis zur „Machtergreifung" von 1933 gefunden hatte, war die gefühlsmäßige Disposition im Sommer 1945 weitverbreitet, Vorstellungen zu folgen, wie sie Ackermann hier entwickelte. Inzwischen aber hatte die KPD in der Sowjetzone und teilweise auch in Berlin einen Anschauungsunterricht über ihre Politik erteilt, der keine Zweifel über ihre eigentlichen Ziele zuließ. Doch der Widerstand gegen die Vereinigungspläne der Kommunisten wurde in wenigen Wochen aufgerieben, wo die sowjetische Besatzungsmacht den Parolen der KPD nachdrückliche Hilfe verlieh. Einzig in den drei Westsektoren von Berlin hatte die SPD eine Chance, sich unabhängig zu halten. Diese Chance, die letztlich auf der Anwesenheit der westlichen Alliierten beruhte, genutzt zu haben, ist das Verdienst der Berliner Sozialdemokraten.
Am 25 November 1945 hatte für die zwanzig Kreisorganisationen Berlins ein Bezirksparteitag stattgefunden. Der Chefredakteur der sozialdemokratischen Zeitung „Das Volk", Otto Meier, hatte eins der Hauptreferate gehalten und dabei im Sinne der Rede Grotewohls vom 11. November gesprochen. Beifall — langanhaltend und stürmisch — erhielt er von den Delegierten der Berliner Sozialdemokratie, als er sagte:
„Erst in dieser Einheit [der Arbeiterklasse] vollzieht sich die Wiedergeburt, die Renaissance der deutschen Arbeiterbewegung." [541]
Aber gleichen Beifall lösten die Worte aus:
„Wir meinen ..., daß niemand die Gefahr übersehen darf, daß eine zonenmäßig abgegrenzte Vereinigung ... die Spaltung der deutschen Arbeiterklasse nicht beseitigen, sondern verewigen würde ...
Nur die Reichseinheit der deutschen Arbeiterklasse ... kann einen wirk-

540 Vgl. Wolfgang Leonhard (Anm. 33), S. 516 f.
541 Zitiert nach „Berliner Bezirksparteitag der SPD", in: „Das Volk", Nr. 125

lich demokratischen inneren Aufbau der Verwaltung und der Wirtschaft garantieren. Aber auch nur sie kann den Alliierten die Bürgschaft für eine wirkliche Wiedergutmachung und der Welt, insbesondere auch der Sowjetunion, die Sicherheit bieten, daß von Deutschland aus nie mehr die friedliche Entwicklung der Welt gestört wird."

Ende November 1945, als für die Berliner Organisation die unmittelbare Führung durch den Zentralausschuß aufhörte, als sie sich einen eigenen Bezirksvorstand wählte und damit auch formal den SPD-Bezirken der Sowjetzone gleichgestellt war, stimmte also im wesentlichen die Haltung der Berliner Sozialdemokraten mit der des Zentralausschusses überein. Das Vertrauensverhältnis, das sich in der gemeinsamen organisatorischen Aufbauarbeit, in der räumlichen Nähe mit dem Zentralausschuß und bei seiner anfänglichen Zuständigkeit für die lokalen Berliner Fragen herausgebildet hatte, galt besonders für das Verhältnis des neugewählten Bezirksvorstandes zum Zentralausschuß und blieb auch bestimmend für den sogenannten Erweiterten Bezirksvorstand, dem die Vorsitzenden der zwanzig Kreisorganisationen Berlins angehörten. Trotz aller Verschiedenheiten der vier Besatzungsmächte in der Sektorenstadt war eine einheitliche Parteiorganisation der SPD entstanden. Auch die zukünftigen Auseinandersetzungen im Frühjahr 1946 gingen quer durch die vier Sektoren. Erst den sowjetischen Militärstellen blieb es vorbehalten, am 31. März die Demarkationslinie ihrer Sektorengrenze durch die Organisation der SPD in Berlin zu legen.

Das enge Vertrauensverhältnis zwischen der Berliner SPD-Organisation und den Mitgliedern und Mitarbeitern des Zentralausschusses muß berücksichtigt werden, wenn man verstehen will, warum die Entschließung der Sechziger-Konferenz vom 20./21. Dezember 1945 beim Erweiterten Bezirksvorstand trotz schwerster Bedenken auf eine in der Sache zwar eindeutige, in der Form aber außerordentlich zurückhaltende Einstellung stieß. Der Vorstand beschloß am 29. Dezember 1945:

„Entschließung Nr. 1: Die Berliner Organisation steht grundsätzlich auf dem Standpunkt der Einigung. Sie erblickt in dem Aufruf der sechzig Genossen zunächst nur eine brauchbare Diskussionsgrundlage. Er verpflichtet zu keinerlei organisatorischen Bindungen. Wir hoffen, daß

---

vom 28. November 1945. Vgl. auch „SPD-Bezirsverband Berlin, Bezirksparteitag am Sonntag, dem 25. November 1945, vorm. 9 Uhr im ‚Prater', Kastanienallee 7/8"; masch.schr. vervielfältigtes Protokoll, 43 Seiten — unvollständig — (Archiv Karl J. Germer, Berlin), besonders S. 16 f.

dieser Aufruf die Plattform zur Vorbereitung einer einheitlichen deutschen Arbeiterbewegung wird.
Vor jeder neuen grundsätzlichen Entscheidung ist auf Grund unserer demokratischen Einstellung die Mitgliederschaft durch Urabstimmung zu befragen, sofern die Abhaltung eines Reichsparteitages nicht möglich ist.
Entschließung Nr. 2: Die sich aus der Resolution des Sechziger-Ausschusses ergebenden Fragen müssen zunächst in dem bestehenden Arbeitsausschuß SPD-KPD behandelt werden. Die Berliner Organisation der SPD unterläßt bis zu den daraufhin zu erwartenden Anweisungen des Bezirksvorstandes alle Schritte, die in der Entschließung vom 21. Dezember vorgesehen sind." [542]
Ein im Gegensatz zum Zentralausschuß durch Wahlen legitimiertes Führungsorgan, in engstem Kontakt mit der Mitgliedschaft der Partei, hatte sich also zu einem Schritt entschlossen, der die Kompetenzen klar abgrenzte. Mit der Aufforderung, „alle Schritte" zur Verwirklichung der Beschlüsse vom 21. Dezember zu unterlassen, war der Mitgliedschaft jene Klarheit geschaffen, die sie angesichts der kommunistischen Vereinigungskampagne haben mußte. Dem Zentralausschuß war unmißverständlich gesagt, welchen Weg die Berliner Sozialdemokraten zu gehen wünschten, sollte ein Reichsparteitag vor neuen Entscheidungen in der Einheitsfrage nicht möglich sein: die Urabstimmung der Mitgliedschaft.
Hier wurde nicht mehr gefordert als das, was Grotewohl selbst am 11. November als Bedingung für eine Vereinigung von KPD und SPD an erster Stelle genannt hatte:
„Die Einheit der Arbeiterbewegung kann kein Beschluß von Instanzen sein; sie muß der eindeutige und überzeugte Wille aller deutschen Klassengenossen sein." [543]
Der Gedanke der Urabstimmung, der ja beispielsweise auch in der Sowjetzone — in Rostock — auftauchte [544], war darüber hinaus ein sichtbares Zeichen, daß die Berliner Sozialdemokraten sich der bevorstehenden Entscheidung völlig bewußt waren: es ging bei der Vereinigung mit der KPD um die Existenz der deutschen Sozialdemokratie schlechthin. Was

542 SPD-Bezirk Groß-Berlin an die Kreisleiter am 30. Dezember 1945, masch.-schr. vervielfältigtes Rundschreiben mit einer Anlage, die Streichungen betreffend, die die SPD in der Entschließung der Sechziger-Konferenz vom 20./21. Dezember durchgesetzt hatte, und Rundschreiben Nr. 23 vom 3. Januar 1946, betr. Neulehrer (Archiv Fritz Neubecker, Berlin).

543 Otto Grotewohl (Anm. 415), S. 5. — Vgl. auch oben S. 188 f. u. Anm. 419.

544 Vgl. oben S. 229.

immer man auch als ideologische Begründung wählen mochte: die Fusion mit der KPD beendete die siebzigjährige Geschichte der SPD. Ihre Auflösung mußte deshalb die Zustimmung der Mehrheit ihrer Mitglieder finden, wie es die traditionelle Formel selbst unpolitischer Vereine vorschreibt, die ihre Auflösung beschließen wollen.

Neben diesem Rückgriff auf quasi ur-demokratische Formen lag in der Haltung der Berliner Sozialdemokraten auch die Solidarität mit ihren Parteifreunden in der Sowjetzone beschlossen. Mit einer gewissen Naivität, die für demokratische Sozialisten typisch erscheint, glaubten die Berliner, daß eine Urabstimmung in jedem Falle eine geheime Abstimmung sein müsse, deren Ergebnis nicht zu verfälschen sei. So wollten sie die Funktionäre und Mitglieder in der Zone unabhängig vom Druck sowjetischer oder kommunistischer Stellen über die Vereinigung entscheiden sehen, nicht bedenkend, daß das gerade unter den Herrschaftsverhältnissen der Sowjetzone eine hoffnungslose Illusion war.

Damit sind die vier Elemente genannt, die akzelerierend oder retardierend bei den kommenden Berliner Auseinandersetzungen in wechselnder Intensität zur Wirkung kamen: das lang anhaltende Vertrauen der Funktionäre in ihre Führung, besonders in die Person Grotewohls, das Bewußtsein, es gehe für die SPD um eine existentielle Entscheidung, das Festhalten an der demokratischen Tradition der deutschen Sozialdemokratie und die Solidarität mit den Sozialdemokraten der Sowjetzone. Alle vier Elemente kamen zum Tragen, als sich die Berliner Funktionäre am 20. Januar nach stürmischer Diskussion[545] dazu bereitfanden, der Entschließung des Zentralausschusses vom 15. Januar zuzustimmen[546]. Daß auch jetzt die sozialdemokratische Zeitung „Das Volk" die Entschließung, die nur interpretierte, was vor Monatsfrist mit den Kommunisten vereinbart worden war, nicht veröffentlichte, zeigt, wie isoliert die Spitze der sowjetzonalen SPD damals schon war.

Am 20. Januar war der Zentralausschuß von Max Fechner vertreten worden. Sein heftigster Kritiker war der Kreisvorsitzende von Tempelhof, Curt Swolinzky[547]. Er war es auch, der andere Kreisvorsitzende zu

---

545 Die Darstellung stützt sich hier wesentlich auf die bereits mehrfach genannte Artikelserie von Klaus-Peter Schulz (Anm. 50); hier besonders Fortsetzung Nr. VIII (Januar 1958), S. 23 ff.

546 „Entschließung der Konferenz der Berliner SPD-Funktionäre am Montag, dem 20. Januar 1946 in der Staatsoper (Admiralspalast)", masch.schr. Original (Archiv Fritz Neubecker, Berlin). — Vgl. oben S. 227 ff. und Anm. 509.

547 Curt Swolinzky, geb. 1887 in Lobbe/Rügen, war vor 1933 Gewerkschafts-

sich nach Tempelhof einlud, bevor noch Grotewohl bekanntgab, die SPD sei bereit, „einen Parteitag für die sowjetische Besatzungszone“ über die baldige Vereinigung mit der KPD entscheiden zu lassen[548]. Swolinzkys Einladungen wurden am 9. Februar geschrieben[549], der Zentralausschuß entschied sich am 11., weder einen Reichsparteitag noch die Urabstimmung aller Mitglieder anzustreben, sondern einen Zonenparteitag einzuberufen. Am 14. Februar trafen sich die oppositionellen Kreisvorsitzenden in Tempelhof.

Aber schon drei Tage später, am 17. Februar, erlitt die Opposition, von nun an leidlich organisiert, eine Niederlage. Ihr Plan scheiterte, dem Bezirksvorstand das Mißtrauen auszusprechen, „weil er sich nicht an das Mandat gehalten hat, das ihm durch die Beschlüsse vom 29. Dezember und vom 15. Januar auferlegt wurde“[550]. Noch schärfer war der Mißtrauensantrag gegen den Zentralausschuß formuliert: ihm sollte das Vertrauen entzogen werden, „weil er ... Maßnahmen eingeleitet hat [nämlich die Ankündigung des Zonen-Parteitages!], die geeignet sind, die organisatorische Einheit der SPD zu zerbrechen und somit die Spaltung der Arbeiterschaft zu verewigen“. Die Funktionärskonferenz hätte diesen Mißtrauensantrag gegen beide Führungsorgane vermutlich schon am 17. Februar beschlossen, wäre nicht der eilig herbeigerufene Grotewohl dem hart bedrängten Bezirksvorstand zu Hilfe gekommen[551]. Grote-

---

funktionär und Vorsitzender der SPD in Breslau. Nach „Schutzhaft“ und Ausweisung aus Schlesien war Swolinzky selbständiger Textilkaufmann.

548 „Entschließung. — Der Zentralausschuß der Sozialdemokratischen Partei Deutschlands ist nach Beratung mit den Vertretern der Bezirke zu dem Entschluß gekommen, der Mitgliedschaft der Partei alsbald die Einheit der beiden Arbeiterparteien zur Entscheidung vorzulegen.
Der Zentralausschuß wird daher, nachdem die Verhandlung mit den Vertretern der westlichen Zonen ergeben hat, daß die Einberufung eines Reichsparteitages auf absehbare Zeit nicht möglich ist, sofort einen Parteitag für die sowjetische Besatzungszone einschließlich Berlin einberufen. Dieser Parteitag, dem Bezirks- bzw. Landesparteitage vorausgehen, soll über eine Vereinigung der beiden Parteien entscheiden. — Berlin, 11. Februar 1946.“ — Masch.schr. Original im Archiv Fritz Neubecker, Berlin.

549 Klaus-Peter Schulz (Anm. 50), Fortsetzung Nr. XI (April/Mai 1958), S. 57.

550 Resolution „Das historische Gebot der Zeit verlangt . . .“ (Archiv Franz Neumann, MdB., Berlin). — Das maschinenschr. Blatt trägt auf der Rückseite die handschr. Notiz: „Am Sonntag, dem 17. II., durch Resolution Barth nicht abgest[immt].“

551 Klaus-Peter Schulz (Anm. 50), Fortsetzung Nr. XII (Juni 1958), S. 26 ff.

wohls Autorität war noch groß genug, um die Funktionäre mit der objektiv falschen Mitteilung zu beruhigen, die Verschmelzung mit der KPD sei noch immer im gesamtdeutschen Rahmen möglich. Dazu trug die Nachricht bei, es werde auf dem Zonenparteitag auch westdeutsche Delegierte geben.

So kam es zur Annahme einer Entschließung [552], die die Ausführungen Grotewohls begrüßte und den Berliner Bezirksvorstand aufforderte, „bei wesentlichen Veränderungen erneut eine Konferenz in der gleichen Zusammensetzung [Kreis- und Abteilungsvorsitzende] abzuhalten". Der eingebrachte Mißtrauensantrag wurde als erledigt betrachtet. Das war die letzte Versammlung der Berliner SPD, in der Grotewohl, wenngleich nur noch mit einem Täuschungsmanöver und in bewußtem Gegensatz zur tatsächlichen Lage, einen Erfolg für den Zentralausschuß davontrug. Das gleiche galt für den Berliner Bezirksvorstand, der auf die Linie Grotewohls und des Zentralausschusses eingeschwenkt war und der — in offener Mißachtung der Haltung der Berliner Funktionäre — mit dem Rundschreiben Nr. 28 vom 20. Februar der Berliner Mitgliedschaft empfahl, „geschlossen der neuen [Sozialistischen Einheits-]Partei beizutreten, sofern die organisatorischen Voraussetzungen durch die Studienkommission geschaffen sind ..." [553].

Knapp eine Woche nach der Niederlage vom 17. Februar, die von der Opposition noch hingenommen werden mußte, brachten zwei voneinander unabhängige Ereignisse die Wende im Psychologischen und im Tatsächlichen. Am 23. Februar gelang es einigen opponierenden Funktionären der Berliner SPD, in Tempelhof eine kurze Begegnung mit Kurt Schumacher herbeizuführen, der seit dem 19. Februar zu Besprechungen mit dem Zentralausschuß in Berlin war. Grotewohl hatte es absichtsvoll vermieden, Schumacher mit den Berliner Funktionären zusammenzuführen. Aber die knappe halbe Stunde, die Schumacher ohne die Anwesenheit eines sowjetischen Beobachters mit der Opposition sprechen konnte, genügte, um den anwesenden Funktionären die Gewißheit der moralischen Unterstützung ihres Kampfes durch die westdeutsche SPD zu geben [554].

---

552 Entschließung Barth vom 17. Februar 1946 als Anlage zum Rundschreiben Nr. 28 des SPD-Bezirks Groß-Berlin vom 20. Februar 1946, 5 Seiten, masch.schr. vervielfältigt (Archiv Franz Neumann, MdB., Berlin).

553 Rundschreiben Nr. 28, a. a. O., S. 5.

554 Vgl. Franz Neumanns Bericht im Protokoll der „Kreisvertreterkonferenz der Sozialdemokratischen Partei [Kreis Reinickendorf] am 23. Februar

War diese psychologische Hilfe — mehr konnte es nicht sein! — von unschätzbarem Wert, so leitete das zweite Ereignis des 23. Februar die Entwicklung ein, die über die bekannte Funktionärsversammlung vom 1. März 1946 zu jener einzigartigen Abstimmung führte, in der eine scheinbar parteiinterne Auseinandersetzung über das Schicksal einer Stadt entschied und damit im weiteren Sinne weltpolitische Bedeutung erlangte. In Berlins nördlichstem Verwaltungsbezirk, in Reinickendorf, tagte die SPD-Kreisdelegiertenkonferenz und beschloß jene Entschließung (gegen eine Stimme), die die weitere Auseinandersetzung bestimmen sollte [555]. Zu ihren wesentlichen Autoren gehörten Adolf Dünnebacke, ein langjähriger Funktionär des Metallarbeiterverbandes [556], und Ernst Sünderhauf, der vor 1933 im Zentralverband der Angestellten arbeitete [557]. Es war der am 23. Februar einstimmig wiedergewählte Kreis-

---

1946 im Kantinensaal der Fa. Stolzenberg, Wittenau", 4 Seiten masch.-schr. und 5 Seiten handschr., S. 9 (Archiv Franz Neumann, MdB., Berlin); Arno Scholz: Kurt Schumacher - Leben und Leistung, in: Turmwächter der Demokratie (Anm. 13), Bd. I, S. 7—464, besonders S. 54 ff.; Klaus-Peter Schulz (Anm. 50), Fortsetzung Nr. XIII (Juli 1958), S. 28 ff.; Fried Wesemann (Anm. 13), S. 100 ff.

Angesichts der historischen und politischen Bedeutung des Berliner Abwehrkampfes gegen die Verschmelzung mit der KPD wäre es eine wichtige Aufgabe, die einzelnen Phasen der Entwicklung einmal genau nachzuzeichnen. Diese Aufgabe kann im Rahmen der vorliegenden Arbeit ebensowenig geleistet werden wie die Wertung aller vorhandenen Darstellungen über die damalige Rolle einzelner Persönlichkeiten der Berliner Sozialdemokratie im allgemeinen, Kurt Schumachers im besonderen. Auch die oben zitierten Darstellungen leiden unter der Tatsache, daß die Akzente jeweils bis zum Widersprüchlichen gesetzt sind, abhängig je von dem Erfahrungsbereich des Autors und seiner Informanten.

555 „Entschließung der am 23. 2 1946 tagenden Kreisdelegiertenkonferenz [im Protokoll (a. a. O.) auch Kreisvertreterkonferenz genannt] des 20. Kreises — Reinickendorf —" und Rundschreiben des SPD-Kreises 20, Reinickendorf, vom 25. Februar 1946 an die Vorsitzenden der Berliner SPD-Kreise, an den SPD-Bezirksvorstand Berlin und den Zentralausschuß der SPD. Vgl. auch das Protokoll der „Kreisvertreterkonferenz . . ." a. a. O.

556 Adolf Dünnebacke, geb. 1891 in Dortmund, war vor 1933 gewerkschaftlich und journalistisch in der Hauptverwaltung des Deutschen Metallarbeiter-Verbandes tätig.

557 Ernst Sünderhauf, geb. 1908 in Zwickau/Sa., war Kommunalangestellter und arbeitete seit 1930 im Verbandsvorstand des Zentralverbandes der Angestellten (ZdA). Der SPD gehörte er seit 1926 an.

vorsitzende, Franz Neumann [558], der seinen Funktionären die vom Vorstand ausgearbeitete Entschließung vorlegte und begründete.
Kernstück der Entschließung war ein „Aufruf zur Stimmabgabe aller Mitglieder der Sozialdemokratischen Partei Deutschlands in der sowjetischen Zone und in Berlin zur Einheit der Arbeiterschaft". Aus der bisherigen Diskussion — so hieß es im Aufruf — seien „im wesentlichen zwei Haltungen erkennbar" geworden:

„Die einen fordern den sofortigen Zusammenschluß der beiden Arbeiterparteien. Sie versprechen sich davon eine starke Anziehungskraft auf alle Werktätigen und sehen darin einen entscheidenden Faktor für den demokratischen Aufbau sowie für die wirtschaftliche und politische Einheit Deutschlands. Sie sagen: sind erst beide Parteien organisatorisch vereinigt, werden sie auch ihre endgültige gemeinsame ideologische Basis finden. Sie wollen, wenn der Zusammenschluß im Reichsmaßstab noch nicht möglich ist, ihn in der Ostzone vollziehen und rechnen mit seiner positiven Ausstrahlung auf die drei anderen besetzten Zonen.
Die anderen warnen vor übereilten Entschlüssen und wünschen vorerst ein Bündnis zwischen beiden Parteien, welches gemeinsame Arbeit sichert und den Bruderkampf verpönt. Sie wollen die sozialdemokratischen und die kommunistischen Grundsätze erst ihr Echo im Volke finden lassen, um daraus die für die demokratische Erneuerung Deutschlands einzuschlagende Richtung zu erkennen. Sie wollen den Zusammenschluß nur, wenn er in allen Zonen möglich ist, da sonst die Spaltung der Arbeiterschaft in Ostdeutschland einerseits und in West-, Nord- und Süddeutschland andererseits zu befürchten sei und damit auch die Schaffung einer politischen Einheit Deutschlands fragwürdig werde.
Aus diesem Für und Wider muß eine einheitliche Willensbildung erfolgen. Getreu der demokratischen Übung unserer Bewegung geschieht dies durch Befragen aller Mitglieder in geheimer Abstimmung.
Mit Deinem Ja oder Deinem Nein auf dem nachstehenden

558 Franz Neumann, MdB., geb. 1904 in Berlin, war nach Schlosserlehre 1926 bis 1933 Jugendfürsorger beim Berliner Magistrat, Vorsitzender der Berliner Metallarbeiter-Jugend und Bezirksverordneter in Reinickendorf. Nach 1933 in Konzentrationslager und Gefängnis inhaftiert, war Neumann später wieder in der Metallindustrie Berlins tätig. 1945 wurde er Vorsitzender der SPD und Stellvertretender Bürgermeister in Berlin-Reinickendorf.

Stimmzettel sollst Du, Genossin, und Du, Genosse, diese Willensbildung finden helfen.
Bist Du für den s o f o r t i g e n Z u s a m m e n s c h l u ß beider Arbeiterparteien? Ja/Nein oder
bist Du für ein B ü n d n i s b e i d e r P a r t e i e n , welches gemeinsame Arbeit sichert und den Bruderkampf ausschließt Ja/Nein." [559]

Nichts kann deutlicher machen als dieser Aufruf, vor welche schwierige Entscheidung sich die Berliner Sozialdemokraten gestellt sahen! Eine sachgerechte Interpretation wird damit einsetzen müssen, den Aufruf als den Versuch zu erkennen, die SPD in Berlin und in der Sowjetzone, die auseinanderzubrechen drohte, auf eine Alternativentscheidung zu einigen [560], die nicht hieß: Vereinigung der SPD mit der KPD — ja oder nein? Sie hieß vielmehr: Zusammenschluß der beiden Parteien oder Bündnis?
Daß die Entwicklung in der Sowjetzone am 23. Februar schon weit über diese Fragestellung hinweggegangen war, wissen wir heute. Angesichts der unvollkommenen Unterrichtung durch die Presseorgane im ersten Nachkriegswinter und die lückenhafte und bewußt auf die „Einheit" ausgerichtete Berichterstattung der sozialdemokratischen Führungsorgane nimmt es nicht wunder, daß die Reinickendorfer von dem in Berlin er-

---

559 „Entschließung der am 23. 2. 1946 tagenden Kreisdelegiertenkonferenz ..." (Anm. 555). — Unterstreichungen im Original sind hier durch Sperrungen hervorgehoben; Sperrungen im Original sind hier übernommen. — Die Entschließung wurde am 14. März 1946 in Nr. 61 der unabhängigen Tageszeitung „Der Tagesspiegel" veröffentlicht, die damals ihre Spalten dem Abwehrkampf der sozialdemokratischen Opposition zur Verfügung stellte, da die SPD-Zeitung „Das Volk" den Kurs des Zentralausschusses unterstützte und der von Arno Scholz (SPD) herausgegebene „Telegraf" erst vom 22. März an erscheinen konnte. Vgl. Arno Scholz (Anm. 13), S. 58. So nahm „Der Tagesspiegel" am 15. März einen der hervorragenden Opponenten des Zentralausschusses, Dr. Klaus-Peter Schulz, den Kreis-Jugendleiter der SPD von Berlin-Charlottenburg, in seine Redaktion auf. Damit trug diese einzige täglich in den Westsektoren erscheinende Zeitung zur Information der Öffentlichkeit über die parteiinternen Vorgänge in der SPD bei. Auch stellte sie Raum für die Organisationsmitteilungen der oppositionellen SPD zur Verfügung. Klaus-Peter Schulz (Anm. 50), noch unveröffentlichtes Manuskript, S. 165 ff.

560 Protokoll „Kreisvertreterkonferenz . . ." (Anm. 554), S. 9: „Gen[osse] Neumann hofft, daß die von ihm vorgeschlagene Maßnahme die SPD noch einmal zusammenbringen kann."

lebten bitteren Streit auf die Verhältnisse in der Sowjetzone schlossen. Sie konnten kaum wissen, daß dort der Widerstand gegen die Fusion mit der KPD schon erstickt war ...

Die Verfasser des Aufrufs stellten deshalb zwei Dinge in Rechnung. In der Hoffnung, es könne eine Urabstimmung auch in der Sowjetzone durchgesetzt werden, verfaßten sie den Aufruf so, daß dem kommunistischen Gegner die Möglichkeit entzogen blieb, mit der Phrase vom „drohenden Bruderkampf" die eigenen gutwilligen, aber weniger geschulten Mitglieder zu verwirren. Die Verfasser glaubten rechtens, daß sie mit einer beträchtlichen Zahl von Mitgliedern rechnen mußten, die in dieser Gefahr waren.

Ferner berücksichtigten sie die Tatsache, daß am Beginn des Wiedergründungsprozesses eine Mehrheit der Sozialdemokraten glaubte, es sei an der Zeit, die Spaltung der deutschen Arbeiterbewegung zu überwinden. Auf dieser bereits dargestellten gefühlsmäßigen Disposition [561] war seit mehr als acht Monaten die Propagierung der „Einheit der Arbeiterklasse" aufgebaut worden. Sie hatte bewirkt, daß im Frühjahr 1946 ein beachtlicher Prozentsatz sozialdemokratischer Mitglieder und Funktionäre die „Einheit" — was immer sie sich darunter auch vorstellen mochten! — nicht mehr gefährden wollte. Es hätte einen Gewissenskonflikt mit unberechenbarem Ausgang gegeben [562], wäre die Frage so glasklar gestellt worden, wie sie der damaligen Situation und der weiteren Entwicklung entsprochen hätte: Zusammenschluß oder unversöhnliche Gegnerschaft? Die Verfasser waren sich dessen bewußt, und das Ergebnis der Urabstimmung am 31. März sollte bestätigen, daß sie die geistige Verfassung auch der Berliner Mitgliedschaft richtig beurteilt hatten.

Erst die Anfang Februar drohende Entwicklung, der Zentralausschuß werde dem Druck der Sowjets und der KPD erliegen, führte zur Initiative des Tempelhofer Kreisvorsitzenden. Erst als offenbar wurde, daß auch der Berliner Bezirksvorstand dem Sog der kommunistischen Kampagne nichts mehr entgegenstellte, löste die Sorge um die Einheit der Partei und der Versuch, durch eine psychologisch richtige Fragestellung die demokratische Tradition der SPD gegen alle Einschüchterungsversuche zu aktivieren, die Reinickendorfer Entschließung aus. Dem heutigen Beobachter fällt dabei auf, wie langsam sich die Abwehrmaßnahmen entwickelten. Aber man darf weder vergessen, welche technischen Schwie-

561 Vgl. oben S. 43 ff.

562 Klaus-Peter Schulz (Anm. 50), Fortsetzung Nr. XVI (Oktober 1958), S. 23.

rigkeiten in den Wintermonaten 1945/46 der Kommunikation zwischen den einzelnen Kreisorganisationen der Millionenstadt entgegenstanden, noch darf man die oben geschilderten Elemente in der geistigen Haltung der SPD übersehen, die eine schnellere und effektivere Organisation der Abwehr erschwerten.

Immerhin war bei den Berliner Funktionären die Abwehrfront stimmungsmäßig so weit erstarkt, daß es in der zweiten Februarhälfte nur noch eines Tropfens bedurfte, um das Faß des Unmuts zum Überlaufen, um die Sozialdemokraten Berlins vollends gegen Bezirksvorstand und Zentralausschuß aufzubringen. Den ersten Beschluß, der dazu beitrug, faßte am 19. Februar der sogenannte Parteiausschuß, dem die Vorsitzenden der sowjetzonalen Landes- und Bezirksorganisationen der SPD angehörten. Danach sollten sich „am 6. und 7. April in allen Bezirken zu gleicher Zeit Bezirksparteitage ... mit der Vereinigung der beiden Arbeiterparteien befassen" und am 19. und 20. April ein Zonen-Parteitag in Berlin veranstaltet werden [563]. — Den zweiten Beschluß faßte am 26. Februar die zweite Sechziger-Konferenz, die die „Grundsätze und Ziele" der zu schaffenden Sozialistischen Einheitspartei verabschiedete, die die am 21. Dezember eingesetzte Studienkommission in einen „Organisationsausschuß zur Durchführung der Vereinigung" umwandelte und die den 21./22. April 1946 als Datum für den Vereinigungskongreß festlegte [564].

Inzwischen hatte Kurt Schumacher während seines Besuches in der alten Reichshauptstadt, die er am 25. Februar wieder verließ, das erreicht, was Grotewohl und der Zentralausschuß seit dem November 1945 unterlassen hatten und was den damals noch unbekannten Berliner Kreisvorsitzenden verständlicherweise bisher nicht gelungen war: das Ohr der politischen Welt außerhalb Berlins und Deutschlands zu erreichen. So trug Schumacher dazu bei, daß man „draußen" die Bedeutung der Berliner Ereignisse besser ermaß, daß man „drinnen", in Deutschlands fünfter Zone, in Berlin, die Fragestellung der kommenden Entscheidung schärfer zu sehen vermochte. Über den Zweck seiner Reise sagte Schumacher:

„Im Auftrage der westlichen Zonen hatte ich dem Berliner Zentralausschuß zwei Fragen vorzulegen. Die erste: seid ihr gewillt, wenigstens in den drei nichtrussischen Sektoren Berlins eine selbständige SPD auf-

563 Anlage zum Rundschreiben Nr. 28 (Anm. 552).

564 „Historische Stunde der Nation, Letzte Vorbereitungen für die Schaffung der Sozialistischen Einheitspartei ..." in: „Das Volk", Nr. 48 vom 27. Februar 1946.

rechtzuerhalten? Die zweite: seid ihr bereit, die Auflösung der SPD zu verkünden? Beide Fragen wurden verneint." [565]

Schumacher verband mit dieser Klarstellung die Nachricht, daß kein offizieller Vertreter der westdeutschen SPD am einberufenen Parteitag der Sowjetzonen-SPD teilnehmen werde. Damit war dem Täuschungsmanöver Grotewohls vom 17. Februar begegnet, das er nichtsdestotrotz bis in den April hinein weiterspielen sollte. Nur in Berlin mußte Grotewohl damit scheitern, da die Zeitungen der drei Westsektoren, allen voran der „Tagesspiegel", inzwischen für die sozialdemokratische Opposition Partei ergriffen hatten.

Das war die Situation, als der Berliner Bezirksvorstand am 28. Februar zur Funktionärversammlung am 1. März einlud, um Berlins Sozialdemokraten mit den Beschlüssen der zweiten Sechziger-Konferenz vertraut zu machen. Was durch die Zusammenkünfte der opponierenden Kreisvorsitzenden, durch die Reinickendorfer Entschließung und durch den Besuch Schumachers vorbereitet worden war, sollte sich nun verwirklichen: durch mehr als 2000 Funktionäre entschied sich die Berliner Sozialdemokratie für die Urabstimmung, wie Franz Neumann, der Reinickendorfer Kreisvorsitzende, sie nach dem Wunsche seines SPD-Kreises vorschlug. Damit fiel an diesem 1. März mittelbar die Entscheidung der Berliner SPD gegen die Fusion mit der KPD.

Die Geschichte dieses Tages und der Ablauf der Auseinandersetzungen im Monat März 1946 sind so häufig dargestellt worden, daß es nicht erforderlich ist, sie im Rahmen dieser Untersuchung einzeln zu schildern [566]. In Dutzenden von Versammlungen versuchten die Mitglieder des Zentralausschusses und des Bezirksvorstandes, die Berliner Sozialdemokraten umzustimmen. Die opponierenden Kreisvorsitzenden, die am 10. März endlich zur Bildung eines Aktionsausschusses gelangten, fanden im Laufe des Monats März nicht nur die Unterstützung einiger Mitglieder und Mitarbeiter des Zentralausschusses [567], sondern auch die vergleichsweise geringe, aber für die Entscheidung nicht unwesentliche Hilfe jüngerer Offiziere der amerikanischen und britischen Militärstellen. Mit ihren Verbindungen gelang es, der Flut von Plakaten, gedruckten

---

565 „Der Tagesspiegel", 23. Februar 1946.

566 Die ausführlichste Darstellung eines Beteiligten findet sich bei Klaus-Peter Schulz (Anm. 50).

567 Die beiden Mitglieder, Karl J. Germer und Fritz Neubecker, und der Referent des Zentralausschusses, Gustav Klingelhöfer, waren die bekanntesten Männer, die zur „Opposition" stießen.

Aufrufen und Serien von Kundgebungen[568], die der Zentralausschuß mit sowjetischer Hilfe an Papier- und Treibstoffzuteilungen organisierte, wenigstens ein geringes Maß an Aufklärungsmaterial entgegenzusetzen. Fast scheint es, als habe die Vereinigungskampagne, die in ihrer Lautstärke, ihrer Dauer und der Wiederholung oft ungeschickt plumper Argumente an die Zeiten nationalsozialistischer Propaganda erinnerte, selbst geholfen, ihre Wirkung ins Gegenteil umschlagen zu lassen. Dazu kam, daß die Berliner Sozialdemokraten seit spätestens dem 1. März die Bevölkerung auf ihrer Seite hatten, deren anti-sowjetische Ressentiments, besonders bei den zahlenmäßig überwiegenden Frauen[569] und gespeist aus den verschiedensten Quellen, den Abwehrkampf gegen die Verschmelzung psychologisch unterstützten.

Während für die Sowjetzone der sogenannte Parteiausschuß am 12. März erklärte, daß eine Urabstimmung „grundsätzlich und aus technischen Gründen" nicht möglich sei, da „Abstimmungen dieser Art ... den Beschlüssen des Parteitages nicht vorgreifen" könnten[570], konnte der Zentralausschuß die Urabstimmung in Berlin nicht verhindern. Aber erst, als er einsehen mußte, daß die Berliner Sozialdemokraten sich nicht davon abbringen lassen würden, der sofortigen Vereinigung mit der KPD zu widersprechen, empfahl der Zentralausschuß am 27. März der Berliner Mitgliedschaft dringend, sich nicht an der Urabstimmung vom 31. März zu beteiligen[571].

---

568 Klaus-Peter Schulz (Anm. 50), Fortsetzung Nr. XVIII (Dezember 1958), S. 24: „Für die Kampagne in der Öffentlichkeit sah der Zentralausschuß nicht weniger als 175 Kundgebungen innerhalb von zehn Tagen vor."

569 Ich verdanke diesen Hinweis Prof. Dr. Georg Kotowski, dessen Schrift „Der Kampf um die Selbstverwaltung in Berlin" (Anm. 25) eine allererste dankenswerte Bestandsaufnahme der Berliner Ereignisse in wissenschaftlicher Bearbeitung darstellte. Kotowski räumte selbst ein, daß er bei seiner Untersuchung der Abwehrmaßnahmen gegen die Vereinigungskampagne den Anteil einiger Berliner Sozialdemokraten nicht genügend gewürdigt habe. Das traf vor allem für den damaligen Kreis-Jugendleiter der SPD in Berlin-Charlottenburg, Dr. Klaus-Peter Schulz, zu, dessen Augenzeugenbericht „Präludium des Kalten Krieges" (Anm. 50) inzwischen teilweise veröffentlicht worden ist. (Mündliche Mitteilung von Georg Kotowski, Berlin, am 30. August 1955).

570 „Tagung des Parteiausschusses", in: „Das Volk", Nr. 61, vom 14. März 1946.

571 „An die Sozialdemokraten Berlins", in: „Das Volk", Nr. 73 vom 28. März 1946. — Am 27. März hatte noch eine von der „Opposition" einberufene Delegiertenkonferenz des SPD-Bezirks Groß-Berlin stattgefun-

Diese Warnung des längst unglaubwürdig gewordenen Führungsorgans half allerdings nichts mehr. Allein der Einspruch der sowjetischen Militärstellen erreichte, daß in den Verwaltungsbezirken des Sowjetsektors von Berlin die entsprechenden Kreisorganisationen an der Urabstimmung gehindert wurden [572]. In den drei Westsektoren brachte die Urabstimmung folgendes Ergebnis [573]:

---

den, die den Beschluß bestätigte, am 31. März eine Urabstimmung durchzuführen. Damit trug die „Opposition" dazu bei, daß die Empfehlung des Zentralausschusses, sich an der Urabstimmung nicht zu beteiligen, von der Mehrheit der SPD-Mitglieder in den Westsektoren Berlins nicht beachtet wurde. Klaus-Peter Schulz (Anm. 50), noch unveröffentlichtes Manuskript, S. 194 f.

572 Am 23. März hatte der Stellvertretende US-Militärgouverneur in Berlin erklärt, daß eine Vereinigung der KPD und SPD in der US-Zone und in Berlin nur anerkannt werden könnte, wenn sie von den Mitgliedern der Parteien gefordert werde. Die amerikanische Militärregierung werde vor einer Vereinigung ein demokratisch durchgeführtes Referendum der Mitgliedschaft fordern. Am 29. März gaben die Berliner amerikanischen und britischen Militärstellen eine Erklärung ab, daß sie Maßnahmen ergreifen würden, „daß jeder Abstimmungsberechtigte den nötigen Schutz erhalte, damit er seine Stimme ungehindert für oder gegen die Vereinigung abgeben könne." Political Activity, Report of Military Governor US-Zone, Nr. 9, 20. April 1946, S. 2.

Während sich dementsprechend das amerikanische Hauptquartier in Berlin sogar um den Schutz der Abstimmungslokale durch deutsche Polizei besorgt zeigte (Vgl. Brief der Polizeiinspektion Berlin-Neukölln an die SPD-Kreisleitung vom 30. März 1946 betr. Organisationswahlen am 31. 3. 1946, Archiv des SPD-Kreises Berlin-Neukölln, Mappe Protokolle), untersagte die sowjetische Kommandantur unter Hinweis auf formale Fehler bei der Beantragung der Abstimmung ihre Durchführung im Sowjetsektor von Berlin am Morgen des 31. März. Vgl. Kotowski (Anm. 25), S. 179. Nach einem „Bericht über den Wahlablauf" hatten die sowjetischen Kommandanten die Vorlage der gesamten Wahlprotokolle für die gewählten Wahlausschüsse in den Verwaltungsbezirken Berlin-Mitte, Prenzlauer Berg, Lichtenberg und Pankow gefordert. Da sie nicht in kurzer Zeit zu beschaffen waren, wurden die Abstimmungslokale geschlossen. In Friedrichshain, Treptow, Köpenick und Weißensee hatten Mitglieder- oder Kreisdelegiertenversammlungen bzw. die Kreisvorstände die Durchführung der Urabstimmung abgelehnt. Masch.schr. Durchschlag, 3 Seiten (Archiv Karl J. Germer, Berlin).

573 „Das Ergebnis der SPD-Urabstimmung" in: „Telegraf", 7. April 1946. — Die Endzahlen dieser Aufstellung stimmen mit denen überein, die in

Von den 32 547 wahlberechtigten Mitgliedern stimmten 23 755 (= 72,9 Prozent) ab. Die erste Frage („Bist Du für den sofortigen Zusammenschluß beider Arbeiterparteien?“) wurde von 19 529 Mitgliedern (= 82,2 Prozent) verneint; nur 2937 Mitglieder (= 12,3 Prozent) bejahten den sofortigen Zusammenschluß.
Damit war die Urabstimmung in ihrem wesentlichen Gehalt zugunsten der sozialdemokratischen Opposition entschieden worden. Allerdings ist in späterer Zeit durch die sich bis zur Blockade Berlins 1948 ständig steigernde Gegnerschaft zur Sozialistischen Einheitspartei fast in Vergessenheit geraten, daß die zweite Frage („Bist Du für ein Bündnis beider Parteien, welches gemeinsame Arbeit sichert und den Bruderkampf ausschließt?“) von 14 763 Mitgliedern (= 62,1 Prozent) mit Ja beantwortet wurde.
Es gingen also trotz aller Erfahrungen mit der KPD während der ersten neun Monate politischen Lebens nach Kriegsende nur knapp 40 Prozent der SPD-Mitglieder so weit, auch ein Bündnis mit der KPD ganz zu verneinen. Die Mehrheit der SPD-Mitglieder in den drei Westsektoren sah noch immer in der KPD eine Bruderpartei, mit der ein Bündnis wünschenswert sei. Eine Reihe von weiteren politischen Erfahrungen, die die Zukunft bereithielt, war nötig, um diese Entscheidung noch zu revidieren.

„Berlin, Kampf um Freiheit und Selbstverwaltung 1945—1946, hg. vom Senat von Berlin“, Berlin 1957, S. 156, angegeben sind. In den Aufstellungen, die in verschiedenen Privatarchiven zugänglich waren, finden sich mehrere geringfügige Abweichungen, die heute nicht mehr aufzuklären sind.

Kapitel 12
Die drei Parteitage der SPD im April und Mai 1946

Auf das Ergebnis der Berliner Urabstimmung vom 31. März 1946 reagierte der Zentralausschuß mit höchster Eile. Obschon das Ergebnis leugnend [574], wies er doch, indem er seinen Auswirkungen entgegentrat, die Berliner Bezirksorganisation an:
„In den Kreisen und Abteilungen der Partei, die die Spalter zerschlagen haben, ist sofort mit dem Wiederaufbau der Partei zu beginnen ... Wo Funktionäre nicht eindeutig für die Einheit der Arbeiterschaft eintreten, können sie ein Amt in der Sozialdemokratischen Partei nicht länger be-

574 In einer Meldung über das Ergebnis der Urabstimmung stellte der Zentralausschuß den angeblich 66 000 Mitgliedern, die der SPD-Bezirk Groß-Berlin zählte, die 19 000 Mitglieder gegenüber, die sich gegen die Verschmelzung ausgesprochen hatten. War schon die Zahl der Berliner Mitglieder vermutlich zu hoch angegeben, so war der Vergleich dieser Zahl mit der der Stimmen aus den zwölf SPD-Kreisorganisationen in den drei Westsektoren Berlins unerlaubt. Der größte Teil der Mitglieder im Sowjetsektor Berlins war an der Abstimmung gehindert worden (Vgl. Anm. 572). Es durfte deshalb nur die Zahl von 32 000 stimmberechtigten Mitgliedern zum Vergleich herangezogen werden. — Meldung des Berliner Rundfunks, zitiert nach: „Bezirksparteitag der SPD Groß-Berlin am 7. 4. 1946, nachm. 16 Uhr", masch.schr. Protokoll, 29 Seiten (Archiv Karl J. Germer, Berlin), S. 12.

kleiden ... Wir fordern unsere Genossinnen und Genossen auf, an die zweifelhaften Funktionäre die Frage zu richten, ob sie für die sofortige Vereinigung sind. Wird diese Frage nicht mit einem klaren Ja beantwortet oder liegen bereits eindeutige Handlungen vor, so bitten wir unsere Mitglieder um sofortige Nachricht ..., wer an die Stelle eines Spalters als Funktionär eingesetzt werden soll." [575]

Einige Funktionäre der Opposition, die vom Zentralausschuß schon seit Wochen als „Spalter" diffamiert worden waren, wollten ursprünglich die Parteidisziplin so weit treiben, auch nach der Urabstimmung den für den 13. und 14. April einberufenen Bezirksparteitag zu besuchen [576]. Mit dem obigen Beschluß, der am Morgen des 3. April bekanntwurde, hatte aber der Zentralausschuß selbst das Band zur Berliner Organisation zerschnitten. Im Auftrag der Mehrheit der Berliner Kreisvorsitzenden beriefen nun fünf Funktionäre der Opposition einen eigenen Bezirksparteitag für den 7. April ein [577].

---

575 „Das Volk" vom 3. April 1946.

576 Bereits am 21. März 1946 hatte der SPD-Bezirksvorstand Groß-Berlin bekanntgegeben, daß der ursprünglich für den 6./7. April angesetzte Bezirksparteitag (Vgl. oben S. 252 und Anm. 563) auf den 13./14. April verschoben werde. Die Verschiebung wurde damit begründet, es sollte „allen Abteilungen die Möglichkeit ..." gegeben werden, „die Wahlen der Delegierten nach gründlicher Aussprache über die Grundsätze und Ziele der Sozialistischen Einheitspartei und den Statutenentwurf durchzuführen ..." — In Wirklichkeit zeigt sich in dem Beschluß, daß der Bezirksvorstand schon zehn Tage vor der Urabstimmung vom 31. März einsah, das Ergebnis der Urabstimmung werde es nötig machen, so viel Zeit wie möglich bis zum Bezirksparteitag zu gewinnen. Auch sollten die Beschlüsse der Bezirksparteitage in der Sowjetzone am 6./7. April zur Beeinflussung der Berliner Organisation noch verwendet werden können, da von ihnen kein Widerstand gegen die Verschmelzung mehr zu erwarten war. Weil der Zonen-Parteitag schon für den 19./20. April (Karfreitag und Ostersonnabend) festgelegt worden war, kam für den Berliner Bezirksparteitag nur noch das vorhergehende Wochenende, also der 13./14. April, in Frage. — Vgl. „Das Volk", Nr. 67 vom 21. März 1946.

577 Diese fünf Funktionäre waren die Kreisvorsitzenden von Spandau, Außner, von Reinickendorf, Neumann, und von Tempelhof, Swolinzky, sowie das ehemalige Mitglied des Zentralausschusses, Karl J. Germer — der Zentralausschuß hatte ihn am 19. März aus seinen Reihen, am 1. April aus der SPD ausgeschlossen — und der am 19. März vom Zentralausschuß aus der SPD ausgeschlossene Kreisjugendleiter von Charlottenburg, Dr. Klaus-Peter Schulz. Vgl. Protokoll des Bezirksparteitages (Anm. 574),

Mit dem von den Berliner Funktionären zu Recht als eigenmächtig empfundenen Vorgehen hatte der Zentralausschuß, als er Ende Februar die sofortige Vereinigung mit der KPD festlegte, den Beschluß der Berliner Funktionärskonferenz vom 1. März ausgelöst. Nun trug er wieder im April dazu bei, die Situation derart zu klären, daß kein Zweifel für die Berliner Sozialdemokraten blieb, wo die Führung der sowjetzonalen SPD stand. Monatelang hatte man ihr vertraut, monatelang glaubten die Berliner Funktionäre, ihr den Rücken gestärkt zu haben. Jetzt war offenkundig, daß der Zentralausschuß zum Werkzeug eines fremden Willens geworden war, den die Berliner Sozialdemokraten ebensowenig akzeptieren wollten wie viele ihrer Freunde in der Sowjetzone. Dort war allerdings jede Äußerung, unabhängig bleiben zu wollen, unmöglich gemacht worden. In Berlin dagegen konnte demonstriert werden, für welche Ziele die Sozialdemokraten sich einsetzen wollten. Das geschah am 7. April auf dem Parteitag in der Zinnowaldschule in Berlin-Zehlendorf.

Der für die Eröffnungsrede vorgesehene Paul Löbe fühlte sich noch durch seine Anstellung bei der Zeitung „Das Volk" an die Loyalität zum Zentralausschuß gebunden [578]. Deshalb sprach der ehemalige Reichswirtschaftsminister Rudolf Wissell [579]. Er drückte aus, was die 485 Delegierten aus den Berliner SPD-Kreisen bewegte:

„Die von oben befohlene Vereinigung der Arbeiterparteien hat zur Spaltung in dem Sinne geführt, daß wenigstens die Sozialdemokratie in Berlin, die nicht dem ungeheuren Druck der Provinz [580] ausgesetzt ist,

---

S. 14. — Für die Ausschlüsse vgl. „Das Volk", Nr. 67 vom 21. März 1946 und „Der Zentralausschuß" (Otto Grotewohl und Max Fechner) an Karl J. Germer, alle Berlin, am 20. März und 3. April 1946 (Archiv Karl J. Germer, Berlin).

578 Mündliche Mitteilung von Paul Löbe, Reichstagspräsident a. D., am 26. April 1955.

579 Rudolf Wissell, geb. am 8. März 1869 in Göttingen, Maschinenbauer, seit 1909 Sekretär im Allgemeinen Deutschen Gewerkschaftsbund, seit 29. Dezember 1918 Volksbeauftragter, von Februar bis Juli 1919 Reichswirtschafts- und von 1928 bis 1930 Reichsarbeitsminister. Wissell gehörte dem Reichstag von 1920 bis 1933 an. Nach 1933 stand er zeitweilig unter politischer Meldepflicht.

580 Gemeint ist der Druck in den Ländern und Provinzen der Sowjetzone, der von der Besatzungsmacht und den Kommunisten ausgeübt wurde, um die Vereinigung von KPD und SPD zu erreichen.

sich ihre Partei nicht zerschlagen läßt, sondern mit dem heutigen Bezirksparteitag neu aufzubauen beginnt.“ [581]

Wie groß die Erbitterung bei den Delegierten über das war, was sie in den letzten Wochen erlebt hatten, geht daraus hervor, daß sie es zweimal ablehnten, sich eine Erklärung anzuhören, die der zweite Vorsitzende des alten Berliner Bezirksvorstandes, Werner Rüdiger, abgeben wollte [582]. Beifall zollten die Delegierten dagegen Franz Neumann, dessen „Organisationsbericht“ zu einer Abrechnung mit der Haltung und den Maßnahmen des Zentralausschusses wurde:

„Genossen, wenn jetzt erklärt wird, daß in allen Kreisen die Delegierten vom Zentralausschuß diktatorisch eingesetzt werden, so kann ich heute schon feststellen, daß damit der Bezirksparteitag vom nächsten Sonnabend [13. April] eine Farce ist... Die Körperschaft, die eine demokratische Untermauerung hat, sitzt heute hier beisammen.“ [583]

Die „demokratische Untermauerung“, wie Franz Neumann die Legitimierung dieses Parteitages genannt hatte, wurde von allen Rednern betont. Rudolf Wissell hatte schon vom „Vertrauen der Genossen im ganzen Reich, auch in der Sowjetzone... und des Auslandes auf unsere demokratischen Grundsätze...“ gesprochen [584]. Nicht die ideologische Auseinandersetzung mit dem Leninismus der KPD, nicht die Methoden des Drucks, der Einschüchterung und des Überrumpelns, die von der KPD in der Sowjetzone angewendet worden waren, nicht das Eingreifen der sowjetischen Besatzungsmacht zugunsten der Verschmelzung von KPD und SPD standen in Zehlendorf zur Debatte. Es ging um die Frage, was der eigene Vorstand, was der Zentralausschuß getan, was er unterlassen hatte, um den Willen der Mitgliedschaft zu vertreten. So sagte Neumann von dem Aufruf des Zentralausschusses, die Mitglieder der Berliner SPD sollten der Urabstimmung fernbleiben:

„Genossen, das ist der Höhepunkt, den sich eine Parteibürokratie in

---

581 Protokoll des Bezirksparteitages (Anm. 574), S. 3.

582 a. a. O. (Anm. 574), S. 5 f. und S. 17. — Es ist charakteristisch für die Berliner Situation im allgemeinen und für das menschliche Verhältnis in der Berliner Parteiorganisation zu dieser Zeit, daß der im Verlaufe des Bezirksparteitages zum Vorsitzenden der neuen Berliner SPD-Organisation gewählte Franz Neumann in seinem Schlußwort vor dem Parteitag die Haltung Rüdigers während der Jahre vor 1945 und besonders im letzten Vierteljahr vor der Urabstimmung zu würdigen versuchte. Vgl. Protokoll des Bezirksparteitages (Anm. 574), S. 28.

583 a. a. O., S. 15.

584 a. a. O., S. 3 f.

einer so entscheidenden Frage, die die Mitgliedschaft bewegte, überhaupt erlaubt hat ... Noch niemals hat es irgendwie ein Parteivorstand in irgendeiner Partei gewagt, die Beschlüsse der Mitgliedschaft so mit Füßen zu treten, wie es hier der Fall gewesen ist.« [585]

Mit dem Angriff auf die „Diktatur" des Zentralausschusses verband Neumann die Bemerkung:

„Der Zentralausschuß stand mit seiner politischen Haltung seit Monaten außerhalb der Reihen der Berliner Mitgliedschaft. Er hat durch seine Spaltungsmethoden den Anspruch darauf verloren, daß die Sozialdemokraten Berlins ihm noch zu folgen haben." [586]

Dagegen betonte Neumann den „demokratischen" Charakter der Berliner Opposition:

„Wir haben nicht die Absicht, heute einen Vorstand zu wählen, der ewig tagt ... [587] *Wir werden auf dem nächsten Bezirksparteitag, nachdem die Mitgliedschaft die Frauen und Männer diskutiert hat, die die Spitze bilden sollen, erneut den Bezirksvorstand zur Wahl stellen ... Das ist die ... demokratischste Form, die wir vollziehen können."* [588]

Bevor der vorläufige Berliner Vorstand gewählt wurde, setzte der Parteitag eine Mandatsprüfungskommission ein und diskutierte die Ausführungen von Wissell und Neumann. Auch dabei kam es zu keiner Auseinandersetzung mit der Frage, die dem Geschehen der letzten Monate zugrunde gelegen hatte — mit der Frage der Vereinigung mit der KPD. Sie war mit der Urabstimmung erledigt worden und nur am Rande klang an, was beispielsweise Neumann über die zweite Frage der Urabstimmung (Bündnis zwischen KPD und SPD) sagte:

„In den westlichen Sektoren ist klar und deutlich und einwandfrei eine Mehrheit gewesen, die sich bei der Frage 1 gegen die sofortige Verschmelzung wandte und zur Frage 2 ausdrücklich bemerkte, daß sie gewillt ist, in gemeinsamer kameradschaftlicher und brüderlicher Arbeit die Voraussetzungen zu schaffen, die einmal zu einem Ineinanderfließen später führen würden. (Lebhafter Beifall.) Das möchten wir ausdrücklich fest-

---

585 a. a. O., S. 12. — Zum Aufruf des Zentralausschusses vgl. oben S. 254 und Anm. 571.

586 Protokoll des Bezirksparteitages (Anm. 574), S. 14.

587 Tatsächlich fand der (Dritte) Parteitag der Berliner SPD schon am 17./18. August 1946 statt. Paul Löbe führte den Vorsitz, Neumann, Frau Louise Schröder und Swolinzky wurden zu Vorsitzenden des „Landesverbandes Berlin der SPD" gewählt. Vgl. Berlin, Kampf um Freiheit und Selbstverwaltung (Anm. 114), S. 195.

588 Protokoll des Bezirksparteitages (Anm. 574), S. 13.

stellen, daß wir uns zu dieser kameradschaftlichen Arbeit bekannt haben ...« [589]

Und ein Delegierter aus Heiligensee, Verwaltungsbezirk Reinickendorf, sagte zur Ablehnung der Sozialistischen Einheitspartei durch die Berliner Sozialdemokraten:

„Damit wollen wir keinen Bruderkampf, aber wir wollen eine ehrliche Zusammenarbeit auf demokratischer Basis, und wenn die anderen bereit sind, ehrlich, offen und demokratisch mit uns zusammenzuarbeiten, dann werden wir die letzten sein, die sie zurückstoßen.« [590]

Der gleiche Sprecher schloß, indem er noch einen anderen Aspekt der Opposition gegen die Verschmelzung zur Sprache brachte:

„Wir wollen auch ehrlich mit dem Osten und Westen zusammenarbeiten. Wir wollen der Welt zeigen, daß wir ein Deutschland demokratisch aufbauen zum Besten der Arbeiterschaft, des deutschen Volkes und zum Besten der Welt.«

Den Gedanken, die Zusammenarbeit mit Ost und West gleichermaßen zu pflegen, hatte vorher schon Franz Neumann so formliert:

„Wir bewundern nicht nur das gewaltige Kulturwerk, das Aufbauwerk, das im Osten sich heute vollzieht, und das wahrscheinlich noch ein gigantischeres Ausmaß erreicht hätte, wenn nicht der Hitler-Faschismus Europa in den Krieg gezogen hätte. (Sehr richtig!) Nein, nicht nur dort sind unsere Sympathien, uns verbindet auch eine jahrhundertealte Tradition mit der Kultur und der sozialistischen Arbeiterbewegung des Westens. Aus dieser Meinung wollen wir die Synthese ziehen und damit unseren wesentlichsten Beitrag zum Völkerfrieden, zur Völkerverständigung geben. Das ist die politische Hauptaufgabe der Sozialdemokratischen Partei Berlins. Wir wollen die Brücke zwischen den Völkern bilden. (Starker Beifall.)« [591]

Stürmischen Beifall erhielt auch Wissell für die Sätze:

„Wir sind willens, mit a l l e n Mächten der Besetzung objektiv und bereitwillig zusammenzuarbeiten. Es ist falsch, grundfalsch, wenn etwa angenommen werden würde, daß unsere Ablehnung einer Verschmelzung zur Jetztzeit sich etwa gegen Rußland richtete oder gegen die russische Besetzung wendete.« [592]

---

589 a. a. O., S. 15.

590 a. a O., S. 20

591 a. a. O., S. 16.

592 a. a. O., S. 5. — Die Unterstreichung im Original ist durch Sperrung hervorgehoben. Bezeichnenderweise wurde die sowjetische Kommandantur

Hätte nur ein einzelner Redner diesen Gedanken ausgesprochen, wäre das als situationsgerechte Taktik zu verstehen. Aber der wiederholte Beifall einer Versammlung, die leidenschaftlich die Unabhängigkeit ihrer Organisation betonte, war mehr als Taktik oder Opportunität. Hier kam zum Ausdruck, daß Berlins Sozialdemokraten ernstlich darum bemüht sein wollten, Frieden und Gleichgewicht in Europa und in der Welt nicht durch innerdeutsche Auseinandersetzungen stören zu lassen.

Dagegen wiegt es gering, daß dem Parteitag jede programmatische Erörterung fehlte. Das lag nicht nur an der Ungunst der äußeren Umstände, da der Parteitag, der um 16 Uhr begonnen hatte, schon um 20 Uhr wieder beendet werden mußte, weil die gemietete Schulaula zu dieser Stunde zu räumen war. Die Programmerklärung, die eine Kommission der Kreisvorsitzenden ausgearbeitet hatte, wurde ohne Diskussion an den neuen Bezirksvorstand überwiesen [593]. Das war symptomatisch für den Parteitag, dessen Delegierte in dieser Stunde keine programmatische Klärung verlangten. Für sie galt, was Franz Neumann in die Worte gefaßt hatte:

„... *Wir sind ... die alte Sozialdemokratische Partei Berlins, wir haben*

---

ausdrücklich zum Zehlendorfer Parteitag eingeladen und machte von den ihr übersandten Gastkarten auch Gebrauch. — „SPD Berlin" (Germer) an General Kotikow am 5. April 1946 und „Der Kampf um Berlin", masch.-schr. Bericht, 10 Seiten, an das SPD-Büro der Westzonen, Hannover, am 10. April 1946 (beide Dokumente: Archiv Karl J. Germer, Berlin).

593 Antrag Arno Scholz, Wilmersdorf (nicht Zehlendorf, wie das Protokoll angibt), in: Protokoll des Bezirksparteitages (Anm. 574), S. 23 f. — Wie aus einer im Archiv der SPD-Fraktion im Berliner Abgeordnetenhaus vorhandenen Abschrift des Protokolls, die mir Frau Edith Krappe, MdB, Berlin, zur Verfügung stellte, hervorgeht, handelte es sich bei der Programm-Erklärung um eine redigierte Kurzfassung des von Dr. Rudolf Pamperrien hergestellten „Entwurf für ein Programm", masch.schr., 9 Seiten, handsigniert „P. 4/4." (Archiv des SPD-Kreises Berlin-Spandau). — Dr. R. Pamperrien wurde am 26. Juli 1896 in Güstrow/Mecklenburg geboren, war von 1925—1944 Beamter im Auswärtigen Amt und von August 1945 bis März 1946 Referent im Zentralausschuß der SPD.
Für eine Analyse der Programmentwicklung in der SPD sollte sowohl der Entwurf Pamperriens wie die in Zehlendorf vorgetragene Kurzfassung herangezogen werden. Es würde den Rahmen der vorliegenden Arbeit sprengen, diese Aufgabe hier zu leisten, zumal über beide Fassungen nicht abgestimmt wurde. Der „Entwurf eines Aktionsprogramms", der dem (Dritten) Parteitag der SPD, Landesverband Berlin, am 17./18. August 1946 vorlag, zeigte schon völlig andere Akzente.

die Massen der Sozialdemokraten hinter uns. (Beifall.) Wir haben die alte Partei, das alte Statut und wollen dieser Organisation neuen Geist und Inhalt geben. (Stürmischer, langandauernder Beifall.)" [594]
Während sich in Zehlendorf die Aula der Zinnowaldschule am 7. April für die Zahl der Delegierten als zu klein erwies, während der Parteitag nach vier Stunden schon wieder beendet werden mußte und sich schon damit als eine Notlösung darstellte —, während dort selbst über die Wahl des provisorischen Vorstandes eine Diskussion geführt [595] und den Delegierten jeder einzelne Kandidat erst persönlich vorgestellt werden mußte [596], vollzog sich der sogenannte 40. Parteitag der SPD der Sowjetzone in Berlins Theater am Schiffbauerdamm mit allen Vorzügen einer gut geplanten Organisation.
Der Parteitag wurde von 445 Delegierten der Sowjetzone und aus Berlin und 103 „Delegierten" aus den Bezirken der drei Westzonen besucht [597]. Acht Vertreter aus den Westzonen hielten kurze Begrüßungsreden und sprachen sich erwartungsgemäß für die Vereinigung mit den Kommunisten aus [598].
Max Fechner gab den Bericht für den Zentralausschuß. Noch einmal rollte er die Frage auf, ob das Mandat jenes Ausschusses aus dem Jahre 1933, dem er und Weimann angehört hatten, die Legitimitätsbasis für die Existenz des Zentralausschusses und seine Führungsposition innerhalb der deutschen Sozialdemokratie gewesen sei [599]. Die drei Seiten des

594 Protokoll des Bezirksparteitages (Anm. 574), S. 15.

595 a. a. O., S. 25—28. — Es ging um die Frage, ob drei gleichberechtigte Vorsitzende oder ein Erster, Zweiter und Dritter Vorsitzender gewählt und welche Funktionäre die jugendlichen Mitglieder vertreten sollten.

596 a. a. O., S. 25 f.

597 Protokoll des 40. Parteitags (Anm. 57), S. 103.

598 a. a. O., S. 28—36.

599 a. a. O., S. 39—43. — Vgl. oben S. 28 und Anm. 32 sowie S. 162. — Diese Frage war natürlicherweise in den Wochen vor der Verschmelzung wieder lebhaft diskutiert worden. Der Zentralausschuß ließ durch Max Fechner am 25. März 1946 Erich Ollenhauer einladen, auf dem Parteitag der SPD der Sowjetzone einen Bericht über „Die Arbeit des Parteivorstandes in der Emigration" zu geben (PVA — Dok. Nr. 546). Vgl. dazu die Erklärung des SPD-Büros der Westzonen, Hannover, vom 29. März 1946 in: „Der Tagesspiegel" vom 30. März 1946, worin die Einladung des Zentralausschusses, die an Bezirke der SPD in den Westzonen gerichtet worden war, als „Bruch der Vereinbarungen" von Wennigsen/Hannover am 5./6. Oktober 1945 bezeichnet und festgestellt wurde, daß es kein Mandat gegeben habe, auf das sich Fechner und Weimann berufen könnten.

Protokolls füllende Darstellung schloß Fechner mit der Bemerkung, daß nicht durch alte Rechte, sondern „allein ... die seit 1945 geleistete Aufbauarbeit“ die politische Führung der Partei legalisiert sei. Damit aber machte Fechner seine ausgedehnte Erörterung über die historische Begründung der Mandatsträgerschaft selbst überflüssig. Darüber hinaus stellten sieben sächsische Sozialdemokraten den Antrag, dem Zentralausschuß ausdrücklich das Vertrauen auszusprechen und damit eine nachträgliche Legitimierung festzustellen. Der Parteitag nahm den Antrag einstimmig an[600]. Daraus muß geschlossen werden, daß es den Mitgliedern der sowjetzonalen SPD-Führungsgruppe auch zu diesem Zeitpunkt noch außerordentlich darauf ankam, ein demokratisch fundiertes Mandat vorzuweisen, die sofortige Vereinigung mit der KPD seit dem 11. Februar 1946 angestrebt zu haben.

Den traditionellen demokratischen Spielregeln der SPD entsprach es denn auch, wenn Fechner seinen Bericht schloß:

„Der Zentralausschuß unterbreitet seine Arbeit der Kritik der Delegierten in dem Bewußtsein, daß er alle Kraft und den besten Willen eingesetzt hat, um die Voraussetzung für eine demokratische Erneuerung Deutschlands im Geiste der Sozialistischen Einheitspartei Deutschlands zu schaffen.“ [601]

Zur „Kritik der Delegierten“ kam es allerdings weder nach Fechners Bericht, noch nach denen der anderen Mitglieder des Zentralausschusses, da ein Geschäftsordnungsantrag angenommen wurde, auf eine „Aussprache“ zu verzichten[602]. Damit war nicht nur auf jede Diskussion verzichtet worden; der Parteitag akzeptierte auch, daß Fechner die zehnmonatige Arbeit des Zentralausschusses allein unter dem Gesichtspunkt darstellte:

„Es erscheint mir wichtig, darauf hinzuweisen, daß die in den Grundsätzen [der Sozialistischen Einheitspartei] vorgesehene Vereinigung der beiden Arbeiterparteien der ersten programmatischen Erklärung unserer Partei vom 17. Juni 1945 vollkommen entspricht. Diese Tatsache beweist, daß der Zentralausschuß ... in seiner politischen Linie dieser Erklärung treu geblieben ist.“ [603]

Fechner unterschlug damit alle Bemühungen des Zentralausschusses, die

---

600 Protokoll des 40. Parteitages (Anm. 57), S. 67 f.

601 a. a. O., S. 45.

602 Antrag Schwert-Brandenburg in: Protokoll des 40. Parteitags (Anm. 57), S. 67.

603 a. a. O., S. 43 f. — Vgl. oben S. 25 ff. und Anm. 26.

Entscheidungsfreiheit der SPD in der Sowjetzone zu bewahren, wie sie in den Reden Grotewohls vom 11. November, wie sie in den Verhandlungen der Sechziger-Konferenz am 20./21. Dezember 1945 und in den Rundschreiben des Zentralausschusses vom Januar 1946 zum Ausdruck gekommen waren. So akzeptierten denn die Delegierten des 19. April 1946 nicht nur die erstaunliche Formulierung Fechners, der Zentralausschuß habe „im Geiste der Sozialistischen Einheitspartei", die zu schaffen sie sich erst anschickten, gehandelt, sie stimmten auch der selbstfabrizierten Legende des Zentralausschusses zu, die SPD der Sowjetzone habe immer die Vereinigung mit der KPD angestrebt, sie habe sich ständig bemüht, eine Einheitspartei des Geistes und des Inhalts zu erreichen, wie sie jetzt unter dem massiven Druck der KPD und der sowjetischen Besatzungsmacht geschaffen wurde.

Nur einmal äußerte sich die Tatsache, daß die Delegierten im Theater am Schiffbauerdamm noch keine reine Akklamationsversammlung bildeten. Als Helmut Lehmann [604], Mitglied des Zentralausschusses, über das Verhältnis von Wohnbezirks- und Betriebsgruppen in der zukünftigen Partei sprach [605], versuchte er den Kompromiß zu erklären, der mit der KPD erreicht worden war, wonach, entgegen der sozialdemokratischen Auffasung, die Gleichberechtigung beider Organisationsformen eingeführt werden sollte. Gegen diese Regelung protestierten die Delegierten heftig [606].

Mit lebhafter Zustimmung folgten die Delegierten den anschließenden Ausführungen zweier sächsischer Redner [607], die sich für den Primat der Wohnbezirksgruppen aussprachen. So unbedeutend diese Frage heute erscheinen mag, so deutlich kam doch in ihrer Behandlung die Tradition sozialdemokratischer Parteiorganisation zum Ausdruck:

„Gerade wir Sozialdemokraten, die wir positiv zur Vereinigung stehen,

---

604 Helmut Lehmann, geb. am 1. Dezember 1882, Angestellter, Mitglied der SPD seit 1903, seit August 1945 Vizepräsident der Zentralverwaltung für Arbeit und Sozialfürsorge in der Sowjetzone. Vgl. Carola Stern (Anm. 30), S. 24 f.

605 Protokoll des 40. Parteitags (Anm. 57), S. 103 ff. und S. 145 f. — Vgl. auch oben S. 49.

606 Protokoll des 40. Parteitags (Anm. 57), S. 106—110. Auf den vier Druckseiten des Protokolls, über die sich Lehmanns Ausführungen hinziehen, ist fünfundzwanzig mal „Unruhe", „Widerspruch" oder „Lebhafter Widerspruch" verzeichnet.

607 Füchsel-Leipzig und Wend-Dresden in: Protokoll des 40. Parteitags (Anm. 57), S. 112 ff.

haben mit Schwung und Begeisterung all die Fragen aufgegriffen, und wir wollen sie uns unter gar keinen Umständen durch Fragen, die wir zwar nicht als die wichtigsten, aber doch als bedeutsame Fragen betrachten, irgendwie schmälern oder abschwächen. Aber eines: wir müssen unseren Weg ... mit der Klarheit der demokratischen Selbstbewährung, der demokratischen Selbstbindung gehen; wir müssen uns wieder angewöhnen, auch über bestimmte Fragen geistig in unserer Bewegung zu ringen. Wir müssen den Mut haben, auch dann einmal zu widersprechen, wenn es organisatorisch in dem einen oder anderen Falle als unbequem oder unzweckmäßig erscheint." [608]

Ein Teilnehmer aus Bayern ergänzte:

„Macht die Ortsgruppen stark! (Laute Bravorufe und Händeklatschen.) Euer Beifall beweist, daß die Demokratie in Deutschland von unten steht (Bravorufe und Beifall)." [609]

Damit war das Eis gebrochen, und der Antrag des Bezirks Leipzig, die Orts- oder Wohnbezirksgruppe zur „organisatorischen Grundeinheit" zu erklären, wurde angenommen [610]. Aber das war nur eine Episode auf diesem letzten Parteitag der SPD in der Sowjetzone.

Höhepunkt und — undiskutierte — programmatische Aussage des Parteitages lagen in Grotewohls Referat Von der „Demokratie, die uns nur die Freiheit gibt zu stimmen und im übrigen die Gefahr in sich birgt,

---

608 Wend-Dresden in: Protokoll des 40. Parteitags (Anm. 57), S. 115 ff.

609 Harold-Bayern in: Protokoll des 40. Parteitags (Anm. 57), S. 119.

610 Protokoll des 40. Parteitags (Anm. 57), S. 120. — Der entscheidende Satz lautet: „Die Ortsgruppe ist die organisatorische Grundeinheit und die zuständige unterste Willensträgerin der Partei." Da auch die KPD-Vertreter dieser Regelung für die SPD hätten zustimmen müssen, wurde dieser Beschluß nie realisiert. Aber das entschied sich letztlich erst, nachdem der 40. Parteitag der SPD die Auflösung der eigenen Partei in der Sowjetzone beschlossen hatte. — Wenn anschließend der gleichzeitig gestellte Antrag, die Delegierten für Reichsparteitage durch Urwahl in den Ortsgruppen wählen zu lassen, vom Parteitag abgelehnt wurde, so scheint das dem zu widersprechen, was oben über die sozialdemokratische Tradition behauptet wurde. In Wirklichkeit entsprach auch diese Ablehnung der gleichen Tradition, wonach in der SPD die Delegierten für die zentralen Parteitage indirekt gewählt wurden. Dennoch kann man den Antrag auf Urwahlen als Kriterium dafür werten, daß durch organisatorische Regelungen ein Höchstmaß an demokratischen Sicherungen in das neue Parteistatut der SED eingebaut werden sollte. Auch das entsprach allerdings sozialdemokratischer Tradition, das Organisatorische gegenüber dem eigentlich Politischen überzubewerten.

unser Werk sterben zu lassen", sagte Grotewohl, sie reiche in Deutschland nicht aus, weil es hier „gesellschaftliche und wirtschaftliche Kräfte" gebe, „deren Vernichtung die Voraussetzung für den Aufbau jeder Demokratie ist" [611]. Unter diesen Kräften verstand Grotewohl so inkommensurable Begriffe wie Faschismus und Militarismus, Großindustrie und Großgrundbesitz. Dagegen müsse „der Kampf der Arbeiterklasse so lange geführt werden", als diese Kräfte in der Lage seien, „den Klassenkampf von oben wieder zu organisieren". Dieses Bild entsprach jenem vulgären Marxismus, dem Grotewohl, anscheinend bar jeder Einsicht in die historische Weiterentwicklung der sozialen Strukturen, huldigte:

„Wir sind der festen Überzeugung, daß heute noch die Gesetze gelten, die Marx und Engels in ihrem Kommunistischen Manifest niedergelegt haben ... Wir haben es alle am eigenen Leibe verspürt, in welche Gefahr sich die deutsche Arbeiterklasse begeben hatte, als sie sich von den Grundsätzen des konsequenten Marxismus entfernte." [612]

Logischerweise warf Grotewohl den Berliner Sozialdemokraten, die sich am 7. April von der SPD der Sowjetzone getrennt hatten, vor, sie hätten einen „kleinbürgerlichen", einen „utopischen Sozialismus" vertreten:

„Dieser Zehlendorfer Sozialismus ist so verächtlich, wie es der nationale Sozialismus Hitlers war." [613]

Im gleichen Zusammenhang, der erkennen läßt, wie weit auch Grotewohl die Erbitterung über die eigenen Mitglieder steigern konnte, die sich erfolgreich gegen seine Führung aufgelehnt hatten, machte Grotewohl noch einmal deutlich, daß er auch die Auseinandersetzung mit den Berliner Sozialdemokraten nicht in ihrem tatsächlichen Charakter, sondern nur unter einem simplifizierten Klassenschema zu begreifen vermochte:

„Sobald sich wieder das klare Klassenbewußtsein regt, wird dieser [Berliner] Arbeiter nicht mehr zögern, sich den Reihen der Sozialistischen Einheitspartei wieder einzugliedern."

Grotewohl strafte sich selbst Lügen, indem er am 20. April seine Forderung vom 14. September 1945, in den Mittelstand vorzustoßen, aufgab und jetzt behauptete, es sei „lebenswichtiger, die Arbeiter als entscheidendes Element zu haben, als jene Kreise, die wir erst neu gewinnen und mit dem Geist des Sozialismus erfüllen müssen". Für ihn galt in grotesker Verkürzung der tatsächlichen Aufgaben:

---

611 Protokoll des 40. Parteitags (Anm. 57), S. 97.

612 a. a. O., S. 94 f.

613 a. a. O., S. 93.

„Der Aufbau Deutschlands kann sich einzig und allein nur auf der Arbeitskraft der deutschen Arbeiterklasse vollziehen." [614]
Dagegen klingt es wie eine Prophezeiung, wenn Grotewohl die Delegierten darauf aufmerksam machte:
„Wenn es nicht gelingt, diese [Sozialistische] Einheitspartei zu dem großen demokratischen konstruktiven Träger in Deutschland zu machen, ... so müssen wir uns darüber klar sein, daß das Werk der Vereinigung der deutschen Arbeiterklasse an der Elbe haltmachen wird." [615]
Ungewollt machte Grotewohl selbst deutlich, worin vor allem die Grenzscheide zwischen Mittel- und Westdeutschland lag, als er zwar die völlig unzureichenden Lebensmittelzuteilungen in den Westzonen, die Ruhr- und Reparationspläne der westlichen Allierten kritisierte, aber mit keinem Wort die Demontagen in der Sowjetzone oder die Grenzziehung an Oder und Neiße erwähnte. Diese Kritik war dem Vorsitzenden der an Mitgliedern stärksten Partei der Sowjetzone im April 1946 nicht mehr möglich. Wie aber sollte dann die Sozialistische Einheitspartei zum demokratischen und konstruktiven Träger deutscher Politik werden? Grotewohl beantwortete diese Frage:
„Wir wissen genau, wenn wir morgen eine Partei von eineinhalb Millionen Sozialisten in der sowjetischen Zone sind, dann ist die Sicherheit dieser Zone nicht mehr gewährleistet durch die russische Besatzungsarmee, sondern durch unsere eigene Kraft. Und das ... möchten wir über ganz Deutschland sagen. Wir möchten mit der Vereinigung den Besatzungsmächten und der ganzen Welt den Beweis erbringen, daß in Deutschland nie wieder Friedensstörer und Reaktionäre aufkommen können." [616]
In diesen Worten schwang nicht nur das Vertrauen auf die „eigene Kraft", sondern auch die Illusion mit, es könne die Vereinigung von KPD und SPD etwas an dem machtpolitischen Gegensatz ändern, der im ersten Nachkriegsjahr zwischen Ost und West aufgerissen war. In den Wirrnissen dieser Entwicklung hatte sich die Führung der sowjetzonalen SPD für den Osten entschieden. So trug sie ihr Teil dazu bei, daß der Spaltung Deutschlands auch die eigene Partei zum Opfer fiel. Die Organisation der SPD hörte am 20. April 1946 in dem Gebiet zwischen Elbe/Werra und Oder/Neiße zu existieren auf, als der SPD-Parteitag der Sowjetzone beschloß, am 21. und 22. April mit den Dele-

614 a. a. O., S. 85.
615 a. a. O., S. 90.
616 a. a. O., S. 98.

gierten des KPD-Parteitages „die Konstituierung der Sozialistischen Einheitspartei zu vollziehen“ [617]. Allein in Berlin blieb die SPD in allen vier Sektoren der Stadt als eigene Partei erhalten [618]. Sie wurde organisatorisch als Landesverband ein Teil der westdeutschen SPD.

Unabhängig vom Tempo der Entwicklung in der Sowjetzone, aber weniger als drei Wochen später versammelten sich in Hannover die 258 Delegierten aus den 22 SPD-Bezirken der drei westlichen Besatzungszonen. Zwölf Gastdelegierte des Berliner Bezirks, der sich am 7. April neu konstituiert hatte, nahmen am Parteitag vom 9. bis 11. Mai 1946 teil [619].

Es ist kein Zufall, daß das Parteitagsprotokoll, das erst 1947 gedruckt erscheinen konnte, die Namen der Delegierten ebensowenig nennt, wie sie das bisher unveröffentlichte Protokoll des Berliner Bezirksparteitages vom 7. April und das des „40. Parteitages“ der SPD der Sowjetzone verzeichnet [620]. Wenn in Hannover entgegen jahrzehntelanger Übung in

---

617 a. a. O., S. 128 und 137.

618 Nach ergebnislosen Verhandlungen der alliierten Kommandanten am 26. April 1946 über die Zulassung der SED und der SDP für die vier Berliner Sektoren wies das Koordinierungskomitee des Kontrollrats am 28. Mai 1946 die Alliierte Kommandantur an, beide Parteien in allen vier Sektoren anzuerkennen. Vgl. Berlin, Kampf um Freiheit und Selbstverwaltung (Anm. 114), S. 165 und S. 174 f. — Abschrift von Befehl Ref. Nr. BK/O (46) 248 der Alliierten Kommandantur Berlin an die Sozialdemokratische Partei in Berlin (z. Hd. des Herrn Kurt Germer) vom 31. Mai 1946 im Archiv Karl J. Germer, Berlin.

619 „Protokoll der Verhandlungen des Parteitages der Sozialdemokratischen Partei Deutschlands vom 9. bis 11. Mai 1946 in Hannover“, Hamburg 1947, S. 151.

620 Eine Liste der Delegierten gehörte vor 1933 zu jedem Protokoll eines Reichsparteitages der SPD. Mehr als auf die herrschende Papierknappheit nach dem Zweiten Weltkrieg ist das Fehlen einer Delegiertenliste auf die äußeren Schwierigkeiten zurückzuführen, die bei der Organisation der Parteitage zu überwinden waren. Unter welchen Umständen der Berliner Bezirksparteitag stattfand, ist oben (vgl. S. 264) beschrieben worden. Daß die Namen der Delegierten des „40. Parteitags“ in der Sowjetzone nicht veröffentlicht wurden, kann damit zusammenhängen, daß man die Teilnehmer aus den Westzonen, denen der Ausschluß aus der SPD vom Büro der Westzonen angedroht worden war, nicht belasten wollte. Dadurch wurde es allerdings auch unmöglich gemacht, ihre tatsächliche Zahl nachzuprüfen. Auf die Hinderungsgründe in Hannover, die Namen der Delegierten zu veröffentlichen, wird auf S. 271 hingewiesen.

der SPD keine Delegiertenliste veröffentlicht worden ist, lag das primär an dem Einspruch, den französische Besatzungsbehörden gegen den zentralen Ausbau politischer Parteien und damit auch gegen die Teilnahme von Delegierten aus ihrer Zone an zentralen Veranstaltungen der SPD einlegten [621]. In den Verhandlungen des Parteitages kam das allerdings nicht zum Ausdruck.

Die Eröffnungsrede Schumachers begann mit einem Dank an den hannoverschen Metallbetrieb, dessen Arbeiter den Speisesaal ihres Werkes wieder aufgebaut hatten, um in der von Fliegerbomben zerstörten Stadt einen Raum für den Parteitag herzurichten [622]. Schumacher sagte:

„Die Tatsache, daß wir in einem Fabrikraum unseren ersten Parteitag abhalten, ist ein Programm." [623]

Damit hatte Schumacher das eine Leitmotiv des Parteitages angeschnitten. Das andere lag in dem Satz, mit dem er die Gedenkworte für die Opfer schloß, die die Partei in den zwölf Jahren der Hitler-Herrschaft zu beklagen hatte:

„Laßt uns an die Arbeit gehen mit dem Ideal im Herzen, für das sie starben und für das wir leben: Freiheit!" [624]

Beide Sätze leiteten, wie Willi Eichler es nannte, Kurt Schumachers „Bekenntnis zu Sozialismus und Demokratie" ein [625]. Sozialismus als die „ökonomische Befreiung der moralischen und politischen Persönlichkeit" verstanden, war Schumachers Ziel [626]. Auch er sprach vom Klassenkampf, der erst beendet sei, „wenn alle Menschen gleiches Recht und gleiche Pflichten haben" [627]. Aber ausdrücklich rückte er von der „Spintisiererei" einer klassenlosen Gesellschaft ab, forderte dagegen auf, den „demokra-

---

621 Das galt vor allem für die Sozialdemokraten aus Südbaden, die erst auf ihrem Parteitag am 9./10. November 1946 ihren Parteibezirk an die SPD, allerdings auch nur unter dem Namen „Sozialdemokratische Partei, Land Baden" anschließen durften. Vgl. Jahrbuch der SPD 1946 (Anm. 226), S. 107.

622 Aus der Begrüßungsrede des Vorsitzenden der Bezirksvertretung, Ernst Winter, geht hervor, daß im „Februar/März" der Beschluß gefaßt worden ist, im Mai den ersten Parteitag der SPD in den Westzonen in Hannover stattfinden zu lassen. Vgl. Protokoll des Parteitags Hannover (Anm. 619), S. 9.

623 Protokoll des Parteitags Hannover (Anm. 619), S. 55.

624 a. a. O., S. 7.

625 a. a. O., S. 104.

626 a. a. O., S. 53.

627 a. a. O., S. 26.

tischen Staat mit sozialistischem Inhalt" zu erfüllen[628]. Jeder wisse, „daß die heutigen Eigentumsverhältnisse in einem unüberbrückbaren Gegensatz zu den tatsächlich vorhandenen gesellschaftlichen Kräften und Notwendigkeiten stehen"[629]. Das deutsche Sozialprodukt sei zu klein geworden, als daß man sich „den Luxus einer planlosen Unternehmerprofitwirtschaft" leisten könne[630]. Als die Aufgabe des Tages bezeichnete Schumacher:

„Entweder wird es uns gelingen, Deutschland in seiner Ökonomie sozialistisch und in seiner Politik demokratisch zu formen, oder wir werden aufhören, ein deutsches Volk zu sein."[631]

Wie so oft schon vorher verband Schumacher auch hier die beiden Begriffe zur unauflöslichen Einheit: Sozialismus und Demokratie. Selbst das Wort vom Parteitag im Fabrikraum grenzte er wieder ein, als er die Delegierten davor warnte, den Prozeß der Proletarisierung in der deutschen Bevölkerung, wie ihn der Zusammenbruch von 1945 mit sich gebracht habe, nur „naiv ... im Sinne des Fabrikarbeiters" zu nehmen:

„Die Zahl der Halbproletarisierten und der effektiv Proletarisierten, in deren Bewußtsein der Zwang zu einer neuen Geisteshaltung noch nicht gedrungen ist, ist groß. Und das sind die Kreise, die wir haben müssen, wenn wir uns durchsetzen wollen."[632]

Nicht in der „Diktatur des Proletariats", sondern in der Verwirklichung der „menschlichen Rechte der Freiheit, der Gleichheit, der Brüderlichkeit" seien „auch alle Klassenrechte und Klassenforderungen der Arbeiterschaft enthalten"[633]. In den Menschenrechten, wie sie von den großen europäischen Revolutionen proklamiert worden seien, sah Schumacher den sittlichen Inhalt und das sittliche Ziel des „Sozialismus unter demokratischer Kontrolle". Die Demokratie müsse in der eigenen Partei praktiziert werden, denn „wo es keine Parteidemokratie gibt, gibt es überhaupt keine Demokratie"[634].

So forderte Schumacher die Delegierten auf, „den Geist unserer Partei, den Geist der Selbständigkeit und der freien Entschließung" hinauszutragen. Und zu den Besatzungsmächten gewandt, sagte er:

---

628 a. a. O., S. 30.
629 a. a. O., S. 24.
630 a. a. O., S. 36.
631 a. a. O., S. 37.
632 a. a. O., S. 36.
633 a. a. O., S. 52.
634 a. a. O., S. 51.

„Wenn wir verantwortlich sein sollen, ... bitte, dann laßt uns als Freie verantwortlich sein.“ [635]

Die Freiheit eines Sozialdemokraten war für Schumacher zugleich die Freiheit seines Volkes. Der scheinbare Gegensatz zwischen national und international hob sich für ihn auf, da die SPD „aus denselben Gründen der Ökonomie, der Politik und der Moral“ immer eine nationale und internationale Partei gewesen sei:

„Wir wissen, eine deutsche Politik kann es nur mit der Nation und mit der [sozialistischen] Internationale gegen den Nationalismus geben.“ [636]

Für Schumacher stand fest: „Wer ein guter Deutscher sein will, darf kein Nationalist sein.“ Aber die SPD — die „erste Partei in Deutschland, [die] den Mut zu einer echten nationalen Selbstbehauptung gehabt“ habe — müsse dem Ausland immer vor Augen halten, es gebe „im Innern des Landes keine Freiheit der Demokratie, wenn nicht die ganze Nation frei“ sei. Das neue Deutschland wolle sich „in der Eigenstaatlichkeit nicht erschöpfen“, es würde „seine höchste Aufgabe darin sehen, Bestandteil zu sein der Vereinigten Staaten von Europa“ [637].

Unter diesem Gesichtspunkt wandte sich Schumacher nicht nur gegen die völlig unzureichende Ernährung und Versorgung der Bevölkerung, gegen die fortgesetzten Demontagen und die drohende Zerstückelung Deutschlands durch seine Nachbarn, sondern vor allem gegen eine Internationalisierung der Ruhr in „kapitalistischer Form“ und ohne deutsche Beteiligung:

„So wie Europa das Ruhrgebiet braucht, so braucht Deutschland als ein Teil Europas die Mitbeteiligung an diesem Ruhrgebiet ... Wir wollen nicht den deutschen Kapitalisten gegen einen ausländischen Kapitalisten austauschen, sondern wir wollen die internationalen Regierungen und die internationalen Arbeiterbewegungen daran beteiligt sehen.“ [638]

Daß Grotewohl nur die westlichen Besatzungsmächte kritisiert hatte, nannte Schumacher eine Propaganda, die „von Leuten mit steifem Genick betrieben wird, die glauben, immer nur nach Westen schauen zu

---

635 a. a. O., S. 25.

636 a. a. O., S. 46.

637 a. a. O., S. 44.

638 a. a. O., S. 45. — Schumacher bezog sich dabei auf die Pläne der Alliierten, das Ruhrgebiet politisch aus dem Verband des Reiches zu isolieren und wirtschaftlich zu internationalisieren. — Vgl. u. a. Michael Balfour: Viermächte-Kontrolle in Deutschland 1945—1946, deutsche Übersetzung von W. und M. Pferdekamp, Düsseldorf 1959, S. 222 f.

müssen"[639]. Die „Unterscheidung zwischen östlichem Sozialismus und westlichem Kapitalismus" hielt Schumacher für unsinnig, da sich die „ökonomische Struktur des Ostens als ein zentralistischer, diktatorischer Staatskapitalismus" darstelle[640]. Jedoch, so sagte Schumacher:

„Wir lassen Rußland auf russisch selig werden, aber wir Europäer wollen auf europäische Weise selig werden."[641]

Darunter verstand Schumacher auch, daß es keine Vorbilder gebe, die die SPD „sklavisch nachahmen" wolle. „Wir würden", so hatte er vorher gesagt, „Demokraten sein, auch wenn die Engländer und Amerikaner Faschisten wären"[642]. Denn die SPD wolle ja nicht die Macht um ihrer selbst willen, „sondern wir wollen endlich einmal in diesem Lande dem Recht Macht geben"[643].

Bevor Schumachers Referat diskutiert wurde, legte Dr. Viktor Agartz[644] eine Darstellung der „Sozialistischen Wirtschaftspolitik" vor. Seine Schilderung der hochkapitalistischen Wirtschaftsform gipfelte in den Worten:

„Mit der Beseitigung des Konkurrenz-Prinzips und mit der Bildung des Monopol-Kapitalismus wurde aus dem Preiskampf ein Preisdiktat, aus dem ökonomischen Marktgesetz ein Marktdekret, aus dem ursprünglich natürlichen Wettbewerb eine Vereinbarung auf Kosten Dritter, aus einem Kampf um den Kunden ein Kampf gegen den Kunden und aus der Produktionsausdehnung eine Produktionsdrosselung.

Die Beseitigung der wirtschaftlichen Unfreiheit des einzelnen Menschen und ebenso die Beseitigung der den Fortschritt hemmenden Fehler im System der kapitalistischen Wirtschaft kann nun nicht erfolgen, indem man lediglich in die volkswirtschaftlichen Verteilungsvorgänge eingreift. Diese Ungerechtigkeiten und Fehler sind in erster Linie mit der kapitalistischen Organisation der Erzeugung verknüpft. Ohne grundsätzliche Neuordnung auch der Erzeugung können daher die vorhandenen Fehler nicht beseitigt werden. Deshalb ist es erforderlich, daß ein bestimmender

---

639 Protokoll des Parteitags Hannover (Anm. 619), S. 45.

640 a. a. O., S. 36.

641 a. a. O., S. 56.

642 a. a. O., S. 30.

643 a. a. O., S. 56.

644 Dr. Victor Agartz, geb. am 15. November 1897 in Remscheid, war nach Teilnahme am Ersten Weltkrieg und Studium der Nationalökonomie Handelsredakteur der Rheinischen Zeitung und Dozent am Seminar der Freien Gewerkschaften. Nach 1933 war Agartz Direktor der Rheinisch-Westfälischen Revisions- und Treuhand-AG.

zentraler Einfluß auf Umfang und Richtung der Produktion erzielt wird.“ [645]

Den „zentralen Einfluß“ sollte der „demokratische Rechtsstaat“ ausüben, dessen „Planung als Hauptregulator der neu zu errichtenden Wirtschaft“ an die Stelle „des privatkapitalistischen Gewinnstrebens“ zu treten habe. Ausdrücklich sagte Agartz:

„Diese staatliche Planung kann nicht ersetzt oder überflüssig gemacht werden — wie vielfach die Auffassung vorherrschend ist — durch ein noch so weitgehendes Mitbestimmungsrecht der Arbeitnehmer in den Betrieben. In den Betrieben können immer nur einzelne wirtschaftliche Teilpläne zustande kommen, niemals aber ein volkswirtschaftlicher Gesamtplan. Auf einen solchen Gesamtplan kommt es aber zur Überwindung der kapitalistischen Systemfehler an. In der Führung der Wirtschaft muß also der kapitalistische Unternehmer abgelöst werden. Er kann nicht ersetzt werden durch einzelne Gruppen wirtschaftlich gebundener Arbeitervertreter in den Betrieben, sondern nur durch die aus allgemeiner, gleicher und geheimer Wahl hervorgegangenen Repräsentanten der gesamten im Staat verbundenen Gesellschaft.“ [646]

Die vielfältigen Einzelfragen, die Agartz anschnitt und in deren Behandlung sich manche Ansätze einer moderneren Auffassung sozialdemokratischer Wirtschaftspolitik ankündigten, können im Rahmen dieser Arbeit nicht untersucht werden. Das Augenmerk muß auf die entscheidende Veränderung gerichtet bleiben, die die SPD im Mai 1946 für die deutsche Wirtschaft vorschlug: das Modell einer demokratisch kontrollierten, zentralen Verwaltungswirtschaft. Erinnert man sich der damaligen Lage und ihrer Wirkungen auf das tägliche Leben, wie sie sich dem einzelnen Bürger mit Lebensmittelkarten, Bezugsscheinen und einer sich stetig erweiternden Schwarzmarkt-Wirtschaft darstellten, so wird man sich fragen müssen, ob die SPD erwarten konnte, mit diesem Modell tatsächlich Resonanz in einer Bevölkerung zu erzielen, deren Gemeinsinn in den Jahren der nationalsozialistischen Herrschaft bis zum Ausbluten strapaziert worden war. Die Frage stellen, heißt sie verneinen. Selbst die Betonung rechtsstaatlicher Prinzipien und demokratischer Kontrollen wird wenig dazu beigetragen haben, die SPD als das erscheinen zu lassen, was sie nach Schumachers Referat und dem Selbstverständnis der Delegierten des Parteitages sein sollte: die Partei der Gerechtigkeit und der Freiheit.

---

645 Protokoll des Parteitags Hannover (Anm. 619), S. 61.
646 a. a. O., S. 62.

Es zeigte sich in der Diskussion, daß die SPD die konkrete Erörterung ihrer wirtschaftspolitischen Zielsetzung mit dem Referat von Agartz eben erst wieder begann. Im Grundsätzlichen war auf diesem Gebiet, das von der SPD als schlechthin das entscheidende verstanden wurde, keine wesentliche Wandlung gegenüber der Zeit vor 1933 erreicht worden.
Auf diesen Mangel, nicht nur in den Referaten Schumachers und Viktor Agartz', sondern auch in der „Kundgebung", deren Text vom Parteitag verabschiedet werden sollte, wies u. a. Eichler in der Diskussion hin. Aber auch er forderte nur dazu auf, Begriffe wie „Vergesellschaftung der Produktionsmittel", wie den vielfach, aber unscharf beschriebenen Begriff „Eigentum" genauer zu fixieren[647]. Es scheint jedoch, als sei nicht nur der erste Nachkriegsparteitag der deutschen Sozialdemokratie, der unabhängig vom Druck leninistischer Dogmatiker diskutieren konnte, damit überfordert gewesen. Auch die Partei als Organisation war nach den ersten zwölf Monaten eines schwierigen Wiederaufbaus und einer alle Kräfte anspannenden Auseinandersetzung mit der KPD noch nicht so weit entwickelt, daß sie sich den theoretischen Problemen mit der nötigen Intensität hatte widmen können.
Das kam auch in der „Politischen Aussprache"[648] zum Ausdruck, als die Delegierten mehr die Erfahrungen austauschten, die sie beim Aufbau ihrer Organisation gemacht hatten, als daß sie zu den Problemen sprachen, die nun vor ihnen standen. Auch geriet der Parteitag sehr bald in Zeitnot, weil für seine Verhandlungen nur zweieinhalb Tage verfügbar waren[649]. Von den vierzig Delegierten, die in der Diskussion sprechen wollten, kamen nur zwanzig zu Wort, bevor die Aussprache abgebrochen wurde, da nur zwei Delegierte gegen den entsprechenden Geschäftsordnungsantrag stimmten[650].
Wenngleich die einzelnen Diskussionsbeiträge auch nicht als repräsen-

---

647 a. a. O., S. 104 ff.

648 a. a. O., S. 87—151.

649 Die zeitliche Beschränkung des Parteitags wie auch die relativ kleine Zahl von Delegierten, die den einzelnen Bezirken vom SPD-Büro der Westzonen zugestanden worden war, erklärt sich in erster Linie aus den technischen Schwierigkeiten, im Mai 1946 für fast 300 Menschen in Hannover Unterkunft und Verpflegung zu beschaffen. Das war ohnehin eine organisatorische Aufgabe, die nur eine Partei leisten konnte, die sich schon zu dieser Zeit wieder auf eine bemerkenswert hilfsbereite Mitgliedschaft zu stützen vermochte. In Hannover war diese Voraussetzung für die SPD gegeben.

650 Protokoll des Parteitags Hannover (Anm. 619), S. 151.

tativ bezeichnet werden können, lassen sich doch die Akzente darstellen, die von den Delegierten gesetzt wurden. Einmütig war — wie schon in Wennigsen/Hannover im Oktober 1945 — die Ablehnung einer Vereinigung mit der KPD, einmütig das Bekenntnis zur demokratischen Tradition der SPD. Nicht zuletzt trat das in der vielfachen Kritik an den Besatzungsmächten zutage, wenn von der ungenügenden Demokratisierung der Polizei in Hessen [651], von den Einschränkungen für öffentliche Bedienstete, sich politisch zu betätigen, in der britischen Zone [652] oder von den politischen Verlautbarungen katholischer Bischöfe im Rheinland [653] gesprochen wurde. Dabei handelte es sich allerdings wieder in erster Linie um die Dinge, auf die die Delegierten im täglichen Leben ihrer Organisation gestoßen waren.

Bis auf die abgewogene Erklärung des erfahrenen Gewerkschafters Hans Böckler (Köln), wonach die organisierten Arbeitnehmer mit Schumacher und Agartz übereinstimmten und „Planwirtschaft im demokratischen Staat“ forderten [654], sprach keiner der zwanzig Diskussionsredner zu den Grundsätzen sozialistischer Wirtschaftspolitik. Dagegen spielten einige technische Fragen eine große Rolle, etwa die, wie man die Frauen zu aktiver Arbeit in der SPD heranziehen könne oder daß die Besatzungsmächte doch den Aufbau politischer Jugendorganisationen nicht behindern sollten.

Nur drei eigentlich politische Problemkreise beschäftigten mehrere Redner; der nationale, der innenpolitische und der weltanschauliche:

a) Die Abwehr der separatistischen Kräfte an der deutschen Westgrenze — wobei das Abfallen saarländischer Sozialdemokraten von der „Reichs-“partei besonders kritisiert wurde [655] —, die Ablehnung einer alleinigen Kollektivschuld des ganzen deutschen Volkes, die Forderung auf eine Generalamnestie für Jugendliche und auf baldige Entlassung der Kriegsgefangenen.

b) Die ersten Versuche einer spezifizierten Abgrenzung gegenüber der CDU, deren „autoritäres Denken“ in den Gebieten mit katholischer

---

651 Knothe-Frankfurt/M. in: Protokoll des Parteitags Hannover (Anm. 619), S. 97.

652 Meitmann-Hamburg in: Protokoll des Parteitags Hannover (Anm. 619), S. 98 ff.

653 Eichler-Köln in: Protokoll des Parteitags Hannover (Anm. 619), S. 107.

654 Böckler-Köln, in: Protokoll des Parteitags Hannover (Anm. 619), S. 145.

655 So z. B. Bögler-Speyer, in: Protokoll des Parteitags Hannover (Anm. 619), S. 119 f.

Bevölkerung angegriffen wurde und deren Schulpolitik einen neuen „Kulturkampf" zu beschwören drohe.

c) Das Bemühen, zum Selbstverständnis der SPD als Teil der sozialistischen Bewegung beizutragen, wobei die unterschiedlichen Auffassungen über die Haltung zur marxistischen Überlieferung eine fast ebenso große Rolle spielten wie die zur christlichen Religion. In Formulierungen wie „ökonomische Geschichtsauffassung [statt] weltanschaulicher Materialismus" [656] und „Christentum und Sozialismus" [657] wurde das deutlich.

Verständlicherweise konnten diese Fragen, die auf dem ersten Nachkriegsparteitag der SPD diskutiert wurden, nur angedeutet, aber nicht entschieden werden. Dazu waren die Auffassungen noch viel zu weit gespannt und die Erlebnisbereiche der Delegierten in dem verstrichenen Jahrzehnt zu unterschiedlich gewesen. Es klang aber in der Debatte an, die SPD müsse „nach dem gewaltigen Erleben der letzten zwölf Jahre auch [ihre] geistigen Grundlagen neu überprüfen." [658] Allerdings konnte das nicht die Arbeit eines einzigen und erst recht nicht des ersten Parteitages allein sein. Jetzt mußte der Prozeß der Wiedergründung, der organisatorische Aufbau der Partei abgeschlossen werden. Ein Organisationsstatut wurde dazu verabschiedet und der erste Parteivorstand gewählt.

Der Parteitag wählte mit 244 von 250 gültigen Stimmen Kurt Schumacher zum Vorsitzenden. Als weitere besoldete Mitglieder wurden Ollenhauer, Nau, Heine und Kriedemann gewählt; alle vier waren angestellte Mitarbeiter beim alten Reichsparteivorstand vor 1933 gewesen [659]. Der Parteitag akzeptierte Ollenhauer als ersten, Willy Knothe, den hessischen Landesvorsitzenden der SPD, als zweiten Stellvertreter des Vorsitzenden [660].

---

656 Metzger-Darmstadt, in: Protokoll des Parteitags Hannover (Anm. 619), S. 137.

657 Eichler-Köln, in: Protokoll des Parteitags Hannover (Anm. 619), S. 107.

658 Metzger-Darmstadt, in: Protokoll des Parteitags Hannover (Anm. 619), S. 136.

659 Für Ollenhauer vgl. oben Anm. 181; für Heine vgl. oben Anm. 186; für Kriedemann, vgl. oben Anm. 306. Alfred Nau, geb. am 21. November 1906 in Barmen, war seit 1924 Mitarbeiter, seit 1930 Sekretär beim Parteivorstand der SPD. Nach 1933 war Nau illegal tätig. Er nahm am Zweiten Weltkrieg teil. Seit Herbst 1945 war er Mitarbeiter Kurt Schumachers in Hannover.

660 Protokoll des Parteitags Hannover (Anm. 619), S. 181. Der Parteitag bil-

Als am 20. April 1946 in Berlin der letzte Parteitag der SPD in der Sowjetzone geschlossen wurde, hatte Max Fechner ein Hoch auf „die geeinte sozialistische Arbeiterbewegung, die Partei aller schaffenden Deutschen, die Sozialistische Einheitspartei Deutschlands" ausgebracht [661]. Franz Neumann, der Vorsitzende der Berliner SPD-Organisation, die sich am 7. April in Zehlendorf neu konstituierte, ließ seine Schlußrede in den Worten ausklingen: „Es lebe des deutschen Volkes Einheit und seine friedliche zukünftige Freiheit!" [662] In Hannover wurde der SPD-Parteitag mit der Parole: „Sozialdemokratie heißt Deutschland und Völkerfriede!" und dem Ruf geschlossen, den die Delegierten dreimal wiederholten: „Freiheit!" [663]

Man wird in diesen Schlußformeln nur reine Äußerlichkeiten erblicken, wenn man dabei übersieht, daß es sich um Ausdrucksformen von Gesinnungsgemeinschaften handelte, die vieles miteinander gemeinsam hatten, sich aber in wesentlichen Teilen ihrer Aussage voneinander unterschieden. Franz Neumann, der Sprecher der Berliner Opposition, griff ausdrücklich auf eine Formel aus Grotewohls Rede vom 11. November 1945 zurück, die auch mit den Worten von des deutschen Volkes Einheit und seiner friedlichen zukünftigen Freiheit geschlossen hatte [664]. Gustav Klingelhöfer, der die Grotewohl-Rede damals entworfen hatte und nun als Delegierter den Bezirksparteitag der Berliner Organisation vom 7. April besuchte, mag Neumann dazu angeregt haben, diese Worte wieder aufzunehmen. Damit erwies Neumann noch einmal jenem Grotewohl seine Reverenz, der im November 1945 zum letzten Male öffentlich die Forderung der auf Selbständigkeit bedachten SPD der Sowjetzone vorgetragen hatte.

In dieser Formel, die Neumann am 7. April wieder gebrauchte, lag auch das, was schon im ersten Nachkriegsjahr besonders in Berlin als unmittelbares Ziel sozialdemokratischer Politik erschien: die Wiederherstellung der Einheit des eigenen Volkes. Davon konnte in diesem Sinne auf dem letzten Parteitag der SPD der Sowjetzone keine Rede mehr sein; viel weniger noch von der zukünftigen Freiheit im sozialdemokratischen Wortverstand. Die Huldigung der einheitlichen sozialistischen

---

ligte den Vorschlag des neugewählten Parteivorstandes zur Einsetzung der Stellvertretenden Vorsitzenden gegen sieben Stimmen.

661 Protokoll des 40. Parteitags (Anm. 57), S. 132.

662 Protokoll des Bezirksparteitags (Anm. 574), S. 29.

663 Protokoll des Parteitags Hannover (Anm. 619), S. 205.

664 Vgl. oben S. 188 ff. und die Anm. 415 und 423.

Arbeiterbewegung war mehr als die Absage an Grundauffassungen der deutschen Sozialdemokratie. Sie bedeutete die Übernahme einer anderen geschichtlichen Tradition, wie sie sich nach dem Ersten Weltkrieg in Abhängigkeit vom Zentrum kommunistischer Politik, in Abhängigkeit vom Staatsinteresse der Sowjetunion herausgebildet hatte. Zur Einheit und Freiheit des deutschen Volkes beizutragen, sollte dieser Zweig der sozialdemokratischen Bewegung, der jetzt mit der KPD fusioniert wurde, keine Gelegenheit mehr haben.
Der Vorsitzende des Parteitages von Hannover, Fritz Henßler, wiederholte die Worte aus Schumachers Schlußrede: „Sozialdemokratie heißt Deutschland und Völkerfriede!" Darin lagen die nationale Selbstbehauptung und das friedliche Nebeneinander der Völker Europas und der Welt als gemeinsame Zielsetzung beschlossen. Noch hatte die neue Programmatik der SPD „nicht in jeder Form konkrete Aktualisierung" gefunden[665], aber die Richtung war angegeben, in die der Weg der SPD führen sollte. Es sollte nicht nur der Weg zu größerer Gerechtigkeit, es sollte vor allem der Weg zur Freiheit sein.

665 Schumacher, in: Protokoll des Parteitags Hannover (Anm. 619), S. 194.

Zusammenfassung

Die Phase der Wiedergründung der SPD, die in den Monaten des deutschen Zusammenbruchs 1945 begonnen hatte, endete mit dem Parteitag von Hannover im Mai 1946. Nur ein Teil der SPD-Bezirke der französischen Besatzungszone [666] und der spätere Landesverband Berlin [667] fanden später erst ihren Platz in der wiedergegründeten Partei. Nach dreizehnjähriger Unterbrechung besaß die SPD in den Westzonen wieder einen ordnungsmäßig gewählten Vorstand und ein vom Parteitag verabschiedetes Statut [668].

Die Untersuchung hat gezeigt, daß die SPD äußerlich wie auch wesentlich nicht neu-, sondern wiedergegründet wurde. Sie kehrte mit dem ganzen Gewicht ihrer jahrzehntelangen Geschichte in die Öffentlichkeit zurück. Die tragende Rolle spielten dabei die Funktionäre der SPD von vor 1933, die das Hitler-Regime in Deutschland überlebt hatten. Die Emigranten, auch der „alte" Parteivorstand in London, konnten

666 Vgl. z. B. über Südbaden Anm. 621.

667 Vgl. über Berlin Anm. 618.

668 Allein die etwa zehntausend Sozialdemokraten im Saarland und eine Gruppe dänisch orientierter SPD-Mitglieder in Flensburg — sie wurde im Juli 1946 aus der SPD ausgeschlossen — fanden erst Jahre später zur Partei zurück.

den Prozeß der Wiedergründung nirgends nachhaltig beeinflussen. Vorbilder ausländischer sozialdemokratischer Parteien, also auch der Labour-Party, haben sich nicht auswirken können.

Männer wie Theodor Haubach, Julius Leber, Wilhelm Leuschner und Carlo Mierendorff waren während der nationalsozialistischen Zeit umgebracht worden [669]. Ihre Namen mögen andeuten, welche Kräfte der SPD fehlten, als sie ihre Arbeit wieder aufnahm. Sozialdemokraten vom Range Max Brauers oder Ernst Reuters konnten noch nicht aus der Emigration zurückkehren. So prägten ganz zwangsläufig diejenigen Funktionäre Charakter und Gesicht der SPD, die alle um zwölf Jahre gealtert waren, aber neue politische Erfahrungen wenig hatten sammeln können. Auch die fünfundzwanzig Mitglieder des Parteivorstandes, die in Hannover gewählt wurden, hatten alle schon vor 1933 der SPD angehört.

Die neuen Mitglieder, die im ersten Nachkriegsjahr der SPD beigetreten waren — es mögen etwa dreißig Prozent der Mitgliedschaft vom Mai 1946 gewesen sein [670] —, hatten sich noch nicht so qualifizieren können, daß sie in den Parteivorstand gewählt wurden [671]. Die Zahl der SPD-Mitglieder, die aus anderen Parteien der Weimarer Zeit kamen, war nur klein [672]. Ihre Bedeutung in der SPD war 1945/46 ebenso gering wie die fast aller neuen Mitglieder. Es hatte noch an Zeit und Gelegenheit für sie gefehlt, die Zustimmung der alten Mitgliedschaft und der Funktionäre in den unteren Rängen der Partei zu gewinnen, um schon in Schlüsselpositionen der SPD einrücken zu können.

In der Phase der Wiedergründung wurde besonders deutlich, daß die

---

669 Vgl. „Das Gewissen steht auf", 64 Lebensbilder aus dem deutschen Widerstand 1933—1945, gesammelt von Annedore Leber, hg. in Zusammenarbeit mit Willy Brandt und Karl Dietrich Bracher, Berlin und Frankfurt/Main 1956, S. 215 f. (Haubach), S. 224 ff. (Leber), S. 97 f. (Leuschner) und S. 211 ff. (Mierendorff).

670 Vgl. hierzu oben S. 124 ff. und Anm. 266. Dabei ist zu berücksichtigen, daß die Gegebenheiten in den Westzonen der SPD meistens nicht so günstig waren wie in Berlin.

671 Politiker wie Carlo Schmid, der 1945 zur SPD gekommen war, kannte man jenseits der deutschen Provinz, in der sie wirkten, kaum. Männer, wie der Hamburger Schulsenator Heinrich Landahl, der aus der Deutschen Staatspartei kam und vor 1933 im „Reichsbanner Schwarz-Rot-Gold" geholfen hatte, die Republik gegen die Gruppen der Rechten zu verteidigen, besaßen zu dieser Zeit erst lokal begrenzten Einfluß.

672 Vgl. Exkurs, S. 322 f.

SPD — stärker als andere politische Gruppen, die sich 1945 formierten — eine Gesinnungsgemeinschaft war. Dieser Charakterzug zeigte sich nicht nur in den Zusammenkünften auf den verschiedenen Organisationsebenen der Partei [673], sondern manifestierte sich auch in dem häufig wiederkehrenden Wunsch, es möchten sich alle „ehrlichen sozialistischen Kräfte" [674] zusammenfinden, um eine „neue" Partei zu schaffen.

Das moralisch wertende Attribut „ehrlich", das im Buchenwalder Manifest und im Hamburger Wiedergründungsprozeß auftauchte [675], bei Grotewohl im September 1945 [676] ebensowenig fehlte wie bei der Berliner Opposition im April 1946 [677], war symptomatisch für die sozialdemokratische Denkweise. Sie hing mit der jahrzehntelang geglaubten Vorstellung zusammen, der Mensch sei gut und besserungsfähig, sobald die wirtschaftlichen Verhältnisse das erlaubten. Gegenüber allen Verlockungen und „Zwängen" müsse es dann möglich sein, die „ehrliche Überzeugung" aller Beteiligten zur Basis gemeinsamer politischer Anstrengungen zu machen. Weder die inzwischen aufgedeckten psychischen Mechanismen, noch die Vielfalt menschlicher Motivationen beim politischen Handeln — schon gar nicht das aus intellektuellem Kalkül gespeiste Machtstreben — hatten in diesem „Menschenbild" Platz.

Zum Teil erklärt sich daraus die geistig-politische Unbeweglichkeit in der SPD-Mitgliedschaft, die Fritz Heine kurz nach seiner Rückkehr aus England beobachtete [678]. Sie erklärt sich aber auch aus der jahrelangen geistigen Isolierung, in die das nationalsozialistische Regime seine Gegner zwang. Auch die Ergebnisse der internationalen Forschung auf den Gebieten der Nationalökonomie, der Soziologie und der Psychologie aus den Jahren 1933 bis 1945 waren in Deutschland so gut wie unbekannt geblieben. Sie konnten in der praktischen Arbeit und in der Programmatik der SPD 1945/46 noch keinen Niederschlag finden. So griffen viele Funktionäre allein auf ihre Erfahrungen aus der Zeit von Weimar zurück.

Im Dezember 1945 hatte Herbert Kriedemann aus dem „SPD-Büro

---

673 Vgl. das Beispiel der Konferenz von Wennigsen/Hannover oben S. 133 und S. 150.

674 Vgl. oben S. 42.

675 Vgl. oben S. 61.

676 Vgl. oben S. 81.

677 Vgl. oben S. 262.

678 Fritz Heine, Hannover, an Kurt Müller, Holzminden, am 4. April 1946 (PVA — Akte Bezirk Hannover II, 1946).

der Westzonen“ an einen Sozialdemokraten geschrieben, der noch in Kriegsgefangenschaft war:

„Ebenso wie wir nicht vom Wiederaufbau des alten Deutschland, sondern vom Neubau eines neuen demokratischen Deutschlands reden, kann auch in der Parteiarbeit nicht da fortgefahren werden, wo wir 1933 aufhören mußten. Es ist unser Bemühen, der alten Partei ein neues Gesicht zu geben ...“ [679]

Der „alten Partei ein neues Gesicht zu geben“, muß als das Hauptziel ihres ersten Vorsitzenden, muß als die wesentliche Aufgabe, die Kurt Schumacher sich gesetzt hatte, bezeichnet werden. In der Parteiarbeit hatte Schumacher „mit den ‚alten Praktikern‘“ wenig im Sinn [680]. Er glaubte, „man muß begeistert sein, um große Taten zu vollbringen“ [681] — eine Erkenntnis, die in der SPD von Weimar oft vernachlässigt zu sein schien [682].

Im Schlußwort Schumachers auf dem Parteitag von Hannover heißt es über die psychologische Begründung, die „endlich einmal zum Ausdruck kommen“ müsse, warum ein konkretes Programm noch gar nicht wünschenswert gewesen sei:

„Es muß ein sozialistischer Aktionswille nicht nur oben, sondern auch unten bestehen, Genossen! ... Die Deutschen haben seit Jahrhunderten einen Komplex des Führungsbedürfnisses ... Jetzt, Genossen, wollen wir in der letzten Gemeinde sehen, daß sich die Männer unseres Vertrauens dort auch Gedanken machen, wie sie konkret ihre kleineren Probleme meistern.“ [683]

Die ersten Monate sozialdemokratischer Organisationsarbeit, deren Ergebnisse in den Westzonen im Kapitel 6 dieser Untersuchung darge-

---

679 Büro Dr. Schumacher (Kriedemann), Hannover, an Kurt Schubert, P.O.W. Cage Belsen, am 3. Dezember 1945 (PVA — Dok. Nr. 083).

680 Schumacher, Hannover, an Otto Skritek, Wien, am 4. Januar 1946 (PVA — Dok. Nr. 679).

681 Protokoll des Parteitags Hannover (Anm. 619), S. 56.

682 Eine der eindrucksvollsten Darstellungen der inneren Schwächen, durch die die SPD gehindert wurde, sich während der Weimarer Zeit im deutschen Volk durchzusetzen, stammt von Julius Leber, der 1933 in der „Untersuchungshaft“ seine „Gedanken zum Verbot der deutschen Sozialdemokratie — Juni 1933“ niedergeschrieben hat. Veröffentlicht in: Ein Mann geht seinen Weg — Schriften, Reden und Briefe von Julius Leber, hg. von seinen Freunden, Berlin, Frankfurt/Main 1952, S. 185—247, besonders S. 188 ff. und S. 241 ff.

683 Protokoll des Parteitags Hannover (Anm. 619), S. 194 f.

stellt wurden, hatten unter äußerst schwierigen Bedingungen stattgefunden. Dennoch wurden imponierende Leistungen beim technischen Wiederaufbau der SPD-Organisation erzielt. Aber es gab in den ersten Monaten nach dem Zusammenbruch des Reiches nicht allzu viele Beispiele für das „Gedanken-machen" um die politische Neugestaltung der Partei.

Die Wintermonate 1945/46, die auf die Konferenz von Wennigsen/Hannover folgten, hätten dazu in den Westzonen schon eher Gelegenheit geben können. Aber mehrere Hemmnisse hinderten die Entwicklung des Aktionswillens, wie er für eine lebendige politische Partei von größter Bedeutung ist. Nicht nur durch die langwierige Zulassungsprozedur, die die westlichen Alliierten für nötig hielten[684], wurden viele Kräfte absorbiert, die sich sonst nützlicher hätten entfalten können. Durch die so späte Zulassung der Parteien auf der Kreis- und Regierungsbezirksebene, die oft erst im November und Dezember ausgesprochen wurde, mußten die ersten Schritte in der Öffentlichkeit getan werden, als die alltäglichen Schwierigkeiten des ersten Nachkriegswinters ihren Höhepunkt erreichten.

Das zweite Hemmnis lag in dem sehr schnell spürbaren Mangel an ausgebildeten Funktionären. Darin zeigte sich die Auswirkung der dreizehnjährigen Unterbrechung mit aller Härte: dreizehn Jahrgänge sozialdemokratisch geschulter Mitglieder fehlten vollständig und konnten verständlicherweise in wenigen Monaten nicht ersetzt werden. Vereinzelte Versuche, durch „Bildungskurse" Abhilfe zu schaffen, werden die Situation nur selten merklich gebessert haben.

Die Lage wurde dadurch verschärft, daß mancher ältere Funktionär der begreiflichen Neigung nachgab, sich die Vorzüge einer beamteten Stellung wieder zu sichern und in administrative Funktionen der kommunalen und — soweit von den Besatzungsmächten eingerichtet — staatlichen Verwaltungen abzuwandern. Diese, in vielen Fällen hochqualifizierten Kräfte besaßen zwar den großen Vorteil, völlig unbelastet durch das Hitler-Regime gewesen zu sein[685], sie wurden aber in der

684 Ein Eingeständnis der so gearteten Verzögerung ist oben zitiert worden; vgl. S. 122 und Anm. 261.

685 Ein Beamter der Britischen Hochkommission bestätigte mir 1954, daß die britische Militärregierung in Teilen ihrer Zone kaum andere als sozialdemokratische Beamte einzusetzen vermochte. Das führte schon im Winter 1945/46 zu Klagen der CDU, sie sei von der Besatzungsmacht benachteiligt worden. Die SPD konnte aber mit Recht darauf verweisen, daß in

britischen Zone durch Anordnungen der Militärregierung vom parteipolitischen Leben gänzlich isoliert, in den beiden anderen Westzonen zumindest an der aktiven Mitarbeit gehindert.

Das dritte und eigentlich entscheidende Hemmnis für das Entstehen eines neuen politischen Aktionswillens in der SPD-Mitgliedschaft lag in der Entwicklung des Verhältnisses zwischen den Parteien SPD und KPD. Sie lieferten sich die im Winter 1945/46 für die folgenden Jahre wichtigste innenpolitische Auseinandersetzung auf deutschem Boden. Die Untersuchung der SPD-Wiedergründung hat vor allem in den Kapiteln 2 und 3, 6 und 8 Material erbracht, das die gefühlsmäßige Disposition weiter Kreise der alten SPD-Mitgliedschaft in allen Besatzungszonen offenbarte, eine „einheitliche" Partei der sozialistischen Kräfte aufzubauen. Einzelne Beispiele, die vermutlich durch monographische Darstellungen der SPD-Wiedergründung in einzelnen Städten und Bezirken vermehrt werden könnten, haben gezeigt, daß bis in den Winter 1945/46 hinein erste organisatorische Vorbereitungen für eine „Einheitspartei" der Kommunisten und Sozialdemokraten auch in den Westzonen getroffen worden sind. Allerdings haben sich dabei meistens Tendenzen einer Radikalisierung der sozialistischen Zielsetzung im Wirtschaftlichen und Gesellschaftlichen mit der Betonung der demokratischen Tradition der SPD im Innerparteilichen und im Parlamentarisch-Politischen gegenseitig durchdrungen.

Ist es immerhin zweifelhaft, welchen Weg die SPD in den Westzonen zu gehen sich anschickte, so wurde doch von einer großen Zahl erfahrener Funktionäre schon früh die Richtung akzeptiert, die Kurt Schumacher vom ersten Tage seines Wirkens an gewiesen hatte: Einheit aller Sozialisten unter sozialdemokratischer Führung bei organisatorischer Unabhängigkeit von der KPD! Diese Parole bedurfte der kämpferischen Durchsetzung innerhalb der SPD, wie sie sich aus den Organisationskernen heraus bildete, die — mit ganz wenigen Ausnahmen — schon Anfang Oktober 1945 überall wieder formiert waren.

Die unvollkommene Unterrichtung durch Rundfunk und Presse der Alliierten und die natürliche Schwäche der Parteiorganisation, die eben erst wieder in Gang gesetzt wurde, machten die Anspannung aller verfügbaren Kräfte der SPD nötig, um die Partei gegen die Wirkungen der Einheitskampagne abzuschirmen und gegen die Einflüsse aus der Sowjetzone zu immunisieren. Dieses Ziel erreicht zu haben, ist das Ver-

---

den Gebieten mit überwiegend katholischer Bevölkerung ein Ausgleich vorgenommen worden war, der die SPD dort benachteiligte.

dienst Schumachers [686] und der Funktionäre und Mitglieder seiner Partei, die ihm zustimmten und folgten [687].

Auch in der Sowjetzone wollten die Sozialdemokraten die alte Partei „neu“ aufbauen. Sie sollte die „Einheitsorganisation“ der „deutschen Arbeiterklasse“ werden [688]. In der vorliegenden Untersuchung konnte nicht erörtert werden, was die Machthaber der Sowjetzone dazu bestimmte, zunächst auf der Gründung einer selbständigen KPD, wenige Monate später aber auf der Verschmelzung von KPD und SPD zu bestehen [689]. Hier war nur die Art und Weise darzustellen, in der die sozialdemokratische Partei ihre Wiedergründung vollzog und fast gleichzeitig in der Sowjetzone ihre Unabhängigkeit verlor. Denn der Prozeß der Wiedergründung war in allen Besatzungszonen ein gleichartiger Vorgang, sieht man vom Tempo ab, mit dem die einzelnen Phasen durchlaufen wurden. In Berlin und der Sowjetzone, wo die zentralistischen Tendenzen der Besatzungsmacht im Gegensatz zu den Westzonen das „Von-oben-nach-unten-Organisieren“ begünstigten, erreichte die

---

686 Im Kondolenzbrief, den Bundespräsident Prof. Heuß zum Tode Kurt Schumachers an den SPD-Parteivorstand im August 1952 schrieb, heißt es: „Dies aber steht sehr deutlich vor meinem Bewußtsein, daß er es vor allem gewesen ist, der den Einbruch der totalitären Ideologien abgefangen und damit die Sicherung einer demokratischen Entwicklung sachlich und seelisch gestützt hat. Das bleibt sein unverlierbares vaterländisches Verdienst.“ Zitiert nach: Turmwächter der Demokratie — Ein Lebensbild von Kurt Schumacher, Bd. III (Als er von uns ging), Berlin 1952, S. 16.

687 Wie wenig die Bedeutung der damaligen Entscheidung für die Westzonen — und damit die spätere Bundesrepublik — im Bewußtsein der Öffentlichkeit lebendig geblieben ist, geht indirekt aus einer Wahlrede hervor, in der der Vorsitzende der CDU, Bundeskanzler Dr. Adenauer, im Sommer 1958 in Krefeld sagte: „Wer ein Buch über die Geschichte der SPD seit 1945 zu schreiben hätte, müßte berichten über menschliche Unzulänglichkeit, Unstetheit und Dummheit.“ Zitiert nach Joachim Besser, in: „Die Welt“ vom 28. Juni 1958.

688 Vgl. oben S. 27 f.

689 Alles spricht dafür, daß die Sowjets die schwache Resonanz der KPD in der deutschen Bevölkerung frühzeitig erkannten. Sie wollten aber ihren kommunistischen Parteigänger nicht erst Wahlen verlieren lassen. Diese Gefahr drohte an der Westgrenze ihres Einflußbereiches, als die westlichen Alliierten Wahlen für das Frühjahr 1946 ankündigten. Zudem mag die Hoffnung, durch eine Verschmelzung von KPD und SPD nach Westdeutschland hineinwirken zu können, mitgespielt haben. Aber eine Untersuchung dieser Frage würde hier zu weit führen.

SPD schneller als in Westdeutschland jenen Grad organisatorischer Reife, der die Voraussetzung politischer Arbeit in geographisch größeren Räumen bildet. Schneller stand sie deshalb auch den neuen Machtverhältnissen gegenüber, die von der sowjetischen Deutschland-Politik zwischen Elbe und Oder geschaffen waren.

Um für die Bewertung der Vorgänge in der Sowjetzone die richtigen Maßstäbe zu gewinnen, sei daran erinnert, wie sich die Sowjetische Militäradministration verhielt, als sich die Vorsitzenden der CDU, Andreas Hermes und Walter Schreiber, weigerten, mit ihrer Partei der Bodenreform, der damit verbundenen „Neubauern-Hilfe" und der Schulreform zuzustimmen. Sie wurden am 19. Dezember 1945 abgesetzt [690]. Das Beispiel und sein Datum — am 20. Dezember begann die Sechziger-Konferenz! — lehren, daß die Sowjets im Winter 1945/46 auch vor Eingriffen in eine Partei, die in ihrer Zone zugelassen worden war, nicht zurückschreckten. Es muß deshalb angenommen werden, daß auch eine andere, eine bessere Führung die SPD in der Sowjetzone nicht davor bewahrt hätte, mit der KPD fusioniert zu werden.

Soweit die Dokumente aus der Sowjetzone eine Beurteilung erlauben, hat die vorliegende Untersuchung ergeben, daß Grotewohl und die Mitglieder des Zentralausschusses die Ziele und Methoden der sowjetischen Deutschland-Politik verkannt haben [691]. Die scheinbar positive Einstellung der Sowjets zur SPD, die vergleichsweise frühzeitig ausgesprochene Zulassung politischer Parteien in der Sowjetzone und das Auftreten der Siegermächte aus Ost und West, das in Deutschland 1945 schon bald von bestechender Einheitlichkeit schien, ließen den Gedanken einer notwendigen „Ostorientierung" Deutschlands beim Zentralausschuß reifen. Von den „kapitalistischen" Westmächten wurde nur neue „Ausbeutung" erwartet. Neben solchen ideologisch bestimmten Fehleinschätzungen muß auch der akute Mangel an verläßlichen Informationen über die Entwicklung der Weltlage, besonders über die Maßnahmen der Sowjetunion in Osteuropa, dafür verantwortlich gemacht werden, daß sich die Entschlüsse des Zentralausschusses auf Voraussetzungen gründeten, die falsch oder unzureichend waren.

Das gilt auch für das Verhältnis zur KPD, wie im Kapitel 2 der Untersuchung gezeigt worden ist [692]. Das Bekenntnis der Kommunisten zur „parlamentarisch-demokratischen Republik" [693] wurde als die er-

---

690 Vgl. Gerhard Schulz (Anm. 296), S. 56.

691 Vgl. oben S. 48 f., 82 ff., 181 ff. und 235 f.

692 Vgl. oben S. 36, 45 ff. und 48 ff.

693 Vgl. oben S. 26 und Anm. 26.

wünschte Wandlung in der Einstellung der „Bruderpartei“, nicht als die vorübergehende Taktik eines politischen Gegners gewertet. Es kam hinzu, daß die Mitglieder des Zentralausschusses ihre Entscheidungen im Lichte der marxistischen Abstraktion von der „Arbeiterklasse“ und ihrer angeblich notwendigen „Einheit“ trafen. Sie verwischten damit die Grenzen zwischen demokratisch-sozialistischen und leninistisch-kommunistischen Zielvorstellungen. Grotewohl und seine Freunde isolierten sich damit von den Sozialdemokraten in den Westzonen, indem sie auch dort die Parteiorganisation auf die Führung des Zentralausschusses und auf die schrittweise herzustellende „Einheit“ festzulegen versuchten.

Trotz weitgehender Übereinstimmung in den Grundbeständen sozialdemokratischer Auffassungen, wie sie in den Kapiteln 4 und 5 dargestellt wurden, kam es zu keiner Zusammenarbeit zwischen den Führungsspitzen in Berlin und Hannover. In ihren Anschauungen über Weg und Ziel einer demokratischen Partei der deutschen Arbeiterbewegung lagen Unterschiede, die nicht zu überbrücken waren.

Die Untersuchung hat in den Kapiteln 8 und 9 gezeigt, daß der Zentralausschuß vom November 1945 bis Januar 1946 versucht hat, die Verschmelzung mit der KPD hinauszuzögern. Erst sollten Reichsparteien in ganz Deutschland und Reichsparteitage möglich sein. Darin drückte sich nicht etwa die Hoffnung aus, durch die Weigerung der SPD-Mitgliedschaft in den Westzonen der Fusion mit der KPD entgehen zu können, sondern der Wunsch, die „Einheitspartei“ in ganz Deutschland zu verwirklichen. Grotewohl und Dahrendorf glaubten zunächst, Zeit genug zu haben, die SPD-Bezirke der Westzonen noch umstimmen zu können [694].

In den Kapiteln 9 und 10 ist dargestellt worden, daß Grotewohl und der Zentralausschuß bei dem Versuch, die Verschmelzung mit der KPD hinauszuschieben, die Funktion der Presse und des Rundfunks völlig mißachtet haben. Selbst die Tatsache, daß diese Organe unter strengster Kontrolle der Sowjets standen, ist keine Erklärung dafür, daß sich der Zentralausschuß auch in Berlins Westsektoren vom öffentlichen Eintreten für seine Ziele abhalten ließ. Man muß dafür die Haltung des Zentralausschusses in der Frage der „Einheit“ und sein Verhältnis zur KPD wie zur sowjetischen Besatzungsmacht in erster Linie verantwortlich machen. Dennoch deuteten sich darin auch die Vorstellungen des Zentralausschusses an, die er mit dem Begriff der Demokratie verband.

---

694 Vgl. Dahrendorfs Bericht vom 4. Dezember 1945 oben S. 165 ff.

Für Grotewohl und den Zentralausschuß wurde im Winter 1945/46 die „Einheit der Arbeiterklasse“ zum Aufbau eines gesellschaftlichen Systems, das im sowjetischen Herrschaftsbereich als „Verwirklichung des Sozialismus“ bezeichnet wird, wichtiger als die parlamentarische Demokratie.

Als im Januar 1946 die SPD-Bezirke der Sowjetzone dem unmittelbaren Druck der Besatzungsmacht und der KPD erlegen waren, und als das Gespräch Grotewohls mit Schumacher am 8. Februar ergeben hatte, daß die SPD in absehbarer Zeit keinen Reichsparteitag erreichen werde, stand für den Zentralausschuß die Frage, ob er dem Verlangen nach sofortiger Fusion mit der KPD zustimmen sollte, so:

Sollte sich der Zentralausschuß gegen die sofortige Vereinigung sperren, dann würde dennoch die Kampagne für die „Einheit“ weitergehen und zur „Wahl“ oder Einsetzung eines neuen Zentralausschusses führen [695]. Die Mitglieder des Zentralausschusses hätten dann das Odium auf sich nehmen müssen, die SPD-Mitgliedschaft in der Sowjetzone im Stich gelassen zu haben. Sie hätten auch nicht hoffen dürfen, in den Westzonen wieder eine politische Rolle spielen zu können.

Oder:

Sollte sich der Zentralausschuß für die sofortige Vereinigung aussprechen — wenngleich auch zunächst nur im Rahmen der Sowjetzone —, dann würde er an der Spitze einer Entwicklung bleiben, die schließlich der „Arbeiterklasse“ die Führungsrolle in ganz Deutschland geben sollte. Dann würden die Mitglieder des Zentralausschusses dafür sorgen können, in der kommenden Einheitspartei „sozialdemokratisches Gedankengut organisatorisch zusammenzufassen und politisch zum Einsatz zu bringen“ [696].

Der Zentralausschuß entschied sich am 11. Februar für die sofortige Vereinigung mit der KPD. Grotewohl gab diesen Beschluß auf dem ersten Kongreß des sowjetzonalen Freien Deutschen Gewerkschaftsbundes (FDGB) bekannt [697]. Damit war die letzte Entscheidung ge-

---

695 Das am Vortage der Sechziger-Konferenz von den Sowjets gegebene Beispiel, die unbotmäßigen CDU-Vorsitzenden abzusetzen, und die Behandlung der eigenen widerstrebenden Funktionäre, z. B. in Magdeburg, waren noch in frischer Erinnerung. Vgl. oben S. 229 ff. und 233 ff.

696 Grotewohl am 8. Februar 1946 zu Schumacher und Kriedemann, zitiert nach dem Protokoll der „Zusammenkunft am 8. Februar 1946, 9.15 Uhr in Braunschweig“ (Anm. 134), S. 4.

697 Vgl. „Berlin — Kampf um Freiheit und Selbstverwaltung 1945—1946“ (Anm. 114), S. 137. — In dieser Untersuchung mußte die Entwicklung der

fallen: schon am 20. April 1946 hörte in der Sowjetzone die sozialdemokratische Parteiorganisation zu existieren auf. Wie in den Kapiteln 11 und 12 dargestellt worden ist, konnten sich allein die Berliner Sozialdemokraten behaupten. Sie erhielten Ende Mai 1946 ihre Neuzulassung für alle vier Sektoren der ehemaligen Hauptstadt.

Beide Hoffnungen, die sich der Zentralausschuß bei seiner Entscheidung vom 11. Februar gemacht hat, sind nicht erfüllt worden. Der sozialdemokratische Einfluß in der Sozialistischen Einheitspartei nahm in kurzer Zeit rapide ab und ist seit spätestens 1948 nicht mehr zu spüren [698]. Die Führungsrolle, die der Zentralausschuß zu gewinnen hoffte, geriet in der Sowjetzone in die Hände der kommunistischen SED, in den Westzonen in die Hände einer „bürgerlichen", einer konservativen Partei.

Fragt man, ob aus der Phase der Wiedergründung der SPD schon Anzeichen abzulesen sind, die diese Entwicklung erkennen lassen, so wird man zuerst auf die Tatsache stoßen, daß der Verlust der Sowjetzone für die SPD in den folgenden Jahren besonders schwer wog. Nicht nur die Organisation ihrer Partei war dort besonders stark; in den Ländern und Provinzen Mitteldeutschlands hätte sich der SPD ein weitaus reicheres Wählerreservoir erschlossen, als es für diese Partei in den Westzonen zu finden war.

Die SPD sah sich seit 1946 auf Teile Deutschlands beschränkt, in denen ihr die historisch-kulturellen, die wirtschaftlichen und die konfessionellen Bedingtheiten bei der Bevölkerung weniger günstig waren als in Mitteldeutschland. Dennoch errang die SPD in den ersten Jahren nach 1945 in den Ländern der Westzonen bemerkenswerte politische Erfolge [699]. Auch das wird davon abhalten, die langjährige Ausschal-

---

Gewerkschaftsbewegung in den verschiedenen Besatzungszonen unberücksichtigt bleiben. Es kann deshalb nur auf die symbolische Bedeutung hingewiesen werden, die darin lag, daß Grotewohl nicht auf einer Veranstaltung der SPD, sondern vor den Gewerkschaften der Sowjetzone die Bereitschaft zur Verschmelzung mit der KPD bekanntgab. Tatsächlich spielten die Gewerkschaften in der Einheitskampagne eine bedeutende Rolle, da die Kommunisten dort schon seit dem Herbst 1945 auf eine paritätische Besetzung der Funktionen hingesteuert hatten und damit praktisch in diesem Zweig der Arbeiterbewegung die Vereinigung von KPD und SPD vorwegnahmen.

698 Vgl. Carola Stern (Anm. 30), S. 5 f.

699 Die SPD war zwischen 1945 und 1948 in allen Landesregierungen der Westzonen mit Ministern vertreten. Abgesehen von den beiden Hanse-

tung der SPD aus der Regierungsverantwortung der späteren Bundesrepublik allein auf Gründe zurückzuführen, die außerhalb der SPD lagen.

In der vorliegenden Untersuchung konnte nicht erörtert werden, welche Resonanz der Rückkehr dieser „alten" Partei in der Öffentlichkeit beschieden war. Bis auf die Wahlen in der amerikanischen Zone, deren lokaler Charakter kaum Vergleichsmöglichkeiten bot[700], gab es vor dem ersten Nachkriegsparteitag der SPD keine Gelegenheit, ihre politische Wirksamkeit in den Westzonen statistisch festzustellen.

Prüft man die in ihrem Aussagewert sehr unterschiedlichen Zeitungen des Winters 1945/46, die noch unter stärkstem Einfluß der jeweiligen Besatzungsmacht erschienen, so fällt auf, daß Schumachers Reden und Artikel aus der Phase der Wiedergründung fast allein für die Äußerungen der SPD jener Zeit standen. Das entsprach der Rolle Schumachers in der deutschen Sozialdemokratie seit 1945 und dem bemerkenswerten Gefälle an intellektueller Kraft, an moralischem Willen und politischer Leidenschaft, das zwischen ihm und den Funktionären in den SPD-Bezirken bestand. Auch kein anderer deutscher Politiker hat damals das Ohr der deutschen Öffentlichkeit so gefunden wie der spätere Vorsitzende der SPD. Er gab der sozialdemokratischen Partei neue, die Öffentlichkeit und nicht selten auch die Mitgliedschaft — überraschende Ausdrucksformen.

Schumacher versuchte, seiner Partei ein auf eigene Leistung gegründetes Selbstbewußtsein einzuimpfen, indem er den politischen Führungsanspruch der SPD daraus ableitete, daß sie „die einzige Partei in Deutschland war, die unter den größten Opfern für die Idee der Demokratie, des Friedens und der Freiheit eingetreten ist." [701] Schumacher warb um das Verständnis seiner Freunde, die Mitgliedschaft der SPD

---

städten, wo die SPD den Ersten Bürgermeister bzw. den Präsidenten des Senats bis weit über die Gründungszeit der Bundesrepublik hinaus stellte, besetzte sie zeitweise in fünf der neun Landesregierungen das Amt des Ministerpräsidenten. Vgl. Parteien in der Bundesrepublik (Anm. 118), S. 519 ff.

700 In der amerikanischen Zone wurden am 20. und 27. Januar 1946 die Gemeindevertreter in den Orten bis zu 20 000 Einwohnern, am 28. April 1946 die Mitglieder der Kreistage gewählt. Vgl. Jahrbuch der SPD 1946 (Anm. 226), S. 82.

701 „Kundgebung der Sozialdemokratischen Partei Deutschlands, beschlossen auf dem Parteitag in Hannover am 11. Mai 1946", zitiert nach: Rudolf Wildenmann (Anm. 25), S. 178 ff., besonders S. 181.

nicht auf diejenigen Schichten der Bevölkerung zu begrenzen, die traditionell den Wähler- und Mitgliederstamm der SPD stellten. Er nannte „die Gewinnung des deutschen Mittelstandes ... unsere geschichtliche Aufgabe“ [702]. Daß Schumacher ständig diese Aufgabe betonte, läßt erkennen, wie wenig sich die SPD 1946 darin geändert hatte, sich als eine Partei der Arbeiter zu begreifen. Viele SPD-Mitglieder waren weder Arbeiter, noch — was wichtiger ist — wollten sie als Arbeiter angesprochen werden. Gleiches hätte sich von den zukünftigen Wählern sagen lassen. Angesichts der Bevölkerungsstruktur durfte sich die SPD nicht allein auf die Zustimmung der Arbeiter stützen, wenn sie auf dem Weg demokratischer Wahlen an die Regierung kommen wollte. Das ist auch in der Phase der Wiedergründung nicht hinreichend in das Bewußtsein der Partei eingedrungen.

Die stärkste Wirkung für seine Partei erreichte Schumacher damit, daß er 1945/46 zum Sprecher für die nationale Selbstbehauptung des deutschen Volkes wurde [703]. In einem der ersten überlieferten Briefe Schumachers aus dem Sommer 1945 heißt es:

„Im übrigen geht unsere Politik auf die Neugliederung des deutschen Raumes unter stärkster Betonung der Reichseinheit als des kardinalen Problems für uns als Nation und als Klasse.“ [704]

Schumacher erkannte die Gefahren, die aus der Spaltung Deutschlands drohten und schlug dem Parteitag von Hannover vor, den folgenden Absatz in die „Kundgebung der SPD“ aufzunehmen:

„Wie die Demokratie nicht gesichert ist ohne die ökonomische Befreiung der Menschen, so ist sie ebenso unmöglich ohne die nationale Freiheit des Volkes. Die deutsche Sozialdemokratie erhebt den Anspruch auf die Erhaltung Deutschlands als eines nationalen, staatlichen und wirtschaftlichen Ganzen. Nur wenn es uns gelingt, Deutschland als eine Einheit zu erhalten, werden vor allem die jungen Menschen die Ideen des Friedens, der Demokratie und des Sozialismus nicht als Ergebnis des Zusammenbruchs des Dritten Reiches, sondern als selbstgewollte höhere Notwendigkeit begreifen lernen. Nur dann wird die Sozialdemokratie den Kampf gegen jeden neuerwachenden Nationalismus mit Erfolg führen können.“ [705]

---

702 Protokoll des Parteitags Hannover (Anm. 619), S. 47 — Vgl. auch oben S. 77, 92 f. und 134 ff.

703 Vgl. oben S. 73 f., 134 und 144 ff.

704 Schumacher, Hannover, an Carl Severing, Bielefeld, am 25. Juli 1945 (Anm. 189).

705 „Kundgebung“ (Anm. 701), S. 182 f.

Viele Briefe, die Schumacher in jener Zeit erreichten, beweisen, daß er in der Öffentlichkeit so verstanden wurde, als wolle er mit seiner Haltung eine wesentliche Wendung der SPD zum „Nationalen" hin bewirken [706]. Dieser Eindruck hat sich später zu dem wohl ungerechtfertigten Vorwurf verdichtet, Schumacher sei „nationalistisch" geworden.

Eine kritische Biographie, die uns bis heute noch fehlt, sollte auch Schumachers Haltung zur „Nation" klären [707]. Diese Aufgabe kann die vorliegende Untersuchung nicht erfüllen. Sie soll nur für die Geschichte der SPD-Wiedergründung festhalten, daß die sozialdemokratische Partei 1945/46 einen Sprecher akzeptierte und ihn mit den Stimmen fast aller Delegierten des Parteitages zum Vorsitzenden wählte, der die Haltung der SPD zur „Nation" so positiv darstellte, wie die Zitate es gezeigt haben.

In dieser Haltung äußerte sich, was Erich Matthias schon für die ideengeschichtliche Entwicklung der sozialdemokratischen Emigration 1933 bis 1938 festgestellt hat. Im Ergebnis seiner Arbeit „Sozialdemokratie und Nation" nennt er „die realistische Berücksichtigung der ‚Nation' als eine geschichtliche, soziale Lebensordnung in der politischen Konzeption der Sozialdemokratie" [708] ein Erfordernis des sozialdemokratischen „praktischen Humanismus".

Eine Untersuchung, die weit über die Phase der Wiedergründung hinausführen müßte, würde erweisen, ob die SPD in Theorie und Praxis durchhalten konnte, was sie in der Zeit von Weimar nur mangelhaft berücksichtigt, aber nach 1945 wieder aufgenommen hat: die bewußte nationale Bindung ihrer politischen Konzeption. Eine solche Unter-

---

706 So heißt es in einem Briefe: „Vorzüglich ist, daß Sie von der Einheit des Reiches und dessen notwendiger Unabhängigkeit sprechen." U. Sander, Walsrode, an Schumacher, Hannover, am 29. November 1945 (PVA — Dok. Nr. 122—123).

707 Die vorliegende Biographie von Wesemann (Anm. 13) und die Sammelbände „Turmwächter der Demokratie" (Anm. 13, 16, 686), die 1952—1954 erschienen sind, bieten viele Informationen, sind aber für die historische Forschung allzusehr belastet durch das persönliche Engagement von Verfassern und Herausgebern kurz nach dem Tode Kurt Schumachers (20. August 1952).

Lewis J. Edingers angekündigte Biographie Schumachers (vgl. seinen Aufsatz: Kurt Schumachers politische Perspektive, Ein Beitrag zur Deutung seines Handelns, in: Politische Vierteljahresschrift, 3. Jg. Heft 4, Dezember 1962, S. 331—361) steht noch aus.

708 Erich Matthias (Anm. 45), S. 225.

suchung würde berücksichtigen müssen, daß neue Schwierigkeiten im Selbstverständnis und in der Selbstdarstellung der SPD aufkamen, als sie sich nach 1945 mit ihrem betont nationalen Anspruch an eine Bevölkerung wandte, die begonnen hatte, übernationale politische Zusammenschlüsse zu bejahen. Es scheint, als habe die SPD sich neu zu einer „nationalen Konzeption" bekannt, als die Idee des Nationalstaats gerade eine spürbare Abwertung erfuhr.

Beklagte Julius Leber 1933, daß die „Problematik der wichtigsten sozialdemokratischen Grundbegriffe" noch nicht gelöst sei [709], so ist von der Phase der Wiedergründung der SPD zu sagen, daß diese Klärung nur auf Teilgebieten, meistens in der Auseinandersetzung mit der KPD, erreicht wurde. Das gilt vor allem für die wirtschafts- und gesellschaftspolitischen Ordnungsvorstellungen der SPD. Im Kapitel 12 ist darauf hingewiesen worden, daß die Diskussion der wirtschaftspolitischen Konzeption in der Partei erst eigentlich wieder begann, als Agartz sein Referat in Hannover vortrug [710]. Ungeklärt blieb dabei auch, wie denn diese Konzeption verwirklicht werden sollte, wenn nicht eine Mehrheit der Wähler die SPD dazu berief.

Für die Sozialdemokraten wurde diese Frage durch das Bekenntnis zur parlamentarischen Demokratie gegenstandslos. Es entsprang dem traditionellen Verhältnis der SPD zur sozial gesicherten Demokratie und den Erfahrungen, die die Partei in den beiden vergangenen Jahrzehnten gemacht hatte [711]. Die Auseinandersetzung mit der KPD erleichterte dabei die Entscheidung, daß dem „demokratischen" Prinzip vor dem „sozialistischen" der Vorrang gebühre, weil — wie Schumacher immer wieder betonte — der Sozialismus sich selbst verfehle, wenn er versuche, sich auf einem anderen als dem demokratischen Wege zu verwirklichen.

Es ist dafür symptomatisch, daß sich die Sozialdemokraten Berlins — und anfänglich auch der Sowjetzone —, die sich gegen die Fusion mit der KPD wandten, nicht an den radikaleren sozialistischen Forderungen stießen, als sie sich der Führung Grotewohls und des Zentralausschusses versagten. Ihr Widerstand wurde durch die undemokratische Methode ausgelöst, mit der die Verschmelzung der beiden Parteien vollzogen werden sollte. Die Berliner Opposition sah die Gefahr für

709 „Gedanken zum Verbot der deutschen Sozialdemokratie — Juni 1933" (Anm. 682), S. 217.

710 Vgl. oben S. 274 f.

711 Vgl. oben S. 18 f.

die Demokratie in der Gesellschaft, sobald die Demokratie in der Partei vernachlässigt wurde [712]. Darin liegt das Vorbild, das die Berliner setzten. Seine Wirkung ist im Ergebnis der ersten Berliner Wahlen (20. Oktober 1946) abzulesen [713].

Daß das Verhältnis der SPD zum „Staat" in der Phase der Wiedergründung keine praktische Klärung erfuhr und theoretisch nur wenig berührt wurde, lag auch an der Art, wie die Besatzungsmächte die oberste Autorität im Nachkriegsdeutschland wahrnahmen. Sie bestimmten in jener Zeit das Geschick der deutschen Nation. Die von ihnen zur Verwaltung berufenen deutschen Politiker wurden von der Öffentlichkeit gar nicht als Träger „staatlicher" Funktionen gewertet. Zudem entbehrten die von den Alliierten geschaffenen Länder und ihre von den Militärregierungen berufenen Spitzenkörperschaften noch gänzlich des 1945 nachhaltig zerstörten „Staatsgefühls" der Bevölkerung. So blieben auch alle Diskussionen in der SPD über den zukünftigen deutschen Staat im Rahmen allgemeiner, fast unverbindlicher Aussagen.

Allerdings hatte Schumacher schon in seinen „Politischen Richtlinien" vom August 1945 die Wandlungen angedeutet, die sich aus der Lage 1945/46 und aus den Konsequenzen der parlamentarisch-demokratischen Zielsetzung der SPD ergaben:

„Die überholte Problematik der Bejahung und Verneinung einer Staatsform sowie des Regierens und des Opponierens in der reinen und ausschließlichen Form gehören der Vergangenheit an." [714]

Dennoch blieben die geistigen Grundlagen für eine Politik, wie sie dieser Feststellung hätte folgen sollen, noch im wesentlichen ungeklärt. Das wirkte sich auch im Verhältnis zu den anderen Parteien und den Kräften aus, die die politische Wirklichkeit im Nachkriegsdeutschland mitbestimmten, wie zum Beispiel den großen Kirchen. Das kulturpolitische Programm der SPD erhielt erst 1947 deutlichere Konturen. Allein die Frontstellung gegen die CDU als einer „klerikalen Besitzbürgerpartei" wurde schon während des Prozesses der Wiedergründung vollzogen.

Die Parteiorganisation der SPD wurde in den Westzonen ohne jede

---

712 Vgl. Schumacher oben S. 272.

713 Die SPD erhielt bei den Wahlen zur Berliner Stadtverordneten-Versammlung am 20. Oktober 1946 in den vier Sektoren der Stadt bei einer Wahlbeteiligung von 92,3 v. H. 1 015 609 Stimmen. Das waren 48,7 v. H. der abgegebenen gültigen Stimmen. Vgl. „Berlin — Kampf um Freiheit und Selbstverwaltung 1945—1946" (Anm. 114), S. 212.

714 Politische Richtlinien (Anm. 130), S. 16.

Unterstützung durch Presse und Rundfunk wieder aufgebaut. Sozialdemokratische Zeitungen gab es, von einzelnen wenigen Ausnahmen abgesehen, erst nach dem Abschluß der Wiedergründungsphase. Sie sind deshalb auch für die Frage, wie der geistig-politische Standort des demokratischen Sozialismus im Mai 1946 zu bestimmen sei, nicht heranzuziehen.

Für die Beantwortung dieser Frage wäre es zudem nötig, die programmatischen Aussagen der SPD-Wiedergründung von den zeitbedingten Äußerungen zu trennen, die der Situation des ersten Nachkriegswinters entsprangen. Dann müßten die eigentlichen programmatischen Ansätze aus der Zeit der Wiedergründung in eine ideengeschichtliche Darstellung jener Wandlungen aufgenommen werden, die die demokratisch-sozialistischen Vorstellungen zwischen 1925 (Heidelberger Programm) und 1952 (Dortmunder Aktionsprogramm) durchgemacht haben [715]. Vermutlich wird eine solche Darstellung, die nicht Gegenstand dieser Untersuchung eines in sich geschlossenen Entwicklungsabschnitts der SPD-Organisation sein konnte, zu dem Ergebnis kommen, daß die programmatischen Erklärungen des Jahres 1945/46 noch mehr vom Geiste des Heidelberger Programms atmeten, als man angesichts der praktisch vollzogenen Klärungen in der SPD des ersten Nachkriegsjahres hätte erwarten können.

Im Rahmen der vorliegenden Untersuchung mußten auch viele Aspekte der sozialdemokratischen Organisationswirklichkeit unberücksichtigt bleiben. Zwischen den einzelnen Organisationsteilen bestand ein dichtes Geflecht persönlicher Beziehungen. Es beruhte auf Bekanntschaften und Freundschaften der Funktionäre aus der Zeit vor 1933 oder aus der Illegalität. Das Beziehungsgeflecht darzustellen, hätte den Rahmen dieser Untersuchung gesprengt. Wo es von unmittelbarer politischer Bedeutung wurde, ist es erwähnt worden.

Das gilt vor allem von Schumachers persönlichen Verbindungen. Sein immenses Gedächtnis und seine genaue Kenntnis von den sozialdemokratischen Spitzenfunktionären trugen dazu bei, den Anspruch, die SPD zu führen, in kürzester Zeit durchzusetzen. In ihm fand die SPD einen Vorsitzenden, von dem es höchst fraglich ist, ob er in normalen Zeiten zu diesem Amt gewählt worden wäre. Schumacher war ein Mann von

---

715 Im Jahr 1952 verabschiedete der Parteitag der SPD in Dortmund das erste nach dem Kriege geschaffene „Aktionsprogramm". Es war das erste Programm, das sich seinem Charakter nach in etwa mit dem Heidelberger Programm vergleichen ließe.

schärfstem Intellekt, von hoher moralischer Strenge gegen sich und seine Freunde. Aber er war ein unbequemer Vorsitzender, der später trotz seines ganz ungewöhnlichen Gerechtigkeitsempfindens immer seltener Widerspruch ertrug. Ganz anders Grotewohl! Seine Konzilianz trug ihm viel Sympathie ein, auch in den Westzonen. Aber die Konzilianz wurde ihm zum Verhängnis, als er Achtung und Zustimmung zu verlieren drohte. Paßte sich Grotewohl den Verhältnissen an, die durch die Machthaber der Sowjetzone gegeben waren, zeigte sich Schumacher als Politiker, der verachten, der auch hassen konnte, sobald er Gegnerschaft im Grundsätzlichen spürte.

Die Identifikation von Person und Sache, die Schumachers Verhältnis zu seiner Partei charakterisierte, ist von Fried Wesemann beschrieben worden[716]. Kurt Schumachers Ziel war das der alten, war das der wiedergegründeten SPD, das Julius Leber in den einen Satz gefaßt hat: *„Dem arbeitenden Menschen eine bessere Zukunft zu bauen auf den festen Fundamenten von Gerechtigkeit und Freiheit.“*[717]

---

716 Fried Wesemann (Anm. 13), S. 77.

717 „Gedanken zum Verbot der deutschen Sozialdemokratie — Juni 1933“ (Anm. 682), S. 247.

EXKURS

Die Mitgliedschaft der Sozialdemokratischen Partei Deutschlands in Groß-Berlin am 31. Dezember 1945.

Eine quantitative Analyse am Beispiel von zwei Kreisorganisationen

EINLEITUNG

A. DIE WAHL DES STICHTAGS UND DER KREISORGANISATIONEN DER SPD.

Die vorliegende Untersuchung, eine quantitative Analyse der SPD-Mitgliedschaft in Groß-Berlin am 31. Dezember 1945, ist hergestellt nach den Aufnahmeanträgen, die die Mitglieder der SPD bei ihrem Eintritt in die Partei ausgefüllt haben. Das Datum des 31. Dezember 1945 hat sich aus zwei Gründen als Stichtag angeboten.

a) Es liegt etwa sechs Monate nach dem Beginn des Wiedergründungsprozesses der SPD, der für die Öffentlichkeit in Berlin am 17. Juni 1945 begann. In dem halben Jahr bis zum Jahresende 1945 wurde die Berliner SPD-Organisation vollständig wieder aufgebaut [1].

b) Gravierender war für die Wahl des Stichtags, daß am 31. Dezember 1945 mit großer Wahrscheinlichkeit nur solche Personen Mitglied der SPD geworden waren, die der SPD selbst angehören wollten — und nicht einer wie immer gearteten „Einheitspartei" [2]. Nach dem 31. Dezember mögen Personen in die SPD eingetreten sein, weil gerade eine „Einheitspartei" angestrebt wurde; auch mögen Personen, die in die SPD eingetreten wären, das unterlassen haben, weil sie mit diesem Kurs

---

1 Am 17. Juni 1945 fand die erste Funktionärsversammlung der SPD in Berlin nach dem Zusammenbruch statt. Am 25. November hielt die Berliner Organisation ihren ersten „Bezirksparteitag" ab.

2 Mit den Weihnachtsausgaben der Zeitungen wurde in Berlin das Ergebnis der sogenannten „60er-Konferenz" vom 20./21. Dezember 1945 bekannt, das

der Partei nicht sympathisierten. Ein späterer Stichtag hätte also nicht mehr die „reine" Mitgliedschaft der SPD getroffen.
Am 31. Dezember 1945 bildete Groß-Berlin sowohl verwaltungsmäßig, als auch hinsichtlich der Parteiorganisation der SPD eine Einheit. Berlin war in 20 Verwaltungsbezirke eingeteilt. Die Grenzen der SPD-Kreisorganisationen deckten sich mit denen der Verwaltungsbezirke.
Die Mitgliedschaft der SPD betrug in Groß-Berlin am 31. Dezember 1945 schätzungsweise 40 000 Mitglieder [3]. Es mußte deshalb eine repräsentative Auswahl unter den Mitgliedern getroffen werden. Dabei konnte aus den im sowjetischen Sektor von Berlin liegenden Verwaltungsbezirken kein Material herangezogen werden [4].
Die Entscheidung, welche SPD-Kreise untersucht werden sollten, hing aber vor allem davon ab, wie die Wohnbevölkerung der entsprechen-

---

der Öffentlichkeit die Bereitschaft der SPD in der sowjetischen Besatzungszone und Berlin mitteilte, auf die Vereinigung mit der KPD hinzuarbeiten. Vorher konnte die Öffentlichkeit annehmen, daß die Reserve, die von Grotewohl z. B. am 11. November 1945 gegenüber den Vereinigungswünschen der sowjetischen Besatzungsmacht und der KPD-Führung geäußert worden war, aufrechterhalten bliebe. — Zwischen Weihnachten und dem 31. Dezember sind — wennn überhaupt — nur sehr wenige Mitglieder neu aufgenommen worden.

3 Eine genaue Mitgliederzahl ist für Groß-Berlin nicht anzugeben. Bei dem Bezirksparteitag am 25. November 1945 wurde im Geschäftsbericht [Protokoll des Bezirksparteitages des Bezirksverbandes Berlin der SPD, 25. November 1945, S. 6; hekt.] die Mitgliederzahl Ende Oktober 1945 mit 55 000 beziffert. Bei der Urabstimmung der Mitglieder am 31. März 1946 wurden in den zwölf West-Berliner SPD-Kreisorganisationen 32 547 Mitglieder gezählt. Nach der Schätzung des damaligen Vorsitzenden des SPD-Kreises Prenzlauer Berg hat die Mitgliedschaft der acht SPD-Kreise im sowjetischen Sektor von Berlin 25 000 betragen [Mündliche Mitteilungen von W. Rüdiger, Mitglied des Berliner Abgeordnetenhauses, am 29. April 1955]. Dann ergäbe sich in Groß-Berlin Ende März 1946 eine Gesamtmitgliedschaft von etwa 50 000. Zieht man davon die wahrscheinlichen Zugänge im ersten Vierteljahr 1946 ab, gelangt man zu der Zahl von schätzungsweise 40 000 Mitgliedern. Es erscheint nicht ungewöhnlich, daß die Zahl der SPD-Mitglieder im November 1945 parteioffiziell zu hoch angegeben wurde, da zu jener Zeit die Zahl beim Vergleich mit der KPD eine besondere politische Rolle spielte.

4 Die Verwaltungsbezirke Friedrichshain, Mitte, Prenzlauer Berg, Treptow, Köpenick, Lichtenberg, Weißensee und Pankow hatten zwar bis 1961 SPD-Kreisorganisationen. Sie waren aber nicht mehr im Besitz der für diese Untersuchung notwendigen Unterlagen. Das trifft auch für einige SPD-Kreisorganisationen in West-Berlin zu.

den Verwaltungsbezirke zusammengesetzt war. Ihre Alters- und Sozialstruktur, zusammen mit anderen Merkmalen betrachtet [5], durften vom Durchschnitt Groß-Berlins nicht wesentlich abweichen, sollten die Ergebnisse der Untersuchung für ganz Berlin ohne größere Einschränkungen verallgemeinert werden dürfen.

Mit Hilfe des Statistischen Landesamtes Berlin konnte festgestellt werden, daß der Verwaltungsbezirk Tiergarten derjenige Bezirk ist, der 1945/46 nur relativ wenig, der Verwaltungsbezirk Wilmersdorf derjenige ist, der am meisten vom Berliner Durchschnitt abwich.

B. DIE WOHNBEVÖLKERUNG IN DEN GEBIETEN DER UNTERSUCHTEN KREISORGANISATIONEN DER SPD.

Die relativen Abweichungen vom Berliner Durchschnitt wurden errechnet nach den Ergebnissen der Volks- und Berufszählung vom 29. Oktober 1946 [6]. Es darf unterstellt werden, daß diese Ergebnisse nicht wesentlich von denen abwichen, die eine Volkszählung am 31. Dezember 1945 erbracht hätte [7].

Auch besitzt die „vorläufige" Zählung vom 12. August 1945 nur ungenügende statistische Sicherheit. Die Zählung vom 29. Oktober 1946 bietet dagegen die Möglichkeit, die in Berlin verwendete Grundlage bei späteren Analysen im heutigen Bundesgebiet zum Vergleich heranzuziehen [8].

Für die Berechnung der relativen Abweichungen wurden folgende Merkmale — getrennt für die männliche und die weibliche Wohnbevölkerung — untersucht:

1. Der Anteil der männlichen bzw. weiblichen Bevölkerung an der Wohnbevölkerung;
2. der Anteil der Bevölkerung im Alter von 45 Jahren und darüber an der Wohnbevölkerung;

---

[5] wie z. B. die konfessionelle Zusammensetzung, die Wohndichte etc.

[6] Veröffentlicht in: Berliner Statistik, Sonderheft 6, Die Ergebnisse der Volkszählung vom 29. Oktober 1946 für Groß-Berlin, hg. vom Statistischen Amt für Groß-Berlin, Oktober 1948; und: Berliner Statistik, Sonderheft 7, Die Ergebnisse der Berufszählung vom 29. Oktober 1946 für Groß-Berlin, hg. v. Hauptamt für Statistik, Berlin, Juni 1949.

[7] Berlin war durch Beschluß der Alliierten Kommandantur wegen der ernsten Versorgungs- und Wohnungssituation für jeden Zuzug, also auch für Flüchtlinge, gesperrt.

[8] Die Volkszählung am 29. Oktober 1946 wurde in allen vier Besatzungszonen Deutschlands und in Berlin durchgeführt.

3. der Anteil der Bevölkerung katholischer Konfession an der Wohnbevölkerung;
4. der Anteil der Bevölkerung ohne Konfession (Gemeinschaftslose) an der Wohnbevölkerung;
5. der Anteil der Selbständigen an der Wohnbevölkerung;
6. der Anteil der Arbeiter an der Wohnbevölkerung;
7. der Anteil der Erwerbspersonen an der Wohnbevölkerung;
8. der Anteil der Selbständigen Berufslosen (z. B. Rentner) an der Wohnbevölkerung.

Bei der Auswahl der Merkmale sind allgemein bekannte Erfahrungen und die Ergebnisse einer Stichproben-Untersuchung an der Mitgliedschaft einer Kreisorganisation zugrunde gelegt worden. Danach setzte sich die Mitgliedschaft der SPD überwiegend aus Personen männlichen Geschlechts zusammen. Auch überwogen die Mitglieder, die über 45 Jahre alt waren. In Wohngebieten (Verwaltungsbezirken) mit höherem Prozentsatz an Bevölkerung mit katholischer Konfession durfte angenommen werden, daß die Zahl der SPD-Mitglieder kleiner war als in denen mit geringerem Prozentsatz. Umgekehrt durfte vermutet werden, daß in Wohngebieten mit höherem Prozentsatz an Bevölkerung „ohne Konfession" die Zahl der SPD-Mitglieder größer war als in denen mit geringerem Prozentsatz; in der Zeit vor 1933 traten oft Mitglieder in die SPD ein, die vorher oder zur gleichen Zeit aus ihrer Kirchengemeinde ausgetreten waren, sich also zukünftig als „gemeinschaftslos" bezeichneten.

Für die Merkmale 5 und 6 wurden ähnliche Überlegungen angestellt. Die Zahl der SPD-Mitglieder eines Wohngebietes war wahrscheinlich dort kleiner, wo der Prozentsatz der „Selbständigen" an der Wohnbevölkerung höher als im Durchschnitt lag; umgekehrt war die Zahl der SPD-Mitglieder wahrscheinlich dort größer, wo auch der Prozentsatz der „Arbeiter" an der Wohnbevölkerung höher lag. Zur Ergänzung und zur Korrektur wurden die Merkmale 6 und 7 herangezogen, da die „Selbständigen" und die „Arbeiter" Kategorien der „Erwerbspersonen" sind, die „Selbständigen Berufslosen" dagegen eine Kategorie der „nicht erwerbstätigen" Bevölkerung darstellen.

Die Summen aller Abweichungen vom Berliner Durchschnitt, nach Verwaltungsbezirken berechnet, ergaben, daß der Verwaltungsbezirk Prenzlauer Berg — mit 5,9 % bei der männlichen, mit 8,0 % bei der weiblichen Wohnbevölkerung — die geringsten Abweichungen zeigte. Da der Verwaltungsbezirk Prenzlauer Berg aber im sowjetischen Sektor liegt, fiel er für die Untersuchung aus. Der Verwaltungsbezirk Tiergarten

(Britischer Sektor), der die nächstgeringe Summe von Abweichungen zeigte, blieb jedoch auch innerhalb der 10 %-Grenze, da die Abweichungen bei der männlichen Wohnbevölkerung 9,8 %, bei der weiblichen 10,0 % betrugen. Zudem hat der Verwaltungsbezirk Tiergarten den Vorteil, daß er hinsichtlich der absoluten Zahl der Wohnbevölkerung demjenigen Verwaltungsbezirk ähnlich war, der am meisten vom Berliner Durchschnitt abwich, nämlich Wilmersdorf mit 41,5 % bei der männlichen, 41,1 % bei der weiblichen Wohnbevölkerung.

An Wohnbevölkerung zählte man

im Verwaltungsbezirk Tiergarten	110 620 Personen,
im Verwaltungsbezirk Wilmersdorf	126 615 Personen.

Für die vorliegende Untersuchung können also die Ergebnisse aus dem Verwaltungsbezirk Tiergarten ohne größere Einschränkungen für Berlin verallgemeinert werden. Tiergarten war für die Berliner Situation 1945/46 ein „typischer" Verwaltungsbezirk, während der Verwaltungsbezirk Wilmersdorf als „a-typisch" bezeichnet werden kann[9]. Die Wilmersdorfer Ergebnisse, als Vergleich dargeboten, mögen verdeutlichen, wie sich die Zusammensetzung der SPD-Mitgliedschaft mit der Sozialstruktur der Wohnbevölkerung ändert.

Vergleicht man die Sozialstruktur der beiden Verwaltungsbezirke, so steht leider nur das für diesen Zweck sehr unvollkommene Material der Berufszählung vom 29. Oktober 1946 zur Verfügung. Dort ist „mittels der Gliederung der Erwerbspersonen nach der Stellung, in welcher sie ihren Beruf ausübten, oder, von der betrieblichen Seite her gesehen, nach der Stellung, die sie im Betrieb einnehmen", eine Unterscheidung getroffen, die „wesentliche Merkmale der sozialen Schichtung, wie Einkommen, Bildungsgrad usw." nicht ergeben[10]. Auch ist den jeweiligen Gruppen die Zahl ihrer berufslosen Angehörigen zugezählt, die von den Erwerbspersonen in der Gruppe ernährt werden[11].

Immerhin gibt ein Vergleich der Ergebnisse in Prozentzahlen ein Bild, in welcher Hinsicht sich die beiden Verwaltungsbezirke unterscheiden.

---

9 Dieses Begriffspaar wird im hier erläuterten Sinne in der folgenden Untersuchung beibehalten.

10 Berliner Statistik, Sonderheft 7 (Anm. 6) S. 5.

11 Das ist durchschnittlich ein Drittel jeder Gruppe.

Von der Wohnbevölkerung (= 100 %) waren

	Verwaltungsbezirk Tiergarten	Verwaltungsbezirk Wilmersdorf
I. Selbständige [12]	9,1	15,7
II. Mithelfende Familienangehörige	1,2	1,4
III. Angestellte [13]	21,8	32,9
IV. Arbeiter [14]	47,1	33,0
V. Selbständige Berufslose [15]	20,8	17,0
	100,0	100,0

---

12 Berliner Statistik, Sonderheft 7 (Anm. 6) S. 5: „In dieser Gruppe wurden alle Personen zusammengefaßt, die Eigentümer, Besitzer oder Inhaber eines Betriebes sind, und zwar ohne Rücksicht auf die Größe des Unternehmens, so daß also neben Eigentümern von Unternehmen mit Tausenden von Beschäftigten auch selbständige Geschäftsinhaber und Handwerksmeister mit wenigen Arbeitnehmern oder auch allein arbeitende Geschäftsinhaber und Handwerksmeister gezählt wurden. Neben dem Eigentümer gehört auch der Pächter in diese Gruppe, da er dem Eigentümer in wirtschaftlicher Beziehung sehr nahesteht, ferner alle selbständigen, freien Berufstätigen, wie Ärzte, Rechtsanwälte, Schriftsteller, Künstler usw.".

13 Berliner Statistik, Sonderheft 7 (Anm. 6) S. 5: „Zu den Angestellten rechneten 1946 ... sowohl die Angestellten in leitender als auch in nichtleitender Stellung. In dieser Gruppe ist auch die ... soziale Schicht der Beamten aufgegangen, da die Auflösung der beamtenrechtlichen Verhältnisse nach dem Zusammenbruch in Berlin diese zu Angestellten hat werden lassen. Die Grenze zwischen Angestellten und Arbeitern läßt sich von der beruflichen Seite allein nicht immer einwandfrei ziehen, da oft Berufe, insbesondere Berufe mit qualifizierter Tätigkeit, wie beispielsweise Handwerksmeister, in beiden sozialen Stellungen vorkommen können. Diese Personen wurden daher in der Regel nach der Stellung im Beruf so eingruppiert, wie sie sich selbst bezeichnet hatten ...".

14 Berliner Statistik, Sonderheft 7 (Anm. 6), S. 5: „Zu dieser weitaus größten sozialen Schicht zählten Lohnarbeiter, Gesellen, gewerbliche Lehrlinge, Heimarbeiter, Hausgewerbetreibende und Zwischenmeister. Hausangestellte wurden, so weit es sich nicht um qualifizierte Berufe, wie Wirtschafterin, Mamsell und dergl. handelte, den Arbeitern zugeordnet, auch wenn sie sich selbst als Angestellte bezeichnet hatten."

15 Berliner Statistik, Sonderheft 7 (Anm. 6), S. 5: „Bei den ‚Selbständigen Berufslosen' handelte es sich um Personen, die ohne einer Beschäftigung nachzu-

So unvollkommen diese Angaben auch sind, so läßt doch der Vergleich der Spalten I, III und IV der Tabelle einen eindeutigen Schluß zu. Die Arbeiter im Verwaltungsbezirk Tiergarten stellten gegenüber denen in Wilmersdorf einen wesentlich höheren Anteil an der Wohnbevölkerung. Dagegen war der Anteil der Angestellten und der Selbständigen im Verwaltungsbezirk Wilmersdorf wesentlich höher als der dieser Schichten in Tiergarten. Überspitzt formuliert, könnte man sagen, daß Tiergarten ein Bezirk mit „proletarischem Akzent“, Wilmersdorf ein Bezirk mit „bürgerlichem Akzent“ war [16].
Der Verwaltungsbezirk Tiergarten verlor im Zweiten Weltkrieg durch Luftangriffe und Kampfhandlungen das sogenannte „Hansa-Viertel“ vollständig und bestand 1945/46 im wesentlichen nur noch aus den Arbeitervierteln in Moabit und Plötzensee. In Grunewald, Schmargendorf und Wilmersdorf, die zusammen den Verwaltungsbezirk Wilmersdorf bilden, traten die größeren Kriegsschäden in den Stadtteilen ein, die von Arbeitern bewohnt waren. Dadurch verstärkte sich noch der oben angedeutete Akzent.
Schließlich zeigt sich die unterschiedliche Sozialstruktur der beiden Verwaltungsbezirke auch an der Wohndichte.

Sie betrug:

Verwaltungsbezirk	Wohnbevölkerung	Fläche in ha	Personen der Wohnbevölkerung je ha
Tiergarten	110 620	1 315,27	ca. 84
Wilmersdorf	126 115	3 447,38	ca. 40

---

gehen, entweder auf Grund irgendwelcher Rechtstitel Einkommen bezogen (Altenteiler, Rentenempfänger, Pensionäre) oder vom eigenen Vermögen lebten (Rentner) oder zu Lasten der Öffentlichkeit unterhalten wurden (Unterstützungsempfänger, Insassen von Versorgungs-, Wohltätigkeits-, Irren- und Siechenanstalten). Ferner gehörten zu den Selbständigen Berufslosen ‚nicht in ihrer Familie lebende Studierende und Schüler‘, Insassen von Haft- und Besserungsanstalten, sowie ... ‚selbständige Hausfrauen ohne Angabe einer Erwerbsquelle‘, deren Zahl sogar beträchtlich war (rund ein Viertel aller Selbständigen Berufslosen).“

16 Diese Begriffe werden in der Untersuchung nicht beibehalten und dürfen auch hier nur in diesem sehr eingeschränkten Sinne verstanden werden.

C. DAS MATERIAL UND DER ABLAUF DER UNTERSUCHUNG

Im SPD-Kreis Tiergarten gab es am 31. Dezember 1945 schätzungsweise 1200 Mitglieder[17]. An Aufnahme-Anträgen, die vor dem 31. Dezember 1945 ausgefüllt wurden, standen 1154 zur Verfügung. Davon konnten 12 für die Untersuchung nicht verwendet werden, weil sie keine Angaben über das Geburtsdatum der Aufnahmesuchenden enthielten. Mit 1142 Mitgliedern erfaßt die Untersuchung 96,0 % der schätzungsweise vorhandenen Mitgliedschaft am 31. Dezember 1945.

Im SPD-Kreis Wilmersdorf gab es am 31. Dezember 1945 an aufgenommenen Mitgliedern 791[18]. Da bei der Erhebung der Daten davon ausgegangen wurde, wann der Aufnahmeantrag gestellt wurde, sind 823 Aufnahmeanträge erfaßt worden, von denen 2 für die Untersuchung nicht verwendet werden konnten, weil sie keine Angabe über das Geburtsdatum der Aufnahmesuchenden enthielten. Mit 821 Mitgliedern sind 103,7% der Mitgliedschaft erfaßt worden, die dem Kreis-Kassierer am 31. Dezember 1945 bekannt war.

Die hier dargestellten Ergebnisse können nur für den Stichtag 31. Dezember 1945 verwendet werden. Das ergibt sich auch daraus, daß beispielsweise die Mitgliedschaft im Kreis Tiergarten der SPD Ende Mai 1956 ebenfalls ca. 1200 Personen umfaßte, aber von den hier genannten 1154 Mitgliedern nur noch 279 (= 24,2%) SPD-Mitglieder im Kreis Tiergarten waren.

Die Merkmale, nach denen die SPD-Mitgliedschaft untersucht wurde, sind von den Aufnahmeanträgen übernommen worden, die die Mitglieder bei ihrem Eintritt in die SPD ausfüllten. Folgende Merkmale wurden auf Zählkarten übertragen:

a) Name,

f) Mitgliedschaft in Parteien oder politischen Vereinigungen vor 1933,

---

[17] siehe hierzu die Anm. 3. Die Zahl von 1200 Mitgliedern ist unter den gleichen Einschränkungen zu betrachten, da nur die Angabe vom 31. März 1946 vorliegt. Zu diesem Zeitpunkt wurden für den Kreis Tiergarten 1500

b) Vorname,

c) Geschlecht,

d) Geburtsjahrgang,

e) Beruf,

Mitglieder angegeben.

[18] Niederschrift über die Sitzung des Kreisvorstandes am 8. Januar 1946, S. 3: Bericht des Kreiskassierers Naulin; unveröffentlichte Papiere des SPD-Kreises Wilmersdorf.

g) Status als Mitglied oder Funktionär in f),
h) Mitgliedschaft in Gewerkschaften oder gewerkschaftlichen Berufsverbänden vor 1933,
i) Eintrittsmonat in die SPD 1945.

Vollständige Sicherheit darf bei den Angaben zu den Merkmalen a, b, c und d) angenommen werden. Merkmal e) gibt den erlernten, den am längsten oder den zur Zeit des Aufnahmeantrages ausgeübten Beruf an. Die Verhältnisse im ersten Nachkriegsjahr lassen keine vollständige Sicherheit über die Angaben erwarten. Für die Merkmale f, g und h) darf unterstellt werden, daß sie mit großer Wahrscheinlichkeit zutreffen, da die Mitgliedschaft in einer dieser Organisationen — mit Ausnahme der NSDAP — oder der Status als Funktionär kein Kriterium für die Annahme oder Ablehnung des Aufnahmesuchenden gewesen sind. Der Prozentsatz der bewußt gefälschten Angaben dürfte deshalb gering sein, weil die Entscheidung über die Aufnahme eines Mitgliedes in der Regel vom kleinsten Organisationsverband, dem in Berlin sogenannten Unterbezirk, getroffen wurde, wo der Aufnahmesuchende wohnte und deshalb in den meisten Fällen persönlich bekannt war. Jedoch läßt sich, wie auch für das Merkmal i), keine vollständige Sicherheit behaupten.

Die Aufnahmeanträge wurden mir in den Kreissekretariaten der SPD in Berlin-Tiergarten und Berlin-Wilmersdorf zugänglich gemacht. Den Herren Genseke und Voß bin ich für ihre Hilfsbereitschaft besonders dankbar. Ferner habe ich den Herren Braune und Glowinsky vom Statistischen Amt Berlin für ihre Hilfe und ihre Ratschläge bei der Vorbereitung der Untersuchung zu danken, sowie Fräulein Gudrun Dietrich, Hamburg, die die Kontrollzählungen für die Auswertung vorgenommen hat.

DARSTELLUNG

I. DIE MITGLIEDSCHAFT NACH DEN DATEN DER AUFNAHMEANTRÄGE.

Am 31. August 1945 — zehn Wochen nach dem Beginn des Wiedergründungsprozesses der SPD am 17. Juni 1945 — hatten

im Kreis Tiergarten	569 Mitglieder,
im Kreis Wilmersdorf	316 Mitglieder

ihren Aufnahmeantrag gestellt.

Am 31. Dezember 1945 — 16 Wochen später — war die Zahl

im Kreis Tiergarten	um 573 Mitglieder,
im Kreis Wilmersdorf	um 505 Mitglieder gestiegen.

Von den 1963 Mitgliedern der beiden SPD-Kreise hatten also 885 (= 45,1%) ihre Mitgliedschaft schon in den ersten zehn Wochen nach dem Aufruf zur Wiedergründung beantragt. Getrennt nach Kreisen betrachtet, ist aber ein deutlicher Unterschied zu bemerken:

	Kreis Tiergarten	Kreis Wilmersdorf
Bis 31. August	569 (= 49,8%)	316 (= 38,5%)
1. Sept. bis 31. Dez.	573 (= 50,2%)	505 (= 61,5%)
	1142 (= 100,0%)	821 (= 100,0%)

E r g e b n i s :

Im Kreis Tiergarten traten in den ersten zehn Wochen ebensoviele Mitglieder der SPD bei wie in den folgenden sechzehn Wochen bis zum Jahresende 1945. Im Kreis Wilmersdorf dagegen überwogen die Eintritte in den sechzehn Wochen die des ersten Abschnitts von zehn Wochen im Verhältnis 6:4.

Am 31. Dezember 1945 kamen auf 10 000 Personen der Wohnbevölkerung an Mitgliedern der SPD

im Verwaltungsbezirk Tiergarten 103,
im Verwaltungsbezirk Wilmersdorf 65.

In beiden Kreisen blieb der Prozentsatz der SPD-Mitglieder an der Wohnbevölkerung wesentlich unter dem Prozentsatz von 1930, der sich für Groß-Berlin mit annähernd 184 SPD-Mitgliedern auf 10 000 Personen der Wohnbevölkerung berechnen läßt [19].

Der langsamere Start im „a-typischen" Verwaltungsbezirk kann wahrscheinlich auf die Sozialstruktur der Wohnbevölkerung zurückgeführt werden. Im „typischen" Verwaltungsbezirk Tiergarten traten der SPD nicht nur relativ mehr Mitglieder bei, sie taten das auch früher als im „a-typischen" Verwaltungsbezirk Wilmersdorf.

---

[19] Da 1930 keine Volkszählung stattgefunden hat, muß man von den Ergebnissen der Volkszählung von 1925 und 1933 ausgehen. Für die Wohnbevölkerung von Groß-Berlin ergibt sich in den acht Jahren von 1925 bis 1933 ein durchschnittlicher Zuwachs von 27 292 Personen pro Jahr. 1930 hat daher die Wohnbevölkerung von Groß-Berlin annähernd 4 160 625 Personen betragen. (Vgl. Statistik des Deutschen Reiches, Band 401, I — Volks-, Berufs- und Betriebszählung vom 16. Juni 1925 —, Berlin 1928, und Band 451, I — Volks-, Berufs- und Betriebszählung vom 16. Juni 1933 —, Berlin 1935). Im Jahre 1930 gibt die SPD für Groß-Berlin eine Mitgliederzahl von 76 886 an. (Vgl. Jahrbuch der deutschen Sozialdemokratie für das Jahr 1930, hgg. v. Vorstand der SPD, o. O., o. J. (Berlin 1931, S. 210.)

II. DIE MITGLIEDSCHAFT NACH DEN GESCHLECHTERN

Am 31. August 1945 verteilten sich die Geschlechter in den beiden Kreisen so:

	Kreis Tiergarten	Kreis Wilmersdorf
Männer	456 (= 80,1%)	262 (= 82,9%)
Frauen	113 (= 19,9%)	54 (= 17,1%)
	569 (= 100,0%)	316 (= 100,0%)

Am 31. Dezember 1945 ergab sich folgendes Bild:

	Kreis Tiergarten	Kreis Wilmersdorf
Männer	900 (= 78,8%)	664 (= 80,9%) =
Frauen	242 (= 21,2%)	157 (= 19,1%)
	1142 (= 100,0%)	821 (= 100,0%)

Obgleich ein hoher Prozentsatz der männlichen Bevölkerung noch evakuiert war oder sich im Gewahrsam der Besatzungsmächte befand — z. B. als Kriegsgefangene — und deshalb in der Wohnbevölkerung die Zahl der Frauen die der Männer durchschnittlich im Verhältnis 60 zu 40 übertraf, erreichte der Anteil der Frauen am 31. Dezember 1945 nur etwa 20% der Mitgliedschaft und blieb damit in beiden Kreisen unter dem Anteil der Frauen, den der Bezirksverband Berlin am 31. Dezember 1930 bekanntgab, nämlich 24,79%[20]. Der Unterschied wird besonders auffällig im Verwaltungsbezirk Wilmersdorf, wo zu berücksichtigen ist, daß in der Wohnbevölkerung 61,6% Frauen nur 38,4% Männern gegenüberstanden[21].

Ergebnis:

In den untersuchten Kreisorganisationen war etwa jedes fünfte Mitglied weiblichen Geschlechts. Am 31. Dezember 1945 kamen auf 10 000 weibliche Personen der Wohnbevölkerung an weiblichen Mitgliedern der SPD
im Verwaltungsbezirk Tiergarten 37,
im Verwaltungsbezirk Wilmersdorf 20.
In beiden Kreisen blieb der Prozentsatz der weiblichen SPD-Mitglieder an der Wohnbevölkerung weiblichen Geschlechts wesentlich unter dem Prozentsatz von 1930, der sich mit annähernd 81 weiblichen SPD-Mit-

---

[20] Jahrbuch der deutschen Sozialdemokratie für das Jahr 1930 (Anm. 19), S. 223.

[21] Berliner Statistik, Sonderheft 6, Die Ergebnisse der Volkszählung vom 29. Oktober 1946 für Groß-Berlin, hgg. v. Statistischen Amt für Groß-Berlin, Oktober 1948.

gliedern auf 10 000 weibliche Personen der Wohnbevölkerung berechnen läßt [22].

Im „typischen“ Verwaltungsbezirk lag der Anteil der Frauen an der SPD-Mitgliedschaft geringfügig höher als im „a-typischen“, sowohl bezogen auf die Mitgliedschaft in der SPD wie auf die Wohnbevölkerung. In beiden Kreisen stieg dabei der Anteil der Frauen an der Mitgliedschaft gleichmäßig an.

III. DIE MITGLIEDSCHAFT NACH DEN ALTERSGRUPPEN

Für die Gliederung der Mitgliedschaft nach Altersgruppen spielt die Einteilung nach Geschlechtern keine wesentliche Rolle und braucht deshalb hier nicht berücksichtigt zu werden.

Die folgenden Tabellen Nr. 1 a und Nr. 1 b geben die absoluten und die Prozentzahlen der Mitgliedschaft, die Tabellen Nr. 1 c und Nr. 1 d geben die absoluten und die Prozentzahlen der Wohnbevölkerung der entsprechenden Verwaltungsbezirke nach den Altersgruppen [23]. Die beiden Schaubilder stellen die absoluten Zahlen graphisch dar. Hier sind die Anteile der Altersgruppen in der Wohnbevölkerung in Hunderten eingetragen — zum Beispiel:

Kreis Tiergarten, Altersgruppe 41 — 45 Jahre, SPD-Mitgliedschaft am 31. August 71 Mitglieder, am 31. Dezember 153 Mitglieder; Anteil der Wohnbevölkerung 10 855 Personen. Vergleicht man die SPD-Mitgliedschaft mit der Wohnbevölkerung, so zeigt sich, daß in dieser Altersgruppe mehr Mitglieder in der SPD zu finden sind, als nach dem Umfang dieser Altersgruppe in der Wohnbevölkerung zu erwarten wäre. Mit anderen Worten: die beiden Schaubilder geben die Alterspyramide sowohl der SPD-Mitgliedschaft als auch — in relativer Verkürzung — die der Wohnbevölkerung.

---

22 Diese Angabe stützt sich wie in Anmerkung 19 auf die Ergebnisse der Volkszählungen von 1925 und 1933, sowie auf die Mitgliederzahl, die das Jahrbuch der deutschen Sozialdemokratie (Anm. 19), S. 223 angibt.

23 Vgl. Berliner Statitsik, Sonderheft 6 (Anm. 3). Die Altersgruppen wurden jeweils um ein Jahr zurückgerechnet, so daß sie als Annäherungswerte für den 29. Oktober 1945 gelten können. Annäherungswerte sind sie deshalb, weil bei dieser Umrechnung die Abgänge (durch Tod oder Umzug) und die Zugänge (durch Zuzug nach Berlin — s. Anm. 7 der Einleitung —) unberücksichtigt bleiben mußten.

Die Mitgliedschaft nach Altersgruppen

Tabelle Nr. 1a

Absolute Zahlen

Alter in Jahren	Kreis Tiergarten 31. Aug.	Kreis Tiergarten 31. Dez.	Wilmersdorf Kreis 31. Aug.	Wilmersdorf Kreis 31. Dez.
81 — 82	2	2	—	—
76 — 80	5	9	3	8
71 — 75	19	30	9	13
66 — 70	38	55	21	47
61 — 65	70	125	40	71
56 — 60	95	176	58	140
51 — 55	82	158	48	128
46 — 50	64	153	42	122
41 — 45	71	153	43	109
36 — 40	58	116	26	96
31 — 35	31	84	19	50
26 — 30	16	38	3	14
21 — 25	11	28	4	19
18 — 20	7	15	—	4
	569	1 142	316	821

Tabelle Nr. 1b

Prozentzahlen

81 — 82	0,4	0,2	—	—
76 — 80	0,9	0,8	0,95	1,0
71 — 75	3,4	2,6	2,8	1,6
66 — 70	6,7	4,8	6,6	5,7
61 — 65	12,3	10,9	12,7	8,6
56 — 60	16,7	15,4	18,4	17,05
51 — 55	14,4	13,8	15,2	15,6
46 — 50	11,2	13,4	13,3	14,85
41 — 45	12,5	13,4	13,6	13,3
36 — 40	10,2	10,2	8,2	11,7
31 — 35	5,4	7,4	6,0	6,1
26 — 30	2,8	3,3	0,95	1,7
21 — 25	1,9	2,5	1,3	2,3
18 — 20	1,2	1,3	—	0,5
	100,00	100,00	100,00	100,00

Die Wohnbevölkerung nach Altersgruppen

Tabelle Nr. 1c

Absolute Zahlen

Alter in Jahren	Verw. Bez. Tiergarten	Verw. Bez. Wilmersdorf
81 — 82	255	274
76 — 80	1 328	1 374
71 — 75	2 936	3 004
66 — 70	4 984	5 941
61 — 65	6 717	8 464
56 — 60	9 036	10 887
51 — 55	9 751	12 192
46 — 50	10 284	12 454
41 — 45	10 855	12 229
36 — 40	10 533	11 945
31 — 35	8 162	9 611
26 — 30	4 516	5 538
21 — 25	5 068	6 647
18 — 20	2 843	3 873
	87 268	104 430

Tabelle Nr. 1d

Prozentzahlen

81 — 82	0,3	0,3
76 — 80	1,5	1,3
71 — 75	3,4	2,9
66 — 70	5,7	5,7
61 — 65	7,7	8,1
56 — 60	10,3	10,4
51 — 55	11,2	11,7
46 — 50	11,8	11,9
41 — 45	12,4	11,7
36 — 40	12,1	11,4
31 — 35	9,3	9,2
26 — 30	5,2	5,3
21 — 25	5,8	6,4
18 — 20	3,3	3,7
	100,0	100,0

KREIS TIERGARTEN

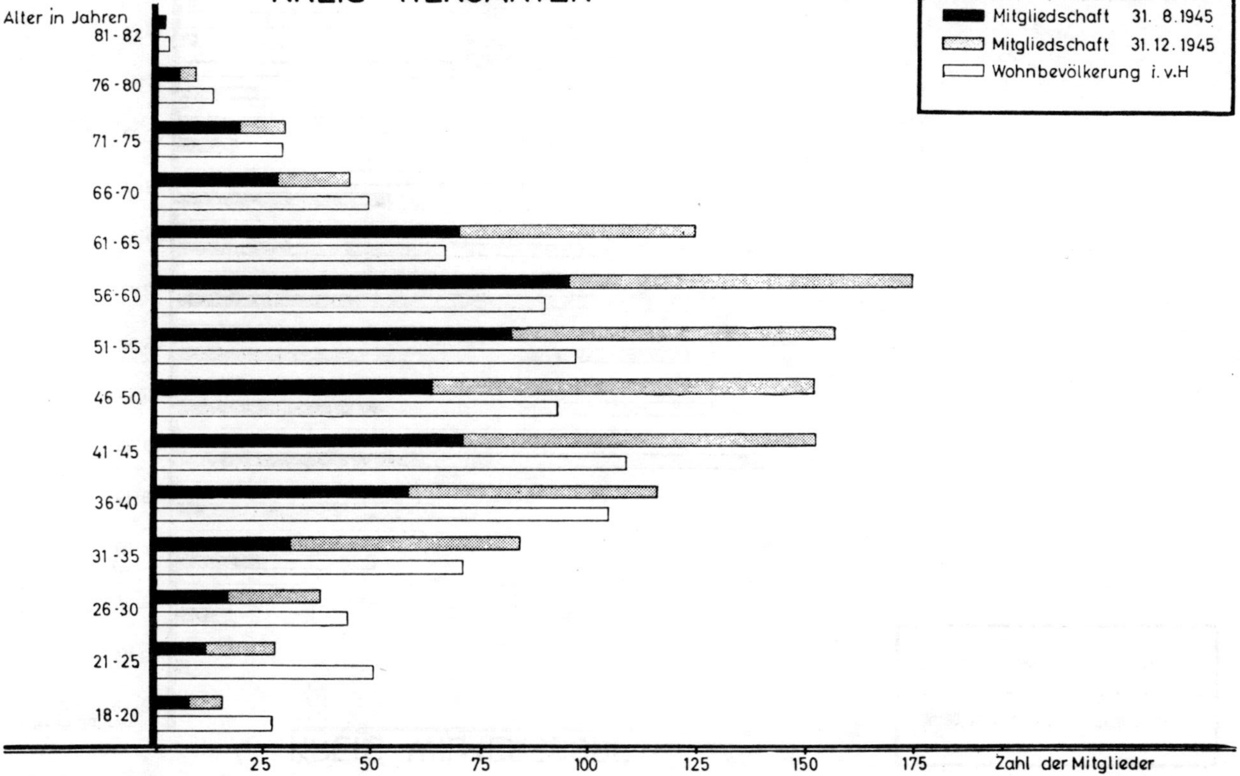

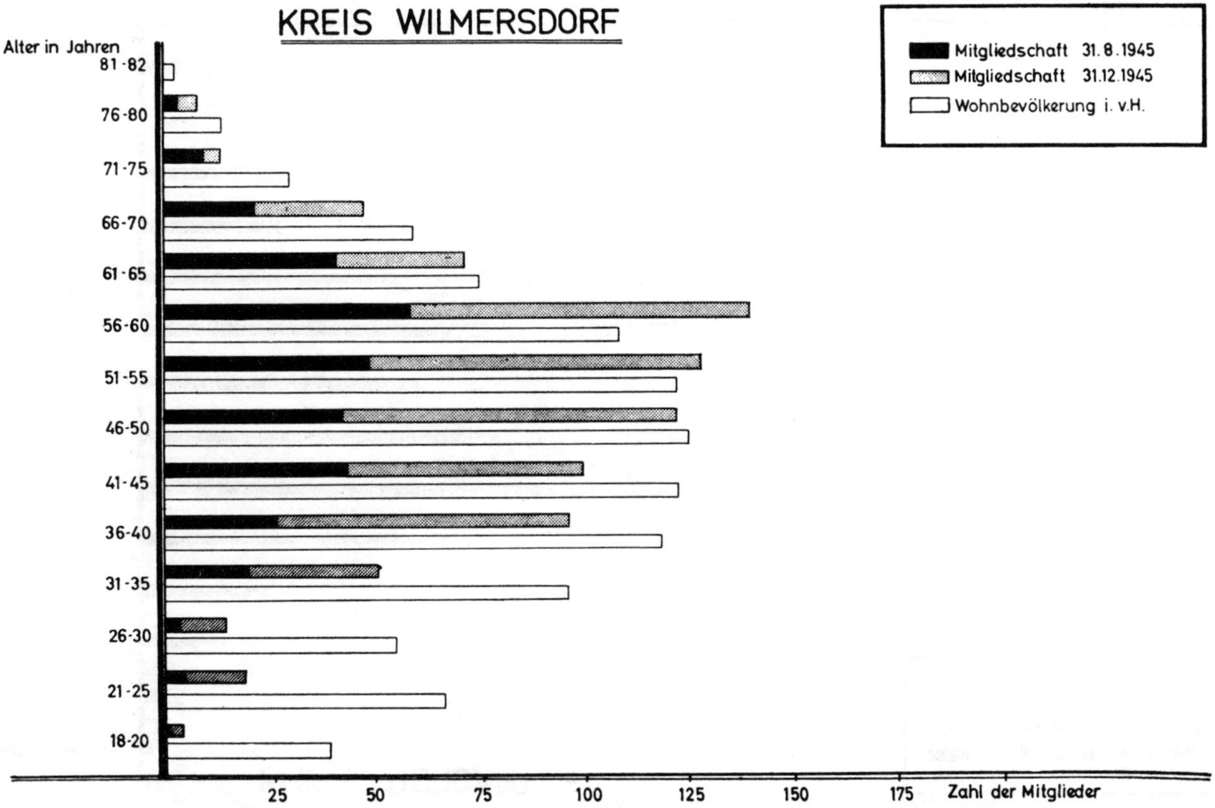

KREIS WILMERSDORF
Alter in Jahren
81-82
76-80
71-75
66-70
61-65
56-60
51-55
46-50
41-45
36-40
31-35
26-30
21-25
18-20
Mitgliedschaft 31.8.1945
Mitgliedschaft 31.12.1945
Wohnbevölkerung i. v.H.
25
50
75
100
125
150
175
Zahl der Mitglieder

Faßt man die Gliederung nach Altersgruppen in Prozentzahlen zu drei Gruppen zusammen, so ergibt sich folgendes Bild:

Die Mitgliedschaft nach drei Altersgruppen

Tabelle Nr. 2a

Kreis Tiergarten

Alter in Jahren	Mitgliedschaft der SPD 31. Aug.	31. Dez.	Verw. Bez. Tiergarten Wohnbevölkerung
61 — 82	23,7	19,3	18,6
41 — 60	54,8	56,0	45,8
18 — 40	21,5	24,7	35,6
	100,00	100,00	100,00

Tabelle Nr. 2b

Kreis Wilmersdorf

			Verw. Bez. Wilmersdorf Wohnbevölkerung
61 — 82	23,05	16,9	18,3
41 — 60	60,5	60,8	45,7
18 — 40	16,45	22,3	36,0
	100,00	100,00	100,00

Faßt man die Gliederung nach Altersgruppen in Prozentzahlen zu nur zwei Gruppen zusammen, so ergibt sich folgendes Bild:

Die Mitgliedschaft nach zwei Altersgruppen

Tabelle Nr. 3a

Kreis Tiergarten

46 — 82	65,9	62,0	51,8
18 — 45	34,1	38,0	48,2
	100,00	100,00	100,00

Tabelle Nr. 3b

Kreis Wilmersdorf

46 — 82	69,9	64,4	52,3
18 — 45	30,1	35,6	47,7
	100,00	100,00	100,00

E r g e b n i s :
In der Altersstruktur weichen die beiden SPD-Kreise nur unwesentlich voneinander ab. Etwa jedes fünfte Mitglied war älter als 60 Jahre. Es war also noch im Kaiserreich erwachsen geworden und hatte seine politische Bewußtseinsbildung schon in der Zeit vor dem ersten Weltkrieg entwickelt. Mehr als die Hälfte der Mitglieder — zwischen 55 und 61 Prozent — waren 41 — 60 Jahre alt. Sie hatten noch bewußt die Weimarer Republik miterlebt, die meisten von ihrem Beginn an.
Vergleicht man die Prozentzahlen innerhalb der Altersgruppen bei den Daten, so zeigt sich eine gewisse Tendenz zur Verjüngung in der Mitgliedschaft. Aber auch am 31. Dezember 1945 waren durchschnittlich von zehn Sozialdemokraten sechs über 45 Jahre alt, während vier 45 Jahre alt und jünger waren.
Dabei muß auch hier berücksichtigt werden, daß ein beträchtlicher Prozentsatz der männlichen Bevölkerung Ende 1945 noch evakuiert war oder sich im Gewahrsam der Besatzungsmächte befand. Im wesentlichen waren das Männer im Alter zwischen 18 und 45 Jahren, die deshalb noch gar nicht der SPD oder einer anderen Partei in Berlin beitreten konnten. Nichtsdestoweniger gewinnt das Altersverhältnis in der SPD-Mitgliedschaft noch besondere Bedeutung, wenn man berücksichtigt, wie sich das Alter der Mitglieder zum Prozentsatz verhält, zu dem sie vor 1933 schon in der SPD organiseirt waren [24].
Über die Alterszusammensetzung in der Zeit vor 1933 gibt wieder das Jahrbuch der deutschen Sozialdemokratie für das Jahr 1930 [25] Auskunft. Von zehn Sozialdemokraten waren 1930 etwa vier älter als 45 Jahre, während etwa sechs 45 Jahre alt oder jünger waren. Das Altersverhältnis hat sich also — so betrachtet — zwischen 1930 und 1945 genau umgekehrt.
Vergleicht man die Altersgruppen der Mitgliedschaft mit denen der Wohnbevölkerung, so wird deutlich, daß aus der Gruppe der 18—45-jährigen ein wesentlich kleinerer Anteil, aus der Gruppe der 45 — 82 jährigen ein bemerkenswert größerer Anteil in der SPD-Mitgliedschaft zu finden war, als es nach der Struktur der Wohnbevölkerung zu erwarten gewesen wäre. Die Tabellen Nr. 2 a und Nr. 2 b zeigen, daß bei den 41 — 60jährigen der Anteil in der SPD-Mitgliedschaft den in der Wohnbevölkerung um 10 bis 15 Prozent überwiegt. Dabei klafften die Altersstrukturen von SPD-Mitgliedschaft und Wohnbevölkerung im

[24] Siehe dazu den nächsten Abschnitt S. 319 ff.
[25] (Anm. 19), S. 195.

„typischen" Verwaltungsbezirk Tiergarten weniger weit auseinander, als im „a-typischen" Verwaltungsbezirk Wilmersdorf.

IV. DIE MITGLIEDSCHAFT NACH DER ORGANISATIONSZUGEHÖRIGKEIT VOR 1933

a) Zugehörigkeit zu Parteien und politischen Vereinigungen vor 1933.

1. Allgemeine Darstellung.

Nach den Angaben über die Zugehörigkeit zu Parteien und politischen Vereinigungen vor 1933, die die Mitglieder beim Eintritt in die SPD gemacht haben, lassen sich folgende Gruppen unterscheiden:

I. Mitglied der SPD schon vor 1918 und bis 1933,
II. Mitglied der SPD seit 1918 oder später und bis 1933,
III. Mitglied der SPD vor 1933, ohne besondere Angabe des Eintritts- oder Austrittsdatums.
IV. Mitglied der SPD vor 1933, aber nicht bis 1933,
V. Mitglied sozialdemokratischer Vereine (wie Sozialistische Arbeiterjugend, Rote Falken, Arbeitersportbund etc.), aber nicht der SPD, (Gewerkschaften sind hier nicht berücksichtigt!)
VI. Mitglied anderer politischer Parteien oder politischer Vereinigungen, außer der SPD (wie Deutsche Demokratische Partei, Kommunistische Partei Deutschlands, Deutsche Zentrumspartei etc.) (Gewerkschaften sind hier nicht berücksichtigt!)
VII. Keine Angaben oder keine Mitgliedschaft in Parteien oder politischen Vereinigungen.

Sofern ein Mitglied mehrere Angaben hierzu machte, ist zuerst nach der SPD-Zugehörigkeit gegliedert worden. Gehörte ein Mitglied der SPD und z. B. dem Arbeitersportbund an, wurde es nur unter „Mitglied der SPD vor 1933 ..." gezählt. Gehörte ein Mitglied der SPD und dem Reichsbanner an, wurde es ebenfalls nur unter „Mitglied der SPD vor 1933 ..." gezählt. Bei der Zugehörigkeit zu anderen Parteien und z. B. dem Reichsbanner wurde es nur als „Mitglied anderer Parteien ..." gezählt.
Bei der Betrachtung der Zugehörigkeit zu Parteien oder politischen Vereinigungen vor 1933 treten keine bezeichnenden Unterschiede zwischen den Geschlechtern auf. Deshalb wird auch hier die Gesamtmitgliedschaft dargestellt.

Die Mitgliedschaft nach der Zugehörigkeit zu Parteien oder politischen Vereinigungen vor 1933

Tabelle Nr. 4a

Organisations-zugehörigkeit	Kreis Tiergarten 31. Aug.	Kreis Tiergarten 31. Dez.	Kreis Wilmersdorf 31. Aug.	Kreis Wilmersdorf 31. Dez.
I. Vor 1918 bis 1933	39	79	30	57
II. Nach 1918 bis 1933	45	130	118	216
III. Allgemein „vor 1933“	229	280	27	71
IV. Vor 1933 aber nicht bis 1933	11	30	26	46
V. Sozialdem. Vereinigg.	16	44	6	21
VI. And. Part. u. polit. Vereinigg.	22	48	4	25
VII. Keine Angaben	207	531	105	385
	569	1 142	316	821

Tabelle Nr. 4b

Prozentzahlen

I. Vor 1918 bis 1933	6,9	6,9	9,5	6,9
II. Nach 1918 bis 1933	7,9	11,4	37,4	26,3
III. Allgemein „vor 1933“	40,2	24,5	8,5	8,7
IV. Vor 1933 aber nicht bis 1933	1,9	2,6	8,2	5,6

Organisations- zugehörigkeit	Kreis Tiergarten 31. Dez.	31. Aug.	Kreis Wilmersdorf 31. Dez.	31. Aug.
V. Sozialdem. Vereinigg.	2,8	3,9	1,9	2,6
VI. And. Part. u. polit. Vereinigg.	3,9	4,2	1,3	3,0
VII. Keine Angaben	36,4	46,5	33,2	46,9
	100,0	100,0	100,0	100,0

Bedeutende Unterschiede in den Prozentverhältnissen zeigen sich nur in den Spalten II, III und IV. Es ist mit hoher Wahrscheinlichkeit anzunehmen, daß die Unterschiede sich daraus erklären, mit welcher Sorgfalt die Angaben vom Antragsteller gemacht worden sind [26]. Dafür spricht auch, daß die Zusammenfassung der Spalten I bis V einerseits, der Spalten VI und VII andererseits die Unterschiede aufhebt. Die Zusammenfassung ergibt dieses Bild:

Die Mitgliedschaft nach der Zugehörigkeit zur SPD oder zu sozialdemokratischen Vereinigungen vor 1933

Tabelle Nr. 5

Prozentzahlen

I. SPD	59,7	49,3	65,5	50,1
II. Nicht SPD	40,3	50,7	34,5	49,9
	100,0	100,0	100,0	100,0

Bei Tabelle Nr. 5 muß berücksichtigt werden, daß in Spalte I auch diejenigen Mitglieder erfaßt worden sind, die nicht der SPD, wohl aber sozialdemokratischen Vereinigungen angehörten. Ihre Zahl ist, wie die Tabellen Nr. 4 a und Nr. 4 b zeigen, so gering, daß sie keine bedeutenden Unterschiede hervorrufen. Zudem waren die meisten der ehemaligen Angehörigen sozialdemokratischer Vereinigungen Mitglieder in den Jugendorganisationen und konnten ihres jugendlichen Alters wegen vor

[26] Im Kreis Tiergarten haben es allein 73 Prozent der Mitglieder der Berufskategorie I — siehe unten S. 333 —, die der SPD vor 1933 angehört haben, mit der sehr allgemein gehaltenen Feststellung „vor 1933" bewenden lassen.

1933 noch gar nicht der SPD angehören. Sie in die Gruppe „SPD" einzubeziehen, ist deshalb gerechtfertigt.

2 Die Mitglieder der nicht-sozialdemokratischen Parteien und politischen Vereinigungen vor 1933.

In Tabelle Nr. 5 sind in der Spalte II auch diejenigen Mitglieder der SPD erfaßt, die vor 1933 einer anderen Partei oder politischen Vereinigung angehörten. Die folgende Tabelle gibt nach dem Stand vom 31. Dezember 1945 die absoluten Zahlen von Mitgliedern, aufgeteilt nach den Parteien und politischen Vereinigungen, denen die Mitglieder vor 1933 angehörten.

Die Mitgliedschaft nach der Zugehörigkeit zu anderen Parteien und politischen Vereinigungen als der SPD vor 1933

Tabelle Nr. 6

Organisations-zugehörigkeit	Kreis Tiergarten	Kreis Wilmersdorf
I. Bündische Jugend	—	1
II. Deutsche Dem. Partei	—	7
III. Deutsche Volkspartei	—	1
IV. Kommunistische Partei Deutschlands	25	4
V. Kommunistische Jugend	7	1
VI. Nationalliberale Partei	1	—
VII. Paneuropa-Partei	1	—
VIII. Reichsbanner	3	6
IX. Reichspartei des deutschen Mittelstandes	—	1
X. Unabhängige Sozial-dem. Partei Deutschlands	9	2
XI. Sozialistische Arbeiterpartei (SAP)	2	—
XII. Deutsche Zentrumspartei	—	2
	48	25

Die soziologische Struktur der beiden Verwaltungsbezirke mag sich darin spiegeln, daß im Kreis Tiergarten etwa die Hälfte der Mitglieder dieser Gruppe aus der KPD, im Kreis Wilmersdorf etwa die Hälfte aus den „bürgerlichen" Parteien der Weimarer Zeit kam. Man darf jedoch nicht übersehen, daß die ganze Gruppe — soweit sie durch ihre eigenen Angaben zu erfassen ist — von der Gesamtmitgliedschaft nur 4,2 Prozent (in Tiergarten), 3,0 Prozent (in Wilmersdorf) ausmachte. Daß sie einen nennenswerten Einfluß auf die SPD-Mitgliedschaft hätte ausüben können, ist sehr unwahrscheinlich.
Es wird daher erlaubt sein, die Mitgliedschaft der SPD in den beiden Kreisen am 31. Dezember 1945 in die beiden umfassenden Kategorien „ehemalige Mitglieder" und „neue Mitglieder" einzuteilen, wie es schon Tabelle Nr. 5 zeigt.

3. Die Funktionäre unter den Mitgliedern der SPD vor 1933.

Unter den „Ehemaligen" stellten diejenigen Mitglieder eine besondere Gruppe dar, die angaben, vor 1933 eine Funktion in der SPD bekleidet zu haben. Es ging aus den Aufnahmeanträgen nicht hervor, welche Funktion die Mitglieder hatten und wie lange sie sie ausgeübt haben. Es darf aber angenommen werden, daß sie zum größten Teile eine ehrenamtliche Funktion im unmittelbaren Wohngebiet hatten und wenig Gelegenheit besaßen, in Einzelfragen die Politik der Gesamtpartei direkt zu beeinflussen. Das schließt aber die lokale Bedeutung dieser Gruppe nicht aus, die die aller anderen Gruppen innerhalb der Gesamtmitgliedschaft übertraf, zumal wenn ehemalige Funktionäre nach 1945 wieder eine Funktion in der SPD übernahmen, was nicht selten der Fall war. Die Sachkenntnis im Organisatorischen, die Personenkenntnis und oftmals die Vertrautheit mit den Funktionären der anderen Kreisorganisationen sicherten ihnen ein größeres Gewicht als anderen Mitgliedern. Tabelle Nr. 7 läßt die zahlenmäßige Bedeutung dieser Gruppe erkennen.

Die Funktionäre unter den „ehemaligen" Mitgliedern der SPD

Tabelle Nr. 7

Absolute und Prozentzahlen

	Kreis Tiergarten 31. Aug.	Kreis Tiergarten 31. Dez.	Kreis Wilmersdorf 31. Aug.	Kreis Wilmersdorf 31. Dez.
I. Absolute Zahl	86	114	27	68
II. Prozentzahl der Gesamtmitgliedschaft	15,1%	10,0%	8,5%	8,3%
III. Prozentzahl der „ehemaligen" Mitglieder	26,3%	22,0%	13,9%	17,4%

Nach Tabelle Nr. 7 betrug der Anteil der ehemaligen Funktionäre an der Gesamtmitgliedschaft vom 31. Dezember 1945 etwa zehn Prozent. Bedeutungsvoller ist die Tatsache, daß zu diesem Zeitpunkt im „typischen" Verwaltungsbezirk jedes fünfte „ehemalige" Mitglied ein Funktionär der SPD von vor 1933 war. Im „a-typischen" Verwaltungsbezirk ist der Prozentsatz kleiner.

Die zahlenmäßige Begrenztheit dieser Gruppe erlaubt keine weitere statistische Analyse, aber es mag noch hinzugefügt werden, daß — nach einer hier nicht tabellierten Untersuchung — mehr als drei Viertel der ehemaligen Funktionäre älter als 45 Jahre waren, d. h. über zehn Prozent mehr als in der Gesamtmitgliedschaft. Das höhere Alter der ehemaligen Funktionäre ist leicht erklärlich. Mit einer Funktion wurden meist nur die Mitglieder betraut, die durch längere Mitgliedschaft ihre Zuverlässigkeit bewiesen hatten; das setzte schon ein durchschnittlich höheres Lebensalter voraus. Aber die prägende Bedeutung dieser Gruppe in der politischen Struktur und im Erscheinungsbild der Parteiorganisation nach 1945 wuchs damit weiter an.

4. Die Mitgliedschaft nach der Zugehörigkeit zur SPD vor 1933 und nach den Altersgruppen.

Analysiert man die Mitgliedschaft der beiden SPD-Kreise nach den Kriterien „Alter" und „Mitgliedschaft in der SPD vor 1933", so kann man in vereinfachter Darstellung vier Gruppen bilden:

a) Mitglieder **über** 45 Jahre alt, die vor 1933 der SPD angehörten,
b) Mitglieder **bis** 45 Jahre alt, die vor 1933 der SPD angehörten,
c) Mitglieder **über** 45 Jahre alt, die vor 1933 der SPD **nicht** angehörten,
d) Mitglieder **bis** 45 Jahre alt, die vor 1933 der SPD **nicht** angehörten.

Das Schema sieht dann so aus:

	über 45 J.	bis 45 J.
SPD	a	b
Nicht SPD	c	d

Nach diesem Schema ergibt sich folgendes Bild

Absolute Zahlen — Kreis Tiergarten

	31. Aug. über 45 J.	31. Aug. bis 45 J.		31. Dez. über 45 J.	31. Dez. bis 45 J.	
(SPD)	258	82	(= 569)	412	151	(=1142)
(Nicht)	117	112		296	283	

Prozentzahlen

	31. Aug. über 45 J.	31. Aug. bis 45 J.		31. Dez. über 45 J.	31. Dez. bis 45 J.	
(SPD)	45,3	14,4	(= 100,0%)	36,1	13,2	(= 100,0%)
(Nicht)	20,6	19,7		25,9	24,8	

Absolute Zahlen — Kreis Wilmersdorf

	31. Aug. über 45 J.	31. Aug. bis 45 J.		31. Dez. über 45 J.	31. Dez. bis 45 J.	
(SPD)	156	53	(= 316)	293	118	(= 821)
(Nicht)	65	42		236	174	

Prozentzahlen

	31. Aug. über 45 J.	31. Aug. bis 45 J.		31. Dez. über 45 J.	31. Dez. bis 45 J.	
(SPD)	49,4	16,8	(= 100,0%)	35,7	14,4	(= 100,0%)
(Nicht)	20,5	13,3		28,7	21,2	

Ergebnis:

„Ehemalige“ Mitglieder und „neue“ Mitglieder standen sich in den beiden SPD-Kreisen am 31. Dezember 1945 etwa 50:50 gegenüber. Am

31. August jedoch überwogen die „ehemaligen" Mitglieder in der Mitgliedschaft noch beträchtlich. Im „typischen" Verwaltungsbezirk Tiergarten erreichte die SPD Ende August 1945 schon etwa 40 Prozent „neue" Mitglieder, während es im „a-typischen" Verwaltungsbezirk Wilmersdorf nur etwa 34 Prozent waren [27]. Aber die Entwicklung bis zum Jahresende 1945 hob diese Unterschiede auf.
Bei den „ehemaligen" Mitgliedern war natürlicherweise der Prozentsatz derjenigen höher, die über 45 Jahre alt waren. Am höchsten war er bei den „ehemaligen" Funktionären, die etwa zehn Prozent der Gesamtmitgliedschaft stellten. Die über 45jährigen „ehemaligen Mitglieder" bildeten am 31. August über die Hälfte, am 31. Dezember immer noch ein reichliches Drittel der Mitgliedschaft, d. h. die stärkste der vier oben dargestellten Gruppen. Da ein sehr hoher Prozentsatz der „ehemaligen" Mitglieder auch den Gewerkschaften vor 1933 angehörte [28], wog diese Gruppe in der politischen Struktur der Mitgliedschaft besonders schwer.

IV. b. Zugehörigkeit zu Gewerkschaften vor 1933.

1. Allgemeine Darstellung.

Nach den Angaben über Gewerkschaftszugehörigkeit auf den Aufnahmeanträgen lassen sich folgende Gruppen in der Mitgliedschaft der SPD-Kreise unterscheiden [29].

I. Mitglied eines Verbandes im Allgemeinen Deutschen Gewerkschaftsbund (freigewerkschaftlich), kurz: ADGB;
II. Mitglied eines Verbandes im Allgemeinen freien Angestelltenbund (freigewerkschaftlich), kurz: Afa-Bund; oder im Allgemeinen Deutschen Beamtenbund (freigewerkschaftlich), kurz: ADB;
III. Mitglied einer anderen Gewerkschaft, also nicht „freigewerkschaftlich" organisiert;

---

[27] Vgl. das Ergebnis des Abschnittes I, S. 310.

[28] Vgl. unten S. 331 f.

[29] Die Angaben wurden nach Gesichtspunkten gegliedert, die sich aus zwei Veröffentlichungen gewinnen ließen:
a) Internationales Handwörterbuch des Gewerkschaftswesens, hg. v. Ludwig Heyde, 2. Bde., Berlin 1931/32;
b) Jahrbuch der Berufsverbände in Deutschland, bearbeitet im Statistischen Reichsamt, in: 52. Sonderheft zum Reichsarbeitsblatt, hg. v. Reichsarbeitsministerium, Berlin 1930.

IV. Mitglied einer Gewerkschaft, aber ohne Bezeichnung, welcher Gruppe [30];

V. In keiner Gewerkschaft organisiert; keine Angabe.

Die Zugehörigkeitsquote zu den Gewerkschaften vor 1933 unterscheidet sich bei den beiden Geschlechtern sehr beträchtlich. Deshalb zeigen die Tabellen Nr. 8a und Nr. 8b, wieviele der weiblichen Mitglieder angaben, daß sie vor 1933 gewerkschaftlich organisiert waren. Die Tabellen Nr. 9a und Nr. 9b geben Aufschluß, wieviele der männlichen Mitglieder angaben, daß sie vor 1933 gewerkschaftlich organisiert waren. In beiden Fällen sind die Gruppen I bis IV der obigen Aufstellung zusammengefaßt.

Die weibliche Mitgliedschaft der SPD nach der Zugehörigkeit zu den Gewerkschaften vor 1933

Tabelle Nr. 8a

Absolute Zahlen

Organisations-zugehörigkeit	Kreis Tiergarten 31. Aug.	Kreis Tiergarten 31. Dez.	Kreis Wilmersdorf 31. Aug.	Kreis Wilmersdorf 31. Dez.
I. Gewerkschaftlich organisiert	38	68	9	34
II. Gewerkschaftlich nicht organisiert	75	174	45	123
	113	242	54	157

Tabelle Nr. 8b

Prozentzahlen

Organisations-zugehörigkeit	Kreis Tiergarten 31. Aug.	Kreis Tiergarten 31. Dez.	Kreis Wilmersdorf 31. Aug.	Kreis Wilmersdorf 31. Dez.
I. Gewerkschaftlich organisiert	33,6	28,1	16,7	21,7
II. Gewerkschaftlich nicht organisiert	66,4	71,9	83,3	78,3
	100,0	100,0	100,0	100,0

30 Bei diesen Mitgliedern ist häufig anzunehmen, daß sie einer „freien" Gewerkschaft angehört haben, aber diese Angabe nicht für erforderlich hielten. Die Annahme stützt sich auf den hohen Prozentsatz dieser Mitglieder, die angaben, vor 1933 auch der SPD angehört zu haben.

Die männliche Mitgliedschaft der SPD nach der Zugehörigkeit zu den Gewerkschaften vor 1933

Tabelle Nr. 9a

Absolute Zahlen

Organisations-zugehörigkeit	Kreis Tiergarten 31. Aug.	Kreis Tiergarten 31. Dez.	Kreis Wilmersdorf 31. Aug.	Kreis Wilmersdorf 31. Dez.
I. Gewerkschaftlich organisiert	311	577	147	365
II. Gewerkschaftlich nicht organisiert	145	323	115	299
	456	900	262	664

Tabelle Nr. 9b

Prozentzahlen

Organisations-zugehörigkeit	Kreis Tiergarten 31. Aug.	Kreis Tiergarten 31. Dez.	Kreis Wilmersdorf 31. Aug.	Kreis Wilmersdorf 31. Dez.
I. Gewerkschaftlich organisiert	68,2	64,1	56,1	55,0
II. Gewerkschaftlich nicht oranisiert	31,8	35,9	43,9	45,0
	100,0	100,0	100,0	100,0

Von den weiblichen Mitgliedern haben nur etwa ein Drittel (in Tiergarten) bzw. ein Fünftel (in Wilmersdorf) angegeben, daß sie vor 1933 gewerkschaftlich organisiert waren. Eine Einzeluntersuchung der Frage, zu welcher Gewerkschaftsgruppe die weiblichen Mitglieder gehört haben, ließe zu kleine Häufigkeiten entstehen, um noch einer statistischen Auswertung zugänglich zu sein. Deshalb scheiden hier die weiblichen SPD-Mitglieder aus der weiteren Betrachtung aus.

Bei den männlichen Mitgliedern soll dagegen zuerst analysiert werden, zu welcher Gewerkschaftsgruppe sie angaben, gehört zu haben; sodann soll dargestellt werden, wie sich bei ihnen die Zugehörigkeit zu den Gewerkschaften anteilmäßig zur Zugehörigkeit zur SPD vor 1933 verhielt.

2. *Die männliche Mitgliedschaft der SPD nach der Zugehörigkeit zu den verschiedenen Gewerkschaftsgruppen vor 1933*

Tabelle Nr. 10a
Absolute Zahlen

Organisationszugehörigkeit [31]	Kreis Tiergarten 31. Aug.	Kreis Tiergarten 31. Dez.	Kreis Wilmersdorf 31. Aug.	Kreis Wilmersdorf 31. Dez.
I. ADGB	216	410	71	186
II. Afa-Bund u. ADB	56	83	43	90
III. Sonstige Gewerkschaften	22	47	22	68
IV. Unklar, welche Gewerkschaft	17	37	11	21
V. Keiner Gewerkschaft	145	323	115	299
	456	900	262	664

Tabelle Nr. 10b
Prozentzahlen

Organisationszugehörigkeit [32]	Kreis Tiergarten 31. Aug.	Kreis Tiergarten 31. Dez.	Kreis Wilmersdorf 31. Aug.	Kreis Wilmersdorf 31. Dez.
I. ADGB	47,4	45,6	27,1	28,0
II. Afa-Bund u. ADB	12,3	9,2	16,4	13,6
III. Sonstige Gewerkschaften	4,8	5,2	8,4	10,2
IV. Unklar, welche Gerwerkschaft	3,7	4,1	4,2	3,2
V. Keine Gewerkschaft	31,8	35,9	43,9	45,0
	100,0	100,0	100,0	100,0

3. *Die männliche Mitgliedschaft nach der Zugehörigkeit zu Gewerkschaften und zur SPD vor 1933.*

Analysiert man die männliche Mitgliedschaft der SPD-Kreise nach der Zugehörigkeit zur SPD vor 1933 und zu den Gewerkschaften vor 1933, so kann man in vereinfachter Darstellung vier Gruppen bilden:

---

[31] Genaue Bezeichnung der Gruppen siehe S. 326 f.

[32] Genaue Bezeichnungen siehe S. 326 f.

a) Mitglieder in der SPD und in den Gewerkschaften,
b) Mitglieder in der SPD, aber nicht in den Gewerkschaften,
c) Mitglieder, nicht in der SPD, wohl aber in den Gewerkschaften,
d) Mitglieder weder in der SPD, noch in den Gewerkschaften.

Das Schema sieht dann so aus:

		SPD ja	SPD nein
Gewerkschaften	ja	a	b
	nein	c	d

Nach diesem Schema ergibt sich folgendes Bild:

	31. Aug.			31. Dez.		
Absolute Zahlen				Kreis Tiergarten		
	SPD			SPD		
	ja	nein		ja	nein	
Gew. ja	227	84	(= 456)	362	215	(= 900)
Gew. nein	49	96		85	238	
Prozentzahlen						
Gew. ja	49,8	18,4	(= 100,0%)	40,2	23,9	(= 100,0%)
Gew. nein	10,8	21,0		9,4	26,5	

	31. Aug.			31. Dez.		
Absolute Zahlen				Kreis Wilmersdorf		
	SPD			SPD		
	ja	nein		ja	nein	
Gew. ja	116	31	(= 262)	231	134	(= 664)
Gew. nein	59	56		94	205	
Prozentzahlen						
Gew. ja	44,3	11,8	(= 100,0%)	34,8	20,2	(= 100,0%)
Gew. nein	22,5	21,4		14,1	30,9	

4. *Die männliche Mitgliedschaft nach der Zugehörigkeit zu einzelnen Verbänden der „freien" Gewerkschaften vor 1933.*

Die unterschiedliche Zusammenstezung der Mitgliedschaft der beiden Kreise ist auch an den Angaben abzulesen, die die Mitglieder über ihre Zugehörigkeit zu den Verbänden der „freien" Gewerkschaften machten. Dem als besonders radikal bekannten Deutschen Metallarbeiter-Verband (im ADGB) vor 1933 angehört zu haben, gaben am 31. Dezember an

im Kreis Tiergarten	163 Mitglieder,
im Kreis Wilmersdorf	61 Mitglieder.

Bezogen auf alle männlichen Mitglieder, die angaben, vor 1933 gewerkschaftlich organisiert gewesen zu sein, sind das

im Kreis Tiergarten	28,2 Prozent,
im Kreis Wilmersdorf	16,7 Prozent.

Bezogen auf alle männlichen Mitglieder der Gesamtmitgliedschaft sind das

im Kreis Tiergarten	18,1 Prozent,
im Kreis Wilmersdorf	9,2 Prozent.

Für die Mitglieder, die angaben, vor 1933 dem Afa-Bund oder dem Allgemeinen Deutschen Beamtenbund (ADB) angehört zu haben, ergibt sich für die beiden SPD-Kreise das entsprechend umgekehrte Bild:
von 664 männlichen Mitgliedern im Kreis Wilmersdorf gehörten 13,6 Prozent, von den 900 männlichen Mitgliedern im Kreis Tiergarten gehörten 9,2 Prozent dem Afa-Bund oder dem Allgemeinen Deutschen Beamtenbund an [33].

Ergebnis:

Die SPD-Mitglieder, die angaben, vor 1933 den Gewerkschaften angehört zu haben, lassen sich statistisch nicht als Einheit behandeln. Während bei den Frauen nur etwa ein Viertel ehemalige Gewerkschaftsangehörigkeit angaben, waren es bei den Männern mehr als die Hälfte — bis zu zwei Dritteln. Von der weitaus überwiegenden Zahl der ehemaligen Gewerkschaftsmitglieder wurde angegeben, daß sie einer der sogenannten „freien" Gewerkschaften angehörten, also im ADGB, im Afa-Bund oder im ADB organisiert gewesen waren.

Die verschiedene soziologische Struktur der beiden untersuchten Verwaltungsbezirke läßt sich deutlich an den Prozentzahlen der Gewerkschaftszugehörigkeit ablesen. Das gilt sowohl für die Zugehörigkeitsquote an sich, wie für die Gruppe der Gewerkschaft, in der die Mitglieder anga-

---

33 Vgl. Tabelle Nr. 10 b, S. 329.

ben, organisiert gewesen zu sein. Im „typischen“ Verwaltungsbezirk Tiergarten stellten die Metallarbeiter einen beträchtlichen Prozensatz, während es im „a-typischen“ Verwaltungsbezirk Wilmersdorf die Angestellten und die Beamten waren.

Zwischen dem 31. August und dem 31. Dezember fiel der Prozentsatz derjenigen an der Gesamtmitgliedschaft, die angaben, vor 1933 der SPD und den Gewerschaften angehört zu haben. Das traf auch für diejenigen Mitglieder zu, die zwar der SPD, nicht aber den Gewerkschaften angehört hatten. Dementsprechend stieg der Prozentsatz derjenigen Mitglieder an der Mitgliedschaft, die nur den Gewerkschaften vor 1933 angehört und derjenigen, die weder den Gewerkschaften, noch der SPD vor 1933 angehört hatten. Am 31. Dezember 1945 überwog also in der männlichen Mitgliedschaft der Prozentsatz der Mitglieder, die angaben, vor 1933 den Gewerkschaften angehört zu haben, denjenigen, der die Mitgliedschaft in der SPD oder in sozialdemokratischen Vereinigungen angegeben hatte.

Erst weniger als ein Drittel der männlichen Mitgliedschaft stellten am 31. Dezember 1945 diejenigen, die weder der SPD noch den Gewerkschaften angehört hatten. Durch den hohen Prozentsatz von weiblichen Mitgliedern, die vor 1933 nicht gewerkschaftlich organisiert waren, wird dieses Bild verändert. Doch zeigt eine hier nicht tabellierte Untersuchung, daß unter Einschluß der weiblichen Mitgliedschaft die Gruppe der vor 1933 weder in der SPD, noch in den Gewerkschaften Organisierten im Kreis Tiergarten nur 29,8 Prozent, im Kreis Wilmersdorf 33,0 Prozent der Gesamtmitgliedschaft stellte. Mithin gehörten etwa zwei Drittel der Mitgliedschaft der beiden SPD-Kreise am 31. Dezember 1945 der SPD, den Gewerkschaften oder der SPD und den Gewerkschaften vor 1933 an.

V. DIE MITGLIEDSCHAFT NACH DEN BERUFSANGABEN.

1. Allgemeine Darstellung.

Bekanntlich läßt sich die Frage nach der sozialen Schichtung nicht allein nach den Berufsangaben einer Personengruppe beantworten. Bei der hier untersuchten Gruppe treten noch die Schwierigkeiten hinzu, die in der Einleitung genannt wurden [34]. Es muß deshalb darauf verzichtet werden, Aussagen darüber zu machen, ob die untersuchten SPD-Kreisorganisationen das Bild einer „Arbeiter-Partei“ oder einer anderen sozial

[34] siehe S. 305 ff.

typisierten Partei boten. Diese Begriffe sind ohnehin von der modernen Soziologie als relativ unbrauchbar erkannt worden.
Versucht man trotz der ungünstigen Voraussetzungen, die angegebenen Berufe zu ordnen, so ergeben sich folgende Kategorien:
Berufskategorie I (Arbeiter): Hier sind Handwerker- und Handarbeiterberufe zusammengefaßt, wie Bautischler, Dreher, Fräser, Maschinenschlosser, Steinsetzer, Zimmerer etc.; bei den Frauenberufen: Anlegerin, Montiererin, Putzfrau, Verkäuferin etc. Dabei mußte unberücksichtigt bleiben, ob es sich um Wochenlohn- oder Gehaltsempfänger handelte. Es ist nicht ausgeschlossen, daß ein Teil der in dieser Gruppe zusammengefaßten Personen im Angestelltenverhältnis stand, und daß ein kleiner Prozentsatz der Handwerker auch selbständig war.
Berufskategorie II (Meister): Hier sind alle Personen zusammengefaßt, die in ihrer Berufsangabe mitteilten, daß sie „Meister" waren, wie Bäkker-, Buchdrucker-, Friseur-, Montage-, Schneider-, Werkmeister etc. Ausgenommen sind nur die Baumeister (Berufskategorie IV) und diejenigen, die ausdrücklich angaben, selbständig zu sein. Ob es sich bei dieser Kategorie um Arbeiter im Sinne der Kategorie I, um Angestellte oder Selbständige handelte, läßt sich nicht entscheiden. Die Berufskategorie II (Meister) kommt nur bei den männlichen Personen vor; von den 399 Frauen der beiden SPD-Kreise hat keine einen „Meister"-Beruf angegeben.
Berufskategorie III (Angestellte): Hier sind neben der großen Zahl von Personen, deren Berufsbezeichnung den Begriff des Angestellten in irgendeinem Zusammenhang enthält, wie Bank-, Büro-, Versicherungs-, Verwaltungsangestellter ect. die Personen zusammengefaßt, deren Berufe sich mit jener Gruppe vergleichen lassen, wie Bahnhofskassierer, Betriebsassistent, Feuerwehrbeamter, Lokomotivführer, Polizei-Inspektor, Revisor, Steuersekretär etc.; bei den Frauenberufen: Chemisch-technische Assistentin, Kindergärtnerin, Kontoristin, Krankenschwester, Stenotypistin etc.
Berufskategorie IV (Selbständige, Freie Berufe, Leitende Angestellte und Höhere Beamte): Diese am wenigsten homogene Gruppe umfaßt alle Berufe, die nicht typische Arbeiter- oder Angestelltenberufe sind. Außer den Personen, die angaben, selbständig zu sein oder einen „freien Beruf" zu haben, wie Architekt, Arzt, Fabrikant, Journalist, Künstler, Makler, Rechtsanwalt, Verleger etc., sind auch die Berufe hier eingegliedert, die in ihrer gesellschaftlichen oder betrieblichen Funktion leitende, lehrende oder beratende Aufgaben erfüllen, wie Direktoren, Geschäftsführer, Betriebsleiter, Lehrer, Prokuristen etc. Schließlich sind alle Berufsangaben

erfaßt, die von Ingenieuren und Kaufleuten gemacht wurden, da bei ihnen nicht zu entscheiden ist, ob sie Angestellte oder Selbständige waren.
Berufskategorie V (Hausfrauen, Rentner, ohne Angaben): Hier sind fast 40 Prozent aller weiblichen Mitglieder, aber nur knapp 3 Prozent aller männlichen erfaßt. Während bei den Männern nur diejenigen hier gezählt wurden, die angaben, Invaliden, Pensionäre, Rentner etc. gewesen zu sein, sind bei den Frauen auch die Angaben „Ehefrau" und „Hausfrau" hier eingegliedert.
Der Versuch, allein nach Berufsangaben zu kategorisieren, wird immer einen hohen Unsicherheitsfaktor enthalten. Die wahrscheinlichen Fehler werden aber in ihrer Auswirkung durch die große Häufigkeit der „richtig" eingestuften Berufsangaben abgeschwächt, so daß es doch möglich erscheint, aus einer vorsichtigen Analyse bestimmte Akzente und Tendenzen abzulesen.
Die Tabellen Nr. 11 a und Nr. 11 b geben die absoluten und die Prozentzahlen der einzelnen Berufsgruppen, wie sie sich nach dem oben beschriebenen Kategorisierungsversuch ergeben haben.

Die Mitgliedschaft nach Berufsangaben

Tabelle Nr. 11a

Absolute Zahlen

	Kreis Tiergarten		Kreis Wilmersdorf	
Berufskategorie	31. Aug.	31. Dez.	31. Aug.	31. Dez.
I	242	507	76	200
II	25	48	9	26
III	151	317	81	232
IV	85	146	122	289
V	66	124	28	74
	569	1 142	316	821

Tabelle Nr. 11b

Prozentzahlen

I	42,5	44,4	24,1	24,4
II	4,4	4,2	2,8	3,1
III	26,5	27,8	25,6	28,3

Berufskategorie	Kreis Tiergarten 31. Aug.	31. Dez.	Kreis Wilmersdorf 31. Aug.	31. Dez.
IV	14,9	12,8	38,6	35,2
V	11,6	10,8	8,9	9,0
	100,0	100,0	100,0	100,0

Vergleicht man die Prozentzahlen in den beiden Kreisen, so wird auch bei dieser mit großen Unsicherheitsfaktoren rechnenden Untersuchung deutlich, daß im „typischen" Verwaltungsbezirk Tiergarten die stärkste Mitgliedergruppe aus der Berufsgruppe I (Arbeiter) kam. Im „a-typischen" Verwaltungsbezirk Wilmersdorf gehörte dagegen die stärkste Mitgliedergruppe der Berufskategorie IV (Selbständige etc.) an.
Stellt man die hier gefundenen Ergebnisse im für Berlin „typischen" Verwaltungsbezirk Tiergarten den Ergebnissen einer Berufsstatistik gegenüber, die das Jahrbuch der deutschen Sozialdemokratiee für das Jahr 1930 [35] anführt, so ergibt sich folgendes Bild:

Tabelle Nr. 11c
Prozentzahlen

Berufskategorie	Kreis Tiergarten 31. Dez. 1945	SPD-Jahrbuch 1930
I und II	48,6	59,5
III	27,8	10,0
IV	12,8	13,4
V	10,8	17,1
	100,0	100,0

Einen wesentlichen Zuwachs hat offenbar die Berufskategorie III (Angestellte) erfahren, während der Anteil der Kategorien I und II (Arbeiter und „Meisterberufe") um 11 Prozent, der Kategorie V (Hausfrauen) um 6 Prozent gefallen ist.
Auch dann, wenn man diesen Zahlenvergleich mit der größten Vorsicht anstellt, kann man die genannten Veränderungen mit den Verschiebungen erklären, die häufig in der modernen Industriegesellschaft anzutreffen sind. Eine steigende Zahl von ehemaligen Arbeitern wächst im Laufe

35 (Anm. 19), S. 194.

der Jahre in das Angestelltenverhältnis hinein. Dieser Prozeß spiegelt sich auch hier wider. Gleichzeitig öffnen sich Angestelltenberufe — besonders im Nachkriegs-Berlin von 1945, verglichen mit dem Krisenjahr 1930 — für eine steigende Zahl von Frauen, die unter den früheren wirtschaftlichen und sozialen Verhältnissen als Hausfrauen arbeiteten.
Die einzig stabil scheinende Zahl ist die der Berufskategorie IV, die 1930 mit 13,4 Prozent, 1945 mit 12,8 Prozent erscheint. Diese bemerkenswerte Kontinuität legt die Frage nahe, ob und wie sich denn 1945 die „neuen" und die „ehemaligen" Mitglieder hinsichtlich ihres prozentualen Verhältnisses in den Berufskategorien unterscheiden. Darauf antwortet der nächste Abschnitt.

2. *Die Mitgliedschaft nach den Berufskategorien und der Organisationszugehörigkeit vor 1933.*

Zerlegt man die Berufskategorien nach der Organisationszugehörigkeit der Mitglieder vor 1933, so ergeben sich die Tabellen Nr. 12 a und Nr. 12 b. Dabei sind hier nur die Anteile der Mitgliedschaft aufgeführt worden, die angaben, vor 1933 der SPD oder sozialdemokratischen Vereinen einerseits, gewerkschaftlichen Organisationen andererseits angehört zu haben. Die nicht tabellierten Anteile stellen nur die Ergänzungen auf 100 Prozent dar.

Die Mitgliedschaft nach Berufskategorien und nach Organisationszugehörigkeit vor 1933

Tabelle Nr. 12a

Absolute Zahlen — Kreis Tiergarten

Berufskategorie	31. Dez. 1945 Mitglieder insgesamt	davon vor 1933 SPD	davon vor 1933 Gewerkschaften
I	507	246	331
II	48	30	30
III	317	142	182
IV	146	71	67
V	124	74	35
Zusammen:	1 142	563	645

Absolute Zahlen	Kreis Wilmersdorf		
	31. Dez. 1945	davon vor 1933	
Berufskategorie	Mitglieder insgesamt	SPD	Gewerkschaften
I	200	97	132
II	26	13	15
III	232	112	122
IV	289	150	109
V	74	39	21
Zusammen:	821	411	399

Tabelle Nr. 12b

Prozentzahlen	Kreis Tiergarten		
	31. Dez. 1945	davon vor 1933	
Berufskategorie	Mitglieder insgesamt	SPD	Gewerkschaften
I	100,0	48,4	65,3
II	100,0	62,5	62,5
III	100,0	44,8	57,4
IV	100,0	48,6	45,9
V	100,0	59,7	28,2
Zusammen:	100,0	49,3	56,8

Prozentzahlen	Kreis Wilmersdorf		
	31. Dez. 1945	davon vor 1933	
Berufskategorie	Mitglieder insgesamt	SPD	Gewerkschaften
I	100,0	48,5	66,0
II	100,0	50,0	57,7
III	100,0	48,3	53,0
IV	100,0	51,9	37,7
V	100,0	52,7	28,4
Zusammen:	100,0	50,1	48,6

Die beiden Tabellen Nr. 12 a und Nr. 12 b machen deutlich, daß sich innerhalb der Berufskategorien I, III und IV die Anteile der „ehemaligen" SPD-Mitglieder nicht wesentlich unterscheiden. Bei der Berufs-

kategorie II (Meister) scheint der erhöhte Anteil der „ehemaligen" SPD-Mitglieder die bekannte Tatsache zu bestätigen, daß die SPD in der qualifizierten und Facharbeiterschaft eine besonders zuverlässige Mitgliedergruppe besitzt, die auch zu einem über dem Durchschnitt liegenden Prozentsatz der SPD nach der Wiedergründung 1945 wieder beitrat. Eine Erklärung für den erhöhten Anteil „ehemaliger" Mitglieder in der Berufskategorie V (Hausfrauen, Rentner etc.) zu geben, ist ohne weitere Analysen nicht möglich. Allenfalls könnte hier eine Befragung der Mitgliedschaft weiterhelfen, die aber nicht angestellt werden konnte. Vermutlich ergäbe sie, daß ein hoher Prozentsatz der „Ehefrauen" und „Hausfrauen" mit Sozialdemokraten verheiratet waren und nun, gemeinsam mit ihren Ehemännern, der SPD wieder beitraten.
Die Prozentsätze der Gewerkschaftszugehörigkeit vor 1933 sinken bezeichnenderweise von Berufskategorie I bis V [36]. Es war zu erwarten, daß die Prozentzahl der ehemaligen Gewerkschaftsangehörigen in der Berufskategorie IV (Selbständige etc.) kleiner war als in den Kategorien I bis III. Daß die Berufskategorie V (Hausfrauen, Rentner etc.) einen noch kleineren Prozentsatz aufweist, liegt wohl daran, daß die Frauen, die den größten Anteil der in dieser Berufskategorie gezählten Personen stellen, vor 1933 — wie schon gezeigt — gewerkschaftlich weniger zahlreich organisiert waren.

Ergebnis:

Ein direkter Vergleich der hier gewonnenen Ergebnisse mit denen der Volks- und Berufszählung [37] ist angesichts der verschiedenen Zählweisen nicht erlaubt. Es darf aber gesagt werden, daß die Akzente, die in den beiden Verwaltungsbezirken hinsichtlich der sozialen Schichtung festgestellt wurden, sich in der SPD-Mitgliedschaft wiederfinden. Offenbar sinkt mit dem Anteil der Arbeiter an der Wohnbevölkerung auch der Anteil der Arbeiter an der SPD-Mitgliedschaft. Umgekehrt steigt der Anteil der anderen Berufskategorien an der SPD-Mitgliedschaft mit dem Steigen dieser Kategorien in der Wohnbevölkerung. Eine genaue Angabe über den Steigerungskoeffizienten ist an Hand des vorliegenden Materials nicht möglich.
Die Analyse der Mitgliedschaft vom 31. Dezember 1945 nach den Berufs-

---

[36] Hier zeigt die Tabelle indirekt, daß die aufgestellten Berufskategorien in den meisten Fällen den tatsächlichen Berufsverhältnissen, wie sie zur Zeit der Aufnahme in die SPD 1945 vorlagen, entsprechen.
[37] Siehe S. 306 der Einleitung.

angaben und der Organisationszugehörigkeit vor 1933 ergibt, daß sich in den einzelnen Berufskategorien die „ehemaligen" und die „neuen" Mitglieder der SPD etwa im Verhältnis 50:50 gegenüberstanden. Das entspricht dem Verhältnis, das bei der Untersuchung der Mitgliedschaft nach der Organisationszugehörigkeit vor 1933 ohne Berücksichtigung der Berufsangaben schon gefunden wurde.

Sofern man die Berufsangabe als ein vages Kriterium für die soziale Struktur der SPD-Mitgliedschaft gelten läßt, und sofern man die hier verwendeten Berufskategorien mit denen der Berufsstatistik im Jahrbuch der deutschen Sozialdemokratie für das Jahr 1930 für vergleichbar hält, kann man sagen, daß sich der Anteil der Arbeiter, der „Meisterberufe" und der Hausfrauen zwischen 1930 und 1945 zugunsten des Anteils der Angestellten in der SPD-Mitgliedschaft verrringert hat. Während in diesen Jahren der prozentuale Anteil der Angestellten gewachsen ist, ist der Anteil der Selbständigen, der Freien Berufe, der leitenden Angestellten und höheren Beamten annähernd gleich geblieben. Für den „a-typischen" Verwaltungsbezirk Wilmersdorf läßt sich diese Angabe nicht machen, da für ihn kein vergleichbares Zahlenmaterial vorliegt. Die Feststellungen über den Vergleich zwischen 1930 und 1945 gelten nur für den „typischen" Verwaltungsbezirk Tiergarten, der in dieser Untersuchung für Groß-Berlin am 31. Dezember 1945 steht.

Verzeichnisse

VERZEICHNIS DER BENUTZTEN ARCHIVE

A. Archive der SPD:

1. Archiv des SPD-Parteivorstandes, Bonn (Abkürzung: PVA).
   Für die vorliegende Untersuchung wurde der Briefwechsel des „Büro Dr. Schumacher", des „Büro der Westzonen" und des Parteivorstandes der SPD der Jahre 1945 und 1946 benutzt.
   Die wichtigsten Briefe wurden von mir fotokopiert und blattweise mit den Nummern „001" — „933" versehen. Sofern Briefe oder Dokumente zitiert wurden, die nicht fotokopiert worden sind, wurde die Akte angegeben, in der die Quelle zu finden ist, z. B. „Akte Korrespondenz England 1945". Das gilt vor allem für die Quellen aus dem Personenarchiv des SPD-Parteivorstandes, abgekürzt: PVA-Personenarchiv.
2. Archiv des SPD-Landesverbandes Bayern.
3. Archive der SPD-Kreisorganisationen in
   a) Berlin-Charlottenburg,
   b) Berlin-Neukölln,
   c) Berlin-Spandau,
   d) Berlin-Tiergarten,
   e) Berlin-Wilmersdorf,
   f) Berlin-Zehlendorf.
4. Archiv der SPD-Landesorganisation Hamburg.
5. Archiv des SPD-Unterbezirks Frankfurt/M.

B. Zeitungsarchive:

1. Frankfurter Rundschau, Frankfurt/M.
2. Hannoversche Presse, Hannover.
3. Telegraf, Berlin-Grunewald.

C. Privatarchive:

1. Fritz Arend, Hannover.
2. Erich Arp, Hamburg.
3. Karl Drott, Offenbach/M.
4. Willi Eichler, Bonn.
5. Willi Elsner, Hamburg.
6. Karl J. Germer, Berlin.
7. Frau K. Hart-Plume, Wedel/Holstein.
8. Fritz Heine, Bonn.
9. Hellmut Kalbitzer, MdB., Hamburg.
10. Gustav Klingelhöfer, Berlin.
11. Günter Markscheffel, Bonn.
12. Fritz Neubecker, Berlin.
13. Franz Neumann, MdB., Berlin.
14. Frau Annemarie Renger, MdB., Bad Godesberg.
15. Karl Selle, Berlin.
16. Ernst Teßloff, Hamburg.
17. Franz Ulrich, Frankfurt/M.

D. Andere Archive:

1. Forschungsstelle für Berliner Nachkriegsgeschichte, Berlin-Dahlem.
2. Political Affairs Division, US Mission, Berlin.
3. Staatsarchiv Hamburg.

QUELLEN

A. Verzeichnis der zitierten Briefe und Rundschreiben:

(Die Briefe sind alphabetisch nach dem Namen des Absenders geordnet; mehrere Briefe des gleichen Absenders werden in der alphabetischen Reihenfolge der Empfänger genannt. Jedem Brief ist die Nummer der Anmerkung beigefügt, in der er mit vollständiger Quellenangabe zitiert wurde.)

Alliierte Kommandantur, Berlin, an Germer, Berlin, am 31. Mai 1946. — Anm. 618.

Arp, Elmshorn, an Schumacher, Hannover, am 8. Oktober 1945. — Anm. 372.

Brandt, Braunschweig, an Schumacher, Hannover, am 8. Oktober 1945. — Anm. 340.

Dahrendorf, Berlin, an Buch, Regensburg, am 9. Januar 1946. — Anm. 484.

Denker, Stuttgart, an Schumacher, Hannover, am 8. August 1945. — Anm. 258; am 27. September 1945. — Anm. 285.

Eichler, o. O. (Raum Hannover), an Vogel, London, am 23. August 1945. — Anm. 210.
Etzkorn, Frankfurt/M., an Schumacher, Hannover, ohne Datum. — Anm. 275.
Gayk, Kiel, an Schumacher, Hannover, am 21. Januar 1946. — Anm. 501.
Gniffke, Berlin, an SPD-Kreisvorstand Berlin-Zehlendorf, am 21. August 1945. — Anm. 353.
ders., Weilburg/Lahn, an SPD-Parteivorstand, Hannover, am 19. Mai 1949. — Anm. 433.
Gneß, Düsseldorf, an Schumacher, Hannover, am 25. September 1945. — Anm. 232; am 28. September 1945. — Anm. 244.
Grotewohl, Berlin, an Germer, Berlin, am 16. Juli 1945. — Anm. 407.
Grzesinski, Elmshurst L. I. (USA), an Vogel, London, am 29. Juli 1945. — Anm. 194.
Heine, Hannover, an Müller, Holzminden, am 4. April 1946. — Anm. 678.
Kalbitzer, Hamburg, an Eichler, London, am 16. Juli 1945. — Anm. 102; am 1. August 1945. — Anm. 107.
Kappius, Bochum, an Kriedemann, Hannover, am 16. Oktober 1945. — Anm. 390; am 7. Februar 1946. — Anm. 494.
Klingelhöfer, Berlin, an Grotewohl, Berlin, am 18. Oktober 1945. — Anm. 139; am 3. Januar 1946. — Anm. 490; am 8. Februar 1946. — Anm. 515.
Knothe, Frankfurt/M., an Kriedemann, Hannover, am 15. Februar 1946. — Anm. 506.
ders., an Schumacher, Hannover, am 8. August 1945. — Anm. 258; am 20. November 1945. — Anm. 364; am 31. Januar 1946. — Anm. 503.
ders., an Sozialdemokratische Partei, Hannover, am 7. Mai 1946. — Anm. 321.
KPD-Bezirksleitung Wasserkante, an SPD-Vorstand Hamburg, am 19. September 1945. — Anm. 123.
KPD-Stadt- und Kreisleitung, Hannover, an Vorstand der SPD Hannover, am 26. September 1945. — Anm. 375.
KPD (Vorbereitender Ausschuß . . .), Hannover, an Schumacher, Hannover, am 10. Oktober 1945. — Anm. 375.
Kubel, Braunschweig, an Schumacher, Hannover, am 27. September 1945. — Anm. 229.
Kriedemann, Hannover, an Flatau, Bergisch-Gladbach, am 2. Januar 1946. — Anm. 314.
ders., an Schubert, Belsen, am 3. Dezember 1945. — Anm. 679.
ders., an die Bezirksvorstände der SPD, Rundschreiben Nr. 3/45 vom 22. Oktober 1945. — Anm. 301.
ders., an Tappert, Gifhorn, am 15. November 1945. — Anm. 368.
ders., an Wimmer, München, am 11. Dezember 1945. — Anm. 401.
Loßmann, Nürnberg, an Schumacher, Hannover, am 13. November 1945. — Anm. 389.
Ollenhauer, London, an Brost, Köln, am 12. August 1945. — Anm. 189.

ders., an Hansen, Brooklyn N. Y. (USA), am 20. Februar 1945. — Anm. 192.
ders., an Jesse, Stockholm, am 11. Februar 1945. — Anm. 208.
ders., an Frau Juchacz, New York, am 23. Oktober 1945. — Anm. 324.
ders., an Markscheffel, Paris, am 17. April 1945. — Anm. 221.
ders., an Wolter, Kopenhagen, am 11. September 1945. — Anm. 221.
Polizei-Inspektion Berlin-Neukölln an SPD-Kreisleitung Berlin-Neukölln, am 30. März 1946. — Anm. 572.
Ratz, Kiel, an Schumacher, Hannover, am 26. August 1945. — Anm. 243.
Sander, Walsrode, an Schumacher, Hannover, am 29. November 1945. — Anm. 706.
Schenk, Flensburg, an Schumacher, Hannover, am 5. September 1945. — Anm. 249.
Schumacher, Hannover, an Denker, Stuttgart, am 17. August 1945. — Anm. 109; am 20. September 1945. — Anm. 370; am 8. November 1945. — Anm. 403.
ders., an Dörfler, Hann. Münden, am 10. Oktober 1945. — Anm. 254.
ders., an Etzkorn, Frankfurt/M., am 20. September 1945. — Anm. 276.
ders., an Gayk, Kiel, am 25. Januar 1946. — Anm. 501.
ders., an Kopf, Hannover, am 5. September 1945. — Anm. 272.
ders., an Loßmann, Nürnberg, am 3. November 1945. — Anm. 389.
ders., an Meitmann, Hamburg, am 18. Oktober 1945. — Anm. 301.
ders., an Militärregierung, Hannover, am 2. Mai 1945. — Anm. 18.
ders., an Oechsle, Stuttgart, am 13. Juni 1945. — Anm. 129.
ders., an Schönfelder, Hamburg, am 16. August 1945. — Anm. 109.
ders., an Severing, Bielefeld, am 25. Juli 1945. — Anm. 189; am 12. Oktober 1945. — Anm. 322.
ders., an Skritek, Wien, am 4. Januar 1946. — Anm. 680.
ders., an den SPD-Zentralausschuß, Berlin, am 30. August 1945 — Anm. 178.
ders., an die SPD-Bezirke der westlichen Besatzungszonen, am 28. August 1945. — Anm. 177; am 30. August 1945. — Anm. 178; am 5. September 1945. — Anm. 269; am 22. Oktober 1945. — Anm. 322.
ders., an Stock, Frankfurt/M., am 1. September 1945. — Anm. 298.
ders., an Wenke, Dortmund, am 13. September 1945. — Anm. 253.
ders., an Wimmer, München, am 3. November 1945. — Anm. 391.
Sozialistische Arbeiterpartei (SAP) und Internationaler Sozialistischer Kampfbund (ISK) Hannover, Rundschreiben, An die Freunde der . . , im September 1945. — Anm. 220.
SPD-Bezirk Groß-Berlin, Rundschreiben an die SPD-Kreisleiter, vom 11. September 1945. — Anm. 355; vom 30. Dezember 1945 und vom 3. Januar 1946. — Anm. 542; vom 20. Februar 1946. — Anm. 552.
SPD-(Bezirk) Berlin, an Gen. Kotikow, Berlin, am 5. April 1946. — Anm. 592.
SPD-Zentralausschuß, Berlin, Rundschreiben an die SPD-Landesausschüsse und Bezirksvorstände vom 12. Januar 1946. — Anm. 485; vom 17. Januar 1946. — Anm. 513.

ders., an Germer, Berlin, am 20. März 1946. — Anm. 577; am 3. April 1946. — Anm. 577.

ders., an Ollenhauer, Hannover, am 25. März 1946. — Anm. 599.

SPD-Kreis Berlin-Reinickendorf, an die Vorsitzenden der Berliner SPD-Kreise etc. am 25. Februar 1946. — Anm. 555.

SPD-Bezirk Braunschweig, Rundschreiben vom 29. September 1945. — Anm. 341.

SPD-Bezirk Bremen, an Schumacher, Hannover, am 27. September 1945. — Anm. 227.

SPD — (Erste Konferenz), Hannover, an die Sozialistische Partei Frankreichs (S. F. I. O.) am 6. Oktober 1945. — Anm. 322.

SPD-Landesorganisation Hamburg, an Bezirksleitung der Kommunistischen Partei, Bezirk Wasserkante, am 1. Oktober 1945. — Anm. 124.

dies., an Schumacher, Hannover, am 17. Januar 1946. — Anm. 495.

SPD-Bezirk Hannover, an Schumacher, Hannover, am 13. September 1945. — Anm. 228.

SPD-Ortsverein Hannover, an KPD-Vorstand, Hannover, am 21. September 1945. — Anm. 376.

SPD-Landesvorstand Hessen, Rundschreiben Nr. 1 und Nr. 2 vom 30. August 1945. — Anm. 258.

SPD-Bezirksvorstand Nordwest, Rundschreiben III/45, vom 15. November 1945. — Anm. 374.

SPD-Bezirk Obere Rheinprovinz, an Schumacher, Hannover, am 22. September 1945. — Anm. 233.

ders., Rundschreiben Nr. 1 vom 21. September 1945. — Anm. 242.

SPD-Bezirk Östliches Westfalen, an Schumacher, Hannover, am 3. Oktober 1945. — Anm. 230.

SPD-Bezirk Oldenburg, an Schumacher, Hannover, am 25. September 1945. — Anm. 227.

SPD-Unterbezirk Recklinghausen, an SPD-Hauptbüro, Hannover, am 4. November 1946. — Anm. 385.

SPD-Bezirk Schleswig-Holstein, an Schumacher, Hannover, am 28. September 1945. — Anm. 226; am 19. Oktober 1945. — Anm. 250.

SPD-Ortsverein Stuttgart, an Schumacher, Hannover, am 18. September 1945. — Anm. 259; am 16. November 1945. — Anm. 402.

SPD-Bezirk „Wasserkante/Nordwest“, Rundschreiben Nr. 2 vom 17. August 1945. — Anm. 242.

SPD-Bezirk Westliches Westfalen, Rundschreiben Nr. 2 vom 24. August 1945. — Anm. 242.

ders., an Schumacher, Hannover, am 18. September 1945. — Anm. 231.

Steinmayer, Stuttgart, an Schumacher, Hannover, am 16. Juni 1945. — Anm. 73 und 129.

Unbekannt, Hamburg, an „Lieber Fritz, liebe Freunde!“ o. O. am 13. Mai 1945. — Anm. 86.

Vogel, London, an Dill, Tupper Creek (Canada), am 6. September 1945. — Anm. 189.
ders., an Grzesinski, Elmhurst L. I. (USA), am 15. August 1945. — Anm. 196.
Walter, Braunschweig, an Schumacher, Hannover, am 30. September 1945. — Anm. 229.
Wenke, Dortmund, an Schumacher, Hannover, am 22. September 1945. — Anm. 253.
Wimmer, München, an Schumacher, Hannover, am 10. November 1945. — Anm. 262.

B. Verzeichnis der zitierten Protokolle und Entschließungen:

1. Veröffentlichte:
Protokoll des Sozialdemokratischen Parteitages, Heidelberg, 13.—18. September 1925, Berlin 1925.
Protokoll Sozialdemokratischer Parteitag, Kiel, 22.—27. Mai 1927, Berlin 1927.
Protokoll Sozialdemokratischer Parteitag, Magdeburg, 26.—31. Mai 1929, Berlin 1929.
Protokoll Sozialdemokratischer Parteitag, Leipzig, 31. Mai bis 5. Juni 1931, Berlin 1931.
Protokolle der Aktionsgemeinschaft SPD — KPD, München, hg. v. d. Kommunistischen Partei, Landesbezirk Bayern, o. O. (München), o. J. (1946).
Protokoll vom Parteitag der Sozialdemokratischen Partei Deutschlands — Landesgruppe Sachsen —, 7.—9. Oktober 1945 in Dresden (Freital), Dresden o. J. (1945).
Entschließung der Gemeinsamen Konferenz des Zentralkomitees der KPD und des Zentralausschusses der SPD mit den Vertretern der Bezirke am 20. und 21. Dezember 1945 in Berlin. Veröffentlicht u. a. in: „Das Volk", Nr. 147, vom 23. Dezember 1945.
Protokoll des 40. Parteitages der Sozialdemokratischen Partei Deutschlands am 19. und 20. April 1946 in Berlin, Berlin 1946.
Protokoll der Verhandlungen des Parteitages der Sozialdemokratischen Partei Deutschlands vom 9.—11. Mai 1946 in Hannover, Hamburg 1947.

2. Unveröffentlichte:
(Jedem Dokument ist die Nummer der Anmerkung beigefügt, in der es mit vollständiger Quellenangabe zitiert wurde.)
Protokoll der ersten Tagung des Organisationskomitees der SPD, der freien Gewerkschaften und des Afa-Bundes am 15. Mai 1945 in Berlin-Charlottenburg, Kantstraße 125. — Anm. 41.
Protokolle der Kreisvorstandssitzungen des SPD-Kreises Berlin-Charlottenburg 1945. — Anm. 71.
Protokoll einer Besprechung zwischen Vertretern des Internationalen Sozialistischen Kampfbundes und der SPD am 20. August 1945 in Hannover. — Anm. 128.

Stenographisches Protokoll vom ersten Bezirksparteitag der Sozialdemokratischen Partei Deutschlands, Bezirk Leipzig, am 26. August 1945. — Anm. 170.

Aktennotiz über den Besuch der Genossen Eichler, London; Bertholet, Genf, und Dannenberg, Hannover. Mitteilungen über die Berliner politische Situation, vom 20. September 1945. — Anm. 359.

Aktennotiz eines Mitarbeiters des SPD-Zentralausschusses, Berlin, vom 19. November 1945, die Rede Grotewohls vom 11. November 1945 betreffend. — Anm. 427.

Protokoll des Parteitages des SPD-Bezirksverbandes Berlin am 25. November 1945. — Anm. 541.

Beratungsgrundlage des SPD-Zentralausschusses vom 15. Dezember 1945: „Die Einheit der Arbeiterklasse — Um die zukünftige Freiheit und Einheit des deutschen Volkes." — Anm. 437.

Beratungsgrundlage des KPD-Zentralkomitees vom 19. Dezember 1945: „Entschließung der gemeinsamen Sitzung des Zentralkomitees der KPD und des Zentralausschusses der SPD mit den Vertretern der Bezirke am 20. und 21. Dezember 1945 in Berlin." — Anm. 443.

Stenografische Niederschrift über die gemeinsame Konferenz des Zentralkomitees der KPD und des Zentralausschusses der SPD mit den Vertretern der Bezirke am 20./21. Dezember 1945 in Berlin. — Anm. 33.

Entschließung der Konferenz der Sozialdemokratischen Partei in der britischen Besatzungszone am 3. und 4. Januar 1946 in Hannover. — Anm. 493.

Entschließung der Funktionäre des SPD-Bezirks Groß-Berlin am 20. Januar 1946. — Anm. 546.

Handschriftliche Aufzeichnungen von der Sitzung des SPD-Parteiausschusses in der sowjetischen Besatzungszone am 25. Januar 1946 in Berlin. — Anm. 518.

Entschließung des SPD-Parteiausschusses in der sowjetischen Besatzungszone vom 25. Januar 1946 in Berlin. — Anm. 519.

Gedächtnis-Protokoll über die „Zusammenkunft am 8. Februar 1946 ... in Braunschweig; anwesend: Grotewohl - Dahrendorf; Schumacher - Kriedemann." — Anm. 134.

Entschließung des SPD-Zentralausschusses vom 11. Februar 1946. — Anm. 548.

Entschließungsentwurf „Das historische Gebot der Stunde verlangt ..." auf der Funktionärskonferenz des SPD-Bezirks Groß-Berlin vom 17. Februar 1946. — Anm. 550.

Entschließung Barth auf der Funktionärskonferenz des SPD-Bezirks Groß-Berlin am 17. Februar 1946. — Anm. 552.

Protokoll der Kreisvertreterkonferenz der Sozialdemokratischen Partei am 23. Februar 1946 in Berlin-Wittenau. — Anm. 554.

Entschließung der am 23. Februar 1946 tagenden Kreisdelegiertenkonferenz des 20. Kreises — Berlin-Reinickendorf. — Anm. 555.

Protokoll des Bezirksparteitages der SPD Groß-Berlins am 7. April 1946. — Anm. 574.

C. Andere Quellen:

1. Veröffentlichte:

Ackermann, Anton: Gibt es einen besonderen deutschen Weg zum Sozialismus? in: Einheit, Monatsschrift zur Vorbereitung der Sozialistischen Einheitspartei, Heft 1, Berlin (Februar) 1946.

Aktionsprogramm Elmshorn, hektograph., August 1945.

Aktionsprogramm, Hamburg, 24. Juli 1945 (Flugblatt), Hamburg (Februar) 1946.

An die Mitglieder und Freunde der Sozialdemokratischen Partei Deutschlands, Rundbrief des Vorstandes der Sozialdemokratischen Partei Deutschlands, London, Anfang September 1945.

Die Berliner Konferenz der Drei Mächte — Der Alliierte Kontrollrat für Deutschland — Die Alliierte Kommandantur der Stadt Berlin, Sammelheft 1, 1945, Kommuniques, Deklarationen, Proklamationen, Gesetze, Befehle und Sammelheft 2, Kommuniques, Gesetze, Direktiven, Befehle, Anordnungen, Januar bis Juni 1946, beide: Verlag der Sowjetischen Militärverwaltung in Deutschland, Berlin 1946.

Berichte zur Delegiertenkonferenz der KPD in Hamburg am 1. und 2. Dezember 1945, Bericht der bisherigen Arbeit und nächsten Aufgaben der Bezirksleitung — Abteilung Agitation und Propaganda —, 11 Seiten hektograph.

Brill, Hermann L.: Gegen den Strom, in: Wege zum Sozialisums, Heft 1, Offenbach 1946.

Dahrendorf, Gustav: Zwangsvereinigung der Kommunistischen und der Sozialdemokratischen Partei in der russischen Besatzungszone, in: Der Mensch, das Maß aller Dinge, Reden und Schriften zur deutschen Politik, 1945—1954, hg. v. Ralf Dahrendorf, Hamburg 1955.

Daten der SPD-Landesorganisation Hamburg (Flugblatt), Hamburg 1947

Erklärung der deutschen Sozialdemokratie, London, 18. Mai 1945, in: Sozialistische Mitteilungen, News for German Socialists in England, Nr. 73/74, April/Mai 1945.

Fechner, Max: Um die Einheit der Schaffenden, in: Tägliche Rundschau, Nr. 1 (198), vom 1. Januar 1946.

Grotewohl, Otto: Wo stehen wir, wohin gehen wir? Rede des Vorsitzenden der Sozialdemokratischen Partei Deutschlands, Otto Grotewohl, am 14. September 1945 vor den Funktionären der Partei in der „Neuen Welt", Berlin, Oktober 1945.

ders., Auf dem Wege zur Einheit, in: Das Volk, Nr. 148 vom 24. Dezember 1945.

Handbuch des Vereins Arbeiterpresse, hg. vom Vorstand des Vereins Arbeiterpresse, 4. Folge, Berlin 1927.

Jahrbuch der deutschen Sozialdemokratie für das Jahr 1930, hg. vom Vorstand der Sozialdemokratischen Partei Deutschlands, o. O., o. J. (Berlin 1931).

Jahrbuch der Sozialdemokratischen Partei Deutschlands 1946, hg. v. Vorstand der Sozialdemokratischen Partei Deutschlands, Göttingen (Juni) 1947.

Jaksch, Wenzel: Hans Vogel, Gedenkblätter von . . ., in: Die Fackelträger, hg. als Sondernummer des „Sozialdemokrat", Zeitschrift der Sudetendeutschen Sozialdemokratie, London, Februar 1946.

Kalbitzer, Hellmut: Bericht über die Entwicklung der Sozialistischen Freien Gewerkschaft in Hamburg, hektograph. o. O. (Hamburg), o. J. (1945).

Kommunistische Partei Deutschlands, Gründungsaufruf, in: Deutsche Volkszeitung, Nr. 1, Berlin, 13. Juni 1945.

Montgomery, Persönliche Botschaft an die Bevölkerung der britischen Zone, Bad Oeynhausen, 6. August 1945, in: Hannoversches Nachrichtenblatt der Alliierten Militärregierung, Nr. 47 vom 8. August 1945.

Monthly Report of the Military Governor, US-Zone, ab Nr 2 (September 1945).

Neubeginnen — was es will, was es ist und wie es wurde, hg. v. Auslandsbüro „Neubeginnen" hektograph., London o. J. (1940).

Ollenhauer, Erich: Möglichkeiten und Aufgaben einer geeinten sozialistischen Partei in Deutschland, Grundgedanken eines Referates von Erich Ollenhauer in der Mitgliederversammlung der ‚Union' am 6. Dezember 1942 in London, hg. von der Union deutscher sozialistischer Organisationen in Großbritannien, hektograph., London o. J. (1943).

ders., Grenzen der Einheit, in: Sozialistische Mitteilungen, News for German Socialists in England, Nr. 70/71, Januar/Februar 1945.

Schmid, Karl: Die Forderung des Tages, Reden und Aufsätze, Stuttgart 1946.

Schumacher, Kurt: Politische Richtlinien für die SPD in ihrem Verhältnis zu den anderen politischen Faktoren, Hannover 1945.

ders., Demokratie und Sozialismus zwischen Osten und Westen, Begründung zur Entschließung der Sozialdemokratischen Partei in der britischen Besatzungszone am 3. und 4. Januar 1946, Offenbach/M., 26. Februar 1946, in: Turmwächter der Demokratie, Ein Lebensbild von Kurt Schumacher, Bd. II., Reden und Schriften, hg. v. Arno Scholz und Walther G. Oschilewski, Berlin 1953.

ders., Die Sozialdemokratie im neuen Deutschland, Vortrag auf dem Landesparteitag der Sozialdemokratischen Partei der Hansestadt Hamburg am 27. Januar 1946, Hamburg 1946.

Sozialdemokratische Reichskonferenz in Wennigsen bei Hannover am 5. und 6. Oktober 1945, in: Mitteilungsblatt Nr. 7 (SPD-Landesorganisation Hamburg), Hamburg, 13. Oktober 1945.

Sozialdemokraten, Kommunisten Hamburgs! Flugblatt, Hamburg (Februar) 1946.

Die Sozialdemokratische Partei ruft: Für ein neues besseres Deutschland! — Flugblatt, Hannover — o. J. (1945).

Sticht, Arthur und Willi Elsner, Ernst Tessloff: Über die geistigen und politischen Strömungen der neueren Zeit, Hamburg 1945.
Treue, Dr. Wolfgang: Deutsche Parteiprogramme 1861—1954, Göttingen—Frankfurt/M. 1954.
Turmwächter der Demokratie, Ein Lebensbild von Kurt Schumacher, Bd. II, Reden und Schriften, hg. v. Arno Scholz und Walther G. Oschilewski, Berlin 1953.
Ulbricht, Walter: Zur Geschichte der deutschen Arbeiterbewegung,
Aus Reden und Aufsätzen, Bd. II, 1933—1946, 4. Aufl., Berlin 1955.
Die Wiedergeburt der deutschen Sozialdemokratie, Bericht über Vorgeschichte und Verlauf der sozialdemokratischen Parteikonferenz von Hannover vom 5. bis 7. Oktober, hg. von der SPD London, London o. J. (1945).
Zur Politik deutscher Sozialisten, Politische Kundgebungen und programmatische Richtlinien der Union deutscher sozialistischer Organisationen in Großbritannien, hg. von der „Union deutscher sozialistischer Organisationen in Großbritannien", o. J. (1945).

2. Unveröffentlichte:

(Jedem Dokument ist die Nummer der Anmerkung beigefügt, in der es mit vollständiger Quellenangabe zitiert wurde.)
Dahrendorf, Gustav: Bericht über eine Reise, die Otto Grotewohl und Gustav Dahrendorf in der Zeit vom 17. November bis 26. November 1945 nach Frankfurt/M., Stuttgart, München und Regensburg führte, Berlin, 4. Dezember 1945. — Anm. 362.
ders., Zum 7. November 1945, Rundfunkrede. — Anm. 415.
Delegierten-Liste der Teilnehmer der SPD-Konferenz in Wennigsen/Hannover, 5. Oktober 1945. — Anm. 284.
Germer, Karl J.: Deutsche Jugend — gesprochen zu ihren Erziehern, Juni 1945. — Anm. 407.
ders., Der Kampf um Berlin, 10. April 1946. — Anm. 592.
Grotewohl, Otto: Rede zum 9. November 1945. — Anm. 415.
ders., Zur Einheitsfrage, Rundfunkinterview. — Anm. 485.
Klingelhöfer, Gustav: Die Partei 1945. — Anm. 410.
ders., Handschriftlicher Entwurf zu Grotewohls Rede zum 9. November 1945. — Anm. 425.
ders., Denkschrift (Testament in der Einheitsfrage), Berlin, 3. Februar 1946. — Anm. 520.
Military Government Permit, Hannover, 4. Oktober 1945. — Anm. 280.
Military Government Permit, (6. Oktober 1945), Hannover 1945 — Anm. 281.
Sammelliste, SPD-Kreis Hannover-Land, September/Oktober 1945. — Anm. 238.
Schumacher, Kurt: Rede vom 6. Mai 1945. — Anm. 16.
ders., Rede des Gen. Dr. Schumacher, z. Zt. Hannover, gehalten auf der Kon-

ferenz der Sozialdemokratischen Partei in der britischen Kontrollzone am 5. Oktober 1945 und vor den Vertretern der amerikanischen und französischen Zone am 6. Oktober 1945. — Anm. 289.

D. Verzeichnis der benutzten Zeitungen und Zeitschriften:

Der Berliner, Nachrichtenblatt der britischen Militärbehörde, Jg. 1, 2, Berlin, 1945, 1946.

Berliner Zeitung, hg. vom Kommando der Roten Armee, Jg. 1, Berlin 1945.

Deutsche Volkszeitung, Zentralorgan der Kommunistischen Partei Deutschlands, Jg. 1, 2, Berlin, 1945, 1946.

Frankfurter Presse, Alliiertes Nachrichtenblatt, hg. von der 12. amerikanischen Heeresgruppe für die Zivilbevölkerung, Jg. 1, Frankfurt/M. 1945.

Frankfurter Rundschau, Jg. 1, 2, Frankfurt/M. 1945, 1946.

Die Internationale, Heft 11/12, 1931.

Der Kurier, die Berliner Abendzeitung, Jg. 1, 2, 1945, 1946.

Hamburger Nachrichten-Blatt der Alliierten Militärregierung, später: Hamburger Nachrichten-Blatt, hg. v. den britischen Miltärbehörden, Jg. 1, 2, Hamburg, 1945, 1946.

Hannoversches Nachrichtenblatt der Alliierten Militärregierung, Jg. 1, 2, Hannover, 1945, 1946.

Keesings Archiv der Gegenwart, 15. bis 19. Jg., Essen 1949 ff.

Neue Hamburger Presse, Jg. 1, 2, Hamburg, 1945, 1946.

Neuer Hannoverscher Kurier, Nachrichtenblatt der Alliierten Militärregierung, Jg. 1, 2, Hannover, 1945, 1946.

Die Neue Zeitung, eine amerikanische Zeitung für die deutsche Bevölkerung, Jg. 1, 2, München-Berlin, 1945, 1946.

PZ-Archiv, Jg. 1, Köln, 1950

Sozialistische Mitteilungen, News for German Socialists in England, Issued by the London Representative of the German Social Democratic Party, London, 1940—1946.

Tägliche Rundschau, Frontzeitung für die deutsche Bevölkerung, später: Zeitung für die deutsche Bevölkerung, Jg. 1, 2, Berlin, 1945, 1946.

Der Tagesspiegel, Jg. 1, 2, Berlin, 1945, 1946.

Telegraf, Jg. 1, Berlin, 1946.

Das Volk, Tageszeitung der Sozialdemokratischen Partei Deutschlands, Jg. 1, 2, Berlin, 1945, 1946.

LITERATUR

1863/1963, Hundert Jahre deutsche Sozialdemokratie, Bilder und Dokumente, hg. von Georg Eckert unter Mitwirkung von Frolinde Balser u. a., Hannover 1963.

Allemann, Fritz René: Bonn ist nicht Weimar, Köln, Berlin 1956.

Almond, Gabriel A.: Struggle for democracy in Germany, Chapel Hill: University of North Carolina Press 1949.

Anderson, Evelyn: Hammer oder Amboß, Zur Geschichte der deutschen Arbeiterbewegung, deutsch von Walter D. Schultz, Nürnberg 1948.

Balfour, Michael: Viermächte-Kontrolle in Deutschland 1945—1946, deutsch v. W. und M. Pferdekamp, Düsseldorf 1959.

Barzel, Rainer: Die deutschen Parteien, Geldern o. J. (1952).

Bergsträsser, Ludwig: Geschichte der politschen Parteien in Deutschland, 7. Aufl., München 1952.

ders., Sozialdemokraten im Dritten Reich, in: Vorwärts, Nr. 2 vom 9. Januar 1959.

Berlau, A. Joseph: The German Social Democratic Party 1914—1921, New York 1949.

Berlin, Kampf um Freiheit und Selbstverwaltung 1945—1946, in: Schriftenreihe zur Berliner Zeitgeschichte, Bd. 1, hg. vom Senat von Berlin, Berlin 1957.

Berliner Schicksal 1945—1952, Amtliche Berichte und Dokumente, hg. vom Senat von Berlin, Berlin 1952.

Die Bodenreform im Spiegel der Presse, hg. v. der Pressestelle der Landwirtschaftskammer Hannover, Hannover 1947.

Bracher, Karl Dietrich: Die Auflösung der Weimarer Republik, Eine Studie zum Problem des Machtverfalls in der Demokratie, in: Schriften des Instituts für Politische Wissenschaft, Bd. 4, 2. Aufl. Stuttgart, Düsseldorf 1957,

Brandt, Willy und Richard Löwenthal: Ernst Reuter, Ein Leben für die Freiheit, Eine politische Biographie, München 1957.

Braun, Otto: Von Weimar zu Hitler, Hamburg 1949.

Braunthal, Julius: Auf der Suche nach dem Millennium, 2 Bde., Nürnberg 1948.

ders., s. Sozialistische Weltstimmen.

Clay, Lucius D.: Entscheidung in Deutschland, deutsch v. A. Langens, Frankfurt/M., 1950.

Conze, Werner: Die Weimarer Republik 1918—1933, in: Deutsche Geschichte im Überblick, hg. v. Peter Rassow, Stuttgart 1953.

Dahrendorf, Ralf: Soziale Klassen und Klassenkonflikt in der industriellen Gesellschaft, Stuttgart 1957.

Das Ende der Parteien, hg. von Erich Matthias und Rudolf Morsey, Düsseldorf, 1960.

Deuerlein, Ernst: Die Einheit Deutschlands, Ihre Erörterung auf den Kriegs- und Nachkriegskonferenzen 1941—1949, Darstellung und Dokumentation, Frankfurt/M., Berlin 1957.

Dittmann, Wilhelm: Das politische Deutschland vor Hitler, Zürich, New York 1945.

Duhnke, Horst: Stalinismus in Deutschland, die Geschichte der sowjetischen Besatzungszone, in: Rote Weißbücher 15, Köln 1955.

Duverger, Maurice: Les parties politiques, 3. Aufl. Paris 1958 (1. Aufl. 1951), deutsch v. Siegfried Landshut, Tübingen 1959 (Die politischen Parteien).

Edinger, Lewis J.: German Exile Politics, The Social Democratic Executive Committee in the Nazi Era, Berkeley and Los Angeles 1956.

ders., Kurt Schumachers politische Perspektive, Ein Beitrag zur Deutung seines Handelns, in: Politische Vierteljahresschrift 3. Jg. Heft 4, Dezember 1962, S. 331—361.

Flechtheim, Ossip K.: Die Kommunistische Partei Deutschlands in der Weimarer Republik, Offenbach 1948.

Franz, Günther: Die politischen Wahlen in Niedersachsen 1867—1949, mit einem Anhang: Die Wahlen 1951 und 1952, in: Veröffentlichungen des Niedersächsischen Amtes für Landesplanung und Statsitik, hg. v. Prof. Dr. K. Brüning, Bd. 33, 2. Aufl. Bremen-Horn 1953.

Freyh, Richard: Die geistige Entwicklung des demokratischen Sozialismus in Deutschland, in: Sozialistische Weltstimmen.

Friedensburg, Ferdinand: Die Weimarer Republik, Berlin 1946.

Fry, Varian: Surrender on Demand, The dramatic story of the underground organization set up by Americans in France to rescue Anti-Nazis from the Gestapo, Random House, New York 1945.

Gay, Peter: Das Dilemma des demokratischen Sozialismus, Eduard Bernsteins Auseinandersetzung mit Marx, deutsch v. Erwin Schumacher, Nürnberg 1954.

Geiger, Theodor: Die soziale Schichtung des deutschen Volkes, Stuttgart 1932.

ders., Die Klassengesellschaft im Schmelztiegel, Köln und Hagen 1949.

Das Gewissen steht auf, 64 Lebensbilder aus dem deutschen Widerstand 1933 bis 1945, gesammelt von Annedore Leber, hg. in Zusammenarbeit mit Willy Brandt und Karl Dietrich Bracher, Berlin und Frankfurt/M. 1956.

Grotewohl, Otto: Im Kampf um Deutschland, Reden und Aufsätze, hg. vom Zentralsekr. der Sozialistischen Einheitspartei Deutschlands, Bd. 1, Berlin 1948.

ders., Im Kampf um die einige deutsche demokratische Republik, Reden und Aufsätze, Auswahl aus den Jahren 1945—1953, 3 Bde. Berlin 1954.

Hagen, Paul (Pseud. f. Karl Frank): Erobert, nicht befreit! Das deutsche Volk im ersten Besatzungsjahr, in: Nr. 1 der Schriftenreihe Für ein demokratisches Deutschland, hg. vom Research Department der American Association for a democratic Germany, New York 1946.

Hammer, Walter: Hohes Haus in Henkers Hand, Rückschau auf die Hitlerzeit, auf Leidensweg und Opfergang deutscher Parlamentarier, 2. Aufl. Frankfurt/M. 1956.

Theodor Haubach zum Gedächtnis, hg. v. Walter Hammer, Frankfurt/M. 1955.

Heidegger, Hermann: Die deutsche Sozialdemokratie und der nationale Staat 1870—1920 — Unter besonderer Berücksichtigung der Kriegs- und Revolutionsjahre —, in: Göttinger Bausteine zur Geschichtswissenschaft, Bd. 25, Göttingen, Berlin, Frankfurt/M. 1956.

Heimann, Eduard: Freiheit und Ordnung, Lehren aus dem Kriege, (deutsch.) Berlin 1950.
Heydte, Friedrich August von der, und Karl Sacherl: Soziologie der Parteien, 2. Aufl. München 1955 (1 Aufl. 1954).
Keil, Wilhelm: Erlebnisse eines Sozialdemokraten, 2 Bde., Stuttgart 1947, 1948.
Klingelhöfer, Gustav: Zehn Jahre Kampf um die Freiheit Berlins, die historische Rolle der Berliner Sozialdemokraten, in: Berliner Stimme, Nr. 13/6 vom 13. März 1956.
Klinkhammer, Reimund: Die Außenpolitik der Sozialdemokratischen Partei Deutschlands in der Zeit der Weimarer Republik, Diss. Freiburg/Br. 1955.
Koszyk, Kurt: Zwischen Kaiserreich und Diktatur, Die sozialdemokratische Presse von 1914 bis 1933, Heidelberg 1958.
Kotowski, Georg: Der Kampf um die Selbstverwaltung in Berlin, Ein Beitrag zur Vorgeschichte der Spaltung der Stadt, in: Jahrbuch für Geschichte des deutschen Ostens, Bd. 1: Das Hauptstadtproblem in der Geschichte — Festgabe zum 90. Geburtstag Friedrich Meineckes, Tübingen 1952.
Krasomil, Dean: The German Social Democratic Party after 1945, A contribution to the study of the SPD in the period 1945—1952, Diss. Frankfurt/M. 1953.
Lange, Max Gustav: Die FDP — Versuch der Erneuerung des Liberalismus, in: Parteien in der Bundesrepublik.
Leber, Julius: Ein Mann geht seinen Weg — Schriften, Reden, Briefe, hg. von seinen Freunden, Berlin, Frankfurt/M. 1952.
Leonhard, Wolfgang: Die Revolution entläßt ihre Kinder, Köln und Berlin 1955.
Löbe, Paul: Der Weg war lang, Lebensinnerungen, 2. Aufl., Berlin 1954.
Man, Hendrik de: Zur Psychologie des Sozialismus, Jena 1926.
Matthias, Erich: Sozialdemokratie und Nation, Ein Beitrag zur Ideengeschichte der sozialdemokratischen Emigration in der Prager Zeit des Parteivorstandes 1933 bis 1938, Stuttgart 1952.
ders., Die deutsche Sozialdemokratie und der Osten 1914—1945, Eine Übersicht, in: Arbeitsgemeinschaft für Osteuropaforschung, Forschungen und Untersuchungen zur Zeitgeschichte, Nr. 11, hg. v. Werner Markert, Tübingen 1954.
ders., Der Untergang der alten deutschen Sozialdemokratie, in: Vierteljahreshefte für Zeitgeschichte, 4. Jg., Heft 2, 3, 1956.
Matull, Wilhelm: Werden und Wesen der deutschen Sozialdemokratie, Berlin, Hannover 1957.
Meißner, Boris: Rußland, die Westmächte und Deutschland, Die sowjetische Deutschlandpolitik 1943—1953, in: Abhandlungen der Forschungsstelle für Völkerrecht und ausländisches öffentliches Recht der Universität Hamburg, Bd. 5, Hamburg 1953.
Michels, Robert: Zur Soziologie des Parteiwesens in der modernen Demokratie, 2. Aufl., Leipzig 1925.

Miller, Susanne: Das Problem der Freiheit im Sozialismus; Freiheit, Staat und Revolution in der Programmatik der Sozialdemokratie von Lassalle bis zum Revisionismusstreit, Frankfurt/M. 1964.

Mosca, Gaetano: Die herrschende Klasse, Grundlagen der politischen Wissenschaft, mit einem Geleitwort von Benedetto Croce, 1. Aufl., Turin 1922, deutsch nach der 4. Aufl. (1947) von Franz Borkenau, Bern 1950.

Nettl, John Peter: Die deutsche Sowjetzone bis heute — Politik, Wirtschaft, Gesellschaft —, Frankfurt/M. 1953.

Der neue Kampf um Freiheit, Briefe und Dokumente Berliner Sozialisten, in: Nr. 2 der Schriftenreihe Für ein demokratisches Deutschland, hg. vom Research Department der American Association for a Democratic Germany, New York 1946.

Neumann, Sigmund: Die deutschen Parteien, Wesen und Wandel nach dem Kriege, Berlin 1932.

ders., Zum Studium des modernen Parteiwesens, in: Parteien in der Bundesrepublik.

1945—1955, Eine Gedenkschrift aus Anlaß des 10. Jahrestages der Sozialdemokratischen Parteikonferenz in Kloster Wennigsen und Hannover vom 5. bis 7. Oktober 1945, hg. v. der Sozialdemokratischen Partei Deutschlands, o. O. (Bonn), 1955.

The next Germany, A basis of discussion on paece in Europe, with a Foreword by Louis de Brouckére, London 1943.

Padover, S. K.: Experiment in Germany, the story of an American Intelligence Officer, New York 1946.

Parteien in der Bundesrepublik, Studien zur Entwicklung der deutschen Parteien bis zur Bundestagswahl 1953, in: Schriften des Instituts für Politische Wissenschaft, Bd. 6, Stuttgart, Düsseldorf 1955.

Pieck, Wilhelm: Reden und Aufsätze, Auswahl aus den Jahren 1908—1950, 2 Bde., Berlin 1950.

Priebe, Hermann: Bäuerliche Familienbetriebe in Nordrhein-Westfalen, hg. v. der Forschungsstelle für Agrarpolitik und Agrarsoziologie e. V., Bonn, 1956.

Rosenberg, Artur: Demokratie und Sozialismus, Zur politischen Geschichte der letzten 150 Jahre, Amsterdam 1938.

ders., Entstehung und Geschichte der Weimarer Republik, hg. v. Kurt Kersten, Frankfurt/M. 1955.

Roßmann, Erich: Ein Leben für Sozialismus und Demokratie, Stuttgart, Tübingen 1947.

Scholz, Arno: Kurt Schumacher — Leben und Leistung, in: Turmwächter der Demokratie, Bd. 1.

Schorske, Carl E.: German Social Democracy 1905—1917, The Development of the Great Schism, Cambrigde, Mass. 1955.

Schröder, Dieter: Erich Ollenhauer, Vorsitzender der Sozialdemokratischen Partei Deutschlands, in: Rheinische Porträts, München 1957.

Schütz, Klaus: Die Sozialdemokratie im Nachkriegsdeutschland, in: Parteien in der Bundesrepublik.
Schulz, Gerhard: Die CDU — Merkmale ihres Aufbaus, in: Parteien in der Bundesrepublik.
Schulz, Klaus-Peter: Das Präludium des Kalten Krieges, in: Europa-Brücke, 3.—5. Jg., Hamburg 1957—1959.
ders., Sorge um die deutsche Linke, Köln, Berlin 1954.
Schumacher, Kurt: Der Kampf um den Staatsgedanken in der deutschen Sozialdemokratie, Diss. Münster 1926.
Schumpeter, Josef, A: Kapitalismus, Sozialismus und Demokratie, deutsch v. Susanne Preiswerk, 2. Aufl. München 1950.
Sering, Paul (Pseud. für Richard Löwenthal): Jenseits des Kapitalismus, Lauf b. Nürnberg 1946.
Siemann, Joachim: Der sozialdemokratische Arbeiterführer in der Zeit der Weimarer Republik, Ein Beitrag zur Soziologie der Eliten in der modernen Parteigeschichte, Diss. Göttingen 1956.
Sombart, Werner: Der proletarische Sozialismus, 2 Bde., Jena 1924.
Sozialistische Weltstimmen, eingeführt und zusammengestellt von Julius Braunthal, Berlin, Hannover 1958.
Spender, Stephen: European Witness, 1. Aufl. London 1946.
Spliedt, Franz: Die Gewerkschaften, Entwicklung und Erfolge, ihr Wiederaufbau nach 1945, Hamburg o. J. (1949).
Stampfer, Friedrich: Die ersten 14 Jahre der deutschen Republik, 2. Aufl. Offenbach 1947.
ders., Erfahrungen und Erkenntnisse, Aufzeichnungen aus meinem Leben, Köln 1957.
Stern, Carola: Die SED, Ein Handbuch über Aufbau, Organisation und Funktion des Parteiapparates, Rote Weißbücher 14, Köln 1954.
Sternberg, Fritz: Marx und die Gegenwart, Entwicklungstendenzen in der 2. Hälfte des 20. Jahrhunderts, Köln 1955.
Stolper, Gustav: Die deutsche Wirklichkeit, Ein Beitrag zum künftigen Frieden Europas, deutsch v. Toni Stolper, Hamburg 1949.
Theimer, Walter: Der Marxismus — Lehre, Wirkung, Kritik —, Bern 1950.
ders., Von Bebel zu Ollenhauer, der Weg der deutschen Sozialdemokratie, München 1957.
Timm, Helga. Die deutsche Sozialpolitik und der Bruch der Großen Koalition im März 1930, hg. von der Kommisison für Geschichte des Parlamentarismus und der politischen Parteien in Bonn, Düsseldorf 1952.
Turmwächter der Demokratie, Ein Lebensbild von Kurt Schumacher, hg. von Arno Scholz und Walther G. Oschilewski, Bd. 1: Sein Weg durch die Zeit, Berlin 1954, Bd. 2: Reden und Schriften, Berlin 1953, Bd. 3: Als er von uns ging, Berlin 1952.
Vogel, Walter: Westdeutschland 1945—1950, Der Aufbau von Verfassungs-

und Verwaltungseinrichtungen über den Ländern der drei westlichen Besatzungszonen, Teil I, in: Schriften des Bundesarchivs, Heft 2, Koblenz 1956.
Wesemann, Fried: Kurt Schumacher, Ein Leben für Deutschland, Frankfurt/M. 1952.
Wieck, Hans Georg: Die Entstehung der CDU und die Wiedergründung des Zentrums im Jahre 1945, hg. v. der Kommission für Geschichte des Parlamentarismus und der politischen Parteien in Bonn in Zusammenarbeit mit dem Forschungsausschuß der Vereinigung für die Wissenschaft von der Politik, Düsseldorf 1953.
Wildenmann, Rudolf: Partei und Fraktion, Ein Beitrag zur Analyse der politischen Willensbildung und des Parteiensystems in der Bundesrepublik, in: Parteien, Fraktionen, Regierungen, eine Schriftenreihe der Vereinigung für die Wissenschaft von der Politik, Bd. 2, 2. Aufl., Meisenheim am Glan 1955.
Rudolf Wissell, Ein Leben für soziale Gerechtigkeit, hg. v. Otto Bach, Bln. 1949.
Zehrer, Hans: Es ist mehr geschehen, in: Die Welt, Nr. 73, vom 27. März 1958.

Personenverzeichnis